Dürr
Kindergartenrecht Baden-Württemberg

Kindergartenrecht Baden-Württemberg

Kommentar

von

Christiane Dürr
Verwaltungsdirektorin

unter Mitwirkung von
Rechtsanwalt Achim Zimmermann

2. Auflage

KOMMUNAL- UND SCHUL-VERLAG · WIESBADEN

Bibliografische Information der Deutschen Nationalbibliothek
Die Deutsche Nationalbibliothek verzeichnet diese Publikation in der Deutschen Nationalbibliografie; detaillierte bibliografische Daten sind im Internet über http://dnb.ddb.de abrufbar.

2. Auflage 2011

Satz: Jung Crossmedia Publishing GmbH · Lahnau
Druck: CPI – Ebner & Spiegel, Ulm

ISBN 978-3-8293-0872-4

Kindergartenrecht Baden-Württemberg

KOMMENTAR

von Verwaltungsdirektorin Christiane Dürr, Gemeindetag Baden-Württemberg

Inhaltsübersicht

Abkürzungsverzeichnis

a. a. O.	= am angegebenen Ort
Abs.	= Absatz
Abschn.	= Abschnitt
a. F.	= alte Fassung
AM	= Altersgemischte Gruppe
Art.	= Artikel
BAG	= Gesetz über die Berufsakademien im Land Baden-Württemberg
BAT	= Bundes-Angestelltentarifvertrag
Betr.Erl.	= Betriebserlaubnis
BGB	= Bürgerliches Gesetzbuch
BGBl. I	= Bundesgesetzblatt Teil I
BVerfG	= Bundesverfassungsgericht
BVerfGE	= Entscheidungen des Bundesverfassungsgerichts
BVerwG	= Bundesverwaltungsgericht
BVerwGE	= Entscheidungen des Bundesverwaltungsgerichts
BWGZ	= „Die Gemeinde", Verbandszeitschrift des Gemeindetags Baden-Württemberg
DJI	= Deutsches Jugendinstitut
Erl.	= Erläuterung(en)
ErzieherVO	= Verordnung des Kultusministeriums über die Ausbildung und Prüfung an den Fachschulen für Sozialpädagogik
ESU	= Einschulungsuntersuchung
FAG	= Gesetz über den kommunalen Finanzausgleich
FHG	= Fachhochschulgesetz
FrühV	= Frühförderungsverordnung
GABl.	= Gemeinsames Amtsblatt der Ministerien
GBl.	= Gesetzblatt für Baden-Württemberg
GemO	= Gemeindeordnung für Baden-Württemberg
GG	= Grundgesetz für die Bundesrepublik Deutschland
GT	= Ganztagesbetreuung
Gt-info	= Rundschreiben des Gemeindetags Baden-Württemberg an seine Mitgliedsstädte und -gemeinden
HSL	= Verwaltungsvorschrift zur vor- und außerschulischen Hausaufgaben-, Sprach- und Lernhilfe
HT	= Halbtagsbetreuung
i. d. F.	= in der Fassung
i. S.	= im Sinne
ISK	= Verwaltungsvorschrift zur intensiven Sprachförderung im Kindergarten
IT	= Integrative Betreuung
JWG	= Jugendwohlfahrtsgesetz
KAG	= Kommunalabgabengesetz

KGaG	=	Gesetz über die Betreuung von Kindern in Kindergärten, anderen Tageseinrichtungen und der Tagespflege (Kindergartengesetz)
KGF	=	Gesetz über die Ausbildung der Fachkräfte an Kindergärten (Kindergartenfachkräftegesetz)
KiCK	=	Gesetz zur Weiterentwicklung der Kinder- und Jugendhilfe
KiföG	=	Kinderförderungsgesetz
Kiga	=	Kindergarten
KiTaG	=	Kindertagesbetreuungsgesetz für Baden-Württemberg
KiTaVO	=	Verordnung des Kultusministeriums über den Mindestpersonalschlüssel und die Personalfortbildung in Kindergärten und Tageseinrichtungen mit altersgemischten Gruppen (Kindertagesstättenverordnung)
KJHG	=	Kinder- und Jugendhilfegesetz (SGB VIII)
KM	=	Ministerium für Jugend, Kultus und Sport
K. u. U.	=	Kultus und Unterricht, Amtsblatt des KM Baden-Württemberg
KVJS	=	Kommunalverband für Jugend und Soziales
LHO	=	Landeshaushaltsordnung für Baden-Württemberg
LJA	=	Landesjugendamt
LKJHG	=	Kinder- und Jugendhilfegesetz für Baden-Württemberg
LT-Drs.	=	Landtagsdrucksache
LV	=	Verfassung des Landes Baden-Württemberg
LWV	=	Landeswohlfahrtsverband
n. F.	=	neue Fassung
ÖGD	=	Öffentlicher Gesundheitsdienst
ÖGDG	=	Öffentliches Gesundheitsdienstgesetz
PSchG	=	Privatschulgesetz
Regelkiga	=	Regelkindergarten
RG	=	Gruppe mit Regelbetreuung
SchG	=	Schulgesetz für Baden-Württemberg
SGB V	=	Fünftes Buch Sozialgesetzbuch
SGB VIII	=	Achtes Buch Sozialgesetzbuch
SGB XII	=	Zwölftes Buch Sozialgesetzbuch
SM	=	Ministerium für Arbeit und Soziales, Familie, Frauen und Senioren Baden-Württemberg
TAG	=	Tagesbetreuungsausbaugesetz
TVöD	=	Tarifvertrag für den öffentlichen Dienst
U 3	=	unter 3-jährige Kinder
Ü 3	=	über 3-jährige Kinder
VO	=	Verordnung
VÖ	=	Verlängerte Öffnungszeit
VRG	=	Verwaltungsstrukturreformgesetz
VwV	=	Verwaltungsvorschrift
VwV ESU	=	Verwaltungsvorschrift Einschulungsuntersuchung

Einführung

Übersicht

1. Entwicklung

Von dem Lehrer *Friedrich Fröbel* wurde im Jahr 1840 der erste allgemeine Deutsche **Kindergarten** gegründet. Den Namen wählte Fröbel, da das Kind wie eine Pflanze gehegt und heranwachsen soll. Fröbels Anliegen war es, die kindlichen Anlagen im Kindergarten zu fördern, ohne dabei die Kleinkinder durch eine zu frühzeitige Unterweisung in Lesen, Schreiben und Rechnen zu überfordern. So führte er das Spielen mit Ball, Würfel und bestimmten Baukästen ein, um dadurch die kindlichen Anlagen durch natürliche Beschäftigungen zur Entfaltung zu bringen. Diese Fröbelsche Tradition bestimmte lange Zeit, bis in die jüngste Vergangenheit, in starkem Maße die Arbeit in den Kindergärten. Die Kinder sollten zwar beaufsichtigt werden, es sollte ihnen aber ein Freiheitsraum bleiben, der ihnen eine ihrer Eigenart entsprechende kindlich-spielerische Betätigung in der Gemeinschaft mit anderen Kindern ermöglicht. In der Internet-Enzyklopädie Wikipedia heißt es: „Der Kindergarten ist eine Einrichtung der öffentlichen und frühen Bildung des Kindes sowie zur Kindertagesbetreuung/Kinderbetreuung (www.wikipedia.de/Kindergarten). Seit den neunziger Jahren des letzten Jahrhunderts steht – nicht zuletzt auch durch das 1991 in Kraft getretene Kinder- und Jugendhilfegesetz (SGB VIII) – mit der Umsetzung des bundesrechtlich normierten Auftrages an die **Kindertageseinrichtungen** die Erziehung, Bildung und Betreuung der Kinder im Fokus der täglichen Arbeit in den Kindergärten bzw. Kindertageseinrichtungen. Inzwischen ist dieser Anspruch an die Arbeit der Kindertageseinrichtungen bzw. die Förderung von Kindern von mannigfaltigen Herausforderungen bzw. Umbrüchen geprägt: Die Lebenswelt von Kindern hat sich stark gewandelt: Beispielhaft genannt sei das häufige Fehlen von Geschwistern, das Aufwachsen mit einem alleinerziehenden Elternteil oder in einer sogenannten Patchwork-Familie, das – oft lange andauernde – Aufwachsen in einer von Arbeitslosigkeit und damit gekoppelt den Bezug von Leistungen nach dem SGB II („Hartz IV") und damit von Armut bedrohter Kindheit, Stigmatisierung bzw. kulturelle Unterschiede aufgrund der Religion oder der ethnischen Abstammung; die teilweise nachlassende Erziehungskraft der Eltern im Allgemeinen und die Ausgestaltung des kindlichen Alltags im Speziellen (Fernsehen, Video, PC) und vieles weitere mehr. Dies alles stellt an die Kindertageseinrichtungen von heute enorme Anforderungen und wird auch zukünftig weiter zu einer Veränderung in deren Profil und Ausrichtung sowie der Qualität ihrer pädagogischen Arbeit finden (müssen).

Im Zuge der Diskussionen um die Ergebnisse der PISA-Studie, aber auch im System unseres Bildungswesens hat die Familien ergänzende und unterstützende Erziehung im Kindergarten zunehmend Bedeutung erlangt. Die frühe Förderung des Kindes ist nach den neuen Erkenntnissen der Entwicklungspsychologie und der Hirnforschung für die Persönlichkeitsentwicklung wie auch für eine gelingende Bildungsbiografie besonders wichtig. Unbestritten ist daher, dass einem auf die Belange und Fähigkeiten des Kindes zugeschnittenen frühzeitigen Bildungsangebot entscheidende Bedeutung für die Entwicklung seiner Gesamtpersönlichkeit zukommt. Gerade die ersten Lebensjahre spielen hier eine maßgebliche Rolle. Dies gilt nicht zuletzt auch für die Sprachentwicklung des Kindes, die ein grundlegendes Kriterium für die schulischen und späteren beruflichen Entwicklungschancen darstellt, ebenso wie für eine erfolgreiche Integration von Kindern mit Migrationshintergrund.

Mittlerweile hat der in andere Sprachen übertragene deutsche Begriff „Kindergarten" an Strahlkraft und Bedeutung verloren. Ein bisschen schade. Ursache hierfür sind die bundesrechtlichen Änderungen („**Tagesbetreuung**sausbaugesetz"), was in Folge in Baden-Württemberg dazu führte, dass das bisherige „Kindergartengesetz" seit 1.1.2006 nunmehr nicht nur inhaltlich, sondern auch sprachlich an das Bundesrecht angepasst wurde und nun Kinder**tagesbetreuung**sgesetz heißt. In dieser Kommentierung wird daher überwiegend der Oberbegriff Kindertageseinrichtungen verwendet. Da jedoch auch sprachlich die besondere Bezeichnung Kindergarten nicht ganz untergehen soll, wird an den Stellen, an denen es um den „klassischen" (Regel-)Kindergarten geht, dieser auch so bezeichnet bleiben.

2. Bundesrechtliche Regelungen

Die bundesgesetzliche Rechtsgrundlage für die Kindertagesbetreuung ist seit 1991 im Wesentlichen das **Achte Buch des Sozialgesetzbuchs (SGB VIII)**. Kindertagesbetreuung i. S. dieses Gesetzes ist die regelmäßige Betreuung von Kindern inner- oder außerhalb des Kindeshaushalts. Dies bezieht nicht nur Kindertageseinrichtungen, sondern auch die Kindertagespflege mit ein. Eine der zentralen Vorschriften ist § 24 SGB VIII, der die Ausgestaltung des Förderungsangebots in Tageseinrichtungen normiert. Seit 1991 hat das SGB VIII und speziell diese Norm zahlreiche, wesentliche Änderungen erfahren:

- Durch Art. 5 Nr. 1 des Schwangeren- und Familienhilfegesetzes vom 27.7.1992 (BGBl. I S. 1398) und durch das Zweite SGB VIII-Änderungsgesetz – 2. SGB VIII-ÄndG – vom 15.12.1995 (BGBl. I S. 1775) wurde § 24 SGB VIII seinerzeit neu gefasst. In dieser Neufassung wurde in § 24 Abs. 1 Satz 1 SGB VIII bestimmt, dass ein Kind vom vollendeten dritten Lebensjahr an bis zum Schuleintritt Anspruch auf den Besuch eines Kindergartens hat.
- **Seit dem 1.1.1996 hat ein Kind vom vollendeten dritten Lebensjahr an bis zum Schuleintritt Anspruch auf den Besuch eines Kindergartens.**
- Die beiden letzten Änderungsgesetze zum SGB VIII, das zum 1.1.2005 in Kraft getretenen **Tagesbetreuungsausbaugesetz** (TAG) vom 31.12.2004 (BGBl. I S. 3852) und das Gesetz zur Weiterentwicklung der Kinder- und Jugendhilfe (KICK) vom 1.10.2005 (BGBl. I S. 2729) modifizierten die Rechtsgrundlagen der Kindertagesbetreuung tiefgreifend. Beide Änderungsgesetze regeln den qualitätsorientierten und bedarfsgerechten Ausbau von Betreuungsplätzen für Kinder im Alter unter drei Jahren (U3) und normieren eine stärkere Förderung der Kindertagespflege. Im Zentrum des TAG steht bzw. stand die Verpflichtung, für Kinder im Alter unter drei Jahren und im schulpflichtigen Alter ein bedarfsgerechtes Angebot an Plätzen in Kindertageseinrichtungen und in der Kindertagespflege vorzuhalten. Die Zielvorgabe lautete, bis zum 1.10.2010 für rund 20 % der Kinder unter drei Jahren ein Platzangebot zu schaffen bzw. konkret die Zahl der Betreuungsplätze **für unter Dreijährige** in Tageseinrichtungen oder Kindertagespflege bis 2010 bundesweit betrachtet um 250 000 Plätze auf 500 000 zu verdoppeln. Darüber hinaus wurden objektive (rechtlich verpflichtende) Tatbestände bzw. Kriterien formuliert, bei deren Vorliegen für Kinder im Alter unter drei Jahren Plätze in Tageseinrichtungen und in Kindertagespflege vorzuhalten sind.

- Ein weiteres wichtiges Änderungsgesetz zum SGB VIII ist das am 16.12.2008 in Kraft getretene **Kinderförderungsgesetz** (KiföG – BGBl. I S. 2403). Das KiföG soll den Ausbau eines qualitativ hochwertigen und bedarfsgerechten Betreuungsangebots weiter beschleunigen. Das KiföG geht mit seinem Regelungsinhalt deutlich über die Vorgaben des TAG und KICK hinaus, insbesondere wurden erweiterte rechtliche Verpflichtungen für die Bereitstellung von Betreuungsplätzen für Kinder unter drei Jahren normiert. Im Zentrum steht die politische Zielvorstellung, dass bis zum 31.7.2013 für durchschnittlich rund 35 % der Kinder unter drei Jahren ein Platz in einer Kindertageseinrichtung oder in Kindertagespflege vorhanden sein soll, was einem Bedarf von bundesweit insgesamt 700 000 Plätzen entspricht.
- Darüber hinaus wird ab 1.8.2013 ein **Rechtsanspruch auf einen Betreuungsplatz** für alle Kinder **ab dem vollendeten ersten Lebensjahr** eingeführt.
- Zusätzlich wurden die **Bedarfskriterien erweitert**, wonach schon jetzt eine objektiv-rechtliche Verpflichtung gemäß § 24 Abs. 3 SGB VIII besteht, für diejenigen **Eltern** einen Betreuungsplatz für ihre Kinder unter drei Jahren zur Verfügung zu stellen, die
  - *einer Erwerbstätigkeit nachgehen,*
  - *Arbeit suchend sind oder*
  - *sich in einer beruflichen Bildungsmaßnahme, in der Schulausbildung oder*
  - *Hochschulausbildung befinden oder*
  - *an einer Eingliederungsmaßnahme nach Hartz IV teilnehmen oder*
  - *das Wohl des Kindes sonst nicht gewährleistet ist.*
- Weiter ist eine Absichtserklärung im KiföG enthalten, dass ab 2013 für diejenigen Eltern, die ihre bis drei Jahre alten Kinder nicht in Tageseinrichtungen betreuen lassen wollen oder können, eine monatliche Zahlung (zum Beispiel **Betreuungsgeld**) eingeführt werden könnte/sollte. Die Ausgestaltung und die Höhe sowie die Entwicklung der politischen Diskussion sind noch offen.
- Schließlich wurden die Regelungen zur **Qualität in der Kindertagespflege** weiter intensiviert sowie die Rahmenbedingungen für Tagespflegepersonen verbessert, indem die Bezahlung der Kindertagespflegepersonen leistungsgerecht ausgestaltet sein soll. Hierbei sind der zeitliche Umfang der Leistung und die Anzahl sowie der Förderbedarf der betreuten Kinder zu berücksichtigen. Darüber hinaus haben die Tagespflegepersonen Anspruch darauf, dass die Hälfte von angemessenen Beiträgen zur Kranken- und Pflegeversicherung durch die Träger der öffentlichen Jugendhilfe erstattet werden.

3. Landesrecht: Kindertagesbetreuungsgesetz für Baden-Württemberg – KiTaG (vormals: Kindergartengesetz – KGaG)

Das Kindertagesbetreuungsgesetz trifft grundsätzliche Regelungen mit dem Ziel, die Arbeit in Kindertageseinrichtungen und in der Kindertagespflege quantitativ und qualitativ zu verbessern. Die Trägerschaft der Kindergärten liegt wie bisher sowohl bei kommunalen Körperschaften als auch bei Trägern der freien Jugendhilfe. Im Verhältnis der öffentlichen Jugendhilfeträger und der Träger der freien Jugendhilfe gilt der Subsidiaritätsgrundsatz (§ 4 Abs. 2 SGB VIII, vgl. hierzu BVerfGE 22, 180). Völlig neu ist seit dem 1.1.2009, dass auch Einrichtungen in privat-gewerblicher Trägerschaft vom Geltungsbereich des KiTaG umfasst sind, soweit sie die rechtlichen und fachlichen Voraussetzungen erfüllen.

3.1 Chronologie der Landesrechts-Novellierungen

Das Kindergartengesetz für Baden-Württemberg ist in seiner ursprünglichen Fassung am 1.4.1972 in Kraft getreten. Das Gesetz stützte sich bei seinem Erlass auf das Jugendwohlfahrtsgesetz **(JWG)**. In der Folgezeit wurde das JWG durch das **SGB VIII** – Kinder- und Jugendhilfegesetz (s. o.) – abgelöst.

Die ursprüngliche Fassung des Kindergartengesetzes vom 29. 2. **1972** (GBl. S. 61) wurde durch das Zweite Gesetz zur Änderung von Zuständigkeiten der Ministerien vom 25.7.1972 (GBl. S. 400), das Gesetz zur Änderung des Kindergartengesetzes vom 27.3.1973 (GBl. S. 73), das Gesetz zur Ausbildung der Fachkräfte an Kindergärten vom 10. 7. **1973** (GBl. S. 202, berichtigt GBl. 1974 S. 64), das Gesetz zur Änderung des Kindergartengesetzes vom 4.2.1975 (GBl. S. 86), das Gesetz zur Anpassung von Gesetzen an die geänderten Geschäftsbereiche der Ministerien vom 30.5.1978 (GBl. S. 286), das Gesetz zur Änderung des Kindergartengesetzes vom 24. 7. **1979** (GBl. S. 294), das Gesetz zur Änderung des Kindergartengesetzes vom 30. 3. **1982** (GBl. S. 93), das Gesetz zur Änderung des Landesjugendwohlfahrtsgesetzes und des Kindergartengesetzes vom 13. 12. **1982** (GBl. S. 526), Artikel 14 der Verordnung vom 23. 7. **1993** (GBl. S. 533), das Gesetz zur Änderung des Kindergartengesetzes und des Finanzausgleichsgesetzes vom 1. 1. **1996** (GBl. S. 7), das Gesetz zur Änderung des Kindergartengesetzes vom 15. 3. **1999** (GBl. S. 151), das Gesetz zur Änderung des Kindergartengesetzes und des Finanzausgleichsgesetzes vom 8.4.2003 (GBl. S. 161), neu bekannt gemacht worden am 9. 4. **2003** (GBl. S. 164), das Gesetz zur Änderung des Kindergartengesetzes vom 2. 2. **2006** (GBl. S. 30), mit dem Gesetz zur Änderung des Kindertagesbetreuungsgesetzes und des Finanzausgleichgesetzes vom 3. 3. **2009** (GBl. S. 83), der Bekanntmachung der Neufassung des Kindertagesbetreuungsgesetzes vom 19.3.2009 (GBl. S 161) und mit dem Gesetz zur Änderung des Kindertagesbetreuungsgesetzes vom **19.10.2010** (GBl. S. 748) geändert.

3.2 Vom Kindergartengesetz 2003 über die Kindertagesbetreuungsgesetze 2006 und 2009 zum Kindertagesbetreuungsgesetz in der aktuellen Fassung vom 19.10.2010

Um die Änderungen, die mittlerweile im Drei-Jahres-Rhythmus erfolgten, nachvollziehen zu können, werden an dieser Stelle die wesentlichen Punkte der letzten Novellierungen und die Kernpunkte der aktuell geltenden Rechtslage dargestellt.

Das vom Landtag am **26.3.2003** verabschiedete **Gesetz zur Änderung des Kindergartengesetzes und des Finanzausgleichsgesetzes (GBl. S. 161)** kann als Meilenstein bzw. auch als Paradigmenwechsel im Handlungsfeld „Ausbau und Weiterentwicklung der Betreuungsangebote für Kinder im Vorschulalter" bezeichnet werden. Die Neuregelung markierte zugleich den Abschluss mehrjähriger Verhandlungen zwischen Kommunalen Landesverbänden und Kirchenleitungen sowie mit dem Land. Erstmals wurde die Kleinkindbetreuung in Krippen und in der Tagespflege als gleichwertiges Angebot in den erweiterten Geltungsbereich des Gesetzes mit aufgenommen. Absolut neu an dem Kindergartengesetz in der Fassung vom 9.4.2003 war, dass erstmals kommunale Aufgabenverantwortung mit kommunaler Finanzverantwortung auf der örtlichen Ebene zusammengeführt wurde. Dies war eine langjährige Forderung der Kommunalen Landesverbände. Dies wird bis heute als so genannte „Kommunalisierung der Kindergartenförderung" bezeichnet.

Das Kindergartengesetz setzte das Prinzip der Aufgabendelegation und -bündelung mit dem Ziel einer Stärkung der örtlichen Ebene auch für die bedarfsgerechte Ausgestaltung der Betreuungsangebote für Kinder in den Städten und Gemeinden um und hatte daher eine weitere wesentliche Neuregelung mit der erstmaligen Koppelung des gesetzlichen Förderanspruchs der freien Träger an die **gemeindliche Bedarfsplanung als neue weisungsfreie Pflichtaufgabe der Gemeinden in diesem Handlungsfeld zur Folge**. Mit dem Instrument der gemeindlichen Bedarfsplanung sollen öffentliche Fördermittel auf solche Betreuungseinrichtungen konzentriert werden, die dem tatsächlichen Bedarf vor Ort entsprechen. **Der Förderanspruch der freien Träger wurde erstmals gesetzlich auf 63 % der Betriebsausgaben festgelegt.**

Weiter wurde die **Zuweisungssystematik** der Finanzzuweisungen aus dem kommunalen Finanzausgleich an die Gemeinden im Finanzausgleichsgesetz neu geregelt. Seit 2004 erhalten die Gemeinden zum Ausgleich der Kindergartenlasten pauschale Zuweisungen nach § 29b FAG (Kindergarten) und § 29c FAG (Kleinkindbetreuung). Die pauschalen Zuweisungen erfolgen ohne Umweg über den Landeshaushalt nach einem bestimmten Verteilungsmaßstab unmittelbar bzw. direkt an die Städte und Gemeinden. Darüber hinaus sah das Gesetz besondere Regelungen für Einrichtungen mit gemeindeübergreifendem Einzugsgebiet vor, die oftmals eine besondere pädagogische Ausrichtung haben, die jedoch nicht die erhoffte Wirkung zeigten, weshalb erneut eine weitere Novelle als notwendig erachtet wurde.

3.2.1 Kindertagesbetreuungsgesetz vom 2.2.2006[1])

Im Wesentlichen haben das TAG und seine Neuregelungen zu diesem Änderungsgesetz des baden-württembergischen Kindergartengesetzes geführt und auch die an das TAG angelehnte neue Bezeichnung „Kindertagesbetreuungsgesetz (KiTaG)" nach sich gezogen. Dieses Kindertagesbetreuungsgesetz, im Folgenden als KiTaG bezeichnet, war nicht Gegenstand einer separaten Kommentierung, da es zum einen frühzeitig einem Normenkontrollverfahren durch den VGH Baden-Württemberg unterzogen war, zum anderen ebenso frühzeitig absehbar war, dass innerhalb kurzer Zeit eine erneute Novellierung des KiTaG erfolgen würde, dies aufgrund der weiteren bundes- und landespolitischen Dynamik im Bereich der Kleinkindbetreuung und wegen der Schwierigkeiten im Anwendungsbereich der Förderung gemeindeübergreifender Kindertageseinrichtungen.

Unter der neuen Überschrift **„Kindertagesbetreuungsgesetz" (KiTaG)** hatte der Landtag von Baden-Württemberg am 2.2.2006 den von den Regierungsfraktionen eingebrachten Entwurf zur Änderung des Kindergartengesetzes (LT-Drs. 13/4869) verabschiedet.

Wesentliche Kernpunkte des Gesetzes waren:

- **Umsetzung des Tagesbetreuungsausbaugesetzes (TAG) und des Kinder- und Jugendhilfe-Weiterentwicklungsgesetzes (KICK) in das Landesrecht**

Im Mittelpunkt von TAG und KICK stand der weitere Ausbau und die Bereitstellung eines bedarfsgerechten Angebotes an Betreuungsmöglichkeiten für Kinder im Alter unter drei Jahren (Kleinkindbetreuung) sowie die qualitative Verbesserung der bestehenden Angebote. Hierdurch soll die Vereinbarkeit von Familie, Ausbildung und Beruf erleichtert werden. Außerdem machte der Landesgesetzgeber im Wesentlichen Gebrauch von dem im TAG und KICK eingeräumten Landesrechtsvorbehalt. In diesem Zusammenhang wurde auch die im bisherigen Kindergartengesetz – KGaG – i. d. F. vom 8.3.2003 (GBl. S. 161) erfolgte Heranziehung der Gemeinden von Aufgaben im Bereich der Kinderbetreuung konkretisiert und in Bezug auf die Umsetzung des TAG und des KICK erweitert. Außerdem wurden differenzierte und präzisierende Regelungen für die Kindertagespflege getroffen.

- **Gesetzliche Grundlage für ein Kopftuchverbot an Kindertagesstätten in öffentlicher Trägerschaft**

Erzieherinnen und Erzieher an Kindergärten, die in Trägerschaft des Landes, eines Landkreises, einer Gemeinde, einer Verwaltungsgemeinschaft eines Zweck- oder Regionalverbandes stehen, werden äußere Bekundungen untersagt, die die Neutralität der juristischen Person oder den Frieden im Kindergarten gefährden oder stören, vor allem grundlegende Verfassungswerte missachten können.

---

1) GBl. S. 30.

– **Erweiterung des Fachkräftekatalogs**

In den Fachkräftekatalog neu aufgenommen wurden Absolventinnen und Absolventen des Bachelor- Studiengangs Pädagogik der frühen Kindheit.

– **Einführung einer gesetzlichen Regelung zur Förderung gemeindeübergreifender Einrichtungen**

Träger von Einrichtungen mit gemeindeübergreifendem Einzugsgebiet, die nicht oder nicht bezüglich aller Plätze in die Bedarfsplanung aufgenommen waren, erhielten einen gesetzlichen Förderanspruch gegenüber der Wohnsitzgemeinde, und zwar dergestalt, dass für das jeweilige Kind ein jährlicher, platzbezogener Zuschuss von der Wohnsitzgemeinde geleistet werden musste, soweit in der Wohnsitzgemeinde kein gleichwertiger Platz zur Verfügung stand. Die Höhe des jährlichen platzbezogenen Zuschusses wurde durch eine Rechtsverordnung des Kultusministeriums festgelegt. Die Verordnung des Kultusministeriums und des Ministeriums für Arbeit und Soziales über die Förderung von Kindertageseinrichtungen mit gemeindeübergreifendem Einzugsgebiet – KiTaGVO – (GBl. S. 224), die vom 1.1.2006 bis zum 31.12.2008 galt, regelte die Höhe für den Kostenausgleich der Betreuungsarten für Kinder im Kindergartenalter sowie für die Kleinkindbetreuung.

– **Inkrafttreten**

Das Gesetz vom 2.2.2006 sowie die KiTaGVO vom 19.6.2006 traten jeweils rückwirkend zum 1.1.2006 in Kraft. Das Kultusministerium war darüber hinaus ermächtigt, das Gesetz neu bekannt zu machen, was jedoch nicht erfolgte. Das Gesetz und die Verordnung traten zum 31.12.2008 außer Kraft.

3.2.2 Kindertagesbetreuungsgesetz vom 3.3.2009

Seit 1.1.2009 ist das Kindertagesbetreuungsgesetz für Baden-Württemberg mit Beschluss des Landtags vom 18.2.2009 und der Verkündung im Gesetzblatt für Baden-Württemberg am 3.3.2009 (GBl. S. 83) rückwirkend zum 1.1.2009 in Kraft getreten.

Dieses im Wortlaut neu bekannt gemachte KiTaG vom 19.3.2009 (GBl. S. 161) war Gegenstand der **Neukommentierung bzw. der 1. Auflage**. Die seit 16.12.2008 in Kraft getretenen umfangreichen Neuregelungen des SGB VIII/KiFöG und seine Ausgestaltung im Landesrecht sowie die Finanzierung bzw. Förderung von Kindertageseinrichtungen und soweit möglich auch der Kindertagespflege sind mit Hinweisen für die praktische Umsetzung in Baden-Württemberg in die Überarbeitung eingeflossen.

War es – wie oben dargestellt – erst 2006 zu einer tief greifenden Novellierung gekommen, so gab es völlig neue und zeitlich eng aufeinanderfolgende politische Grundsatzentscheidungen des Bundes mit den Ländern. Die Jahre 2007 und 2008 standen ganz im Fokus der erneuten Verhandlungen mit dem Land über die Ausgestaltung dieser politischen Verständigungen in Baden-Württemberg.

Zentraler Punkt hierbei waren insbesondere die Höhe der künftigen Landesbeteiligung beim Ausbau der Kleinkindbetreuung sowie Fragen zur Umsetzung, d. h. wie die zusätzlichen Bundes- und Landesmittel an die Städte und Gemeinden zugewiesen und wie die rechtlichen Grundlagen dazu aussehen werden. Auch die sich seit dem „Kindergipfel" im April 2007 in Berlin und im Zuge der Bund-Länder-Verständigung zum Ausbau der Kleinkindbetreuung im August 2007 abzeichnende umfangreiche Bundesrechtsänderung durch den schon damals politisch vereinbarten Rechtsanspruch auf einen Betreuungsplatz ab dem vollendeten ersten Lebensjahr ab 1.8.2013 sowie die Ergebnisse der Verhandlungen zum Ausbau und zur Finanzierung der Kleinkindbetreuung im Jahre 2008 zwischen der Landesregierung und den Kommunalen Landesverbänden machten insoweit (erneut) eine umfangreiche Änderung des Landerechtes notwendig.

Kernpunkte der politischen Verständigung zwischen dem Bund und den Ländern 2007/2008

Ein bedarfsgerechtes Angebot an Plätzen zur Tagesbetreuung von Kindern ist eine wesentliche Voraussetzung für die Vereinbarkeit von Familie und Beruf. Auch die Wirtschaft ist auf ein bedarfsgerechtes Betreuungsangebot angewiesen, um angesichts des Bedarfs an qualifizierten Arbeitskräften ihre Leistungsfähigkeit und Wettbewerbsfähigkeit zu erhalten. In Anbetracht der vorhandenen Angebotsstrukturen und einer wachsenden Nachfrage ist ein dem jeweiligen örtlichen Bedarf entsprechendes Angebot an Möglichkeiten zur Betreuung von Kindern unter drei Jahren (Kleinkindern) daher besonders wichtig.

Zentraler Punkt der Einigung zwischen Bund und Ländern Ende 2007 (Verwaltungsvereinbarung zwischen dem Bund und den Ländern vom 18. 10. 2007) war die Verständigung, dass bis zum Jahr 2013 für 35 % der unter Dreijährigen **(0–3-Jährige)** Plätze in Tageseinrichtungen oder Kindertagespflege und damit insgesamt bundesweit 750 000 Plätze, in Baden-Württemberg rund 92 000 Plätze, vorhanden sein sollen. Für Baden-Württemberg wurde die (bundesweit durchschnittliche) Quote von 35 % abweichend auf 34 % festgelegt. So wird für Baden-Württemberg ein zusätzlicher Bedarf von rund 60 000 Plätzen veranschlagt.

Jahr	**2007**	**2008**	**2009**	**2010**	**2011**	**2012**	**2013**
Vorauss. Zahl der Kinder unter drei Jahren	285 400	280 000	276 500	273 700	271 700	270 500	269 900
angestrebte Versorgungsquote	11,5 %	14,5 %	17,5 %[1])	22,0 %	26,5 %	30, 5 %	34 %[2])
Notwendige Betreuungsplätze	**32 500**	**40 600**	**48 400**	**60 200**	**72 000**	**82 500**	**91 800**

Entsprechend der Vereinbarung zwischen Bund, Ländern und kommunalen Spitzenverbänden haben die Landesregierung und die Kommunalen Landesverbände Ende 2007 Einigung über die Eckpunkte für den erforderlichen Ausbau und die finanzielle Beteiligung des Landes an den entstehenden Kosten für den bedarfsgerechten Ausbau der **Betreuungsangebote für Kleinkinder** erzielt. Ziel ist eine Versorgungsquote von landesweit **34 %** bis zum Jahr 2013. Das Land hat ab 2009 seine Förderung hierfür wesentlich erhöht.

Einigkeit bestand bundesweit Ende 2007 auch über die **Finanzierung** des geplanten Ausbaus bis 2013: Ergebnis dieser politischen Verständigung ist die zugrunde gelegte „Drittelung" der Finanzierung (1/3 Bund, 1/3 Land, 1/3 Kommunen) der Betriebsausgaben. Leider stimmt dies mit der tatsächlichen Entwicklung keineswegs überein und ist aus kommunaler Sicht revisionsbedürftig.

Der Bund beteiligt sich zum einen in der Ausbauphase an den Investitions- und Betriebsausgaben und zum anderen auch ab der Einführung des Rechtsanspruchs weiterhin an den Betriebsausgaben. Konkret entfallen 2008 bis 2013 für die vom Bund bundesweit insgesamt 2,15 Mrd. Euro für die Investitionen zur Verfügung gestellten Mittel auf das Land Baden-Württemberg insgesamt 297 Mio. Euro, die sich jährlich wie folgt verteilen: 2009: 51 Mio. Euro, 2010: 50 Mio. Euro, 2011: 49 Mio. Euro, 2012: 48 Mio. Euro, 2013: 47 Mio. Euro. Der Bund beteiligt sich außerdem ab 2009 bis 2013 über einen Festbetrag bei der Umsatzsteuerverteilung zugunsten der Länder an den zusätzlich entstehenden Betriebsausgaben. Auf das Land Baden-Württemberg entfallen Bundesmittel bei der Betriebskostenförderung von insgesamt 238 Mio. Euro, davon im Jahr 2009: 13 Mio. Euro, 2010: 26 Mio. Euro, 2011: 45 Mio. Euro, 2013: 90 Mio. Euro.

1) Anforderungen des Tagesbetreuungsausbaugesetzes erfüllt.

2) Bedarfsquote für BW lt. den Ausgangsdaten des Bundes.

Ab 2014 wird sich der Bund laufend mit 770 Mio. Euro pro Jahr an der Finanzierung der durch den Ausbau entstehenden zusätzlichen Betriebskosten beteiligen. Auf Baden-Württemberg entfallen dann 99 Mio. Euro jährlich als Bundesbeteiligung an den Betriebsausgaben.

Dennoch wird das Gros der finanziellen Lasten für den Ausbau der Kleinkindbetreuung mit voraussichtlich mehr als 50 % des ungedeckten Aufwands bei den Städten und Gemeinden liegen, da die Bundes- und Landesförderung von Kosten ausgehen, die nicht der kommunalen Wirklichkeit entsprechen. Weitergehende Details zum Ausbau und der Finanzierung der Kleinkindbetreuung sind in der BWGZ 3/2008 dargestellt (*Dürr*, Ausbau und Finanzierung der Kleinkindbetreuung – aktuelle Entwicklungen im Kindergarten, S. 86 ff.).

Die Länder haben außerdem mit der Unterzeichnung der Verwaltungsvereinbarung „Kinderbetreuungsausbau" der bundesweiten Einführung eines **Rechtsanspruches auf ein Betreuungsangebot für alle Kinder vom vollendeten ersten bis zum dritten Lebensjahr** (1–3-Jährige) mit Beginn des Kindergartenjahres 2013/2014 zugestimmt. Die Förderung der Kinder soll über die Betreuung in Krippen hinaus auch für Kleingruppen, Tagesmütter und entsprechende, z. B. betriebliche Betreuungsformen gelten.

Wesentlich war außerdem die Verständigung über einen neuen Grundsatz der **Mittelzuweisung nach dem Motto: „Das Geld folgt den Kindern"**. Konkret bedeutet dies, dass die Bundes- und Landesmittel über den Kommunalen Finanzausgleich an die **Standortgemeinden** zugewiesen werden. Außerdem wurde der Verteilungsmaßstab für die Kindergartenförderung geändert: Künftig werden die Mittel den Standortgemeinden nach der Zahl der betreuten Kinder zugewiesen. Im Rahmen einer Übergangsregelung werden bis zum Jahr 2012 auch noch die Kindergartenzuschüsse des Landes im Jahr 2002 berücksichtigt, allerdings sukzessiv jedes Jahr in geringerem Umfang.

Das Kindertagesbetreuungsgesetz (KiTaG) sieht einen an die Standortgemeinde gerichteten Förderanspruch der freien Träger von Einrichtungen zur Kleinkindbetreuung vor. Der Zuschuss beträgt bei Einrichtungen, die in den Bedarfsplan aufgenommen sind, mindestens 68 %. Bei anderen Einrichtungen ist der Zuschuss auf die Weiterleitung der FAG-Zuweisungen begrenzt. Darüber hinausgehende Förderungen können auf örtlicher Ebene vereinbart werden. Entsprechendes gilt auch für den Kindergartenbereich. Es kommt nicht mehr darauf an, ob eine Einrichtung gemeindeübergreifend ist oder nicht, entscheidend für die Förderung bzw. die Förderhöhe ist die Frage, ob die Gruppe/Einrichtung in die Bedarfsplanung aufgenommen ist oder nicht.

Das Kindertagesbetreuungsgesetz wurde im Übrigen an die entsprechenden bundesrechtlichen Änderungen angepasst. Wesentlich hierbei ist, dass die rechtliche Normierung des Rechtsanspruches ab dem 1.8.2013 durch die bereits erfolgte Änderung des Bundesrechtes (SGB VIII) in gleicher Systematik wie im KiFöG durch die Änderung des § 3 KiTaG in zwei Stufen erfolgte und somit bereits heute in das Landesrecht integriert ist.

Unter Berücksichtigung der Erfahrungen bei dem interkommunalen Kostenausgleich wurde sowohl für Kindergärten als auch für die Betreuungsangebote der Kleinkindbetreuung der interkommunale Ausgleich zwischen Standortgemeinde und Wohnsitzgemeinde bei der Betreuung auswärtiger Kinder neu geregelt. Dabei kann die Wohnsitzgemeinde eine Beteiligung nicht mehr mit dem Hinweis ablehnen, dass sie einen gleichwertigen Betreuungsplatz in der Gemeinde vorhalte. Vielmehr wurde ein gesetzlicher Finanzierungsanspruch der Standortgemeinde gegenüber der/den Wohnsitzgemeinde/n eingeführt. Die Abrechnung muss nicht „spitz" erfolgen, sondern kann bei Anwendung der von Gemeindetag und Städtetag gemeinsam empfohlenen Pauschalen erfolgen. Dies ist über öffentlich-rechtliche Verträge flächendeckend abgesichert und ermöglicht eine praktikable und konfliktvermeidende Umsetzung.

3.2.3 Kindertagesbetreuungsgesetz vom 19.10.2010

Wesentlicher Inhalt der erneuten Novellierung des Kindertagesbetreuungsgesetzes ist gemäß dem Gesetzentwurf der Landesregierung zur Änderung des Kindertagesbetreuungsgesetzes (LT-Drs. 14/6696)

- die Schaffung einer Ermächtigungsgrundlage zum Erlass einer Rechtsverordnung im Kindertagesbetreuungsgesetz zur Festlegung und zur verbindlichen Erhöhung des Personalschlüssels sowie zur Finanzierung der diesbezüglich erforderlichen Fortbildung des Personals;
- die Regelung zur Erstattung der durch die verpflichtende Erhöhung des Personalschlüssels entstehenden Mehrkosten an die freien Träger von Tageseinrichtungen für Kinder von der Vollendung des dritten Lebensjahres bis zum Schuleintritt nach § 8 Abs. 2 KiTaG.

Hintergrund waren die langen Beratungen und Verhandlungen über den Orientierungsplan und seine vom Land vorgesehene verbindliche Einführung: Seit der Erarbeitung des Orientierungsplanes für Bildung und Erziehung in baden-württembergischen Kindergärten und Kindertageseinrichtungen in den Jahren 2004/2005 sowie der Erprobungsphase 2006–2008 stand die vom Land Baden-Württemberg vorgesehene verbindliche Einführung bzw. die verbindliche Umsetzung in der Landespolitik sowie vor Ort in den politischen Entscheidungen über die (Personal-)Ausstattung der Einrichtungen sowie in der pädagogischen Praxis vor Ort ganz oben auf der Agenda.

„Nach Abschluss der zuvor 2006/2007 initiierten Modellphase war vorgesehen, den gesamten Orientierungsplan ab Herbst 2009 verbindlich zur Anwendung durch die Kindergärten zu erklären. Gemeindetag Baden-Württemberg und Städtetag Baden-Württemberg hatten in Abstimmung mit der kommunalen Praxis errechnet, dass die verbindliche Umsetzung des Orientierungsplans über 650 Mio. Euro die kommunalen Haushalte belasten würde. Das Kultusministerium wollte dagegen allenfalls rund 100 Mio. Euro landesweit für die Umsetzung des Orientierungsplans anerkennen.

Die Höhe der mit der Umsetzung des Orientierungsplans verbundenen Kosten war ein Streitpunkt, den es mit dem Land auszuhandeln galt. Zunächst galt es, das Land davon zu überzeugen, anzuerkennen, dass die mit der Umsetzung des Orientierungsplans verbundenen finanziellen Aufwendungen nach dem seit 2008 geltenden, geänderten Konnexitätsprinzip in Art. 71 Abs. 3 LV im Falle einer Verbindlichkeitserklärung des Orientierungsplans vom Land zu tragen sind. Dies führte dazu, dass das Land am Ende von einer Verbindlichkeitserklärung für die Umsetzung des Orientierungsplans, wie diese im Mai 2009 noch angekündigt wurde, Abstand genommen hat. Mit den zur Verfügung gestellten Finanzmitteln kann „nur" eine Erhöhung der Personalschlüssel in den Kindergartengruppen um 0,3 bzw. 0,2 Personalstellen, verteilt auf 3 Jahre erfolgen. In welchem Umfang mit dieser Personalschlüsselerhöhung der Orientierungsplan oder seine Teile umgesetzt werden, bleibt den Trägern vorbehalten. Der finanzielle Aufwand für diese Erhöhung beläuft sich auf insgesamt 200 Mio. Euro jährlich, die nach der verfassungsrechtlichen Regelung vom Land aufzubringen gewesen wären. In der „Politischen Vereinbarung" vom 24.11. 2009 zwischen dem Ministerpräsidenten und den Präsidenten der Kommunalen Landesverbände haben sich die Kommunen im Interesse einer Verbesserung der personellen Ausstattung in den Kindergärten bereit erklärt, zu dem finanziellen Aufwand einen Beitrag von 67 Mio. Euro zu leisten" (Gemeindefinanzbericht, BWGZ 15-16/2010, S. 650 ff.).

Die Festlegung von Mindestpersonalschlüsseln, bezogen auf verschiedene Betreuungsarten und Öffnungszeiten sowie deren stufenweise Erhöhung wurde in der neu und erstmals erlassenen „Verordnung des Kultusministeriums über den Mindestpersonalschlüssel und die Personalfortbildung in Kindergärten und Tageseinrichtungen mit altersgemischten Gruppen" (Kindertagesstättenverordnung – KiTaVO) vom 25.11.2010 normiert. Diese wurde im GBl. vom 9.12.2010, S. 1031, veröffentlicht und trat am Tag nach ihrer Verkündung und somit am 10.12.2010 in Kraft. Mit der KiTaVO liegen in Baden-Württemberg erstmals normierte Rechengrundlagen für die Mindestpersonalschlüssel vor.

Wesentlich ist, dass die Erhöhung der Personalschlüssel anhand einer erstmaligen **Festlegung einer Mindestbasis** erfolgte, auf die sich das Land und die Kommunalen Landesverbände zwischenzeitlich verständigt haben (ausführliche Bemerkungen – s. Kommentierung zu § 2a).

3.2.4 Weiterer Ausbau der Kinderbetreuungsangebote – Finanzierung als schwierigste Herausforderung

Den Kommunen kommt seit jeher eine Schlüsselrolle beim weiteren Ausbau der Betreuungsangebote für Kinder zu. Mit der erneuten Novellierung des Kindertagesbetreuungsgesetzes im Jahr 2010 wurde ein weiterer Akzent in Sachen Qualitätsverbesserung gesetzt, der aufgrund der immensen finanziellen Folgen zunächst beschränkt wurde auf die stufenweise Erhöhung der Mindest-Personalausstattung in den Kindergärten und Tageseinrichtungen mit altersgemischten Gruppen. Dem Konnexitätsprinzip folgend, müsste die dafür erforderliche Finanzierung in Höhe von 200 Mio. Euro/Jahr in Gänze vom Land zu tragen sein. Die Aufteilung „2/3 Land, 1/3 Kommunen" ist schließlich das Ergebnis eines politischen Kompromisses, macht jedoch erneut deutlich, dass die Kostenfolgen für die Kommunen mittlerweile Dimensionen erreichen, die immer häufiger an Grenzen stoßen. Die Finanzierungsproblematik wird sich weiter verschärfen unter dem Blickwinkel, dass bei dem Ausbau der Kleinkindbetreuung seit dem Kinderförderungsgesetz und der darauf folgenden KiTaG-Änderung 2009 eine weitere Dynamik in diesem Bereich stattfinden soll. Es zeigt sich allerdings an dem in Baden-Württemberg festzustellenden, verlangsamtem U3-Ausbautempo, dass sich die Aufteilung der Finanzierung zwischen Bund, Land und Kommunen keineswegs in der angedachten Balance von je einem Drittel bewegt, sondern die Haupt-Finanzierungslast bei den Kommunen liegt. Die Finanzierungsverteilung gilt es dringend mit (neuen) Verhandlungen auf Bundes- und Landesebene zu korrigieren. Solange dies nicht zielführend und mit konkreten Ergebnissen für die kommunale Seite erfolgt, wird sich nicht alles, was aktuell für die Bedürfnisse und Wünsche von Eltern als Bedarf angemeldet wird, zeitnah in ein „bedarfsgerechtes" Angebot umwandeln lassen. Hier wird es wichtige kommunalpolitische Diskussionen darum geben, was als (politischer) Bedarf – eben auch und gerade unter dem Aspekt des finanziell Machbaren – gesehen und letztlich umgesetzt werden kann. Die Kommunen räumen aber diesem Politikfeld im Kontext rückläufiger Kinderzahlen und einem aufgrund des demografischen Wandels einsetzenden „Wettbewerbs" um Einwohner und um Nachwuchs(-kräfte) auch unter dem Gesichtspunkt „Standortfaktor" einen sehr hohen Stellenwert ein. Schon heute können zahlreiche Kommunen ein beispielhaftes Angebot an Betreuungseinrichtungen aufweisen. Vielfältige Modelle und Initiativen belegen das Engagement und die Kreativität auf kommunaler Ebene. Im Zusammenspiel – teilweise auch in Konkurrenz – zwischen den verschiedenen (freien und kommunalen) Trägern wird sich auch künftig ein immer differenzierteres, bedarfsgerechtes, örtlich maßgeschneidertes Kinderbetreuungsangebot etablieren. Insbesondere unter dem Blickwinkel der Vereinbarkeit von Familie und Erwerbstätigkeit wird es jedoch immer wichtiger, sich auch interkommunal über die Entwicklung und den Ausbau der Betreuungsangebote abzustimmen. Nur so kann es langfristig gelingen, dass die Kommunen unter örtlichen und überörtlichen Gesichtspunkten gemeinsam mit den Trägern der Angebote auch in diesem Sektor wesentliche Voraussetzungen für ihre Zukunftsfähigkeit bzw. für ihre Entwicklungsperspektiven schaffen und letztlich auch finanzieren können.

4. Zusammenfassung: Perspektiven und Chancen

Bildung und Betreuung im Lichte der neuen Landesregierung in Baden-Württemberg: Bedeutung der frühkindlichen Bildung steigt

Das Thema (vorschulische) Bildung und Betreuung ist und bleibt auch in den kommenden Jahren ein Top-Thema. Nicht nur in den Kindertageseinrichtungen selbst, deren Profil und Arbeit sich dadurch immer weiter verändert, sondern auch in den Rathäusern der Städte und Gemeinden und in der Kommunalpolitik spielt dieses Handlungsfeld eine zentrale Rolle:

Auch die neue grün-rote Landesregierung in Baden-Württemberg räumt der frühkindlichen Bildung höchste Priorität ein.

Wörtlich heißt es unter der Überschrift **„Frühkindliche Bildung – Chancen nutzen – Potenziale entfalten"**: *„(...) Frühkindliche Bildung und eine qualitativ hochwertige Kinderbetreuung haben eine hohe Priorität. Die Grundlagen für den weiteren Bildungserfolg werden in den ersten Lebensjahren gelegt"* (Koalitionsvertrag „Der Wechsel beginnt", S. 3).

In der Regierungserklärung unter der Überschrift „Ausgewählte Schwerpunkte und Vorhaben" führte Ministerpräsident Kretschmann am 25.5.2011 aus: *„Eines der wichtigsten Projekte der neuen Landesregierung wird die frühkindliche Bildung sein. Frühkindliche Bildung und eine qualitativ hochwertige Kinderbetreuung haben höchste Priorität"* (Zitat aus der Regierungserklärung vom 25.5.2011, S. 19).

Zum **Rechtsanspruch** gibt es ebenfalls sehr eindeutige Aussagen und Ziele, die im Koalitionsvertrag festgehalten sind: Unter der Überschrift **„Rechtsanspruch auf Betreuung der Kleinsten"** heißt es: *„(...) Den Rechtsanspruch auf frühkindliche Bildung und Betreuung auch für Kinder unter drei Jahren ab August 2013 wollen wir ohne Wenn und Aber umsetzen. Deshalb werden wir die Kommunen beim Ausbau der Angebote deutlicher unterstützen. Dabei muss berücksichtigt werden, dass das früher einmal vereinbarte Ausbauziel von 34% teilweise schon heute deutlich überschritten wird. Wir unterstützen die Kommunen darin, bedarfsgerechte Angebote vorzuhalten und wollen, dass mit Instrumenten der Jugendhilfeplanung der jeweilige Versorgungsgrad vor Ort festgelegt wird (...)"* (Koalitionsvertrag „Der Wechsel beginnt", S. 4).

Wichtig wird sein, zum einen das formulierte „Unterstützungsangebot" des Landes von der kommunalen Seite in den Verhandlungen zu beziffern und die konkrete Umsetzung, insbesondere hinsichtlich der konnexitätsrelevanten Folgen, einzufordern. Andererseits wird klar, dass die **Bedarfsplanung** weiterhin eine zentrale Rolle spielt und als örtliche Aufgabe immer komplexer und komplizierter wird. Die Stärkung des Wunsch- und Wahlrechtes der Eltern, nicht nur in den einschlägigen Rechtsgrundlagen, sondern auch in der Rechtsprechung, die Vereinbarkeit von Familie und Beruf und die ständig wachsende Mobilität wirken sich immer mehr auch auf die damit verbundene Kinderbetreuung aus: Immer mehr Kinder gehen nicht selbstverständlich am Wohnort, sondern z. B. am Arbeitsort der Eltern in die Kinderkrippe oder den (Ganztags-)Kindergarten.

Das mag immer noch da und dort als „gemeindeübergreifend mitzufinanzierendes Übel" verstanden werden, es birgt aber auch Chancen, insbesondere für kleinere Gemeinden, nicht alles selbst bereitstellen zu müssen. Die vor Ort nicht vorhandenen Angebote müssen dann aber auch auf Grundlage der geltenden Rechtslage (KiTaG) mitfinanziert werden, oder anders ausgedrückt: Eine vernünftige, faire Kostenbeteiligung an überörtlichen oder auch betriebsnahen oder betrieblichen Kinderbetreuungseinrichtungen erweitert die vorhandene (Träger)Vielfalt, ermöglicht tatsächlich individuellere Lösungen. Zudem stärkt das plurale Angebot tatsächlich die Möglichkeit, Arbeits- und Familienwelt besser unter einen Hut zu bekommen. Interkommunale Kinderbetreuung ist noch nicht überall auf der politischen Agenda, kann aber ein Gewinn für die beteiligten Städte und Gemeinden sein, ohne dass das eigene kommunale Profil darunter leiden muss. Insbesondere für den ländlichen Raum werden innovative interkommunale Konzepte bei Bildung und Betreuung über die Zukunft und die Familienfreundlichkeit kleiner und kleinster Kommunen existentiell sein.

Früher Dialog mit den Eltern

Bei der Weiterentwicklung der Bedarfsplanung zeigt sich immer mehr, dass das Nachfrageverhalten der Eltern in den Blick genommen werden muss. Außerdem bestätigt sich die Methode, frühzeitig in den Dialog mit den Eltern zu treten, um die Bedürfnisse/Bedarfe authentisch zu erfahren. Noch so viele und professionelle Umfragen werden dies nicht leisten können. Selbstverständlich gibt es hierbei Grenzen, auch abhängig von der Größe einer Stadt/Gemeinde, aber die Erfahrungen zeigen, dass es sich lohnt, hier neue Wege in der Planung wie auch in der Herangehensweise zu gehen.

Ausgewogener Mix in der (Klein)Kinderbetreuung ist Standortfaktor

Nicht nur für die Kommunen, sondern auch für die Wirtschaft und die Unternehmen spielt die Ausgestaltung der Infrastruktur in Sachen Bildung und Betreuung eine immer größere Rolle. Hier gilt es, sinnvolle und durchaus im Kleinen beginnende Versuche zu unternehmen und über Kooperationen neue Wege zu gehen.

Kommunalpolitische Weichenstellungen/Prioritäten

Was in den nächsten Jahren in Sachen Ausbau der Kleinkindbetreuung und Veränderungen im Bereich der vorschulischen Bildung und Betreuung auf die Städte und Gemeinden zukommt, wird sowohl von den inhaltlich-qualitativen als auch von den finanziellen Dimensionen eine mehr als große Herausforderung werden. Erkennbar ist schon heute, dass vor Ort die kommunalpolitischen Weichen bzw. Prioritäten gesetzt werden müssen. Das ist nicht einfach, zumal der Spielraum nicht eben groß ist – bezogen auf die darüber hinaus weitere, von den Kommunen wahrzunehmende Aufgabenerfüllung, die in weiten Teilen gewissermaßen vorgegeben ist. Prioritäten können und werden dann zulasten anderer Aufgabenbereiche gehen.

Angesichts der gesellschaftlichen Veränderungen, dem daraus zunehmend entstehenden und in gemeinsamer Verantwortung zu bewältigenden Handlungsdruck, werden sich die politischen Entscheidungen und ihre Auswirkungen mittel- bis langfristig jedoch stark an den Weichenstellungen in Bildung und Betreuung orientieren und letztlich auch messen lassen müssen.

Es zeigt sich bereits jetzt, dass die Umsetzung des Rechtsanspruchs für die Kleinkinder ab 2013 sowie die damit zusammenhängende Finanzierung schwierig wird. Außerdem zeichnet sich aktuell ein signifikanter Fachkräftemangel im Bereich der Kinderbetreuung ab, so dass nicht nur die Schaffung und Finanzierung der Plätze einen enormen Kraftakt in finanzieller Hinsicht darstellt, sondern dass das hierfür notwendige Fachpersonal fehlt. Auch diese beiden zentralen Herausforderungen werden ein Dauerthema in den Verhandlungen mit dem Land bzw. der neuen Landesregierung sein.

Gesetz
über die Betreuung und Förderung von Kindern in Kindergärten, anderen Tageseinrichtungen und der Kindertagespflege (Kindertagesbetreuungsgesetz – KiTaG)

vom 19. Oktober 2010 (GBl. S. 748)

– Text –

§ 1

Geltungsbereich und Begriffsbestimmungen

(1) Dieses Gesetz gilt für Tageseinrichtungen sowie für die Kindertagespflege. Tageseinrichtungen sind

1. Kindergärten, Tageseinrichtungen mit altersgemischten Gruppen und
2. Einrichtungen zur Kleinkindbetreuung (Betreuung in Kinderkrippen).

(2) Kindergärten im Sinne dieses Gesetzes sind Einrichtungen von Trägern der Jugendhilfe, Gemeinden und Zweckverbänden sowie von privat-gewerblichen Trägern, die die rechtlichen und fachlichen Voraussetzungen für den Betrieb der Einrichtung erfüllen, zur Förderung der Entwicklung von Kindern vom vollendeten dritten Lebensjahr bis zum Schuleintritt, soweit es sich nicht um schulische Einrichtungen handelt.

(3) Tageseinrichtungen mit altersgemischten Gruppen im Sinne dieses Gesetzes sind Einrichtungen von Trägern der Jugendhilfe, Gemeinden und Zweckverbänden sowie von privat-gewerblichen Trägern, die die rechtlichen und fachlichen Voraussetzungen für den Betrieb der Einrichtung erfüllen, zur Förderung der Entwicklung von Kindern im Alter unter drei Jahren, vom vollendeten dritten Lebensjahr bis zum Schuleintritt und im schulpflichtigen Alter, soweit es sich nicht um schulische Einrichtungen handelt.

(4) Einrichtungen mit integrativen Gruppen im Sinne dieses Gesetzes sind Einrichtungen, in denen Kinder, die auf Grund ihrer Behinderung einer zusätzlichen Förderung bedürfen, in gemeinsamen Gruppen mit nicht behinderten Kindern betreut werden.

(5) Betriebsformen von Einrichtungen im Sinne der Absätze 2 bis 4 sind insbesondere

1. vor- oder nachmittags geöffnete Gruppen (Halbtagsgruppen);
2. vor- und nachmittags jeweils mehrere Stunden geöffnete Gruppen (Regelgruppen);
3. Gruppen mit verlängerten Öffnungszeiten;
4. Gruppen mit durchgehend ganztägiger Betreuung.

(6) Die Kleinkindbetreuung im Sinne dieses Gesetzes (Betreuung in Kinderkrippen) erfolgt in Einrichtungen von Trägern der Jugendhilfe, Gemeinden und Zweckverbänden sowie von privat-gewerblichen Trägern, die die rechtlichen und fachlichen Voraussetzungen für den Betrieb der Einrichtung erfüllen, zur Förderung der Entwicklung von Kindern bis zur Vollendung des dritten Lebensjahres, die über eine Erlaubnis nach § 45 des Achten Buches Sozialgesetzbuch (SGB VIII) verfügen.

(7) Kindertagespflege ist die Betreuung und Förderung von Kindern durch geeignete Tagespflegepersonen nach § 23 SGB VIII. Die Kindertagespflege wird im Haushalt der

Tagespflegeperson oder im Haushalt eines Personensorgeberechtigten geleistet. Sie kann auch in anderen geeigneten Räumen durchgeführt werden. In der Kindertagespflege dürfen nicht mehr als fünf fremde Kinder von einer Tagespflegeperson gleichzeitig betreut werden. Die Zahl der zu betreuenden Kinder kann in der nach § 43 SGB VIII zu erteilenden Erlaubnis eingeschränkt werden, wenn das Wohl der Kinder ansonsten nicht gewährleistet ist. Näheres regelt die Verwaltungsvorschrift des Ministeriums für Arbeit und Soziales nach § 9 Abs. 1 Nr. 1.

(8) Gruppe im Sinne dieses Gesetzes ist die in den Einrichtungen gebildete, mit Fachkräften nach § 7 ausgestattete und durch Erlaubnis gemäß § 45 SGB VIII zugelassene Organisationsform, in der Kinder pädagogisch gefördert werden.

§ 2

Aufgaben und Ziele

(1) Die Tageseinrichtungen im Sinne von § 1 Abs. 2 bis 4 und 6 sowie die Tagespflegepersonen im Sinne von § 1 Abs. 7 sollen die Entwicklung des Kindes zu einer eigenverantwortlichen und gemeinschaftsfähigen Persönlichkeit fördern, die Erziehung und Bildung des Kindes in der Familie unterstützen und ergänzen und zur besseren Vereinbarkeit von Erwerbstätigkeit und Kindererziehung beitragen. Diese Aufgaben umfassen die Erziehung, Bildung und Betreuung des Kindes nach § 22 Abs. 3 SGB VIII zur Förderung seiner Gesamtentwicklung.

(2) Kinder, die auf Grund ihrer Behinderung einer zusätzlichen Betreuung bedürfen, sollen zusammen mit Kindern ohne Behinderung in Gruppen gemeinsam gefördert werden, sofern der Hilfebedarf dies zulässt. Dies ist auch im Rahmen der kommunalen Bedarfsplanung nach § 3 Abs. 3 angemessen zu berücksichtigen. § 35a SGB VIII und §§ 53, 54 des Zwölften Buches Sozialgesetzbuch (SGB XII) bleiben unberührt.

§ 2a

Förderauftrag und Qualität, Rechtsverordnungen

(1) Die Gemeinden sollen unbeschadet der Verpflichtung des örtlichen Trägers der öffentlichen Jugendhilfe durch geeignete Maßnahmen die Umsetzung des Förderauftrags in den Tageseinrichtungen gemäß § 22a SGB VIII sicherstellen und weiterentwickeln.

(2) Die Qualität in der Kindertagespflege wird durch die Vermittlung von geeigneten Tagespflegepersonen gemäß § 23 Abs. 3 SGB VIII sichergestellt.

(3) Eine Förderung der Kinder in Tageseinrichtungen unter Berücksichtigung der Zielsetzungen des nach § 9 Abs. 2 erstellten Orientierungsplans für Bildung und Erziehung dient dem Förderauftrag nach § 22 SGB VIII.

(4) Das Kultusministerium wird ermächtigt, durch Rechtsverordnung nähere Bestimmungen zu treffen über

1. die verpflichtende Festlegung der personellen Ausstattung (Mindestpersonalschlüssel) von Tageseinrichtungen gemäß § 1 Abs. 1 Nr. 1 und über eine, der Erreichung der in Absatz 3 genannten Ziele dienende, verpflichtende Erhöhung des Mindestpersonalschlüssels,
2. die Finanzierung einer der Erreichung der in Absatz 3 genannten Ziele dienenden weiteren Qualifizierung des in § 7 genannten pädagogischen Personals in Tageseinrichtungen gemäß § 1 Abs. 1 Nr. 1.

§ 3

Aufgaben der Gemeinden und Beteiligung der Träger der freien Jugendhilfe

(1) Die Gemeinden werden zur Durchführung von Aufgaben der Förderung von Kindern in Tageseinrichtungen und in Kindertagespflege herangezogen. Sie haben darauf hinzuwirken, dass für alle Kinder vom vollendeten dritten Lebensjahr bis zum Schuleintritt ein Kindergartenplatz oder ein Platz in einer Tageseinrichtung mit altersgemischten Gruppen zur Verfügung steht. Ferner haben sie darauf hinzuwirken, dass für diese Altersgruppe ein bedarfsgerechtes Angebot an Ganztagsplätzen oder ergänzend Förderung in Kindertagespflege zur Verfügung steht. Dies gilt unbeschadet der Verpflichtung des örtlichen Trägers der öffentlichen Jugendhilfe. § 4 SGB VIII bleibt unberührt.

(2) Die Gemeinden haben unbeschadet der Verpflichtung des örtlichen Trägers der öffentlichen Jugendhilfe auf ein bedarfsgerechtes Angebot an Plätzen in Tageseinrichtungen und in der Kindertagespflege für Kinder unter 3 Jahren nach § 24 Abs. 2 und 3 SGB VIII hinzuwirken. § 24a SGB VIII bleibt unberührt.

(2a) Die erziehungsberechtigten Personen haben die Gemeinde und bei einer gewünschten Betreuung durch eine Tagespflegeperson den örtlichen Träger der öffentlichen Jugendhilfe mindestens sechs Monate vor der beabsichtigten Inanspruchnahme einer Leistung nach Absatz 2 in Kenntnis zu setzen. Die Gemeinde und der örtliche Träger der öffentlichen Jugendhilfe haben dabei im Rahmen ihrer Planung zu berücksichtigen, dass auch ein Bedarf gedeckt werden kann, der aus einem vom Personensorgeberechtigten nicht zu vertretenden Grund kurzfristig entsteht.

(3) Die Gemeinden beteiligen rechtzeitig die nach § 75 SGB VIII anerkannten Träger der freien Jugendhilfe und die privat-gewerblichen Träger, die die rechtlichen und fachlichen Voraussetzungen für den Betrieb der Einrichtung erfüllen, an ihrer Bedarfsplanung. Diese ist dem örtlichen Träger der öffentlichen Jugendhilfe anzuzeigen.

§ 4

Ärztliche Untersuchung

Jedes Kind ist vor der Aufnahme in eine Einrichtung oder in Kindertagespflege ärztlich zu untersuchen.

§ 5

Elternbeirat

(1) Bei den Einrichtungen werden Elternbeiräte gebildet. Sie unterstützen die Erziehungsarbeit und stellen den Kontakt zum Elternhaus her.

(2) Elternbeiräte können sich örtlich und überörtlich sowie landesweit zu Gesamtelternbeiräten zusammenschließen.

§ 6

Bemessung der Elternbeiträge

Die Träger der Einrichtungen können Elternbeiträge so bemessen, dass der wirtschaftlichen Belastung durch den Besuch der Einrichtung sowie der Zahl der Kinder in der Familie angemessen Rechnung getragen wird. Für die Erhebung von Benutzungsgebühren durch kommunale Träger der Einrichtungen gelten an Stelle von Satz 1 die Regelungen des Kommunalabgabengesetzes.

§ 7

Pädagogisches Personal

(1) Fachkräfte in Einrichtungen sind

1. staatlich anerkannte oder graduierte Sozialpädagogen und Sozialpädagoginnen sowie Diplomsozialpädagogen und Diplomsozialpädagoginnen mit Fachhochschulabschluss;
2. staatlich anerkannte Erzieher und Erzieherinnen sowie staatlich anerkannte Erzieher und Erzieherinnen der Fachrichtung Jugend- und Heimerziehung;
3. staatlich anerkannte Kinderpfleger und Kinderpflegerinnen;
4. staatlich anerkannte Heilerziehungspfleger und Heilerziehungspflegerinnen;
5. staatlich anerkannte Heilpädagogen und Heilpädagoginnen;
6. Physiotherapeuten, Physiotherapeutinnen, Krankengymnasten, Krankengymnastinnen, Beschäftigungs- und Arbeitstherapeuten, Beschäftigungs- und Arbeitstherapeutinnen, Logopäden, Logopädinnen sowie Kinderkrankenpfleger und Kinderkrankenschwestern mit abgeschlossener Ausbildung, wenn sie Kinder mit und ohne Behinderung gemeinsam in einer oder mehreren Gruppen betreuen;
7. Diplompädagogen und Diplompädagoginnen;
8. Absolventen der in Baden-Württemberg nach den gesetzlichen Vorschriften eingerichteten Bachelorstudiengänge für frühkindliche Pädagogik.

(2) Das Landesjugendamt kann auf Antrag ausnahmsweise andere Personen als Fachkräfte zulassen, wenn sie nach Vorbildung oder Erfahrung geeignet sind.

(3) Zur Leitung einer Einrichtung oder einer Gruppe sind befugt (Leitungskräfte):

1. Fachkräfte im Sinne des Absatzes 1 Nr. 1, 2, 7 und 8;
2. andere Fachkräfte im Sinne der Absätze 1 und 2, die sich nach Feststellung des Landesjugendamts
   a) auf Grund einer mindestens einjährigen Beschäftigung als Zweitkraft in einer Einrichtung oder Gruppe bewährt,
   b) durch Fortbildung auf die Leitungsaufgaben vorbereitet und
   c) in einem Fachgespräch für diese Aufgaben als geeignet erwiesen haben.

(4) Die Leitungskräfte haben die Aufgabe,

1. zusätzlich zur Erziehung im Elternhaus die Gesamtentwicklung des Kindes zu fördern;
2. mit den Eltern zusammenzuarbeiten;
3. andere, bei der Erfüllung der Aufgaben nach den Nummern 1 und 2 mitwirkende Kräfte in der Einrichtung anzuleiten.

(5) Zweitkräfte unterstützen die Leitungskräfte in der Gruppe. Als Zweitkräfte können Fachkräfte im Sinne der Absätze 1 und 2, insbesondere staatlich anerkannte Kinderpfleger und Kinderpflegerinnen, tätig sein. Als Fachkräfte im Sinne von § 1 Abs. 8 gelten auch Sozialpädagogen, Sozialpädagoginnen, Erzieher, Erzieherinnen, Kinderpfleger und Kinderpflegerinnen während des Berufspraktikums.

(6) Fachkräfte im Sinne der Absätze 1 und 2 und andere Betreuungs- und Erziehungspersonen dürfen in Einrichtungen, auf die dieses Gesetz Anwendung findet und die in Trägerschaft des Landes, eines Landkreises, einer Gemeinde, einer Verwaltungsgemeinschaft, eines Zweck- oder Regionalverbandes stehen, keine politischen, religiösen, weltanschaulichen oder ähnliche äußeren Bekundungen abgeben, die geeignet sind, die

Neutralität des Trägers gegenüber Kindern und Eltern oder den politischen, religiösen oder weltanschaulichen Frieden in Einrichtungen, auf die dieser Absatz Anwendung findet, zu gefährden oder zu stören. Insbesondere ist ein äußeres Verhalten unzulässig, welches bei Kindern oder Eltern den Eindruck hervorrufen kann, dass eine Fachkraft oder eine andere Betreuungs- und Erziehungsperson gegen die Menschenwürde, die Gleichberechtigung der Menschen nach Artikel 3 des Grundgesetzes, die Freiheitsgrundrechte oder die freiheitlich-demokratische Grundordnung auftritt. Die Wahrnehmung des Auftrags nach Artikel 12 Abs. 1 der Verfassung des Landes Baden-Württemberg zur Erziehung der Jugend im Geiste der christlichen Nächstenliebe und zur Brüderlichkeit aller Menschen und die entsprechende Darstellung derartiger Traditionen widerspricht nicht dem Verhaltensgebot nach Satz 1.

(7) Die Einstellung einer Fachkraft im Sinne der Absätze 1 und 2 oder einer anderen Betreuungs- und Erziehungsperson in Einrichtungen nach Absatz 6 Satz 1 setzt als persönliches Eignungsmerkmal voraus, dass sie die Gewähr für die Einhaltung des Absatzes 6 während der gesamten Dauer ihres Arbeitsverhältnisses bietet.

(8) Für die Ableistung eines Praktikums zur Ausbildung als Fachkraft kann im Einzelfall auf Antrag eine Ausnahme von Absatz 6 vorgesehen werden, soweit die Ausübung der Grundrechte es zwingend erfordert und zwingende öffentliche Interessen an der Wahrung der amtlichen Neutralität und des Friedens in der Einrichtung nicht entgegenstehen.

§ 8

Förderung von Einrichtungen freier Träger

(1) Für die Förderung von Einrichtungen freier und privat-gewerblicher Träger im Sinne dieses Gesetzes sind die Gemeinden zuständig. Die Träger von Einrichtungen unterrichten die Standortgemeinde über die Zahl und den Betreuungsumfang auswärtiger Kinder.

(2) Träger von Einrichtungen oder Gruppen nach § 1 Abs. 2 bis 5, die in die Bedarfsplanung nach § 3 Abs. 3 aufgenommen sind, erhalten von der Standortgemeinde einen Zuschuss in Höhe von mindestens 63 Prozent der Betriebsausgaben. Die Erhöhung der Personalausgaben, die sich aus der Veränderung des Mindestpersonalschlüssels nach § 2a Abs. 4 Nr. 1 ergibt, ist den Trägern der Tageseinrichtungen im Sinne von § 1 Abs. 1 Nr. 1 zusätzlich zur Förderung nach Satz 1 in vollem Umfang zu erstatten. Dabei können die Zuschüsse zu den Betriebsausgaben Berücksichtigung finden, die für eine Ausstattung mit pädagogischem Personal geleistet werden, deren Umfang den in der auf der Grundlage von § 2a Abs. 4 Nr. 1 zu erlassenden Rechtsverordnung am 31. August 2010 geltenden Mindestpersonalschlüssel überschreitet.

(3) Träger von Einrichtungen oder Gruppen nach § 1 Abs. 6, die in die Bedarfsplanung nach § 3 Abs. 3 aufgenommen sind, erhalten von der Standortgemeinde einen Zuschuss in Höhe von mindestens 68 Prozent der Betriebsausgaben.

(4) Träger von Einrichtungen oder Gruppen nach § 1 Abs. 2 bis 6, die nicht in die Bedarfsplanung nach § 3 Abs. 3 aufgenommen sind, erhalten für jeden belegten Platz von der Standortgemeinde einen Zuschuss mindestens in Höhe des sich je Kind entsprechend der Betreuungszeit nach §§ 29b und 29c des Finanzausgleichsgesetzes (FAG) im Vorjahr ergebenden Betrags. Erfolgt die Betreuung nicht während des ganzen Jahres, besteht ein Ausgleichsanspruch nur für die Monate, in denen für das Kind in der Einrichtung ein Betreuungsverhältnis besteht.

(5) Eine über die Absätze 2 bis 4 hinausgehende Förderung wird in einem Vertrag zwischen der jeweiligen Gemeinde und dem Einrichtungsträger geregelt.

(6) Die kommunalen Landesverbände schließen mit den Kirchen und den Verbänden der sonstigen freien Träger der Jugendhilfe eine Rahmenvereinbarung über Planung, Betrieb und Finanzierung. Die Rahmenvereinbarung bildet die Grundlage für die Verträge im Sinne von Absatz 5.

§ 8a

Interkommunaler Kostenausgleich für auswärtige Kinder

(1) Die Standortgemeinde hat für auswärtige Kinder bis zum Schuleintritt in Einrichtungen im Sinne von § 1 Abs. 2 bis 6, die in die Bedarfsplanung aufgenommen sind, einen Anspruch auf Kostenausgleich gegenüber der Wohnsitzgemeinde der betreuten Kinder. Erfolgt die Betreuung nicht während des ganzen Jahres, besteht ein Ausgleichsanspruch nur für die Monate, in denen für das Kind in der Einrichtung ein Betreuungsverhältnis besteht.

(2) Für jedes auswärtige Kind unter drei Jahren errechnet sich der Kostenausgleich aus 75 Prozent der auf das auswärtige Kind entfallenden Betriebskosten abzüglich der sich entsprechend der Betreuungszeit nach § 29c Abs. 2 FAG im Vorjahr ergebenden Zuweisung. Der Kostenausgleich wird höchstens bis zu den der Standortgemeinde tatsächlich entstehenden Kosten gewährt.

(3) Für jedes auswärtige Kind vom vollendeten dritten Lebensjahr bis zum Schuleintritt errechnet sich der Kostenausgleich aus 63 Prozent der auf das auswärtige Kind entfallenden Betriebskosten abzüglich der sich entsprechend der Betreuungszeit nach § 29b Abs. 2 FAG im Vorjahr ergebenden Zuweisung.

(4) Die Standortgemeinde hat die Gesamtfinanzierung der Einrichtung gegenüber der Wohnsitzgemeinde auf deren Verlangen offen zu legen.

(5) Der Kostenausgleich nach den Absätzen 2 und 3 ist am 1. Februar des jeweils folgenden Jahres fällig. Am 1. April und 1. September des laufenden Kalenderjahres sind Abschlagszahlungen in Höhe von jeweils 50 Prozent des sich nach den Absätzen 2 und 3 ergebenden Kostenausgleichs auf der Grundlage des Finanzierungsplans der Einrichtung zu leisten.

(6) Die Wohnsitzgemeinde und die Standortgemeinde können von den Absätzen 1 bis 3 und 5 abweichende Regelungen vereinbaren. Sie können sich dabei insbesondere abweichend von der Berechnung des Kostenausgleichs nach Absatz 2 Satz 1 beziehungsweise Absatz 3 Satz 1 auf Ausgleichsbeträge einigen, die in gemeinsamen Empfehlungen des Städtetags Baden-Württemberg und des Gemeindetags Baden-Württemberg über die Höhe des interkommunalen Ausgleichs bei der Betreuung auswärtiger Kinder festgelegt sind oder eine andere Höhe des Kostenausgleichs vereinbaren. Für Einrichtungen in der Trägerschaft von Zweckverbänden gelten die Absätze 1 bis 3 nur für Wohnsitzgemeinden, die nicht Mitglied des Zweckverbands sind.

§ 8b

Förderung der Kindertagespflege

(1) Für die Förderung der Kindertagespflege im Sinne dieses Gesetzes sind die Landkreise, die Stadtkreise und die nach § 5 Kinder- und Jugendhilfegesetz für Baden-Württemberg zu örtlichen Trägern bestimmten kreisangehörigen Gemeinden als örtliche Träger der öffentlichen Jugendhilfe zuständig.

(2) Eine laufende Geldleistung nach § 23 SGB VIII wird von örtlichen Trägern der öffentlichen Jugendhilfe an die Tagespflegeperson für ein von ihr betreutes Kind gewährt, für das ein Betreuungsbedarf im Sinne von § 24 in Verbindung mit § 24a SGB VIII fest-

gestellt ist. Maßgebend hierfür sind die in den jeweils geltenden Empfehlungen des Landkreistags Baden-Württemberg, des Städtetags Baden-Württemberg sowie des Kommunalverbands für Jugend und Soziales Baden-Württemberg für die entsprechenden Betreuungszeiten festgesetzten Beträge.

(3) Für die Betreuung von Kindern unter drei Jahren sind bei der Bemessung der Kostenbeteiligung der Personensorgeberechtigten die Zuweisungen nach § 29c FAG zu berücksichtigen.

(4) Der örtliche Träger der öffentlichen Jugendhilfe hat für die in Kindertagespflege nach Absatz 2 auswärts betreuten Kinder unter drei Jahren einen Anspruch auf Kostenausgleich gegenüber dem örtlichen Träger der öffentlichen Jugendhilfe, in dessen Bereich das Kind betreut wird, in Höhe der für das Kind im laufenden Jahr gewährten Zuweisung nach § 29c FAG. Die örtlichen Träger der öffentlichen Jugendhilfe können eine von Satz 1 abweichende Regelung vereinbaren.

§ 8c

Förderung der Betreuungsangebote durch das Land

Das Land unterstützt die Gemeinden und örtlichen Träger der öffentlichen Jugendhilfe bei der Bereitstellung eines bedarfsgerechten Betreuungsangebots in Tageseinrichtungen und in der Kindertagespflege durch Zuweisungen nach Maßgabe des Finanzausgleichsgesetzes.

§ 9

Verwaltungsvorschriften, Orientierungsplan für Bildung und Erziehung

(1) Das Kultusministerium und das Sozialministerium erlassen im Einvernehmen mit dem jeweils berührten Ministerium Verwaltungsvorschriften über

1. **die Ausgestaltung der Kindertagespflege und die Förderung der Strukturen in der Kindertagespflege durch das Land,**
2. **die ärztliche Untersuchung nach § 4,**
3. **die Bildung und Aufgaben der Elternbeiräte nach § 5.**

(2) Das Kultusministerium entwickelt im Benehmen mit dem jeweils berührten Ministerium mit Beteiligung der Trägerverbände und den kommunalen Landesverbänden Zielsetzungen für die Elementarerziehung, die in dem Orientierungsplan für Bildung und Erziehung festgelegt werden. Dabei spielt die ganzheitliche Sprachförderung eine zentrale Rolle. Satz 1 gilt entsprechend für Änderungen des Orientierungsplans für Bildung und Erziehung.

(3) Der Orientierungsplan für Bildung und Erziehung wird im Amtsblatt des Kultusministeriums bekannt gegeben.

§ 10

Übergangsregelung zu §§ 8 Abs. 4 und 8a Abs. 2 und 3

(1) Die sich aus § 29b Abs. 2 Satz 1 und 3 FAG nach der Zahl der in Tageseinrichtungen auf dem Gebiet der Gemeinde betreuten Kinder, die das dritte aber noch nicht das siebente Lebensjahr vollendet haben, ergebenden Beträge werden im Jahr 2009 mit dem Faktor 2, im Jahr 2010 mit dem Faktor 1,67, im Jahr 2011 mit dem Faktor 1,43 und im Jahr 2012 mit dem Faktor 1,25 multipliziert. Die Zuschüsse des Landes für die Kindergärten und Tageseinrichtungen mit altersgemischten Gruppen in den Gemeinden für das Jahr 2002 im Sinne von § 29b Abs. 2 Satz 2 FAG bleiben unberücksichtigt.

(2) Abweichend von § 8 Abs. 4 ergibt sich im Jahr 2009 der Zuschuss mindestens aus dem Betrag, der sich auf der Grundlage der ersten FAG-Teilzahlung 2009 für das ganze Jahr errechnet.

(3) Abweichend von § 8a Abs. 2 und 3 ist für die Feststellung des Kostenausgleichs im Jahr 2009 ein Betrag nach dem Finanzausgleichsgesetz zu Grunde zu legen, der sich auf der Grundlage der ersten FAG-Teilzahlung 2009 für das ganze Jahr ergibt.

Gesetz über die Betreuung und Förderung von Kindern in Kindergärten, anderen Tageseinrichtungen und der Kindertagespflege (Kindertagesbetreuungsgesetz – KiTaG)

vom 19. Oktober 2010 (GBl. S. 748)

– Kommentar –

§ 1

Geltungsbereich und Begriffsbestimmungen

(1) Dieses Gesetz gilt für Tageseinrichtungen sowie für die Kindertagespflege. Tageseinrichtungen sind

1. Kindergärten, Tageseinrichtungen mit altersgemischten Gruppen und

2. Einrichtungen zur Kleinkindbetreuung (Betreuung in Kinderkrippen).

(2) Kindergärten im Sinne dieses Gesetzes sind Einrichtungen von Trägern der Jugendhilfe, Gemeinden und Zweckverbänden sowie von privat-gewerblichen Trägern, die die rechtlichen und fachlichen Voraussetzungen für den Betrieb der Einrichtung erfüllen, zur Förderung der Entwicklung von Kindern vom vollendeten dritten Lebensjahr bis zum Schuleintritt, soweit es sich nicht um schulische Einrichtungen handelt.

(3) Tageseinrichtungen mit altersgemischten Gruppen im Sinne dieses Gesetzes sind Einrichtungen von Trägern der Jugendhilfe, Gemeinden und Zweckverbänden sowie von privat-gewerblichen Trägern, die die rechtlichen und fachlichen Voraussetzungen für den Betrieb der Einrichtung erfüllen, zur Förderung der Entwicklung von Kindern im Alter unter drei Jahren, vom vollendeten dritten Lebensjahr bis zum Schuleintritt und im schulpflichtigen Alter, soweit es sich nicht um schulische Einrichtungen handelt.

(4) Einrichtungen mit integrativen Gruppen im Sinne dieses Gesetzes sind Einrichtungen, in denen Kinder, die auf Grund ihrer Behinderung einer zusätzlichen Förderung bedürfen, in gemeinsamen Gruppen mit nicht behinderten Kindern betreut werden.

(5) Betriebsformen von Einrichtungen im Sinne der Absätze 2 bis 4 sind insbesondere

1. vor- oder nachmittags geöffnete Gruppen (Halbtagsgruppen);

2. vor- und nachmittags jeweils mehrere Stunden geöffnete Gruppen (Regelgruppen);

3. Gruppen mit verlängerten Öffnungszeiten;

4. Gruppen mit durchgehend ganztägiger Betreuung.

(6) Die Kleinkindbetreuung im Sinne dieses Gesetzes (Betreuung in Kinderkrippen) erfolgt in Einrichtungen von Trägern der Jugendhilfe, Gemeinden und Zweckverbänden sowie von privat-gewerblichen Trägern, die die rechtlichen und fachlichen Voraussetzungen für den Betrieb der Einrichtung erfüllen, zur Förderung der Entwicklung von Kindern bis zur Vollendung des dritten Lebensjahres, die über eine Erlaubnis nach § 45 des Achten Buches Sozialgesetzbuch (SGB VIII) verfügen.

(7) Kindertagespflege ist die Betreuung und Förderung von Kindern durch geeignete Tagespflegepersonen nach § 23 SGB VIII. Die Kindertagespflege wird im Haushalt der Tagespflegeperson oder im Haushalt eines Personensorgeberechtigten geleistet. Sie kann auch in anderen geeigneten Räumen durchgeführt werden. In der Kindertages-

pflege dürfen nicht mehr als fünf fremde Kinder von einer Tagespflegeperson gleichzeitig betreut werden. Die Zahl der zu betreuenden Kinder kann in der nach § 43 SGB VIII zu erteilenden Erlaubnis eingeschränkt werden, wenn das Wohl der Kinder ansonsten nicht gewährleistet ist. Näheres regelt die Verwaltungsvorschrift des Ministeriums für Arbeit und Soziales nach § 9 Abs. 1 Nr. 1.

(8) Gruppe im Sinne dieses Gesetzes ist die in den Einrichtungen gebildete, mit Fachkräften nach § 7 ausgestattete und durch Erlaubnis gemäß § 45 SGB VIII zugelassene Organisationsform, in der Kinder pädagogisch gefördert werden.

Erläuterungen

Übersicht

1. Geltungsbereich (Absatz 1)
2. Definition „Kindergarten" (Absatz 2)
3. Definition „Tageseinrichtung mit altersgemischten Gruppen" (Absatz 3)
4. Definition „Einrichtungen mit integrativen Gruppen" (Absatz 4)
5. Betriebsformen (Absatz 5)
6. Definition „Kleinkindbetreuung", Abgrenzung Betreute Spielgruppe (Absatz 6)
7. Definition „Kindertagespflege", Durchführung (Absatz 7)
8. Definition „Gruppe" (Absatz 8)

1. Geltungsbereich (Absatz 1)

In Absatz 1 wurde der Geltungsbereich des Kindergartengesetzes i. d. F. vom 8.4.2003 (GBl. S. 161) im Vergleich zu der davor letzten Fassung vom 15.3.1999 (GBl. S. 151) um die Kleinkindbetreuung (Betreuung in Kinderkrippen) und die Kindertagespflege erweitert. Diese Betreuungsformen sind seit dem Konzept der Landesregierung „Kinderfreundliches Baden-Württemberg" aus dem Jahr 2001 wesentliche Elemente auf dem Weg zum „Kinderland Baden-Württemberg". Begriffserläuterungen Tagespflege und Kleinkindbetreuung s. Erl. zu Absatz 6 und 7.

Die Neuregelung des Geltungsbereiches mit der Novellierung 2010 in Absatz 1 stellt keine inhaltliche Veränderung dar, sondern dient einer klareren Darstellung. Zielgruppe der in Absatz 1 Satz 2 Nr. 1 genannten Tageseinrichtungen sind Kinder vom vollendeten dritten Lebensjahr bis zum Schuleintritt. Die Betreuung von Kindern unter drei Jahren in Tageseinrichtungen (Kinderkrippen) ist in Absatz 1 Satz 2 Nr. 2 aufgeführt (LT-Drs. 14/6696 S. 13).

Es handelt sich daher um keine materiell-rechtliche Änderung des Geltungsbereiches, sondern um eine deklaratorische Differenzierung, die wegen der politischen Übereinkunft in Bezug auf den Orientierungsplan notwendig wurde. Die politische Übereinkunft bezieht sich explizit nicht auf den Kleinkind- bzw. Krippenbereich (s. Erl. zu § 2a Abs. 3).

2. Definition „Kindergarten" (Absatz 2)

Als **Kindergarten** bezeichnet das Gesetz die klassischen Tageseinrichtungen für Kinder vom vollendeten dritten Lebensjahr bis zum tatsächlichen Schuleintritt, also nicht nur bis zum Beginn der Schulpflicht. Keine Kindergärten sind somit Einrichtungen, die Kinder vor Vollendung des dritten Lebensjahres aufnehmen. Sie werden als Kinderkrippen oder Einrichtungen zur Kleinkindbetreuung bezeichnet. Ebenso grenzt das Gesetz den Kindergarten vom klassischen Schülerhort bzw. vom Hort an der Schule ab. Auch die so genannte Kernzeitenbetreuung bzw. die Betreuungsangebote der „Verlässlichen Grundschule" sind keine Kindergärten i. S. des Gesetzes. Diese Einrichtungen haben die Aufgabe, Schüler außerhalb des Schulunterrichts zu betreuen.

Durch das „Gesetz zur Änderung des Kindertagesbetreuungsgesetzes und des Finanzausgleichsgesetzes" i. d. F. vom 19.3.2009 (GBl. S. 161) wurde Absatz 2 im Vergleich zur bisherigen Regelung dahingehend erweitert, dass nunmehr auch Einrichtungen **„privat-gewerblicher Träger"** Kindergärten i. S. des KiTaG sind, soweit diese **„die rechtlichen und fachlichen Voraussetzungen für den Betrieb der Einrichtung erfüllen"**. Damit erfolgt eine Gleichstellung dieser mit den freien Trägern, die auch bisher Kindergärten i. S. d. KiTaG waren. Zukünftig fallen deshalb insbesondere auch Betriebskindergärten unter den Begriff der Kindergärten i. S. d. KiTaG.

Hintergrund für diese wesentliche Erweiterung des gesetzlichen Geltungsbereiches ist die Ergänzung des § 74a SGB VIII im Rahmen des Kinderförderungsgesetzes – KiföG.

In der Gesetzesbegründung (LT-Drs. 14/3659 S. 14) heißt es: *„Mit der Einfügung des § 74a SGB VIII durch das Tagesbetreuungsausbaugesetz sollte den Ländern die Möglichkeit eröffnet werden, privat-gewerbliche Träger von Tageseinrichtungen in die Finanzierung einzubeziehen. Deren Engagement trägt zur Erreichung des Ausbauziels, aber auch zur Gewährleistung eines pluralen Angebotes an Betreuungseinrichtungen bei. Entsprechend der im Rahmen des Kinderförderungsgesetzes erfolgten Ergänzung des § 74a SGB VIII stellt die Einfügung von Satz 2 klar, dass privat-gewerbliche Einrichtungen gefördert werden können, wenn sie die rechtlichen und fachlichen Voraussetzungen für den Betrieb der Einrichtung erfüllen."*

Für die Anerkennung von privat-gewerblichen Trägern betriebener Einrichtungen als Kindergärten i. S. des KiTaG müssen also die rechtlichen und fachlichen Voraussetzungen für den Betrieb der Einrichtung erfüllt sein. Das Vorliegen der rechtlichen Voraussetzungen wird im Rahmen der Erteilung einer Betriebserlaubnis nach § 45 SGB VIII in Baden-Württemberg durch das Landesjugendamt beim Kommunalverband für Jugend und Soziales (KVJS) geprüft. Liegt eine gültige Betriebserlaubnis nach § 45 SGB VIII vor, kann von der Erfüllung der rechtlichen Voraussetzungen durch den Träger grundsätzlich ausgegangen werden.

Welche Anforderungen hingegen an das Vorliegen der fachlichen Voraussetzungen zu stellen sind, wurde vom Gesetzgeber nicht definiert und ist somit unklar. Lediglich aus dem „Entwurf eines Gesetzes zur Förderung von Kindern unter drei Jahren in Tageseineinrichtungen und in der Kindertagespflege (Kinderförderungsgesetz – KiföG)" der Fraktionen CDU/CSU und SPD (BT-Drs. 16/9299 S. 18) ergibt sich, dass zu den Voraussetzungen auch die Erfüllung fachlicher Standards gehöre, die vom Land und/oder den Kommunen aufgestellt werden.

Derartige Standards gibt es landesweit gültig in Baden-Württemberg in Bezug auf die Mindestpersonalausstattung sowie auf die Gruppengröße jeweils bezogen auf die Betriebsform (vgl. Abs. 5), die im Rahmen der **Erteilung der Betriebserlaubnis** gruppen- und einrichtungsspezifisch festgelegt werden. Darüber hinausgehende – landesweit gültige – fachliche Standards wurden bisher in Baden-Württemberg nicht aufgestellt (Anmerkung: Von landesweit einheitlichen fachlichen Standards zu unterscheiden sind zum Teil existierende, trägerspezifische fachliche Empfehlungen).

Daher wird vom Vorliegen der fachlichen Voraussetzungen bis auf Weiteres dann auszugehen sein, wenn zum einen die Mindeststandards bezogen auf die Personalausstattung und die Gruppengröße, zum anderen aber auch allgemein anerkannte Rahmenbedingungen erfüllt werden. Hierzu gehört beispielsweise, dass

- die **Qualifikation** des eingesetzten Personals ausreichend ist,
- eine **fachliche Konzeption** für die Einrichtung existiert,
- die Bereitschaft, Vereinbarungen nach § 8a Abs. 2 Satz 1 SGB VIII (Schutzauftrag) oder nach § 72a Satz 3 SGB VIII (Beschäftigung geeigneten Personals) abzuschließen, besteht.

Im Rahmen der Erteilung einer Betriebserlaubnis wird überprüft, ob eine ausreichende personelle Besetzung (mit der erforderlichen Qualifikation) für die vorgesehene Betriebs- und Betreuungsform sowie die erforderlichen Räumlichkeiten für eine maximal zulässige Gruppengröße zur Verfügung steht, so dass im Rahmen der Feststellung dieser sogenannten Mindestkriterien für die Erteilung einer Betriebserlaubnis letztlich auch Mindestanforderungen der fachlichen Voraussetzungen überprüft werden.

Kindergärten sind auch Einrichtungen, die ausschließlich für körperlich, geistig oder seelisch behinderte Kinder geführt werden, wenn sie ansonsten die Merkmale eines Kindergartens aufweisen. Zur integrativen Erziehung behinderter mit nicht behinderten Kindern s. Erl. zu § 2 KiTaG.

3. Definition „Tageseinrichtung mit altersgemischten Gruppen" (Absatz 3)

Tageseinrichtungen mit altersgemischten Gruppen sind solche Einrichtungen, in denen nicht nur Kinder im Kindergartenalter, sondern auch Kleinkinder unter drei Jahren und Schulkinder in gemeinsamen Gruppen betreut werden. Das Gesetz gibt keine bestimmten Anteile der einzelnen Altersgruppen der Kinder vor. Allerdings gliedert Absatz 3 die Altersstruktur in drei Gruppen, weshalb Kinder im Alter unter drei Jahren, vom vollendeten dritten Lebensjahr bis zum Schuleintritt und Kinder im schulpflichtigen Alter betreut werden müssen, soweit es sich nicht um eine schulische Einrichtung handelt. Im Übrigen ergibt sich aus den Mindestbedarfskriterien zur Erteilung einer Betriebserlaubnis, dass bei altersgemischten Angebotsformen die Anzahl der Kinder im Kindergartenalter überwiegen muss.

Als Zweck der altersgemischten Gruppe sah bereits das Kindergartengesetz vom 9.4.2003 (GBl. S. 164) die Förderung der Entwicklung der Kinder in den drei Altersbereichen zu eigenverantwortlichen und gemeinschaftsfähigen Persönlichkeiten in gemeinsamen Gruppen an (vgl. § 1 Abs. 3 KGaG). Auch wenn im Folgenden durch das „Gesetz zur Änderung des Kindergartengesetzes vom 14.2.2006"(GBl. S. 30) bereits die Worte „zu eigenverantwortlichen und gemeinschaftsfähigen Persönlichkeiten in gemeinsamen Gruppen" gestrichen wurden, erfolgte dies laut der Begründung des Gesetzesentwurfs (LT-Drs. 13/4869 S. 10) aus redaktionellen Gründen. Der ursprüngliche Zweck einer altersgemischten Gruppe hingegen, neben Kindern im Kindergartenalter auch jüngere und ältere Kinder nicht nur aufzunehmen, sondern sie auch gemeinsam in einer altersgemischten Gruppe zu fördern, wurde durch die redaktionelle Änderung nicht aufgegeben (VG Stuttgart, Urt. vom 14.10.2008 – Az. 5 K 4299/07). Somit ist weiteres Erfordernis der Anerkennung als altersgemischte Gruppe, dass das pädagogische Konzept diesen Anforderungen genügt.

Absatz 3 wurde im Vergleich zur Vorgängerregelung ebenfalls um die „privat-gewerblichen Träger, die die rechtlichen und fachlichen Voraussetzungen für den Betrieb der Einrichtung erfüllen", ergänzt (vgl. hierzu Erl. zu Absatz 2).

Altersgemischte Gruppen können mit unterschiedlicher Öffnungszeit geführt werden. Die Betreuungszeiten für Kinder, die nicht im Kindergartenalter sind, nehmen eine maßgebliche Zeit (mindestens zwei Stunden täglich) ein. Die maximale Gruppengröße hängt jeweils sehr stark davon ab, wie die Alterszusammensetzung der Kinder innerhalb der Gruppe tatsächlich aussieht. Als Grundregel gilt: Je höher die Anzahl der Kleinkinder in einer Gruppe ist, desto kleiner ist die Anzahl der Kinder in dieser Gruppe insgesamt. In der Praxis wird dies konkret so gehandhabt, dass in der Regel ein Platz für ein Kind unter drei Jahren zwei Plätzen von Kindern über drei Jahren entspricht. Insgesamt muss die

Zahl der Kinder im Kindergartenalter überwiegen. Zu den Beschreibungen der Betriebs- und Betreuungsformen des KVJS in Bezug auf den Antrag oder die Änderung einer Betriebserlaubnis s. Anhang.

Der Kindergarten wie auch die altersgemischt geführte Tageseinrichtung sind Einrichtungen der jeweiligen Träger. Kindergärten wie auch entsprechende altersgemischt geführte Einrichtungen setzen daher eine **Einrichtung** voraus. Zum Begriffsinhalt der Einrichtung gehören in der Regel feste, für eine gewisse Dauer diesem Zweck gewidmete Räume. Absolut zwingend ist dies jedoch nicht. Es muss aber von einer bestimmten Organisationseinheit ausgegangen werden können. Die ausschließliche Betreuung im Freien, wie z. B. bei Waldkindergärten, schließt somit eine Tageseinrichtung i. S. des Gesetzes nicht aus. Ein Kindergarten bzw. eine entsprechende altersgemischt geführte Tageseinrichtung kann jedoch nicht angenommen werden, wenn die Kinder in ständig wechselnden Räumen betreut werden. Zum Geltungsbereich des Gesetzes gehört deshalb nicht eine Kinderbetreuung im Wechsel in Familienwohnungen, beispielsweise im Rahmen von Elternkreisen.

4. Definition „Einrichtungen mit integrativen Gruppen" (Absatz 4)

Die Vorschrift definiert die Betreuungsform der Einrichtung mit **integrativen Gruppen**. Einrichtungen mit integrativen Gruppen haben das Ziel, Kinder, die aufgrund ihrer Behinderung einer zusätzlichen Betreuung bedürfen, zusammen mit anderen Kindern gemeinsam zu fördern. Sie leisten damit einen Beitrag zur Integration und Toleranz (vgl. Erl. zu § 2 Abs. 2). In den Erläuterungen des KVJS zur Erteilung einer Betriebserlaubnis nach § 45 SGB VIII heißt es:

„Jede Gruppe kann als Integrative Gruppe im Sinne des § 1 Abs. 4 KiTaG geführt werden, sofern mindestens ein Kind mit Behinderung im Sinne des § 2 SGB IX aufgenommen wird. Der höhere Aufwand einer Integrativen Gruppe und ein individueller zusätzlicher Förderaufwand erfordern einen entsprechend gesteigerten Personal- und Sachaufwand. Als gesteigerter Sachaufwand gilt insbesondere spezielles Spielmaterial und/oder der durch Reduzierung der Gruppenstärke bedingte Ausfall von Elternbeiträgen."

Die Absätze 2 bis 4 normieren die **Betreuungsformen** nach dem KiTaG. Innerhalb jeder dieser Betreuungsformen kann es unterschiedliche **Betriebsformen** geben.

5. Betriebsformen (Absatz 5)

Die Vorschrift zählt wichtige **Betriebsformen** in Kindergärten und altersgemischten Gruppen als Grundlage für die Bedarfsplanung und Förderung nach § 8 KiTaG exemplarisch auf. Die Aufzählung ist nicht abschließend, da durch das Wort „insbesondere" klargestellt ist, dass weitere Betriebsformen möglich sind. Trotzdem sind in den aufgezählten Betriebsformen die „Grundtypen" nach dem alten KGaG (i. d. F. vom 15.2.1999) zu sehen, welches noch von einer abschließenden Aufzählung der sieben Betreuungsformen ausging. Sie bilden nach wie vor die Mehrheit an Gruppenarten in Baden-Württemberg, auch wenn bereits mit der Novellierung des KGaG mit dem „Gesetz zur Änderung des Kindergartengesetzes und des Finanzausgleichsgesetzes vom 8.4.2003 (GBl. S. 161)" von einer abschließenden Aufzählung abgesehen wurde. Seitdem besteht genügend Raum für andere, den örtlichen Verhältnissen entsprechende Ausgestaltungen.

In den vom KVJS herausgegebenen Rahmenbedingungen – s. Anhang 2 – sind die Betriebsformen nach **§ 1 Abs. 5** wie folgt beschrieben:

Nr. 1: Vor- oder nachmittags geöffnete Gruppen (Halbtagsgruppen) sind danach Gruppen mit einer täglichen Vor- **oder** Nachmittagsbetreuung mit mind. drei Stunden.

Nr. 2: Vor- und nachmittags jeweils mehrere Stunden geöffnete Gruppen (Regelgruppen) sind Gruppen, die vor- **und** nachmittags geöffnet haben, mit einer Unterbrechung am Mittag.

Nr. 3: Gruppen mit verlängerten Öffnungszeiten sind danach Gruppen mit einer durchgängigen, d. h. ununterbrochenen Öffnungszeit von mind. sechs Stunden am Tag.

Nr. 4: Gruppen mit durchgehend ganztägiger Betreuung sind danach Gruppen, in denen mehrere Kinder durchgehend über sieben Stunden am Tag betreut und warme Mahlzeiten sowie Schlafmöglichkeiten angeboten werden.

Die kompletten Rahmenbedingungen des KVJS, insbesondere auch die personellen Mindest-Standards, differenziert nach den Gruppenarten, können unter www.kvjs.de/jugendhilfe/kinderbetreuung heruntergeladen werden und finden sich im Anhang 2.

6. Definition „Kleinkindbetreuung", Abgrenzung Betreute Spielgruppe (Absatz 6)

Die Regelung definiert den Begriff der **Kleinkindbetreuung** (Betreuung in Kinderkrippen) als Betreuungsform für Kleinkinder bis zu drei Jahren. Neu eingeführt wurde auch hier die Möglichkeit einer privat-gewerblichen Trägerschaft, die die rechtlichen und fachlichen Voraussetzungen für den Betrieb der Einrichtung erfüllt (vgl. Erl. zu Absatz 2).

Darüber hinaus stellt Absatz 6 klar, dass die Kleinkindbetreuung nur in Einrichtungen von Trägern der Jugendhilfe, Gemeinden und Zweckverbänden sowie von privat-gewerblichen Trägern erfolgt, die über eine Erlaubnis nach § 45 SGB VIII verfügen. Im Umkehrschluss liegt demnach keine Einrichtung zur Kleinkindbetreuung in diesem Sinne vor, wenn eine Betriebserlaubnis (noch) nicht erteilt wurde.

Die Abgrenzung zu Betreuten Spielgruppen ist nur noch in der wöchentlichen Mindestöffnungszeit erkennbar. Das KiTaG spricht in der Gesetzesbegründung (LT-Drs.14/3659 S. 17) zu § 8 KiTaG (Förderung freier Träger) davon, dass Voraussetzung für eine Förderung durch die Gemeinde eine Betriebserlaubnis ist. Weiter heißt es wörtlich: „Die Mindestöffnungszeit für eine betriebserlaubnispflichtige Einrichtung beträgt 10 Stunden wöchentlich."

Im Umkehrschluss bedeutet dies, dass der Träger einer Betreuten Spielgruppe nur dann eine gemeindliche Förderung erhalten kann, wenn er eine Betriebserlaubnis hat und mindestens zehn Stunden/Woche geöffnet hat. Bei den Anforderungen für Kinderkrippen geht man von einer wöchentlichen Mindestöffnungszeit von 15 Stunden aus.

7. Definition „Kindertagespflege", Durchführung (Absatz 7)

Die ursprüngliche Regelung des § 1 Abs. 7 KGaG i. d. F. vom 9.4.2003 (GBl. S. 164) wurde bereits mit dem „Gesetz zur Änderung des Kindergartengesetzes" i. d. F. vom 14.2.2006 (GBl. S. 30) dahingehend geändert und ergänzt, dass in Satz 1 das Wort „Tagespflege" durch „Kindertagespflege" ersetzt wurde und die Sätze 2 bis 5 angehängt wurden. Im Rahmen des „Gesetzes zur Änderung des Kindertagesbetreuungsgesetzes und des Finanzausgleichsgesetzes" i. d. F. vom 19.3.2009 (GBl. S. 161) wurde dann die Angabe „gemäß" in Satz 1 durch „nach" ersetzt.

Der Begriff der **Kindertagespflege** ist in Satz 1 legaldefiniert. Soweit dieser die Betreuung und Förderung von Kindern durch geeignete Tagespflegepersonen voraussetzt, ergeben sich die Anforderungen an die Geeignetheit der Tagespflegepersonen aus § 23 Abs. 3 SGB VIII, weshalb ein entsprechender Verweis erfolgt. Geeignet sind demnach Tagespflegepersonen, die sich durch ihre Persönlichkeit, Sachkompetenz und Kooperationsbereitschaft mit Erziehungsberechtigten und anderen Tagespflegepersonen auszeichnen und über kindgerechte Räumlichkeiten verfügen, § 23 Abs. 3 Satz 1 SGB VIII. Zudem sollen sie über vertiefte Kenntnisse hinsichtlich der Anforderungen der Kindertagespflege verfügen, die sie in qualifizierten Lehrgängen erworben oder in anderer Weise nachgewiesen haben (*Wiesner*, § 23 Rdnr. 24 ff.).

Die Sätze 2 und 3 ermöglichen die Durchführung der Kindertagespflege auch in anderen geeigneten Räumen. Als Grundvoraussetzung sind hierbei die Sicherheit, Sauberkeit sowie das Vorhandensein von Ruheplätzen erforderlich. Ferner müssen durch die Möglichkeit von Bewegung, Spiel, Begegnung und Erkundung die Entwicklung gefördert und anregende Erfahrungen in den Räumlichkeiten ermöglicht werden (*Wiesner*, § 23 Rdnr. 24; ebenso Tagesmütter BV, S. 20).

Die Sätze 4 und 5 dienen der Sicherung der Qualität in Kindertageseinrichtungen entsprechend § 43 SGB VIII. Im Interesse des Kindeswohls wird in Satz 4 festgelegt, dass von einer Tagespflegeperson nicht mehr als fünf Kinder gleichzeitig betreut werden dürfen, wobei nach Satz 5 die Zahl der zu betreuenden Kinder in der Erlaubnis weiter eingeschränkt werden kann, wenn z. B. behinderte Kinder betreut werden oder die Räumlichkeiten begrenzt sind (vgl. hierzu Begründung zum Gesetzesentwurf zum „Gesetz zur Änderung des Kindergartengesetzes" der Fraktionen der CDU, FDP/DVP vom 25.11.2005 – LT-Drs. 13/4869 S. 3, 10 f.).

Satz 6 verweist im Übrigen auf die unter § 9 Abs. 1 Nr. 2 der „Verwaltungsvorschrift des Ministeriums für Arbeit und Soziales" getroffenen näheren Regelungen (Anhang).

8. Definition „Gruppe" (Absatz 8)

Die **Gruppe** als fachlich geleitete Untereinheit der Gesamteinrichtung ist insofern bedeutsam, als sie kraft ausdrücklicher gesetzlicher Bestimmungen mit (mehreren) Fachkräften nach § 7 KiTaG ausgestattet sein muss.

Nicht erforderlich ist es, dass dieselbe Fachkraft ausschließlich einer Gruppe zugeordnet ist. Vielmehr ist eine zeitanteilige Tätigkeit derselben Fachkraft in mehreren Gruppen möglich (z. B. als Zweitkraft für zwei Gruppen).

Die Verpflichtung zur Fachkräfteausstattung gilt grundsätzlich auch für eingruppige Einrichtungen. Für „Kleingruppen" (mit bis zu 15 Kindern) gelten jedoch zu Recht Ausnahmen, da diese auch unter fachlichen Gesichtspunkten nicht mit Fachkräften als Zweitkräften ausgestattet sein müssen. Vielmehr genügt bei ihnen eine zweite Aufsichtsperson.

Zur Thematik der Aufsichtspflicht bei eingruppigen Einrichtungen hat das **Landesjugendamt/KVJS am 16.2.2009 folgendes Rundschreiben** (KVJS-Rundschreiben Dez. 4-03/2009, Az. 42 vom 16.2.2009) veröffentlicht:

*„Im Rahmen unserer Aufgaben zum Schutz von Kindern in Tageseinrichtungen nach § 45 SGB VIII hatten wir bisher die Auffassung vertreten, dass bei **eingruppigen** Halbtags- und Regelkindergärten bis zur Anwesenheit von 10 Kindern eine Fachkraft und eine zuverlässig geregelte Rufbereitschaft ausreichend ist, ebenso bei allen anderen **eingruppigen** Betriebsformen (z. B. Ganztagskindergarten), wenn weniger als die Hälfte der Kinder der jeweils geltenden Höchstgruppenstärke anwesend sind. Aufgrund einer Anfrage eines Kindergartenträgers an die Unfallkasse Baden-Württemberg zur Aufsichtspflicht, gab diese Auskunft, dass bei eingruppigen Einrichtungen auch bei einer Anwesenheit von weniger als 10 Kindern stets die Anwesenheit einer zweiten Aufsichtsperson erforderlich ist. Sofern nicht für das Vorhandensein von mindestens zwei Aufsichtskräften gesorgt sei, verletze der Kindergarten seine Aufsichtspflicht, was Schadensersatzansprüche nach § 823 BGB nach sich ziehen könne, wenn einem Kind mangels Beaufsichtigung etwas zustößt. Nach einem längeren Klärungsprozess mit der Unfallkasse hat diese an ihrer Auffassung festgehalten und vertritt weiterhin die Ansicht, dass mit unserer bisherigen Regelung die Aufsichtspflicht in Kindertageseinrichtungen nicht erfüllt sei. In Abstimmung mit dem Kultusministerium, Sozialministerium und den Kommunalen Landesverbänden sehen wir vor diesem Hintergrund die Notwendigkeit, unsere bisherige Handhabung – auch zum Schutz der Träger von Kindertageseinrichtungen vor Haftungsrisiken – zu ändern. Bei der zukünftigen Erteilung von Betriebserlaubnissen für eingruppige Einrichtungen werden wir bei ei-*

ner Anwesenheit von weniger als 10 Kindern als personelle Mindestbesetzung neben der Gruppenleitung grundsätzlich eine zweite anwesende Aufsichtsperson zugrunde legen. Wir halten es aber weiterhin für ausreichend, wenn in Halbtags- und Regelkindergärten bei einer Anwesenheit von bis zu 15 Kindern und in allen anderen Betriebsformen bei einer Anwesenheit von weniger als die Hälfte der Kinder der jeweils gültigen Höchstgruppenstärke als zweite Kraft eine geeignete Betreuungskraft eingesetzt wird. Sollten Sie als Träger bereits eine eingruppige Einrichtung betreiben, stellen Sie bitte die oben genannte personelle Mindestbesetzung sicher."

Wesentlich für die Praxis ist, dass die zweite Kraft „geeignet", jedoch keine Fachkraft i. S. des § 7 KiTaG sein muss.

Die Gruppe muss durch eine **Erlaubnis nach § 45 SGB VIII** zugelassen sein. In dem Antrag auf **Betriebserlaubnis** müssen neben Angaben zur Trägerschaft, zur Zahl der Gruppen, der Betriebs- und Betreuungsformen, dem eingesetzten Personal samt dessen Qualifikation, die Größe und Nutzung der Räumlichkeiten und der Außenspielfläche insbesondere auch eine fachliche Konzeption beigefügt werden. Außerdem muss versichert werden, dass die bauliche und feuerpolizeiliche Genehmigung vorliegt. Weiter ist eine Bestätigung abzugeben, dass die Richtlinien der Unfallkasse Baden-Württemberg für Bau und Ausrüstung von Kindertageseinrichtungen sowie die Vorgaben des zuständigen Gesundheitsamtes beachtet werden.

Der Antrag und die Änderungsantragsunterlagen samt den Erläuterungen des KVJS finden sich im Anhang und können unter www./kvjs.de/jugendhilfe/tagesbetreuung/anträge als PC-Vordruck heruntergeladen werden.

Die sachliche Zuständigkeit liegt nach § 85 Abs. 2 Nr. 6 SGB VIII i. V. m. § 19 LKJHG beim überörtlichen Jugendhilfeträger, dem Landesjugendamt. Nach § 3 LKJHG ist überörtlicher Träger der öffentlichen Jugendhilfe der Kommunalverband für Jugend und Soziales (KVJS), der für die Erteilung der Betriebserlaubnis zuständig ist.

§ 2

Aufgaben und Ziele

(1) Die Tageseinrichtungen im Sinne von § 1 Abs. 2 bis 4 und 6 sowie die Tagespflegepersonen im Sinne von § 1 Abs. 7 sollen die Entwicklung des Kindes zu einer eigenverantwortlichen und gemeinschaftsfähigen Persönlichkeit fördern, die Erziehung und Bildung des Kindes in der Familie unterstützen und ergänzen und zur besseren Vereinbarkeit von Erwerbstätigkeit und Kindererziehung beitragen. Diese Aufgaben umfassen die Erziehung, Bildung und Betreuung des Kindes nach § 22 Abs. 3 SGB VIII zur Förderung seiner Gesamtentwicklung.

(2) Kinder, die auf Grund ihrer Behinderung einer zusätzlichen Betreuung bedürfen, sollen zusammen mit Kindern ohne Behinderung in Gruppen gemeinsam gefördert werden, sofern der Hilfebedarf dies zulässt. Dies ist auch im Rahmen der kommunalen Bedarfsplanung nach § 3 Abs. 3 angemessen zu berücksichtigen. § 35a SGB VIII und §§ 53, 54 des Zwölften Buches Sozialgesetzbuch (SGB XII) bleiben unberührt.

Erläuterungen

Übersicht

1. Bildungs- und Förderauftrag als Aufgabe aller Betreuungsformen (Absatz 1)

Absatz 1 wurde mit dem Gesetz zur Änderung des Kindergartengesetzes vom 2.2.2006 (LT-Drs. 13/5130) dem seinerzeit ebenfalls durch das TAG und KICK novellierten Bundesrecht angepasst. Insoweit wurde im Rahmen der Novellierung des KiTaG zum 1.1.2009 Absatz 1 nicht geändert. Im Folgenden wird auf die zwischenzeitlich eingetretenen Bundes- und Landesrechtsänderungen eingegangen, da diese von grundsätzlicher Bedeutung sind.

1.1 Vom Bildungs- zum Förderauftrag in Kindertageseinrichtungen und in der Kindertagespflege

Es ist Aufgabe aller im Gesetz aufgeführten Betreuungsformen für Kinder bis zum Schuleintritt, die Erziehung, Bildung und Betreuung des Kindes in der Familie, auch unter Einbeziehung von Elternarbeit, im Sinne einer Erziehungspartnerschaft zu ergänzen und zu unterstützen. Die Vorschrift stellt darüber hinaus klar, dass nicht nur die Kindertageseinrichtungen, sondern auch die Kindertagespflege einen Bildungs- bzw. Förderauftrag haben. Sie knüpft an die in § 22 Abs. 2 Nr. 1 bis 3 SGB VIII dargestellten Grundsätze der Förderung an und übernimmt diese drei Bereiche insoweit vollinhaltlich. Auf den in § 22 Abs. 3 SGB VIII normierten Förderauftrag nimmt § 2 Abs 1 KiTaG konkret Bezug

– **Förderung der Entwicklung des Kindes zu einer eigenverantwortlichen und gemeinschaftsfähigen Persönlichkeit (§ 22 Abs 2 Nr. 1 SGB VIII)** (*Wiesner*, § 22 Rdnr. 13)

Diese Zielsetzung bestimmt zusammen mit der Formulierung des Förderauftrages, der die **Erziehung, Bildung und Betreuung** gleichermaßen umfasst, den Zweck der Tageseinrichtung und der Tagespflege. Sie dient gleichzeitig der Abgrenzung zu Formen der stundenweisen Kinderbetreuung, etwa in Einkaufszentren oder dem Babysitting, in denen die bloße Betreuung und das Angebot von Spielmöglichkeiten ohne besonderen pädagogischen Anspruch im Vordergrund stehen. Eine wöchentliche Mindestförderdauer sieht das SGB VIII nicht vor.

– **Unterstützung und Ergänzung des elterlichen Erziehungsauftrages (§ 22 Abs 2 Nr. 2 SGB VIII)**

Die Förderung von Kindern in Tageseinrichtungen und Tagespflege hat – anders als die Schule – keinen eigenen Erziehungsauftrag, sondern die Aufgabe, die Eltern in ihrer Erziehungsverantwortung zu unterstützen und zu ergänzen. Diese Auftragsdefinition hat auch Konsequenzen für die Kooperation mit den Eltern in Sachen Erziehungspartnerschaft. Deshalb kann – jedenfalls auf der Grundlage des SGB VIII – keine Kindergartenpflicht eingeführt werden (*Wiesner*, § 22 Rdnr. 14).

– **Vereinbarkeit von Erwerbstätigkeit und Familie (§ 22 Abs 2 Nr. 3 SGB VIII)**

Diese Zielsetzung (die schon der Einführung des Rechtsanspruches auf einen Kindergartenplatz zum 1. 1. 1996 innewohnte) hat vor dem Hintergrund des gesellschaftlichen Wandels und einer stetig steigenden Frauen-/Mütter-Erwerbsquote zunehmende Bedeutung. Bereits das Tagesbetreuungsausbaugesetz (TAG) und das Kinder- und Jugendhilfe-Weiterentwicklungsgesetzes (KICK) hatten unter anderem den qualitätsorientierten Ausbau der Kinderbetreuung zum Ziel. Im Mittelpunkt stehen dabei die Bereitstellung eines bedarfsgerechten Angebotes an Betreuungsmöglichkeiten für Kinder im Alter unter drei Jahren (Kleinkindbetreuung) sowie die qualitative Verbesserung der bestehenden Angebote. Hierdurch soll die Vereinbarkeit von Familie, Ausbildung und Beruf erleichtert werden (*Dürr*, BWGZ 3/2006 S. 92 ff.). Politik für Kinder und Familien steht auch deshalb ganz oben auf der politischen Agenda, um einerseits wieder eine steigende Geburtenrate zu erreichen und andererseits die Vereinbarkeit von Familie und Beruf weiter zu verbessern. Auch die Wirtschaft hat ein zunehmend wachsendes Interesse an (hoch) qualifizierten Frauen, die der Arbeitswelt möglichst schnell nach der Babypause wieder zur Verfügung stehen sollen.

1.2 Förderauftrag (§ 22 Abs. 3 SGB VIII)

Der Förderauftrag umfasst Erziehung, Bildung und Betreuung des Kindes und bezieht sich auf die soziale, emotionale, körperliche und geistige Entwicklung des Kindes. Er schließt die Vermittlung orientierender Werte und Regeln ein. Die Förderung soll sich am Alter und Entwicklungsstand, den sprachlichen und sonstigen Fähigkeiten, der Lebenssituation sowie den Interessen und Bedürfnissen des einzelnen Kindes orientieren und seine ethnische Herkunft berücksichtigen.

Ausgestaltung und Dimension des Förderauftrages (*Wiesner*, § 22 Rdnr. 17, 18)

Mit den drei Elementen der Förderung **Erziehung, Bildung und Betreuung** soll der ganzheitliche und umfassende Auftrag der fachlichen Arbeit in den Tageseinrichtungen zum Ausdruck gebracht werden. Deutlich soll daran werden, dass die gebräuchliche Bezeichnung „Kindertagesbetreuung" verkürzend und irreführend ist. Im Rahmen des TAG wurde die Reihenfolge der Trias (§ 22 Abs. 1 SGB VIII a. F.) zugunsten der des Erziehungs- und zulasten des Betreuungsauftrages umgestellt. Von einer Profilierung des Bildungsauftrages hat der Bundesgesetzgeber wegen der eng begrenzten Gesetzgebungskompetenz des Bundes (Anmerkung: Föderalismusreform I) bewusst abgesehen. Es ist Aufgabe der

Länder, Pläne zur Bildung in Tageseinrichtungen aufzustellen. Zum Orientierungsplan Bildung und Erziehung für Kindertageseinrichtungen s. Erl. zu § 2a Abs. 3 und zu § 9 Abs. 2 Satz 1 KiTaG).

„Bildung und Erziehung" stehen in einem inneren Zusammenhang und sind je nach Verständnis sogar teilidentisch. Nach dem allgemeinen Sprachgebrauch steht bei dem Begriff „Bildung" Wissensvermittlung im Vordergrund, während die Erziehung vor allem die Weitergabe sozialer, ethischer und religiöser Wertvorstellungen umfasst. In den letzten Jahren wird jedoch die an der schulischen Bildung orientierte Bildung als im Wesentlichen kognitive Bildung zunehmend kritisiert und ein weiteres Bildungsverständnis gefordert, das auch die soziale und emotionale Bildung einbezieht. Die vorschulische Bildung wird weniger in einer Vermittlung von Wissen gesehen als in der Vermittlung lernmethodischer Fähigkeiten („lernen zu lernen").

Unter **Betreuung** wird vor allem die Versorgung und die Aufsicht verstanden. Der Betreuungsaspekt hat – neben Bildung und Erziehung – zentrale Bedeutung für die **Gesundheit und Sicherheit** von Kindern in Kindertageseinrichtungen (und in der Kindertagespflege).

Der Landesgesetzgeber hat also in § 2 Abs. 1 Satz 2 KiTaG Wesentliches aus dem Bundesrecht übernommen, indem zum einen die Förderziele konkret in den Gesetzeswortlaut integriert wurden und zum anderen der Bildungsauftrag zum Förderauftrag mit direktem Bezug zur bundesrechtlichen Norm konkretisiert bzw. handlungsleitend erweitert wurde.

Der Förderauftrag nach dem SGB VIII bzw. KiTaG unterscheidet sich eindeutig von dem der Schule bzw. des SchG. Im Gegensatz zur Schule gibt es im Kindergarten keine Besuchspflicht der Einrichtung; es handelt sich um ein Angebot, das auf freiwillige Inanspruchnahme setzt.

Darüber hinaus gibt es in Kindertageseinrichtungen (und in der Kindertagespflege) im Gegensatz zur Schule keine Lehrpläne (zum Orientierungsplan Bildung und Erziehung für Kindertageseinrichtungen s. Erl. zu § 2a Abs. 3 und zu § 9 Abs. 2 Satz 1 KiTaG). Vielmehr steht die kindgerechte Förderung der altersspezifischen Potenziale, auch unter spielerischen Aspekten, im Vordergrund. Eine immer wieder erhobene Forderung, der Bildungs- bzw. Förderauftrag der Tageseinrichtungen (und nun auch der Kindertagespflege) gehe so weit, dass am Ende der „Kindergartenzeit", also vor Schuleintritt eine ggf. – nachweisbare – Schulfähigkeit vorliegen muss, ist weder vom SGB VIII noch vom KiTaG gedeckt. In Wissenschaft und Forschung ist unbestritten, dass einem auf die Belange und Fähigkeiten des Kindes zugeschnittenen Bildungs- und Förderangebot entscheidende Bedeutung für die Entwicklung seiner Gesamtpersönlichkeit und der Schulfähigkeit zukommt. Gerade die ersten Lebensjahre spielen hier eine maßgebliche Rolle. Dies gilt nicht zuletzt auch für die Sprachentwicklung des Kindes, die ein grundlegendes Kriterium für die schulischen und späteren beruflichen Entwicklungschancen ebenso darstellt wie für eine gelingende Integration von Kindern mit Migrationshintergrund. Daher gehört das Erlernen und Beherrschen der Muttersprache bzw. der deutschen Sprache (auch als Zweitsprache) zweifelsfrei zu den entscheidenden Grundlagen für eine gelingende Bildungsbiografie. Daher kommt – unter den immer häufiger anzutreffenden Problemen in der Sprachentwicklung, der Sprech- und Artikulationsfähigkeit sowohl bei Kindern mit Migrationshintergrund, als auch zunehmend bei deutschen Kindern festzustellen – der ganzheitlichen Sprachförderung im Kindergarten sowie der gezielten Sprachstandserhebung und intensiven Sprachförderung vor Schuleintritt eine bedeutende Rolle zu (s. auch Erl. zu § 2a Abs. 3, zu § 4 und zu § 9 Abs. 2 Satz 2).

2. Integrative Erziehung behinderter mit nicht behinderten Kindern (Absatz 2)

Absatz 2 Satz 1

Das baden-württembergische Kindertagesbetreuungsgesetz (vormals Kindergartengesetz – KGaG –) geht seit 1999 vom Grundsatz der integrativen Erziehung behinderter mit nicht behinderten Kindern aus. Deshalb erwartet der Gesetzgeber, dass Kindergärten und die übrigen unter den Geltungsbereich des Gesetzes fallenden Tageseinrichtungen personell und räumlich so ausgestattet werden, dass sie auch für die Aufnahme behinderter Kinder geeignet sind. Nach § 2 Abs. 2 KiTaG sollen Kinder, die aufgrund ihrer Behinderung einer zusätzlichen Betreuung bedürfen, möglichst zusammen mit anderen Kindern gemeinsam gefördert werden. Dies ist Aufgabe von Einrichtungen mit integrativen Gruppen i. S. von § 1 Abs. 4 KiTaG.

Bei dem Personenkreis handelt es sich um Kinder mit physischen, psychischen und/oder seelischen Behinderungen und mit Verweis auf § 35 a SGB VIII auch um die von seelischer Behinderung bedrohten Kinder. Eine gemeinsame integrative Betreuung entspricht den Interessen der Kinder, die der zusätzlichen Betreuung bedürfen, wie auch den Interessen der anderen Kinder. Sie unterstützt einerseits deren Integration bzw. Inklusion (Teilhabe), andererseits trägt sie dazu bei, bei den anderen Kindern Toleranz, Verständnis sowie tatsächliche und ideelle Unterstützung zu fördern. Eine integrative Betreuung kann jedoch nur in Betreuungsformen erfolgen, in denen die hierfür erforderlichen personellen und sachlichen Voraussetzungen für eine besondere Förderung möglich und auch tatsächlich gegeben sind.

Generell kann man drei Grundformen der gemeinsamen Erziehung behinderter und nichtbehinderter Kinder unterscheiden:

- Integrative Form, bei der behinderte und nichtbehinderte Kinder konsequent gemeinsam in kleinen Gruppen mit dem erforderlichen zusätzlichen, teilweise therapeutischen Personal, betreut werden.
- Einzelintegration, bei der einzelne Kinder in Regelgruppen aufgenommen werden und versucht wird, die Rahmenbedingungen zu verbessern.
- Integrierte Form, bei der eine Regelgruppe und Sondergruppe bzw. Sondereinrichtung mehr oder weniger kooperieren (KVJS, „Informationen zur Betreuung und Förderung von Kindern mit Behinderung in Kindertageseinrichtungen", Oktober 2009).

In Baden-Württemberg steht die Einzelintegration im Vordergrund, weil sich hier traditionell ein zweigliedriges System entwickelt hat. Zum einen die Schulkindergärten als schulische Sondereinrichtungen mit abgesicherter Finanzierung und ohne Zugang für nichtbehinderte Kinder und zum anderen die allgemeinen Kindertageseinrichtungen, deren Rahmenbedingungen aber nur über den jeweiligen Einzelfall bei Aufnahme eines behinderten Kindes verbessert werden können.

Die Bedeutung und Vorteile der gemeinsamen Erziehung behinderter und nichtbehinderter Kinder sind inzwischen unbestritten. Eine Aufnahme in den örtlichen Kindergarten bedeutet Wohnortnähe, keine langen Wege zu Sondereinrichtungen, die Kinder bleiben im Lebensumfeld, behinderte Kinder erhalten im Spiel und in der Interaktion mit nichtbehinderten Kindern vielfältige Lernimpulse, nichtbehinderte Kinder übernehmen Verantwortung und erleben Selbstbestätigung, wenn sie helfen und begleiten können und die Eltern der behinderten Kinder laufen nicht Gefahr, in ein Randgruppendasein zu gelangen.

Für Leistungen der Eingliederungshilfe für Kinder im Vorschulalter ist § 54 SGB XII maßgeblich. Dazu gehören Hilfen zu einer angemessenen Schulbildung einschließlich der Vorbereitung hierzu. In Absatz 1 wird außerdem auf § 55 SGB IX verwiesen, wonach zu den Leistungen zur Teilhabe am Leben in der Gemeinschaft auch heilpädagogische Leistungen für Kinder, die noch nicht eingeschult sind, gehören. In § 22 a SGB VIII heißt es, dass sich das Leistungsangebot der Tageseinrichtungen pädagogisch und organisatorisch an den Bedürfnissen der Kinder und ihrer Familien orientieren soll. In § 24 SGB VIII ist der Rechtsanspruch auf einen Kindergartenbesuch verankert. Diese Grundlagen und Vorgaben gelten grundsätzlich auch für Kinder mit Behinderung.

In Baden-Württemberg erfolgt die Integration von Kindern in Kindertageseinrichtungen über zwei maßgebliche Stränge

- dem Kindertagesbetreuungsgesetz Baden-Württemberg
- über die Eingliederungshilfe, und zwar betreffend körperlich und geistig behinderter Kinder nach den §§ 53 und 54 SGB XII und betreffend seelisch behinderter Kinder nach § 35a SGB VIII.

In § 1 und § 2 des KiTaG ist – wie bereits erläutert – die gemeinsame Erziehung grundsätzlich verankert. Seit dem KGaG vom 1.1.2004 liegen die Merkmale einer integrativen Gruppe vor, wenn in einer Gruppenform nach dem Kindergartengesetz mindestens ein behindertes Kind i. S. von § 2 SGB IX aufgenommen ist. Für diese Gruppen müssen, dem individuellen Bedarf behinderter Kinder entsprechend, die erforderlichen personellen und sachlichen Voraussetzungen gegeben sein (so auch die Begründung zum früheren Kindergartengesetz vom 9.4.2003, S. 16). Daher ist für integrative Gruppen weiterhin eine Betriebserlaubnis durch das Landesjugendamt erforderlich.

Ob eine Behinderung vorliegt und welcher höhere Bedarf an Personal- und Sachaufwand im Einzelfall besteht, muss vor Ort vom Träger und den Fachkräften der Einrichtungen in Kooperation mit Fachstellen (z. B. Frühförderstelle, Psychologische Beratungsstelle, Sozialpädiatrisches Zentrum) geklärt werden. Nach den Empfehlungen/Informationen des KVJS (www.kvjs.de/fileadmin/user_upload/fachoeffentlich/jugendhilfe/tagesbetreuung/arbeitshilfen/Informationen.pdf) gilt als Orientierung grundsätzlich, die Gruppenstärken pro behindertem Kind um zwei bis drei Plätze zu reduzieren und eine Besetzung mit zwei vollzeitbeschäftigten Fachkräften anzustreben. Da in der Regel für behinderte Kinder Eingliederungshilfe beantragt wird, erfolgt auf diesem Wege die Konkretisierung des Förderbedarfs im Kindergarten.

Wie weit dieser Förderbedarf geht, ist jeweils im Einzelfall unter Anwendung von Verwaltungsgrundsätzen (insbesondere der Ausübung des pflichtgemäßen Ermessens, der Anwendung des Gleichbehandlungsgrundsatzes) sowie der wirtschaftlichen Situation des Trägers bzw. dem Umfang der zu tätigenden Maßnahmen – auch unter finanziellen Gesichtspunkten – zu entscheiden.

Es empfiehlt sich daher in der Praxis, sehr frühzeitig Kontakt mit den o. g. Beratungs- und Frühförderstellen aufzunehmen, um möglichst früh gemeinsam zu eruieren, welcher zusätzliche Aufwand für die individuelle Situation des behinderten Kindes notwendig ist. Dies sollte auch mit dem örtlich zuständigen Sozialhilfeträger (Sozialamt des Stadt- oder Landkreises) unter Berücksichtigung des Hilfeplanes für das Kind erfolgen.

Absatz 2 Satz 2

Bei der Ergänzung in Absatz 1 Satz 2 „**Dies** (gemeint ist die gemeinsame Förderung behinderter und nicht behinderter Kinder) **ist auch im Rahmen der kommunalen Bedarfsplanung nach § 3 Abs. 3 KiTaG angemessen zu berücksichtigen**" handelt es sich laut der Gesetzesbegründung (LT-Drs. 14/3659 S. 14) um eine Klarstellung. Im Rahmen der Anhörung zum Gesetzentwurf haben der Paritätische Wohlfahrtsverband, der Landesverband für Körper- und Mehrfachbehinderte und das Landesjugendamt eine Klarstellung gewünscht, dass bei der Bedarfsplanung auch Angebote zur Förderung von Kindern mit Behinderung in Kindertageseinrichtungen zu berücksichtigen sind. Der Gesetzgeber kommt in seiner Bewertung zu dem Ergebnis, dass die bisherige Regelung alle Kinder, auch Kinder mit Behinderung, umfasse. Dennoch wurde zur Klarstellung § 2 Abs. 2 KiTaG insoweit entsprechend ergänzt.

In der Praxis empfiehlt es sich unbedingt, jede neue Integrationsmaßnahme aufgrund der individuellen Besonderheiten frühzeitig mit den Eltern des Kindes, den zuständigen Beratungs- und Frühförderstellen sowie mit dem örtlichen Sozialhilfeträger abzustimmen.

Absatz 2 Satz 3

Der Bezug zu § 35a SGB VIII unterstreicht nochmals sowohl die Zielgruppe und den vom Gesetzgeber deklarierten Personenkreis wie auch mit Verweis auf die §§ 53 und 54 SGB XII das Verfahren im Rahmen der Eingliederungshilfe. In § 35a SGB VIII wird bundesrechtlich konkretisiert, dass Eingliederungshilfemaßnahmen auch in Tageseinrichtungen für Kinder erbracht werden können bzw. sollen.

§ 35a SGB VIII umfasst in seinem Regelungsgehalt seelisch behinderte oder von seelischer Behinderung bedrohte Kinder und Jugendliche. Diese Personengruppe hat nach § 35a SGB VIII Anspruch auf Eingliederungshilfe, wenn ihre seelische Gesundheit „mit hoher Wahrscheinlichkeit länger als sechs Monate von dem für ihr Lebensalter typischen Zustand abweicht, und daher ihre Teilhabe am Leben in der Gesellschaft beeinträchtigt ist oder eine solche Beeinträchtigung zu erwarten ist". Von einer seelischen Behinderung bedroht i. S. des § 35a SGB VIII sind Kinder oder Jugendliche, bei denen eine Beeinträchtigung ihrer Teilhabe am Leben in der Gesellschaft nach fachlicher Erkenntnis mit hoher Wahrscheinlichkeit zu erwarten ist (...).

An Leistungen der Eingliederungshilfe für Kinder im Vorschulalter ist § 54 SGB XII maßgeblich. Dazu gehören Hilfen zu einer angemessenen Schulbildung einschließlich der Vorbereitung hierzu. Mit Verweis auf § 55 SGB IX gehören hierzu außerdem Leistungen zur Teilhabe am Leben in der Gemeinschaft sowie heilpädagogische Leistungen für Kinder, die noch nicht eingeschult sind.

2.1 Gewährung von Eingliederungshilfe/Integrationshilfen für behinderte Kinder in Kindergärten

Besteht für ein behindertes Kind über die allgemeine Förderung im Kindergarten hinaus ein individueller Förderbedarf, kann über die Eltern beim örtlichen Sozialamt ein Antrag auf Eingliederungshilfe in einer geeigneten Kindertageseinrichtung gestellt werden. Rechtsgrundlage sind die §§ 53 und 54 SGB XII.

Voraussetzung ist, dass das Kind behindert i. S. des § 2 SGB IX ist, oder von solch einer Behinderung bedroht ist. Dies muss vom zuständigen Gesundheitsamt über ein Gutachten bzw. das sogenannte Formblatt A festgestellt werden. Die jeweilige Feststellung des Förderbedarfes erfolgt nach einem Gesamtplan nach § 58 SGB XII, der vom Sozialamt erstellt werden muss. Dazu gibt es in der Regel sogenannte Runde Tische, in denen die maßgeblich Beteiligten vertreten sind, wie Gesundheitsamt, Frühförderstellen, Eltern und Kindertageseinrichtung. Seit 1.1.2006 entscheiden die Stadt- und Landkreise auf der Grundlage einer neuen Einfügung in den Sozialhilferichtlinien Baden-Württemberg zum SGB XII, „Integrationshilfen in Kindergärten und allgemeinen Schulen". Sie wurden im August 2009 fortgeschrieben und haben als Anlage ein übersichtliches Schema zum möglichen Verfahrensablauf zur Einleitung von Hilfen für Kinder mit Behinderung im Kindergarten – s. Anhang 5, 5.1).

Zur Vertiefung ist darüber hinaus auf die vom Bundesministerium für Gesundheit und soziale Sicherung (BMG) erstellten und veröffentlichten Grundsätze zur Früherkennung und zur Frühförderung hinzuweisen, die in der „Verordnung zur Früherkennung und Frühförderung behinderter und von Behinderung bedrohter Kinder (Frühförderungsverordnung – FrühV – vom 24.6.2003 festgelegt wurden. Die FrühV basiert auf § 32 Nr. 1 des SGB IX – Rehabilitation und Teilhabe behinderter Menschen – vom 19.6.2001 (BGBl. I S. 1046, 1047) i.V.m. § 1 des Zuständigkeitsanpassungsgesetzes vom 16.8.2002 (BGBl. I S. 3165) und dem Organisationserlass vom 22.10.2002 (BGBl. I S. 4206).

Weiter kann unter http://www.bvkm.de/recht/gesetze/fruehfoerderungsverordnung-arbeitshilfe.pdf eine vertiefende Arbeitshilfe heruntergeladen werden.

Das Diskriminierungsverbot Behinderter hat mittlerweile auch grundrechtlich geschützten Verfassungsrang (Art. 3 Abs. 3 Satz 2 GG, Art. 2a LV): Daher sollte die Ermöglichung der Integration behinderter Kinder in Kindertageseinrichtungen – jeweils unter Berücksichtigung der örtlichen Gegebenheiten – im Vordergrund stehen. Seit 2006 existiert die **UN-Konvention zur Teilhabe der Menschen mit Behinderung**. Im Dezember 2006 verabschiedete die Generalversammlung der Vereinten Nationen in New York das Übereinkommen über die Rechte von Menschen mit Behinderungen (Behindertenrechtskonvention – BRK).

Schlüsselbegriffe der Konvention sind Würde, **Inklusion**, Teilhabe, Selbstbestimmung, Chancengleichheit und Barrierefreiheit. Mit der Behindertenrechtskonvention wird Behinderung nicht länger primär unter medizinischen oder sozialen Blickwinkeln betrachtet, sondern Behinderung ist als Menschenrechtsthema anerkannt worden. Behinderte Menschen gelten somit als Träger unveräußerlicher Menschenrechte. Damit verbunden ist ein vielfältiger Perspektivenwechsel. Kernpunkte hierbei sind u. a.:

- vom **Konzept der Integration zum Konzept der Inklusion**;
- von der Wohlfahrt und Fürsorge zur **Selbstbestimmung**.

Mit der Behindertenrechtskonvention wurden keine neuen Rechte geschaffen, sondern die existierenden Menschenrechte sind auf die Lebenssituation von Menschen mit Behinderungen zugeschnitten worden. Das Gesetz zu dem Übereinkommen der Vereinten Nationen vom 13.12.2006 über die Rechte von Menschen mit Behinderungen sowie zu dem Fakultativprotokoll vom 13.12.2006 zum Übereinkommen der Vereinten Nationen über die Rechte von Menschen mit Behinderungen wurde im Bundesgesetzblatt am 31.12.2008 veröffentlicht (BGBl. II Nr. 35 S. 1419 ff.). Das Ratifikationsgesetz zur UN-Konvention über die Rechte von Menschen mit Behinderungen (UN-Behindertenrechtskonvention – BRK) wurde am 4.12.2008 im Deutschen Bundestag beschlossen und ist seit 26.3.2009 verbindlich in Kraft.

Die Bundesregierung hat bereits mit der Prüfung von geeigneten Wegen zur Umsetzung der UN-Behindertenrechtskonvention begonnen. Dies geht aus der Antwort der Bundesregierung auf die Kleine Anfrage der Linksfraktion hervor (BT-Drs. 16/2240 vom 12.3.2009). In der Antwort der Bundesregierung wird dargestellt, dass der Meinungsbildungsprozess hinsichtlich der Umsetzungsschritte innerhalb der Bundesregierung nicht abgeschlossen sei. Seit Juni 2011 erarbeitet die Bundesregierung nun einen konkreten Aktionsplan.

Für die neue Landesregierung in Baden-Württemberg ist **Inklusion** ebenfalls ein wichtiges Thema:

„Die von der UN-Behindertenrechtskonvention geforderte Inklusion, also die volle Teilhabe von Menschen mit Behinderungen in allen Lebensbereichen, ist ein vorrangiges Ziel der neuen Landesregierung. Anknüpfend an den angekündigten Nationalen Aktionsplan der Bundesregierung zur Umsetzung der UN-Behindertenrechtskonvention wollen wir in Kooperation mit Betroffenenverbänden, den Wohlfahrtsverbänden sowie den Kommunen einen eigenen Umsetzungsplan für Baden-Württemberg erarbeiten. Besondere Schwerpunkte sollen dabei auf der Inklusion im Erwerbsleben, in der Sicherstellung der Barrierefreiheit sowie in der Bildung liegen.

Der Auftrag der UN-Behindertenrechtskonvention gilt in vollem Umfang auch für den Bereich der frühkindlichen Bildung. *Daher wollen wir auch hier die Inklusion voranbringen und gemeinsam mit den Trägern, Verbänden und Betroffenen ihre Umsetzung in die Wege leiten"* (Koalitionsvertrag „Der Wechsel beginnt" S. 4, 51, Mai 2011).

§ 2a

Förderauftrag und Qualität, Rechtsverordnungen

(1) Die Gemeinden sollen unbeschadet der Verpflichtung des örtlichen Trägers der öffentlichen Jugendhilfe durch geeignete Maßnahmen die Umsetzung des Förderauftrags in den Tageseinrichtungen gemäß § 22 a SGB VIII sicherstellen und weiterentwickeln.

(2) Die Qualität in der Kindertagespflege wird durch die Vermittlung von geeigneten Tagespflegepersonen gemäß § 23 Abs. 3 SGB VIII sichergestellt.

(3) Eine Förderung der Kinder in Tageseinrichtungen unter Berücksichtigung der Zielsetzungen des nach § 9 Abs. 2 erstellten Orientierungsplans für Bildung und Erziehung dient dem Förderauftrag nach § 22 SGB VIII.

(4) Das Kultusministerium wird ermächtigt, durch Rechtsverordnung nähere Bestimmungen zu treffen über

1. **die verpflichtende Festlegung der personellen Ausstattung (Mindestpersonalschlüssel) von Tageseinrichtungen gemäß § 1 Abs. 1 Nr. 1 und über eine, der Erreichung der in Absatz 3 genannten Ziele dienende, verpflichtende Erhöhung des Mindestpersonalschlüssels,**
2. **die Finanzierung einer der Erreichung der in Absatz 3 genannten Ziele dienenden weiteren Qualifizierung des in § 7 genannten pädagogischen Personals in Tageseinrichtungen gemäß § 1 Abs. 1 Nr. 1.**

Erläuterungen

Übersicht

1. Vorbemerkung

Unter der seinerzeit neuen Überschrift **„Kindertagesbetreuungsgesetz" (KiTaG)** hat der Landtag von Baden-Württemberg am 2.2.2006 die vormalige Änderung des Kindergartengesetzes (LT-Drs. 13/4869) verabschiedet. Dabei stand die Umsetzung des TAG und des KICK in das Landesrecht und damit u. a. auch die Implementierung von konzeptionellen, strukturellen und prozesshaften Qualitätsaspekten im KiTaG im Vordergrund. Der Landesgesetzgeber machte seinerzeit im Wesentlichen Gebrauch von den im TAG und KICK eingeräumten Länderrechtsvorbehalt. In diesem Zusammenhang wurde die im früheren KGaG i. d. F. vom 8.3.2003 (GBl. S. 161) sogenannte Heranziehung der Gemeinden zur Aufgabenerfüllung klargestellt und in Bezug auf die Umsetzung des TAG und des KICK erweitert. Nach Aufhebung des § 69 Abs. 5 SGB VIII durch das KiföG wurde der entsprechende bundesrechtliche Bezug in Absatz 1 „gemäß § 69 Abs. 5 SGB VIII" wieder gestrichen. Es handelte sich also um eine Anpassung an das SGB VIII. Ergänzende Erläuterungen wegen der konkreten praktischen Auswirkungen finden sich hierzu in der Vorbemerkung zu § 3 Abs. 1 und Abs. 2 KiTaG („Aufgaben der Gemeinden").

2. Verpflichtung zur Umsetzung des Förderauftrags (Absatz 1)

Der im Rahmen des TAG eingefügte § 22a SGB VIII regelt ergänzend zu den Vorgaben in § 22 SGB VIII spezifische Anforderungen an die Förderung von Kindern in Tageseinrichtungen. Die Verpflichtungen richten sich unmittelbar an die Träger der öffentlichen Jugendhilfe in Bezug auf ihre Einrichtungen (§ 22a Abs. 1 bis 4 SGB VIII). Die Anwendung der Grundsätze in den Einrichtungen der Gemeinden, die nicht Träger der öffentlichen Jugendhilfe sind, sowie denen der freien Träger, wird über vertragliche Vereinbarungen sichergestellt (§ 22a Abs. 5 SGB VIII). Unmittelbare Rechtsfolgen für eine Verletzung dieser Pflichten regelt die Vorschrift nicht. Sie kann aber Gegenstand von Maßnahmen der Kommunalaufsicht sein oder Auswirkungen auf die Finanzierung der Einrichtung haben. Soweit sie einrichtungsbezogene Folgen haben, können sie auch Gegenstand von Aufsichtsmaßnahmen nach §§ 45 ff. SGB VIII sein, sofern das Wohl der Kinder in der Einrichtung nicht gewährleistet ist. Die geregelten Kooperationspflichten wurden im Rahmen des KICK um die Zusammenarbeit mit Institutionen im Gemeinwesen sowie der Schule erweitert (*Wiesner*, § 22a SGBVIII Rdnr. 1).

§ 22a Abs. 1 SGB VIII verpflichtet als Adressat der bundesrechtlichen Regelung die Träger der öffentlichen Jugendhilfe, die Qualität in ihren Einrichtungen sicherzustellen und weiterzuentwickeln. § 22 Abs. 1 Satz 2 SGB VIII fordert ein pädagogisches Konzept und die Evaluation der Arbeit der Einrichtung. Weiter sind die Träger der öffentlichen Jugendhilfe i. d. R. („sollen") verpflichtet, die Zusammenarbeit ihrer Fachkräfte mit den Erziehungsberechtigten, Tagespflegepersonen, Institutionen, Initiativen und Schulen sicherzustellen und die Erziehungsberechtigten an Entscheidungen in wesentlichen Angelegenheiten zu beteiligen (Absatz 2). § 22a Abs. 3 SGB VIII stellt klar, dass sich das Angebot in Tageseinrichtungen an den Bedürfnissen der Kinder und ihrer Erziehungsberechtigten orientieren soll. Insbesondere sind die Träger der öffentlichen Jugendhilfe verpflichtet, für die Ferienzeit anderweitige Betreuungsmöglichkeiten sicherzustellen. § 22a Abs. 4 SGB VIII strebt den Ausbau integrativer Angebote für behinderte und nicht behinderte Kinder an. In Betracht kommen insoweit die Bildung integrativer Kindergruppen und die Integration im Regelkindergarten. § 22a Abs. 5 SGB VIII trägt den Trägern der öffentlichen Jugendhilfe auf, sicherzustellen, dass auch die freien Träger der Tageseinrichtungen die Anforderungen von § 22a Abs. 1 bis 4 SGB VIII erfüllen (Beck-Online Kommentar 2009 zu § 22a SGB VIII).

Was im Einzelnen „geeignete Maßnahmen" nach § 22a SGB VIII sind, lässt sowohl der Bundes- wie auch der Landesgesetzgeber offen, was angesichts der Trägerautonomie und -verantwortung auch konsequent ist. Wesentlich ist der erkennbare Wille des Gesetzgebers und die im Zusammenhang mit der Umsetzung des Förderauftrages stehenden Struktur-, Prozess- und Ergebnis-**Qualität** der pädagogischen Arbeit.

Dem Stand der wissenschaftlichen Diskussion entsprechend ist die Entwicklung und Anwendung eines **pädagogischen Konzepts** für die Erfüllung des Förderauftrags sowie der Einsatz von Instrumenten und Verfahren zur Evaluation der Arbeit heute ein unverzichtbares Instrument zur systematischen Qualifizierung der Arbeit in Tageseinrichtungen. Notwendig ist zunächst die **Definition von pädagogischer Qualität, die Bestimmung von Qualitätskriterien** für die Arbeit in den Kindertageseinrichtungen (und darüber hinaus auch für die Arbeit der Träger solcher Einrichtungen) sowie die Entwicklung entsprechender **Instrumente und Verfahren zur Feststellung und Sicherung der Qualität.** Bei der Konzeptualisierung von pädagogischer Qualität wird ein umfassendes Konzept favorisiert, in dem neben strukturellen und prozessualen Dimensionen von Qualität auch kontextuelle Aspekte (Führungsstil der Leitung, Arbeitsbedingungen) berücksichtigt werden. Zu den Instrumenten der Evaluation gehört neben der systematischen Beobachtung auch die regelmäßige und systematische Dokumentation der Entwicklungs- und Lernprozesse (*Wiesner*, § 22a SGBVIII Rdnr. 2, 3).

Der konkrete Bezug in § 2a Abs. 1 KiTaG und das Zitat „gemäß § 22a SGB VIII" impliziert, dass der Regelungsgehalt bzw. die inhaltliche Diktion des § 22a SGB VIII handlungsleitend auch für die Gemeinden sein soll, welche nach dem eindeutigen Wortlaut Adressat der landesrechtlichen Regelung in § 2a Abs. 1 KiTaG sind.

Für die Praxis aus kommunaler Sicht ist dies insoweit von Bedeutung, als der Adressat der gesetzlichen Regelung – „die Gemeinden" – die Umsetzung des Förderauftrages sicherstellen und weiterentwickeln sollen. Damit ist die kommunale Steuerung und Verantwortung für die konkrete Ausgestaltung der örtlichen Bildungslandschaft nicht nur auf die Sicherstellung ausreichender Plätze in pluraler Trägerschaft für die verschiedenen Altersgruppen begrenzt, sondern vielmehr auch für das inhaltlich/qualitative Niveau aller am Ort vorhandenen Kinderbetreuungsangebote, die vom Geltungsbereich des KiTaG umfasst sind, normiert. Eine solchermaßen sicherzustellende Weiterentwicklung des Förderauftrages bezieht sich damit also nicht nur auf Tageseinrichtungen, die sich in kommunaler Trägerschaft befinden.

Das bedeutet konkret, dass die Gemeinden den Förderauftrag – respektive die Qualitätsentwicklung – bei allen Trägern von Kindertagesbetreuung, die in bzw. auf ihrem (Gemeinde-)Gebiet tätig sind, sicherstellen und weiterentwickeln sollen. Praktisch bietet es sich an, dies im Rahmen von örtlichen Trägerkonferenzen, „Runden Tischen" oder Ähnlichem **regelmäßig** gemeinsam zu erörtern. Ideal und zielführend ist es, sich vor Ort trägerübergreifend auf bestimmte Grundlinien und Grundsätze in diesem Zusammenhang zu verständigen. Dies ist auch unter Finanzierungsgesichtspunkten nicht unerheblich, kommen doch ganz erhebliche Finanzierungsanteile – auch zur Finanzierung trägertypischer Qualitätsvorstellungen zur Umsetzung des Förderauftrages – aus dem kommunalen Haushalt.

3. Tagespflegeperson – Eignungskriterien (Absatz 2)

Die Qualität in der Kindertagespflege wird durch die Vermittlung von geeigneten Tagespflegepersonen gemäß § 23 Abs. 3 SGB VIII sichergestellt.

Nach § 23 Abs. 3 SGB VIII sind Personen geeignet, die sich durch ihre Persönlichkeit, Sachkompetenz und Kooperationsbereitschaft mit Erziehungsberechtigten und anderen Tagespflegepersonen auszeichnen und über kindgerechte Räumlichkeiten verfügen. Sie sollen über vertiefte Kenntnisse hinsichtlich der Anforderungen der Kindertagespflege verfügen, die sie in qualifizierten Lehrgängen erworben oder in anderer Weise nachgewiesen haben.

An dieser Stelle geht der Landesgesetzgeber gesetzessystemtisch ausschließlich auf die (bundesrechtlich verankerten) Qualitätsanforderungen in der Kindertagespflege ein. Die Kindertagespflege als weitere Säule der Bedarfsdeckung, insbesondere für unter dreijährige Kinder, die Aufgabenzuständigkeit und die finanzielle Förderung werden in den §§ 3 bzw. 8b KiTaG normiert und daher auch an den dortigen Stellen kommentiert.

Persönliche Eigenschaften und Schlüsselqualifikationen

Zu den persönlichen Eigenschaften zählen Zuverlässigkeit, Belastbarkeit sowie Achtung, Interesse und Einfühlungsvermögen gegenüber dem Kind und seiner Familie. Nicht geeignet sind Personen mit Suchtproblemen, mangelnder Sensibilität im Umgang mit Kindern und anderen Menschen, einer mit dem Menschenbild des GG nicht zu vereinbarenden Weltanschauung oder Personen mit einem gewaltbereiten Partner (vgl. *Jurczyk*, S. 177). Die Tagespflegeperson muss über personale, fachliche, methodische und kooperative Kompetenzen verfügen, die das Herausbilden eines professionellen Profils unterstützen. Zur Feststellung der Eignung ist nicht nur ein persönliches Erstgespräch, sondern – insbesondere, wenn die Kindertagespflege im Haushalt der Pflegeperson stattfinden soll – auch ein Hausbesuch in Anwesenheit aller Haushaltsmitglieder sinnvoll. Im Hinblick auf § 72a SGB VIII ist auch ein qualifiziertes polizeiliches Führungszeugnis einzuholen. Dies gilt auch (und gerade) für selbstständig tätige Pflegepersonen, die keinem Verein angehören.

Kindgerechte Räumlichkeiten

Als Grundvoraussetzungen sind hier eine sichere Einrichtung, Sauberkeit, Ruheplätze sowie die Möglichkeit zur Entwicklung von fördernden und anregenden Erfahrungen durch Bewegung, Spiel, Begegnung und Erkundung, zu nennen

Vertiefte Kenntnisse in der Tagespflege

Galten die beiden zuvor genannten Voraussetzungen bereits in der bisherigen Praxis als ungeschriebene Eignungskriterien, so hat das TAG mit diesem Kriterium einen wichtigen Impuls zur **Qualifizierung** der Kindertagespflege als Teil einer integrierten Betreuungslandschaft gesetzt und damit die Voraussetzung geschaffen, dass (auch) die Kindertagespflege den an sie gerichteten Förderauftrag (§ 22 SGB VIII) erfüllen kann. Eine Tagespflegeperson „soll" in der Regel vertiefte Kenntnisse hinsichtlich der Anforderungen der Kindertagespflege nachweisen. Dazu muss sie Fachwissen, z. B. Grundkenntnisse der Pädagogik, Aspekte der Gesundheitsvorsorge und -sicherung, Kooperationsformen mit Eltern usw., in qualifizierten Lehrgängen oder in anderer Weise, so durch eine langjährige Tätigkeit auf dem Gebiet der Kindertagespflege, erworben haben. Ein Beispiel für einen solchen Lehrgang stellt das vom Deutschen Jugendinstitut (DJI) entwickelte Curriculum „Qualifizierung in Tagespflege" dar. Über die zweite Alternative (Nachweis auf andere Weise) bleiben auch diejenigen Tagesmütter künftig einsetzbar, die zwar über eine mehrjährige Praxis, aber (noch) nicht über die entsprechende Qualifizierung in Lehrgängen verfügen. Diese werden sie dann ggf. begleitend zur Tätigkeit zu absolvieren haben (*Wiesner*, § 23 SGB VIII Rdnr. 24).

Das **Qualifizierungskonzept des Landes Baden-Württemberg** zur Kindertagespflege (Anhang) orientiert sich an dem genannten Curriculum des DJI. Im Zentrum steht dabei, in 160 Stunden die notwendige Qualifikation sowie die geforderten Kenntnisse zu erwerben.

Die Sicherstellung der Qualität durch die Vermittlung von geeigneten Tagespflegepersonen erfolgt in der Praxis durch die Erteilung einer Pflegeerlaubnis nach § 43 SGB VIII. Zuständig ist hierfür der örtliche Träger der öffentlichen Jugendhilfe – vgl. Erl. zu § 1 Abs. 7.

Für die Kindertagespflege wurde zur Förderung der Strukturen in der Kindertagespflege – damit sind insbesondere die Tageselternvereine gemeint – die Verwaltungsvorschrift des Ministeriums für Arbeit und Soziales zur Kindertagespflege (VwV Kindertagespflege) vom 18. 2. 2009 neu erlassen und hat im Juni 2009 noch eine Änderung erfahren (s. Anhang). Diese Verwaltungsvorschrift mit Änderung trat mit Wirkung vom 1. 1. 2009 in Kraft und wird am 31. 12. 2013 außer Kraft treten.

4. Orientierungsplan – Mindestpersonalschlüssel (Absatz 3 und Absatz 4)

4.1 Notwendigkeit der aktuellen Gesetzesänderung

Eigentlich hatte das Land vor, den Orientierungsplan ab dem Kindergartenjahr 2009/2010 für verbindlich zu erklären. Durch die für eine solchermaßen verbindliche Umsetzung fehlende Gesamtfinanzierung nach dem Konnexitätsprinzip (Näheres s. Erl. 5.3) musste für das Ergebnis der Finanzverhandlungen zwischen Land und Kommunalen Landesverbänden – sog. „Politische Übereinkunft vom 24.11.2009"– eine entsprechende gesetzliche Grundlage für die stufenweise Erhöhung der Mindestpersonalschlüssel im KiTaG geschaffen werden.

– Zu Absatz 3

„Nach § 22a Abs. 1 SGB VIII (s. Erl. 2) sollen die Träger der öffentlichen Jugendhilfe die Qualität der Förderung in ihren Einrichtungen durch geeignete Maßnahmen sicherstellen und weiterentwickeln. Eine Förderung der Kinder in Tageseinrichtungen unter Berücksichtigung der Zielsetzungen des nach § 9 Abs. 2 erstellten Orientierungsplans für Bildung und Erziehung erfüllt diese Vorgaben, wobei es entsprechend den Prinzipien von Pluralität, Trägerautonomie und Konzeptvielfalt in der Verantwortung der Träger und Einrichtungen steht, wie die im Orientierungsplan konkretisierten Ziele des § 22a Abs. 1 SGB VIII im pädagogischen Alltag erreicht werden.

Mit seinem mehrperspektivischen Ansatz verfolgt der Orientierungsplan konsequent die Kinderperspektive. Er versteht frühkindliche Bildung als ganzheitlich, entwicklungsangemessen, individuell, aktiv entdeckend und kreativ forschend. Es steht in der Verantwortung der Träger und Einrichtungen, wie die im Orientierungsplan beschriebenen Ziele im pädagogischen Alltag erreicht werden. Der Orientierungsplan versteht sich als „Bildungskompass" für Erzieherinnen und Erzieher, für Träger, Eltern und Lehrkräfte. Er gibt Impulse und Hilfestellungen für einen förderlichen Umgang mit den Kindern und betont die Bildungs- und Erziehungspartnerschaft der pädagogischen Fachkräfte mit den Eltern und den Lehrkräften der Grundschule.

Der Orientierungsplan berücksichtigt die innovativen Entwicklungen der baden-württembergischen Kindertageseinrichtungen und betont vor allem die zentrale Rolle der ganzheitlichen Sprachförderung. Zugleich berücksichtigt er die Erkenntnisse internationaler Studien zur frühkindlichen Bildung" (Zitat aus der Gesetzesbegründung zu § 2a Abs. 3 KiTaG, LT-Drs. 14/6696).

– Zu Absatz 4

„Zur Erfüllung der Ziele nach § 22a SGB VIII ist eine Erhöhung des Personalschlüssels in Tageseinrichtungen für Kinder von der Vollendung des dritten Lebensjahres bis zum Schuleintritt vorgesehen. § 2a Abs. 4 KiTaG schafft eine Ermächtigungsgrundlage, die erforderlichen Bestimmungen in einer Rechtsverordnung zu treffen. Außerdem umfasst § 2a Abs. 4 KiTaG die Ermächtigung, in der Verordnung Bestimmungen über die Finanzierung der erforderlichen in der inhaltlichen Zuständigkeit der Träger liegenden, der Erreichung der in Absatz 3 genannten Ziele dienenden weiteren Qualifizierung des pädagogischen Personals der Einrichtungen zu erlassen.

Die Schaffung einer Ermächtigungsgrundlage zum Erlass einer Rechtsverordnung ist auch durch eine Änderung der Überschrift des § 2a KiTaG kenntlich zu machen" (Zitat aus der Gesetzesbegründung zu § 2a Abs. 4 KiTaG, LT-Drs. 14/6696).

4.2 Entstehungsgeschichte des Orientierungsplanes seit 2004

In der „Vereinbarung zum Orientierungsplan für Bildung und Erziehung in Tageseinrichtungen für Kinder in Baden-Württemberg" vom 30.7.2004 ist festgehalten, dass die Implementierung des Orientierungsplans innerhalb von fünf Jahren erfolgen soll. Nach einer wissenschaftlich begleiteten Erprobungsphase war – wie bereits beschrieben – die flächendeckende Umsetzung in allen Kindertageseinrichtungen im Kindergartenjahr 2009/10 vorgesehen (LT-Drs. 14/3659 S. 32).

Die Entwicklung und Erarbeitung des Orientierungsplans basiert insoweit auf dem gemeinsamen Rahmen der Länder für die frühe Bildung in Kindergärten (Beschluss der Jugendministerkonferenz vom 13./14.5.2004, Beschluss der Kultusministerkonferenz vom 3./4.6.2004).

Bereits seit Sommer 2004 steht also das Thema „Orientierungsplan für Bildung und Erziehung in Kindergärten und Tageseinrichtungen" (Orientierungsplan) in der baden-württembergischen Bildungspolitik für den frühkindlichen bzw. vorschulischen Bereich ganz oben auf der Agenda.

Nachdem Baden-Württemberg in Sachen Bildungsplan für die Kindertageseinrichtungen seinerzeit bundesweit Schlusslicht war, wurde mit Hochdruck daran gearbeitet, den für alle Bundesländer geltenden Beschluss der Kultusministerkonferenz (s. o.) auch in Baden-Württemberg mit Leben zu erfüllen. In einem breit angelegten, interdisziplinären und partizipatorischen Prozess wurde der Orientierungsplan erarbeitet und ging 2006 in die sog. Erprobungsphase. Parallel wurde eine der größten Fortbildungsoffensiven für rund 40 000 Erzieher-/innen gestartet: Land und Kommunen stellten hierfür gemeinsam 20 Mio. Euro bereit. Solchermaßen motiviert, waren die Erwartungen insbesondere für die Praxis enorm hoch. Die Kommunalen Landesverbände haben allerdings schon in der Erarbeitungsphase, also vor mittlerweile über fünf Jahren, die Bezifferung der Kosten und die Klärung der Finanzierung eingefordert. Mit Blick auf den bildungspolitischen Auftrag wurde vom Land auf die zunächst notwendige inhaltliche Arbeit verwiesen und damit das Finanzierungsthema ausgeblendet bzw. auf die lange Bank geschoben.

Nach Abschluss der Fortbildungsoffensive sowie der Erprobungsphase war vorgesehen, den gesamten Orientierungsplan ab Herbst 2009 verbindlich zur Anwendung durch die Kindergärten und altersgemischten Tageseinrichtungen zu erklären.

Um rechtzeitig eine öffentliche Diskussion über die Problematik der Finanzierung des Orientierungsplanes anzustoßen, hat der Gemeindetag Baden-Württemberg Anfang 2008 die Kostenrelevanz sowie die ausstehende Zusage des Landes zur Finanzierung im Rahmen der Jahrespressekonferenz thematisiert und seine Berechnungen mit einem zu erwartenden jährlichen Mehraufwand von 620 Mio. Euro Betriebsausgaben der Landespresse vorgestellt.

Grundlage der Berechnungen, die zuvor mit der Praxis rückgekoppelt und von dieser plausibilisiert und verifiziert wurden, war die Quantifizierung der vom Land vorgesehenen verbindlichen Elemente des Orientierungsplanes. Stichworte hierbei waren die seinerzeit im Orientierungsplan formulierten verpflichtenden „strukturierten Elterngespräche", die verbindliche „individuelle Beobachtung und individuelle Dokumentation" mit erheblichen Auswirkungen auf die vorzuhaltenden bzw. auszuweitenden Personalkapazitäten sowie auf die dazu geforderten höheren Zeitanteile für Vorbereitung und Leitung.

Außerdem stand auch eine Senkung der Gruppengrößen in den Kindergärten zur Diskussion (ähnlich wie die Absenkung des Klassenteiles in der Grundschule). Auch diese vorgesehenen Elemente flossen in die Berechnung mit ein. Der erste Reflex der Politik auf die ermittelten Mehrkosten von 620 Mio. Euro pro Jahr stand unter dem Motto: „Was nicht sein kann, das nicht sein darf. Diese Dimension der Folgekosten unterstrich eindrucksvoll die dringend notwendige Klärung der Finanzierung.

Erweiterung des Konnexitätsprinzips – Änderung der Landesverfassung 2008

Die Frage der Einführung bzw. der Umsetzung des Orientierungsplans mit verpflichtenden Elementen sowie die entsprechenden finanziellen Auswirkungen waren eng verbunden mit dem seit 2008 geltenden, geänderten Konnexitätsprinzip in Art. 71 Abs. 3 der Landesverfassung. Die Erweiterung bestehender Aufgaben bzw. die Formulierung neuer, (verpflichtender) Aufgaben durch das Land stellen einen Fall der Konnexität dar und ziehen zwingend den in der Landesverfassung verankerten Mehrlastenausgleich nach sich (weitere Ausführungen hierzu s. Erl. 5.2).

4.3 Verhandlungen über die Finanzbeziehungen zwischen Land und Kommunen – Politische Übereinkunft vom 24. 11. 2009

Im Rahmen der Finanzverhandlungen zwischen dem Land und den Kommunalen Landesverbänden in Zusammenhang mit der Aufstellung des Doppelhaushaltes des Landes 2010/2011 und die damit verbundene weitere Ausgestaltung der Finanzbeziehungen Land/Kommunen waren die vorgesehene Verbindlichkeitserklärung des Orientierungsplanes sowie die dazu erforderlichen rechtlichen Grundlagen bzw. insbesondere auch die Kostenfolgen und damit die Finanzierung (Konnexität) zentrale Fragen, die es zu klären galt. Aufgrund der grundsätzlichen Bedeutung im Lichte der Erweiterung der Landesverfassung mit dem Gesetz zur Stärkung des Konnexitätsprinzips vom 6. 5. 2008 (Gesetz zu einem Konsultationsverfahren zur Kostenfolgenabschätzung nach Art. 71 Abs. 3 der Verfassung des Landes Baden-Württemberg [Konnexitätsausführungsgesetz – KonnexAG –], verkündet als Art. 1 des Gesetzes zur Stärkung des **Konnexitätsprinzips,** GBl. 2008 S. 119), gab es Ende 2009 schwierige, langwierige Verhandlungen und Spitzengespräche des Ministerpräsidenten mit den Präsidenten der Kommunalen Landesverbände sowie mit allen beteiligten Ressorts. Am 24. 11. 2009 wurde eine „Politische Übereinkunft" in Bezug auf den Orientierungsplan getroffen (BWGZ 15-16/2010, S. 650).

Gemeindetag und Städtetag Baden-Württemberg haben sodann 2009 nochmals und erneut in enger Abstimmung mit der kommunalen Praxis gerechnet und quantifiziert, dass die verbindliche Umsetzung des Orientierungsplans die Kommunalhaushalte mit rund 650 Mio. €/Jahr zusätzlich belasten würde. Klar war bei diesen Dimensionen, dass eine Finanzierung in dieser Größenordnung durch das Land angesichts der Finanzlage des Landes – auch hinsichtlich der Folgen der Wirtschaft- und der Finanzkrise im Jahr 2009 – nicht möglich sein würde. Diese Kostenfolgen führten letztlich dazu, dass das Land Ende 2009 von der Verbindlichkeitserklärung Abstand genommen hat.

Am Ende des Verhandlungen haben sich Land und Kommunale Landesverbände mit der sog. „Politischen Übereinkunft vom 24. 11. 2009" zur qualitativen Weiterentwicklung der Kindergärten im Wortlaut darauf verständigt, *„beginnend zum 1. 9. 2010 den Personalschlüssel in drei (Kindergärten mit verlängerten Öffnungszeiten in zwei) Stufen um jeweils 0,1 Stelle pro Gruppe zu erhöhen. Dieser Personalschlüssel ist für die Betriebserlaubnis auf gesetzlicher Grundlage verbindlich.*

Für diese Verbesserung des Personalschlüssels ist ein Betrag von 200 Mio. Euro erforderlich. Das Land trägt hiervon 133 Mio. Euro (etwa zwei Drittel), die Kommunen 67 Mio. Euro (etwa ein Drittel). Entsprechend den Prinzipien von Pluralität, Trägerautonomie und Konzeptvielfalt steht es in der Verantwortung der Träger und Einrichtungen, wie die im Orientierungsplan genannten Ziele im pädagogischen Alltag erreicht werden".

Zur Umsetzung dieser politischen Übereinkunft war das KiTaG zu ändern. Insbesondere wird in § 2a KiTaG eine Ermächtigungsgrundlage zum Erlass einer Rechtsverordnung des Kultusministeriums geschaffen, in der die Festlegung und stufenweise Erhöhung der Mindestpersonalausstattung (Personalschlüssel) von Tageseinrichtungen für Kinder von der Vollendung des dritten Lebensjahres bis zum Schuleintritt normiert wird. Damit sollen die Kinder unter Berücksichtigung der Zielsetzungen des Orientierungsplans für Bildung und Erziehung gefördert werden. Außerdem wird geregelt, dass zur Finanzierung der weiteren Qualifizierung des pädagogischen Personals Mittel zur Verfügung gestellt werden.

Die Erhöhung des Personalschlüssels ist auch für die entsprechenden Einrichtungen freier Träger verbindlich. Zwischen dem Land Baden-Württemberg und den Kommunalen Landesverbänden besteht Einigkeit darüber, dass zur Erreichung der im Orientierungsplan genannten Ziele eine Erhöhung des Mindestpersonalschlüssels zielführend ist.

Die Umsetzung erfordert, dass auf der Grundlage einer in § 2a Abs. 4 neu in das KiTaG aufgenommenen Ermächtigungsgrundlage im Anschluss in einer Rechtsverordnung eine vom Ist-Stand ausgehende aufgeschlüsselte Erhöhung des Personalschlüssels für die verschiedenen Gruppenarten zur Erreichung des in § 2a Abs. 3 KiTaG beschriebenen Ziels normiert wird. Der dort beschriebene Mindestpersonalschlüssel ist verbindliche Grundlage der nach § 45 Abs. 1 SGB VIII vom Kommunalverband für Jugend und Soziales Baden-Württemberg (KVJS) zu erteilenden Betriebserlaubnis.

Die Weiterentwicklung der Förderqualität ist nach § 22a SGB VIII Aufgabe der Einrichtungen. Um sie bei dieser Aufgabe im Hinblick auf die im Orientierungsplan genannten Ziele zu unterstützen, sind kontinuierliche Qualifizierungsmaßnahmen für das in den Tageseinrichtungen für Kinder von der Vollendung des dritten Lebensjahres bis zum Schuleintritt tätige pädagogische Personal notwendig, die auch den Aufbau einer flächendeckenden, ggf. auch trägerübergreifenden Fachberatung umfassen können. Gemäß der Politischen Übereinkunft vom 24. 11. 2009 stellt das Land zur Unterstützung der Kindergartenträger bei der weiteren Qualifizierung des pädagogischen Personals im Jahr 2010 drei Millionen Euro und ab dem Jahr 2011 zehn Millionen Euro pro Jahr zur Verfügung. Diese Mittel sind Bestandteil der durch Art. 1 Nr. 10 Haushaltsbegleitgesetz 2010 erfolgten stufenweisen Erhöhung der Zuweisungen nach § 29b FAG.

Politische Übereinkunft von Land und Kommunalen Landesverbänden am 24. 11. 2009

„Orientierungsplan

Das Land und die Kommunalen Landesverbände stimmen darin überein, dass der weiterentwickelte Orientierungsplan ein wichtiges Instrument für die frühkindliche Bildung ist. Land und Kommunale Landesverbände sehen sich dem gemeinsam angestoßenen Prozess der qualitativen Weiterentwicklung der Kindergärten verpflichtet.

Zu diesem Zweck kommen sie überein, den Personalschlüssel je Gruppe in drei Stufen, beginnend ab dem 1. September 2010, wie folgt in Stufen zu erhöhen: Für Kindergärten mit Verlängerter Öffnungszeit um 0,2 Stellen (in 2 Stufen), in allen anderen Betriebsformen um 0,3 Stellen (in 3 Stufen: 1. Stufe 2010, 2. Stufe 2011, 3. Stufe 2012).

Dieser Personalschlüssel ist für die Betriebserlaubnis auf gesetzlicher Grundlage verbindlich.

Für diese Verbesserung des Personalschlüssels ist ein Betrag von 200 Mio. Euro erforderlich. Das Land trägt hiervon 133 Mio. Euro (etwa zwei Drittel), die Kommunen 67 Mio. Euro (etwa ein Drittel). Das Land erhöht den in § 29b FAG (Kindergartenförderung) vorgesehenen Betrag von 386 Mio. Euro schrittweise entsprechend den oben genannten Stufen um seinen Anteil. Die Art und Weise der Erbringung des kommunalen Anteils ist noch zu klären. Land und Kommunale Landesverbände gehen davon aus, dass damit die Umsetzung des Orientierungsplans stufenweise möglich ist.

Entsprechend den Prinzipien von Pluralität, Trägerautonomie und Konzeptvielfalt steht es in der Verantwortung der Träger und Einrichtungen, wie die im Orientierungsplan genannten Ziele im pädagogischen Alltag erreicht werden. Darüber hinaus stellt das Land zur weiteren Qualifizierung des pädagogischen Personals ab dem 1. 9. 2010 stufenweise 10 Mio. Euro pro Jahr zur Verfügung" (wörtlicher Auszug aus der Politischen Übereinkunft vom 24. 11. 2009, Pressemitteilung des Staatsministeriums Baden-Württemberg vom 24. 11. 2009).

4.4 Rechtliche Ausgestaltung

4.4.1 Gesetz zur Änderung des Haushaltbegleitgesetzes und des Gesetzes über das Landesschuldbuch vom 1.3.2010 zur Änderung des § 29b des Finanzausgleichsgesetzes (FAG) sowie des Kindertagesbetreuungsgesetzes (KiTaG) vom 19.10.2010.

Der Landesanteil in Höhe von 133 Mio. € wird den Gemeinden durch eine Erhöhung der Kindergartenförderung (§ 29b FAG) erbracht. Das Land hat hierzu durch Art. 1 Nr. 10 des Haushaltbegleitgesetzes und des Gesetzes über das Landesschuldbuch vom 1.3.2010 (GBl. S. 265) den in § 29b FAG (Kindergartenförderung) bisherigen Betrag von 386 Mio. € schrittweise entsprechend den genannten Stufen auf folgende Beträge erhöht:

Erhöhung

zum	**1.9.2010**	**1.9.2011**	**1.9.2012**	**1.9.2013**
um	18 Mio. Euro	69 Mio. Euro	110 Mio. Euro	**143 Mio. Euro**
auf	**404 Mio. Euro**	**455 Mio. Euro**	**496 Mio. Euro**	**529 Mio. Euro**

In den genannten Beträgen sind neben den Kosten für die stufenweise Erhöhung des Mindestpersonalschlüssels auch Kosten zur weiteren Qualifizierung des pädagogischen Personals enthalten, die sich nach der politischen Übereinkunft vom 24.11.2009 auf 10 Mio. € pro Jahr belaufen (anteilig im Jahr 2010: 3 Mio. €).

Mit dem Gesetz zur Änderung des Kindertagesbetreuungsgesetzes (KiTaG) vom 19.10.2010 (GBl. S. 748), das am 28.10.2010 in Kraft trat, wurde neben der Verordnungsermächtigung zur Festlegung der Mindestpersonalschlüssel auch die Verpflichtung der Kommunen normiert, den freien und privat-gewerblichen Trägern der Kindergärten die sich aus der stufenweisen Erhöhung der Personalschlüssel ergebenden Mehrausgaben in vollem Umfang zu ersetzen. Dies erfolgte mit einer Änderung des § 8 Abs. 2 KiTaG.

Mit dieser Gesetzesänderung haben freie und privat-gewerbliche Kindergärten an die Standortgemeinde neben dem bisherigen Zuschussanspruch in Höhe von mindestens 63 % der Betriebsausgaben einen Anspruch auf die volle Erstattung der sich aus der stufenweisen Veränderung der Mindestpersonalschlüssel ergebenden Personalmehrausgaben unter einer möglichen Anrechnung einer die Personalausstattung des freien Trägers, die über dem Mindestpersonalschlüssel liegt.

Wie dies konkret ausgestaltet wird und ob im Hinblick auf die vorgehaltene und von der Kommune bereits finanzierte Personalausstattung Handlungsbedarf besteht und ggf. welche Konsequenzen sich für die bestehenden Finanzierungsvereinbarungen mit den Trägern ergeben, ist örtlich – unter Einbeziehung der vertraglich geregelten kommunalen Beteiligung an den Betriebsausgaben – zu regeln (siehe Kommentierung zu § 8 Abs. 2 KiTaG).

4.4.2 Erlass einer Verordnung des Kultusministeriums über den Mindestpersonalschlüssel und die Personalfortbildung in Kindergärten und Tageseinrichtungen mit altersgemischten Gruppen (Kindertagesstättenverordnung – KiTaVO) vom 25.11.2010

Mit der von Land und Kommunen gemeinsam finanzierten stufenweisen Erhöhung der Personalschlüssel soll es den Einrichtungen ermöglicht werden, die Zielsetzungen des Orientierungsplans nach und nach zu realisieren. Dabei sind die Träger frei, auf welche Zielsetzungen des Orientierungsplanes sie sich (zunächst) konzentrieren.

Fast das gesamte Jahr 2010 stand der Bereich Bildung und Betreuung sehr im Fokus der Umsetzung der politischen Übereinkunft vom 24.11.2009, zum einen mit der Konkretisierung im Änderungsgesetz zum KiTaG, zum anderen mit dem erstmaligen Erlass der genannten KiTaVO. Die lange Zeitdauer zur Entstehung der rechtlichen Regelungen ist Ausdruck dafür, dass es sich angesichts der Komplexität der Materie alles andere als einfach gestaltet hat, für die politische Übereinkunft die notwendigen rechtlichen Grundlagen zu schaffen.

Vorgabe des Kultusministeriums hierbei war, dass die Verordnung die differenzierte bisherige Verwaltungspraxis des KVJS bei der Erteilung der Betriebserlaubnis abbildet. In einem längeren Abstimmungsprozess hat man sich dann deshalb schließlich auf die Darstellung von beispielhaften Fallkonstellationen verständigt, die eine flexible Anpassung der Mindestanforderungen an die konkrete Situation der jeweiligen Einrichtung ermöglichen sollen. Die Verordnung des Kultusministeriums über den Mindestpersonalschlüssel und die Personalfortbildung in Kindergärten und Tageseinrichtungen mit altersgemischten Gruppen (Kindertagesstättenverordnung – KiTaVO) vom 25. 11. 2010 wurde im GBl. vom 9. 12. 2010 (S. 1031) veröffentlicht und trat am Tag nach ihrer Verkündung und somit am 10. 12. 2010 in Kraft.

Mit der KiTaVO liegen in Baden-Württemberg erstmals normierte Rechengrundlagen für die Mindestpersonalschlüssel vor. Wesentlich ist, dass die Erhöhung der Personalschlüssel anhand einer erstmaligen **Festlegung einer Mindestbasis** (in nachfolgender Übersicht ist dies die Spalte **„Basis“**) erfolgte, auf die sich das Land und die Kommunalen Landesverbände zwischenzeitlich verständigt haben.

Übersicht

Mindestpersonalschlüssel sowie die jährlichen Erhöhungen nach der KiTaVO:

Gruppenart	**Bezogen auf tägliche Öffnungszeit/ Stunden**	**Basis**	**1.9.2010**	**1.9.2011**	**1.9.2012**
Halbtagsgruppe	4	1,0	1,1	1,2	1,3
AM mit Kindern unter 3 Jahren	4	1,1	1,2	1,3	1,4
Regelgruppe	6	1,5	1,6	1,7	1,8
AM mit Kindern unter 3 Jahren	6	1,7	1,8	1,9	2,0
Verlängerte Öffnungszeit	6	1,7	1,8	1,9	1,9
mit AM	6	1,7	1,8	1,9	2,0
Ganztagsgruppe	7	2,0	2,1	2,2	2,3

Quelle: Ausführungshinweise des KVJS, S. 3

Die Verordnung entfaltet allerdings keine unmittelbare Wirkung, sondern bindet das Landesjugendamt als für die Erteilung der Betriebserlaubnisse zuständige Aufsichtsbehörde. Nach § 45 SGB VIII bedarf jeder Träger für den Betrieb einer Kindertageseinrichtung der Erlaubnis. Zuständig für die Erteilung der Betriebserlaubnis ist nach § 85 Abs. 2 Nr. 6 SGB VIII der überörtliche Träger. Nach § 19 Kinder- und Jugendhilfegesetz für Baden-Württemberg (LKJHG) wird diese Aufsichtsaufgabe vom KVJS-Landesjugendamt als Pflichtaufgabe nach Weisung wahrgenommen.

4.4.3 Ausführungshinweise zur KiTaVO

In ihrer Stellungnahme zur Änderung des KiTaG und dem Erlass der KiTaVO haben die Kommunalen Landesverbände im Sinne einer reibungslosen Umsetzung mit Nachdruck angeregt, zeitnah und insbesondere abgestimmt mit der obersten Aufsichtsbehörde (Kultusministerium) Ausführungshinweise herauszugeben. Besonders hervorzuheben ist, dass es gelungen ist, diese Ausführungshinweise tatsächlich zeitgleich mit der neuen Verordnung zu veröffentlichen. An dieser Stelle gilt allen Beteiligten ein großer Dank.

In den Ausführungshinweisen werden alle wesentlichen Parameter (z. B. Mindestpersonalschlüssel, Öffnungszeit, Hauptbetreuungszeit, Randzeit, Gruppengröße, Gruppenarten, Schließtage usw.) kompakt und geeignet für die Anwendung in der Praxis dargestellt. Der Rechenweg und die konkrete Berechnung der Mindestpersonalschlüssel sind differenziert nach den einzelnen Gruppenarten aufgeführt. Weitere wesentliche Punkte, wie z. B. die in dem Mindestpersonalschlüsseln enthaltene (Mindest-)Verfügungszeit sowie die Funktion der Leitungseinrichtung werden im Kontext der KiTaVO klar beschrieben und sind damit auch für die Umsetzung in der Förderung der freien Träger eine wesentliche Hilfestellung. Ergänzt werden die Hinweise des KVJS um beispielhafte Ausführungen zu den materiell-rechtlichen Regelungen mit **unbestimmten Rechtsbegriffen** in der KiTaVO.

An dieser Stelle werden zwei für **die Praxis** sehr relevante Bereiche herausgegriffen, im Übrigen sind die Ausführungshinweise gut lesbar und erleichtern die Umsetzung der KiTaVO.

Beispiel: „Dauerhaft erheblich kleinere Gruppen"(§ 1 Abs. 4 Satz 2 der KiTaVO)

In § 1 Abs. 4 Satz 2 KiTaVO ist normiert: *„Wird die der Berechnung zugrunde liegende Höchstgruppenstärke dauerhaft erheblich unterschritten, kann im Rahmen der Betriebserlaubnis eine entsprechende Verminderung des Mindestpersonalschlüssels erfolgen."* Dies ist insbesondere im ländlichen Raum bzw. überall dort, wo rückläufige Kinderzahlen kleinere Gruppen zur Folge haben, von Bedeutung. In den Ausführungshinweisen wird dies wie folgt konkretisiert: *„Eine Verminderung des Mindestpersonalschlüssels kann in Frage kommen, wenn beispielsweise in einem Regelkindergarten dauerhaft (abzusehen für mindestens ein Kindergartenjahr) 20 Kinder oder weniger angemeldet sind. Dazu muss ein Antrag beim KVJS-Landesjugendamt gestellt werden. Bei der Entscheidung des KVJS-Landesjugendamtes spielen sowohl Gegebenheiten des Einzelfalls wie auch weitere Faktoren, z. B. die Räumlichkeiten, die Anwesenheitsdichte der Kinder, die Qualifikation des Personals etc. eine Rolle."*

Beispiel „Einrichtungsleitung" (§ 1 Abs. 2 Satz 5 KiTaVO)

Ein wesentlicher Punkt beim Erlass der KiTaVO war die Klärung der Frage zu Regelungen der Einrichtungsleitung.

Die politische Übereinkunft bzw. die vom Land zur Verfügung gestellten Mittel ließen keinerlei Spielraum für Leitungsfreistellungszeiten. Diese durchaus übliche und in der Praxis immer häufiger vorkommende Situation, dass insbesondere bei einer bestimmten Größe einer Einrichtung bzw. besonderen örtlichen Gegebenheiten die Leitung der Einrichtung Zeitanteile speziell zur Erfüllung von Leitungsaufgaben zuerkannt bekommt, ist eine rein freiwillige, strukturelle Qualitätsmaßnahme des jeweiligen Trägers, die weder vom Land noch von der kommunalen Seite verpflichtend zu finanzieren ist.

In § 1 Abs. 2 Satz 5 KiTaVO wurde normiert, dass „der Mindestpersonalschlüssel nach § 1 Abs. 1 KiTaVO *„die gesetzlich vorgesehene Einrichtungsleitung im Sinne des § 47 SGB VIII berücksichtigt"*. In den Ausführungshinweisen des KVJS-Landesjugendamtes ist hierzu ausgeführt: *„Nach § 47 SGB VIII hat der Träger einer erlaubnispflichtigen Einrichtung der zuständigen Behörde (KVJS-Landesjugendamt) den Namen und die berufliche Ausbildung des Leiters unverzüglich anzuzeigen. Demnach ist für jede Einrichtung eine Fachkraft mit der **Funktion einer Leitung** zu bestimmen. **Es besteht keine Verpflichtung der Träger, die Leitung einer Einrichtung ganz oder teilweise freizustellen**. Eine gegebenenfalls im Einzelfall freiwillig vereinbarte Leitungsfreistellung (z. B. aufgrund der Gruppenanzahl einer Einrichtung) ist nicht beim Mindestpersonalschlüssel berücksichtigt. In diesen Fällen ist ein entsprechender Ausgleich zur Einhaltung des erforderlichen Mindestpersonalschlüssels der Gruppen zur gewährleisten."*

Dies bedeutet konkret, dass ggf. vorliegende, vereinbarte bzw. finanzierte Zeitanteile zur (teilweisen) Freistellung der Einrichtungsleitung eines freien Trägers nicht im vorzuhaltenden Mindestpersonalschlüssel enthalten sind und nach § 8 Abs. 2 Satz 3 KiTaG in der Fassung vom 19. 10. 2010 von der Kommune angerechnet werden können/könnten. Dies ist in der Praxis ein schwieriges Thema, insbesondere, wenn man sich darauf auf beiden Seiten (Kommune und freier Träger) bereits verständigt hatte. Um hier Konflikte zu vermeiden, bietet sich eine strategische Gesamtlösung in der Förderung des freien Trägers an (s. Erl. zu § 8 Abs. 2).

Weitere Betreuungsangebote, die zwar nicht von der politischen Übereinkunft umfasst sind, deren Rahmenbedingungen für die Erteilung einer Betriebserlaubnis aber weiterhin Geltung haben, wurden ergänzend in die Ausführungshinweise des KVJS aufgenommen: **eingruppige Einrichtungen, Waldkindergärten** und **integrative Gruppen**.

Der KVJS weist in den zur KiTaVO erarbeiteten Ausführungshinweisen darauf hin, dass bestehende **Betriebserlaubnisse** auch nach Inkrafttreten der Rechtsverordnung weiter gelten. Eine Änderung der bestehenden Betriebserlaubnis bzw. eine Anpassung auf die neuen Vorgaben ist weder erforderlich noch erfolgt diese von Amts wegen, kann aber vom Träger beantragt werden. Für neue Einrichtungen und für bestehende Einrichtungen, bei denen sich die Gruppenform oder Gruppenanzahl verändert, muss allerdings eine neue Betriebserlaubnis beantragt werden, für die dann die Regelungen der neuen Rechtsverordnung Grundlage sind.

Da es – wie bereits ausgeführt – zu keiner Veränderung in der Beschreibung der **Gruppenarten** und der **Gruppengrößen** kam, gelten die bisherigen Rahmenbedingungen hierzu unverändert weiter. Die folgende Übersicht, die bisher als Anhang der Betriebserlaubnis beigefügt war, hat jedoch formal seit 10. 12. 2010 Verordnungsrang.

Übersicht über die Merkmale der einzelnen Gruppenarten:

Gruppenart **Alter der Kinder**	**Regelgruppenstärke, Höchstgruppenstärke**
Halbtagsgruppe (HT) für 3-Jährige bis Schuleintritt (Vor- oder Nachmittagsbetreuung von mindestens 3 Stunden)	25 bis 28 Kinder
Regelgruppe (RG) für 3-Jährige bis Schuleintritt (Vor- und Nachmittagsbetreuung mit Unterbrechung am Mittag)	25 bis 28 Kinder
Gruppe mit verlängerter Öffnungszeit (VÖ) für 3-Jährige bis Schuleintritt (durchgängige Öffnungszeit von mindestens 6 Stunden)	22 bis 25 Kinder
Ganztagesgruppe (GT) für 3-Jährige bis Schuleintritt (mehr als 7 Stunden durchgängige Öffnungszeit)	20 Kinder
Altersgemischte Gruppe (AM) **für 3-Jährige bis unter 14 Jahre**	25 bei **HT/RG/VÖ** 20 bei **GT**
Altersgemischte Gruppe (AM) **für 2-Jährige bis unter 14 Jahre** (mit überwiegender Anzahl von Kindern im Kindergartenalter)	Absenkung der Gruppenstärke um einen Platz je aufgenommenes 2-jähriges Kind, ausgehend von: 25 bei **HT/RG** 22 bei **VÖ** 20 bei **GT**
Altersgemischte Gruppe (AM) **vom 1. Lebensjahr bis unter 14 Jahre** (bei allen Gruppenarten)	15 Kinder, davon höchstens 5 Kinder im Alter von unter drei Jahren

Quelle: Ausführungshinweise des KVJS, S. 4

Berechnungshilfen für den Mindestpersonalschlüssel in jeder Gruppenart

Die Ausführungshinweise dienen also eindeutig der besseren Transparenz und erleichtern den Abgleich mit dem in den Kindergärten bereits vorgehaltenen bzw. finanzierten Personal, auch im Hinblick auf die Verhandlungen mit den freien Trägern.

Zur Bestimmung des genauen Mindestpersonalschlüssels für die jeweiligen Bedingungen einer Tageseinrichtung für Kinder ist auf der Homepage des KVJS-Landesjugendamts ein **Berechnungsprogramm** eingestellt: www.kvjs.de/tagesbetreuung.html (Anhang 1.2).

4.5 Zusammenfassung und Ausblick

Seit der Vereinbarung zur Erstellung und Implementierung im Jahre 2004 hat der Orientierungsplan an Aktualität und Attraktivität innerhalb der politischen Diskussion nichts verloren. Im Gegenteil: Im Koalitionsvertrag der neuen Landesregierung sowie in der Regierungserklärung von Ministerpräsident Kretschmann vom 25.5.2011 finden sich dazu klare Prioritäten bzw. Vorstellungen der neuen Landesregierung insbesondere zum Dauerbrenner „Verbindlichkeit“:

Im **Koalitionsvertrag** zwischen Bündnis 90/DIE GRÜNEN und der SPD Baden-Württemberg („Der Wechsel beginnt", 2011–2016, S. 3) heißt es wörtlich:

„Wir wollen die Qualität der frühkindlichen Angebote weiter verbessern. Hierzu werden wir den Orientierungsplan für die Kindertageseinrichtungen gesetzlich verankern und damit verbindlich einführen sowie für den Kleinkindbereich weiterentwickeln. (. . .) Wir wollen gemeinsam mit den kommunalen Landesverbänden und freien Trägern die Rahmenbedingungen in den Einrichtungen schrittweise verbessern, insbesondere hinsichtlich der Fachkraft-Kind-Relation (. . .)."

Die Sprachförderung ist ein wichtiges Aufgabenfeld für die Kindertageseinrichtungen. Wir werden sie neu konzipieren. So soll vom ersten Kindergartentag an eine alltagsintegrierte Sprachförderung erfolgen. Die Sprachförderung soll im Rahmen des Orientierungsplans umgesetzt werden (. . .)."

In der **Regierungserklärung** von Ministerpräsident Kretschmann am 25.5.2011 heißt es auf S. 20 hierzu: *„(. . .) Dafür wird die Landesregierung viel Geld in die Hand nehmen. Wir werden den Orientierungsplan* ***für alle Kindertageseinrichtungen verbindlich einführen.*** *"*

Die **Bewertung aus kommunaler Sicht** hat der Gemeindetag Baden-Württemberg in seinem Schreiben vom 8.4.2011 an den Ministerpräsidenten wie folgt zusammengefasst: *„(. . .) Der Orientierungsplan für Bildung und Erziehung kann dann verbindlich bzw. mit verpflichtenden Elementen eingeführt und umgesetzt werden, wenn auch hier zwingend der notwendige Mehrlastenausgleich nach Art. 71 Abs. 3 der Landesverfassung (Konnexität) erfüllt bzw. gewährleistet wird. Die im Orientierungsplan ursprünglich für verbindlich vorgesehenen Elemente sind auf der Basis des Jahres 2009 quantifiziert und haben mit der politischen Übereinkunft vom 24.11.2009 in einem ersten Schritt die stufenweise Erhöhung der Personalschlüssel in Kindergärten und altersgemischten Einrichtungen nach sich gezogen. Der auf der Basis des Jahres 2008/2009 ermittelte Gesamtaufwand liegt bei rund 650 Mio. Euro/Jahr. Der Anteil des Landes an der stufenweisen Erhöhung der Personalschlüssel beträgt derzeit 133 bzw. 143 Mio. Euro (inklusive Mittel für Fortbildung). Sobald sichergestellt ist, dass für weitere verbindliche oder verpflichtend umzusetzende Elemente der notwendige Mehrlastenausgleich erfolgt, ist der Gemeindetag bzw. die kommunale Seite gerne bereit, in die Gespräche mit der Landesregierung einzutreten."*

Fazit:

Das Thema Orientierungsplan mit den Themen „Verbindlichkeit", „Personalschlüssel (Fachkraft-Kind-Relation)", „Sprachförderung" usw. bleibt –neben dem Ausbau der Kleinkindbetreuung – **das** Top-Thema bei der frühkindlichen Bildung.

Somit bleibt es absolut spannend:

1. Entscheidend wird sein, was bei den anstehenden, weiteren Finanzverhandlungen zwischen neuer Landeregierung und Kommunalen Landesverbänden als Ergebnis unter Berücksichtigung der konnexitätsrelevanten Finanzierungsfolgen erzielt und damit konkret umsetzbar wird.
2. Eine weitere Novellierung des Kindertagesbetreuungsgesetzes und ggf. des Finanzausgleichsgesetzes (FAG) in absehbarer Zeit dürfte damit vorprogrammiert sein.

Dies wird dann Gegenstand der Kommentierung in der nächsten Auflage sein.

§ 3

Aufgaben der Gemeinden und Beteiligung der Träger der freien Jugendhilfe

(1) Die Gemeinden werden zur Durchführung von Aufgaben der Förderung von Kindern in Tageseinrichtungen und in Kindertagespflege herangezogen. Sie haben darauf hinzuwirken, dass für alle Kinder vom vollendeten dritten Lebensjahr bis zum Schuleintritt ein Kindergartenplatz oder ein Platz in einer Tageseinrichtung mit altersgemischten Gruppen zur Verfügung steht. Ferner haben sie darauf hinzuwirken, dass für diese Altersgruppe ein bedarfsgerechtes Angebot an Ganztagsplätzen oder ergänzend Förderung in Kindertagespflege zur Verfügung steht. Dies gilt unbeschadet der Verpflichtung des örtlichen Trägers der öffentlichen Jugendhilfe. § 4 SGB VIII bleibt unberührt.

(2) Die Gemeinden haben unbeschadet der Verpflichtung des örtlichen Trägers der öffentlichen Jugendhilfe auf ein bedarfsgerechtes Angebot an Plätzen in Tageseinrichtungen und in der Kindertagespflege für Kinder unter 3 Jahren nach § 24 Abs. 2 und 3 SGB VIII hinzuwirken. § 24a SGB VIII bleibt unberührt.

(2a) Die erziehungsberechtigten Personen haben die Gemeinde und bei einer gewünschten Betreuung durch eine Tagespflegeperson den örtlichen Träger der öffentlichen Jugendhilfe mindestens sechs Monate vor der beabsichtigten Inanspruchnahme einer Leistung nach Absatz 2 in Kenntnis zu setzen. Die Gemeinde und der örtliche Träger der öffentlichen Jugendhilfe haben dabei im Rahmen ihrer Planung zu berücksichtigen, dass auch ein Bedarf gedeckt werden kann, der aus einem vom Personensorgeberechtigten nicht zu vertretenden Grund kurzfristig entsteht.

(3) Die Gemeinden beteiligen rechtzeitig die nach § 75 SGB VIII anerkannten Träger der freien Jugendhilfe und die privat-gewerblichen Träger, die die rechtlichen und fachlichen Voraussetzungen für den Betrieb der Einrichtung erfüllen, an ihrer Bedarfsplanung. Diese ist dem örtlichen Träger der öffentlichen Jugendhilfe anzuzeigen.

Erläuterungen

Übersicht

1. Vorbemerkung zu Absatz 1 und 2

In Absatz 1 und 2 wurde die Angabe „nach § 69 Abs. 5 SGB VIII" gestrichen. Laut der Gesetzesbegründung (LT-Drs.14/3659 S. 15) „handelt sich – lediglich – um eine Anpassung an das SGB VIII, da § 69 Abs. 5 SGB VIII durch das KiföG aufgehoben wurde. Nachdem die Aufgabenübertragung bereits vor Inkrafttreten des KiföG erfolgt ist, hat diese Regelung lediglich eine deklaratorische Bedeutung".

Diese Auslegung mag für das Land – insbesondere unter Konnexitätsgesichtspunkten – die einfachste sein, sie ist aber umstritten. So wird in der Literatur (Beck-online Kommentar zum KiFöG) die Auffassung vertreten, dass „mit der Streichung des § 69 Abs. 1 die sog. Mehrbelastungsausgleichspflicht der Länder gegenüber den Kommunen auch im Hinblick auf Kostenfolgen aus den Leistungsverpflichtungen aus dem SGB VIII zur Anwendung kommt".

Mit der Änderung bzw. Streichung des § 69 Abs. 5 SGB VIII durch das zum 1.1.2009 in Kraft getretene KiFöG haben die Länder die Pflicht, originär und konstitutiv zu regeln, wer **Träger der öffentlichen Jugendhilfe** ist. Nachdem in Baden-Württemberg in einer langjährigen (jahrzehntelangen) Ausgestaltung die Städte und Gemeinden verantwortliche Akteure und tatsächliche Träger der Aufgabe „Kinderbetreuung" sind, wäre es nun rechtlich zweifelsfrei und einwandfrei möglich gewesen, diese Aufgabe auf die Städte und Gemeinden zu übertragen. Dies ist eine langjährige Forderung der Kommunalen Landesverbände. Mit der jetzt getroffenen Regelung im Gesetz durch die schlichte Streichung des Bezugs zum Bundesrecht geht das Land davon aus, dass die bisherigen Zuständigkeitsregelungen mit der Gesamtverantwortung und **Gewährleistungsverpflichtung** der Landkreise bestehen bleiben. Dies zu ändern ist wohl auch deshalb nicht erfolgt, da bei einer neuen Zuständigkeitsregelung Konnexitätsfolgen befürchtet wurden.

Der Gemeindetag Baden-Württemberg brachte das in der Anhörung vor dem Sozialausschuss des Landtags am 10.12.2008 wie folgt auf den Punkt: *„Wann, wenn nicht jetzt hätte diese klarstellende Zuständigkeitsregelung erfolgen können, ja erfolgen müssen. Städte und Gemeinden stehen zu der Aufgabe Kinderbetreuung, auch und gerade im Kontext des vereinbarten Ausbaus in der Kleinkindbetreuung sowie den weiteren Aufgaben im Kindergartenbereich. Im Sinne eines schlanken, klaren und transparenten Landesrechtes blieb diese durch das Bundesrecht nun ermöglichte Chance (leider) ungenutzt."*

2. Rechtsanspruch auf einen Betreuungsplatz (Absatz 1)

Satz 1

Mit der Streichung bzw. Aufhebung des § 69 Abs. 1 SGB VIII (und in Folge auch des § 69 Abs. 5 SGB VIII) sowie der damit vom Bundesgesetzgeber gewollten unmittelbaren Regelung der Aufgabenzuweisung durch die Länder wäre es also insbesondere möglich gewesen, die tatsächliche Aufgabenzuweisung und damit eine konstitutionelle Aufgabenübertragung an die Städte und Gemeinden abschließend gesetzlich zu normieren. Dies wäre darüber hinaus auch aus systematischen Gründen angezeigt gewesen, nachdem seit 2006 die abschließende Finanzierungszuständigkeit kraft Gesetzes (§ 8 Abs. 1 KiTaG) bei den

Gemeinden liegt – und diese auch tatsächlich den weit überwiegenden Teil der Finanzierung, unabhängig vom Träger der Kinderbetreuungsangebote, tragen.

Diesen systematisch wie auch praktisch konsequenten Schritt, neben der Finanzierungszuständigkeit auch die Aufgabenzuständigkeit tatsächlich und abschließend den Städten und Gemeinden zuzuweisen, hat das Land also nicht gemacht und so bleibt es im KiTaG bei der „Aufgabenheranziehung" der Städte und Gemeinden, einhergehend mit der beim öffentlichen Jugendhilfeträger verbleibenden Gesamtverantwortung.

Für den Kindergartenbereich formuliert **Satz 2** das Ziel der Schaffung von Betreuungsplätzen für alle Kinder bzw. die **Hinwirkungsverpflichtung** der Gemeinden, für die Erfüllung des **Rechtsanspruches auf einen Kindergartenplatz** oder einen Platz in einer Einrichtung mit altersgemischten Gruppen für alle Kinder vom vollendeten dritten Lebensjahr bis zum Schuleintritt zu sorgen. Der baden-württembergische Gesetzgeber hat keine Konkretisierung bezüglich der Ausgestaltung des Platzes getroffen, bspw. in Bezug auf Öffnungszeiten. Gemeint ist, ohne dass dies speziell formuliert oder normiert ist, dass für jedes Kind ab dem vollendeten dritten Lebensjahr mindestens ein Regelangebot in Form mindestens eines Halbtagsplatzes in einem Kindergarten zur Verfügung stehen muss. Dagegen wird die Pflicht zur Schaffung von Ganztagsplätzen unter den Vorbehalt eines bedarfsgerechten Angebots gestellt.

In der Praxis hat sich das sogenannte „Regelangebot" mit einer vier- bis sechsstündigen Betreuung an Vor- und Nachmittagen ausgeprägt. Mit über 6 000 Gruppen ist der auch sogenannte Regelkindergarten zahlenmäßig immer noch die am weitesten verbreitete Betreuungsform für die über dreijährigen Kinder.

Wichtig für die Praxis ist, dass es sich bei dem Rechtsanspruch auf einen Kindergartenplatz zwar um einen subjektiven (einklagbaren) Anspruch handelt, jedoch nicht um einen Anspruch auf einen bestimmten Platz. Dem Tenor des KiföG folgend, wie auch dem Satz 3 (bedarfsgerechtes Angebot an Ganztagesplätzen oder ergänzende Förderung in Kindertagespflege), wird hier jedoch eine weite Auslegung auch im Hinblick auf das Wunsch- und Wahlrecht der Eltern (§ 5 SGB VIII) einzuräumen sein. Insbesondere im ländlichen Raum sollten bei der Erreichbarkeit auch die Zumutbarkeit bezüglich zurückzulegender Entfernungen wie auch die Topografie und sonstige Rahmenbedingungen berücksichtigt werden. Aus wirtschaftlichen Gründen sowie im Lichte rückläufiger Kinderzahlen wird zunehmend die Aufrechterhaltung von Angeboten in sehr kleinen Ortschaften kritisch überprüft und eine Konzentration im Kernort erwogen. Dies sind schwierige kommunalpolitische Weichenstellungen, weil sie auch stark die Attraktivität als Wohnort für Familien beeinflussen. Hier gibt es kein Patentrezept. Eine frühzeitige Beratung, der Dialog mit den Eltern und den Trägern, die demografische Entwicklung der Gemeinde, die kommunalpolitisch gewollte Ausrichtung in der Kinder- und Familienpolitik, die zur Verfügung stehenden Ressourcen der jeweiligen Kommune sowie die Bewertung langfristig wirkender Standortfaktoren spielen eine zentrale Rolle. Die Erstellung einer Bildungs- und Betreuungskonzeption für die Altersgruppe 0–10 Jahre kann hierbei wichtige Fakten und Entscheidungsgrundlagen liefern.

Weiter ist für die Praxis überlegenswert, bspw. bei Auslastung oder kurzfristig fehlenden Platzkapazitäten bzw. bei starker Nachfrage bestimmter Plätze, z. B. aufgrund der Öffnungszeiten, des pädagogischen Profils oder anderer Besonderheiten, ein Verfahren/Konzept zur Platzvergabe auszuarbeiten.

Empfehlenswert und künftig wichtiger wird, dass man vor Ort (idealerweise trägerübergreifend) Kriterien zur Platzvergabe (gemeinsam) festlegt bzw. verabschiedet und darüber hinaus im Lichte des kommenden Rechtsanspruches für die ein- und zweijährigen Kinder über ein zentrales Anmelde- und Vergabesystem nachdenkt, bei dem es sich bewährt hat, wenn dieses zentral (z. B.) bei der Stadt/Gemeindeverwaltung angesiedelt ist. Dies sollte sorgfältig und gemeinsam mit den freien Trägern abgestimmt werden, damit eine reibungslose Umsetzung bis 2013 gewährleistet ist.

Baden-Württemberg war Ende 2009 nach einer Bertelsmann-Studie Spitzenreiter bei der Inanspruchnahmequote bezogen auf den Rechtsanspruch auf einen Kindergartenplatz. Dieser liegt bei rund 95 %.

Die Gewährleistungsverpflichtung zur Erfüllung des Rechtsanspruchs auf den Kindergartenbesuch gem. § 24 SGB VIII obliegt den örtlichen Trägern der öffentlichen Jugendhilfe im Rahmen ihrer Gesamtverantwortung. Nachdem der Landesgesetzgeber diese Aufgabe nicht abschließend auf die Gemeinden übertragen hat (s. 1. Vorbemerkung zu Absatz 1 und 2), besteht formal die Rechtsverpflichtung abschließend beim örtlichen Träger der öffentlichen Jugendhilfe. Im Umkehrschluss bedeutet dieses, dass sich bei Nichterfüllung eine Klage (des anspruchsberechtigten Kindes, vertreten durch die Sorgeberechtigten) gegen den örtlichen Träger der öffentlichen Jugendhilfe, konkret gegen den Stadt- oder Landkreis bzw. die kreisangehörige Gemeinde mit eigenem Jugendamt, richten würde. Siehe auch Erl. zu Satz 4.

Satz 3

Weiter haben die Gemeinden darauf hinzuwirken, dass für die Altersgruppe der über dreijährigen Kinder bis zum Schuleintritt ein bedarfsgerechtes Angebot an Ganztagsplätzen oder ergänzend Förderung in der Kindertagespflege zur Verfügung steht. Damit ergibt sich aus dem KiTaG eindeutig ein Vorrang der Erfüllung des Rechtsanspruches in einer Einrichtung und – nur – ergänzend, bei Bedarf (ggf. zusätzlich) eine Förderung in der Kindertagespflege. Dies hat durchaus eine positive praktische Relevanz, als durch Randzeitenbetreuung überall dort (bspw. im ländlichen Raum oder in kleinen Einrichtungen), wo sich der Betrieb einer Ganztagsgruppe mangels Nachfrage einer ganzen Gruppe aus wirtschaftlichen Gründen nicht rechnen würde, die – aufgrund der Berufstätigkeit der Eltern – erforderliche Ganztagsbetreuung durch Abdeckung der sog. Randzeiten – also vor und nach den eigentlichen Kindergarten-Öffnungszeiten – mittels Kindertagespflege gewährleistet werden kann. Wichtig ist, dass es sich hierbei rechtlich um „Kindertagespflege in anderen geeigneten Räumen“ (vgl. § 1 Abs. 7 Satz 3) handelt, für die auch bestimmte Rahmenbedingungen zu erfüllen sind, insbesondere eine Erlaubnis des Jugendamtes nach § 43 SGB VIII (Erlaubnis zur Kindertagespflege in anderen Räumen).

In anderen geeigneten Räumen können von mehreren Tagespflegepersonen bis zu neun Kinder gleichzeitig betreut werden, wobei insgesamt bis zu 12 Kinder angemeldet sein können. Wer Kinder außerhalb deren Wohnung in anderen Räumen während des Tages mehr als 15 Stunden pro Woche gegen Entgelt und länger als drei Monate erziehen, bilden und betreuen will, benötigt eine Erlaubnis zur Kindertagespflege, die an die Kindertagespflege in anderen Räumen und an die Tagespflegepersonen höhere Anforderungen stellt hinsichtlich der organisatorischen und inhaltlichen Ausgestaltung, insbesondere an ihre Eignung. Im Zusammenhang mit der erforderlichen Sachkompetenz wird von der Tagespflegeperson die Vorlage einer schriftlichen Konzeption erwartet, die Aussagen über die Durchführung der vorgesehenen Kinderbetreuung macht. Mögliche Inhalte können zum Beispiel die Ziele der vorgesehenen Tagespflegestelle, Altersgruppe der Kinder, Anzahl der betreuenden Personen, zeitliches Angebot und möglicher Tagesablauf sein. Hinsichtlich der Kooperationsbereitschaft muss eine enge und abgestimmte Kooperation mit der Einrichtung eingegangen werden. Bezüglich der vorliegenden vertieften Kenntnisse wird für die Tagespflegepersonen die Absolvierung eines bestimmten Kurses (Baustein „IM“) des Qualifizierungskonzeptes erforderlich. Dieser bereitet auf die speziellen Gegebenheiten dieser Kinderbetreuungsform entsprechend vor (s. Qualifizierungskonzept des Landes – Anhang).

Mit der Aufnahme eines achten Kindes muss eine der beiden Tagespflegepersonen eine Fachkraft nach § 7 KiTaG sein, z. B. Erzieherin oder Kinderpflegerin.

Personen, die unter § 7 Abs. 1 Nr. 6 KiTaG (z. B. Physiotherapeutinnen und -therapeuten, Logopädinnen und Logopäden) fallen, sind hier ausgenommen, d. h. sie dürfen nicht als Tagespflegepersonen in anderen geeigneten Räumen tätig sein.

Zum Aufbau weiterer Ganztagsgruppen empfiehlt sich eine sorgfältige Erhebung im Rahmen der Bedarfsplanung – s. dazu Erl. zu § 3 Abs. 3 KiTaG.

Satz 4

Das SGB VIII enthält keine Vorgaben dazu, wie die Träger der öffentlichen Jugendhilfe den ihnen obliegenden Rechtsverpflichtungen nachkommen. Dies steht vielmehr im Ermessen der Träger der öffentlichen Jugendhilfe (BVerfGE 22, 180) bzw. derer, die dazu herangezogen werden (s. Erl. 1).

Nach den dortigen Ausführungen ergibt sich, dass eine Klage auf Erfüllung des Rechtsanspruches (Leistungsklage) sich gegen den örtlichen Träger der öffentlichen Jugendhilfe und nicht gegen die kreisangehörige Stadt/Gemeinde richten würde.

Die Hinwirkungspflicht alleine ist noch nicht als Pflichtaufgabe zu verstehen. In Verbindung mit den objektiv rechtlichen (Leistungs-)Verpflichtungen, die sich aus dem SGB VIII (KiföG) und dem KiTaG seit dem 1. 1. 2009 direkt ableiten, ist mit den landesgesetzlichen Normierungen und dem jeweiligen ganz konkreten bundesrechtlichen Bezug in den einzelnen landesrechtlichen Regelungen die Heranziehung der kreisangehörigen Gemeinden als weisungsfreie Pflichtaufgabe i. S. des § 2 Abs. 2 Satz 1 GemO einzuordnen. Die Gesamtverantwortung der örtlichen Träger der öffentlichen Jugendhilfe ist unter Beachtung des Grundsatzes der Zusammenarbeit der öffentlichen Jugendhilfe mit der freien Jugendhilfe und des Subsidiaritätsprinzips (§ 4 SGB VIII) zu verstehen (zur Gesamtproblematik siehe Gutachten RA Dr. Volker Stehlin vom 25. 5. 2009).

3. Erweiterte Förderungsverpflichtung (Absatz 2)

Mit den Neuregelungen in Absatz 2 wird das KiföG unmittelbar in das KiTaG umgesetzt. Neu dabei ist, dass sich die Hinwirkungspflicht der Gemeinden sowohl auf die **Absätze 2 und 3 des § 24 SGB VIII** bezieht. Wegen der Bedeutung der Norm hier die Fassung des 24 Abs. 2 und Abs. 3 SGB VIII, die bis zum 31. 7. 2013 gültig ist:

§ 24 SGB VIII

Inanspruchnahme von Tageseinrichtungen und Kindertagespflege

(2) Für Kinder im Alter unter drei Jahren und im schulpflichtigen Alter ist ein bedarfsgerechtes Angebot an Plätzen in Tageseinrichtungen und in Kindertagespflege vorzuhalten.

(3) Ein Kind, das das dritte Lebensjahr noch nicht vollendet hat, ist in einer Tageseinrichtung oder in Kindertagespflege zu fördern, wenn

1. *diese Leistung für seine Entwicklung zu einer eigenverantwortlichen und gemeinschaftsfähigen Persönlichkeit geboten ist oder*
2. *die Erziehungsberechtigten*
   a) *einer Erwerbstätigkeit nachgehen, eine Erwerbstätigkeit aufnehmen oder Arbeit suchend sind,*
   b) *sich in einer beruflichen Bildungsmaßnahme, in der Schulausbildung oder Hochschulausbildung befinden oder*
   c) *Leistungen zur Eingliederung in Arbeit im Sinne des Zweiten Buches erhalten.*

Lebt das Kind nur mit einem Erziehungsberechtigten zusammen, so tritt diese Person an die Stelle der Erziehungsberechtigten. Der Umfang der täglichen Förderung richtet sich nach dem individuellen Bedarf.

Regelungstechnisch wurde im Rahmen des KiföG § 24 SGB VIII gleich zweimal geändert. Die erste Änderung, die sich nur auf § 24 Abs. 3 (und 4) bezieht, ist am Tag nach der Verkündung, also am 16.12.2008, in Kraft getreten und gilt bis einschließlich 31.7.2013. Durch sie erhält § 24 SGB VIII die Fassung, die während der Phase des Ausbaus der Kindertagesbetreuung gelten soll. Die zweite Änderung, die eine komplette Neufassung der Bestimmung enthält, tritt am 1.8.2013 in Kraft: Sie bezieht sich damit auf den Zeitraum nach Abschluss der Ausbauphase, normiert einen subjektiven Rechtsanspruch auf Förderung für alle Kinder ab dem vollendeten ersten Lebensjahr und löst die bis dahin geltende Fassung insgesamt ab.

Die Leistungsverpflichtung im Hinblick auf die Förderung von Kindern unter drei Jahren wird mit dem KiföG durch zwei Stufen ausgeweitet:

- In der ersten Stufe werden für den Zeitraum bis zum 31.7.2013 die Voraussetzungen für die Förderungsverpflichtung erweitert (§ 24 Abs. 3 SGB VIII).
- In der zweiten Stufe wird ab dem 1.8.2013 für Kinder, die das erste Lebensjahr vollendet haben, ein **Rechtsanspruch auf frühkindliche Förderung** eingeführt (§ 24 Abs. 2 SGB VIII in der Fassung ab 2013), während es für jüngere Kinder bei der bis dahin geltenden Förderungsverpflichtung bleibt (§ 24 Abs. 1 SGB VIII i. d. F. ab 2013).

Den Hintergrund für die Neuregelung bilden die neuen, über das TAG hinausgehenden Ausbauziele. So geht die Bundesregierung von einer Versorgungsquote von **bundesdurchschnittlich 35 %** aus (RegBegr. BT-Drs. 16/9299 S. 10). Diese Annahme wird gestützt durch die sogenannte Betreuungsstudie des DJI (*Bien/Rauschenbach/Riedel*, Wer betreut Deutschlands Kinder?, DJI Kinderbetreuungsstudie Weinheim und Basel 2006) sowie durch Erfahrungen in anderen europäischen Ländern. Auch die sog. Lissabon-Strategie der **Europäischen Union** (Europäischer Rat am 15./16.3.2002 SN 100/1/02 REV 1 S. 12) geht von dieser Größenordnung aus (*Wiesner*, Vorabkommentierung zu § 24 SGB VIII).

Das DJI hat im Auftrag der Bundesregierung **für Baden-Württemberg** die durchschnittlich bis 2013 zu erreichende **Versorgungsquote** auf **34 %** festgelegt.

Die erweiterte Förderungsverpflichtung setzt auch ein entsprechend größeres Platzangebot in Tageseinrichtungen und in der Kindertagespflege voraus. Dieses wiederum setzt aber eine entsprechende Planung und Ausgestaltung der Infrastruktur voraus. Dabei ist zu berücksichtigen, dass in vielen Städten und Gemeinden der seit dem TAG eingeleitete projektierte Ausbauprozess in vollem Gange ist. Deshalb wird die bereits mit dem TAG eingeführte Stufenregelung (§ 24 a SGB VIII) an das neue Ausbauziel und den neuen Ausbauzeitraum angepasst. Es ist zu erwarten, dass es zu örtlich und regional unterschiedlichen Ausbauszenarien und Ausbaugeschwindigkeiten kommt.

In der Vorabkommentierung von Prof. *Wiesner* zu § 24 SGB VIII (*Wiesner*, Vorabkommentar zu § 24 SGB VIII) heißt es dazu:

Anknüpfend an die im TAG formulierten **Mindestkriterien** (§ 24 Abs. 3 SGB VIII a. F.) erweitert die Vorschrift weitere Fallgruppen:

– **Kindbezogene Erweiterung: notwendig für die Persönlichkeitsentwicklung**

Der Träger der öffentlichen Jugendhilfe wird zur Förderung verpflichtet, wenn diese Leistung für die Entwicklung des Kindes zu einer eigenverantwortlichen und gemeinschaftsfähigen Persönlichkeit geboten ist. Damit wird das allgemeine Erziehungsziel des § 1 Abs. 1 SGB VIII bzw. des § 22 Abs. 2 Nr. 1 SGB VIII aufgenommen. Demgegenüber war nach der bisherigen Fassung ein Platz vorzuhalten, „wenn ohne diese Leistung eine ihrem Wohl entsprechende Förderung nicht gewährleistet ist" (§ 24 Abs. 3 Nr. 2 SGB VIII). Zwar knüpft die Neuregelung an einem abstrakten Entwicklungsziel an, eine substantielle Änderung ist damit jedoch nicht verbunden, weil weder die alte noch die neue Regelung eine echte Nachfragesteuerung zulässt, sondern faktisch alle Kinder einbezieht. Die praktische Bedeutung dieser Regelung bleibt aber gering, solange sich die Kommunen während der Ausbauphase auf die weit restriktivere Regelung in § 24a Abs. 4 SGB VIII berufen können.

– **Elternbezogene Erweiterung: Einbeziehung Arbeit suchender Eltern**

Damit greift die Förderungsverpflichtung nicht erst (wie bisher) mit dem Zeitpunkt der Arbeitsaufnahme der Erziehungsberechtigten bzw. des allein erziehenden Erziehungsberechtigten, sondern entsteht – unabhängig von der Inanspruchnahme von Leistungen nach dem SGB II – bereits mit dem Nachweis von Bemühungen, die auf die (Wieder)Aufnahme von Arbeit gerichtet sind, wie z. B. der Absendung eines Bewerbungsschreibens. Anders als bei dem Kriterium nach § 24 Abs. 3 Nr. 1 SGB VIII ist hier eine erkennbare Erweiterung des Anwendungsbereichs vorgenommen worden.

– **Zum Inhalt der Leistungsverpflichtung**

Während bisher die **Förderpflicht** darauf ausgerichtet war, „mindestens **Plätze** in Tageseinrichtungen und in Tagespflege **vorzuhalten**, wenn ...", „ist" künftig „ein Kind in einer Tageseinrichtung oder in Kindertagespflege zu fördern, wenn ...". Bereits die bisherige Regelung ist als objektiv-rechtliche Verpflichtung charakterisiert worden (*Wiesner/Struck*, § 24 Rn. 36). Die Neuformulierung erweckt den Anschein eines (einklagbaren) subjektiven Rechts. Eine solche Interpretation legt auch § 38 SGB I nahe, der allerdings nur den alternativen Rechtsanspruch und die Ermessensleistungen kennt. Demgegenüber geht die Gesetzesbegründung des KiföG weiterhin von einer objektiv-rechtlichen Verpflichtung aus (BT-Drs. 16/9299 S. 21). In der Praxis wird die Frage von geringer Bedeutung sein, weil die Kommunen, in denen die Versorgung nicht bedarfsgerecht ist, sich auf die Übergangsregelung nach § 24a Abs. 4 SGB VIII berufen können.

– **Tageseinrichtung oder Tagespflege**

Die Bereitstellungsverpflichtung richtet sich wie bisher sowohl auf einen Platz in einer Kindertagesstätte als auch in Kindertagespflege. Beide Betreuungsformen sieht der Gesetzgeber für diese Altersgruppe als gleichrangig an. Den Erziehungsberechtigten steht insoweit ein Wahlrecht zu (§ 5), das nicht auf den Bereich des örtlich zuständigen Trägers (Kreis, Stadt, Gemeinde) begrenzt ist.

– **Leistungsumfang nach dem erzieherischen Bedarf**

Hinsichtlich der täglichen Betreuungszeit knüpft die Vorschrift – wie bereits das geltende Recht – an den individuellen Bedarf an. Damit sind die örtlichen Träger verpflichtet, allen Eltern, die (bzw. deren Kinder) die Voraussetzungen nach § 24 Abs. 3 SGB VIII erfüllen, ein Förderangebot für ihr Kind nachzuweisen, das ihren individuellen Betreuungswünschen entspricht. Dies gilt insbesondere auch für den zeitlichen Betreuungsumfang. Der Umfang der Förderpflicht wird daher nach den Erfordernissen des Einzelfalles bestimmt. Dies bedeutet, dass die jeweiligen Einrichtungen und Tagespflegepersonen sich auf diese Modalitäten einstellen werden müssen.

– **Der Träger der öffentlichen Jugendhilfe als Adressat der Verpflichtung (§ 24 Abs. 4 SGB VIII)**

Aus systematischen Gründen wird der verpflichtete Rechtsträger und nicht mehr die handelnde Behörde genannt. Dass auch weiterhin das Jugendamt als Behörde des örtlichen Trägers zuständig ist, ergibt sich aus dem unverändert fortgeltenden § 69 Abs. 3 SGB VIII. Der Gesetzgeber hat sich auf diese punktuelle Anpassung in § 24 SGB VIII beschränkt und keine generelle systematische Umstellung aller einschlägigen Vorschriften des SGB VIII vorgenommen.

Für die Praxis von Bedeutung ist, dass für den Kleinkindbereich das Ziel einer Betreuungsquote von 35 % im Bereich der Kleinkindbetreuung weder in § 24 SGB VIII noch in § 3 KiTaG im Gesetzeswortlaut einen Niederschlag gefunden hat. Es handelt sich hierbei ausschließlich um eine politische Zielvorgabe. Maßgeblich ist immer, welcher konkrete Betreuungsbedarf im betreffenden Gemeindegebiet tatsächlich besteht. Dieser kann eine Betreuungsquote von über oder von unter 35 % erforderlich machen. Die politischen Verständigungen rund um dieses Ziel sowie die Finanzierungszusagen von Bund und Land für die Ausbauphase bis 2013 finden sich in einer kompakten Darstellung in der Einführung.

Wichtig für die Praxis ist aber die Tatsache, dass die konkrete örtliche Quote im August 2013 dann sozusagen der „Startpunkt" für den Rechtsanspruch für alle Kinder ab dem vollendeten ersten Lebensjahr ist. Hierbei handelt es sich (wie seit 1996 im Kindergartenbereich) ebenfalls um einen subjektiv einklagbaren Rechtsanspruch. Rein theoretisch also für alle Kinder (100 %), die in diesem Alter sind. Von entscheidender Bedeutung wird also sein, relativ realitätsnah die örtliche Nachfragequote zu prognostizieren, um weder Überkapazitäten zu schaffen noch mit einem (erheblichen) Platzdefizit in das Zeitalter des Kleinkind-Rechtsanspruches zu starten.

Hervorzuheben für die kommunale Praxis ist auch, dass die Eltern ein **Wahlrecht für die Betreuungsart ihres unter dreijährigen Kindes** haben, und zwar dahingehend, ob sie einen Platz in institutioneller Betreuung (Krippe oder altersgemischte Einrichtung) oder einen Platz in Kindertagespflege bevorzugen bzw. nachfragen. Die vom Land Baden-Württemberg für die Ausbauphase prognostizierte Aufteilung der zu schaffenden Plätze mit einem Anteil von 20 % in Kindertagespflege ist angesichts des tatsächlich vorhandenden Anteils an Plätzen in Kindertagepflege in Höhe von rd. 3 % (insgesamt 17,5 % – Stand Dezember 2009) absolut realitätsfremd.

Dennoch sollten alle Anstrengungen unternommen werden, um die **Kindertagespflege als wichtige Säule, insbesondere bei der Kleinkindbetreuung, weiter auszubauen.**

Die vorhandenen Strukturen und Tagespflegepersonen sollten gestärkt und gefördert werden, damit diese (mit Ausnahme der Kindertagespflege in anderen geeigneten Räumen) überwiegend familienähnliche Betreuung auch weiterhin fester Bestandteil der örtlichen Kleinkind-Betreuungsinfrastruktur ist.

– **Empfehlungen zur Höhe der laufenden Geldleistung für Tagespflegepersonen**

Damit sich die Rahmenbedingungen auch für die Tagespflegepersonen verbessern, wurde mit den neuen Regelungen in § 23 Abs. SGB VIII im Rahmen des KiföG die sogenannte laufende Geldleistung bzw. ihre Ausgestaltung qualitativ und der Höhe nach deutlich angehoben. Somit waren auch die Empfehlungen der hierfür zuständigen örtlichen Träger der öffentlichen Jugendhilfe anzupassen. Die Empfehlungen für Baden-Württemberg gelten seit 1.7.2009 (s. Anhang), werden aber voraussichtlich im Laufe des Jahres 2011/ 2012 einer Überprüfung unterzogen. Außerdem erhalten mit den Neuregelungen die Tagesmütter/-väter nicht nur wie bisher die Beiträge zur Unfallversicherung sowie zu einer angemessenen Alterssicherung, sondern seit 1.7.2009 auch die Hälfte der Aufwendungen für eine angemessene Kranken- und Pflegeversicherung erstattet.

Die Einkünfte der Tagespflegepersonen unterliegen seit dem 1.1.2009 außerdem der Einkommensteuerpflicht. Dies war bei der Ausgestaltung ebenfalls zu beachten bzw. zu kompensieren. Von daher sind die Empfehlungen zur Höhe der laufenden Geldleistung deutlich angestiegen, entsprechen aber (immer) noch nicht den Erwartungen der Tagespflegepersonen, weshalb zum Teil privat (von den abgebenden Eltern) oder öffentlich (von Kommunen) darüber hinaus eine freiwillige (finanzielle) Förderung erfolgt. Mittlerweile setzen sich immer mehr Modelle durch, in denen eine freiwillige Kommunale Förderung durch Verträge mit den Tageselternvereinen erfolgt (bspw. mit einem Betrag von 1–2 €/Betreuungsstunde für ein Kind aus der Gemeinde) und/oder, indem die Differenz des Kostenbeitrages für die Eltern für einen Platz in der Kindertagespflege (meist teurer!) zum Elternbeitrag für einen Platz in der Krippe/Altersgemischten Gruppe von der Stadt/Gemeinde übernommen wird. Dies ist ein ganz wesentlicher Faktor, die Kindertagespflege auch für Eltern attraktiv zu gestalten. Weitere Bausteine sind sogenannte Tandem-Modelle, d. h., wenn die Tagesmutter kurzfristig, z. B. wegen Krankheit, ausfällt, kommt eine (bekannte) Ersatz-Tagesmutter oder das Kind kann solange in der örtlichen Kleinkindgruppe/Krippe betreut werden. All dies kostet zwar die Gemeinde auch Geld, ist aber wesentlich kostengünstiger als die laufenden Betriebskosten eines Krippenplatzes.

Rechtslage ab 1. 8. 2013 – Rechtsanspruch –

§ 3 Abs. 2 KiTaG in dieser (kommentierten) Fassung tritt am 31. Juli 2013 außer Kraft. Zur Neufassung von § 3 Abs. 2 wird auf Art. I Nr. 5 und Art. 4 Abs. 2 der Änderung des Kindertagesbetreuungsgesetzes und des Finanzausgleichsgesetzes vom 3. März 2009 (GBl. S. 83) verwiesen.

Die Kommentierung folgt in der dazu erfolgenden Ergänzung/neuen Auflage.

4. Meldeverpflichtung der Eltern (Absatz 2 a)

Der Gesetzgeber greift hier die Möglichkeit (Landesrechtsvorbehalt) des § 24 Abs. 4 Satz 2 SGB VIII auf, wonach Landesrecht bestimmen kann, dass Eltern den Träger der öffentlichen Jugendhilfe oder die beauftragte Stelle innerhalb einer bestimmten Frist vor der beabsichtigten Inanspruchnahme der Leistung hierüber in Kenntnis setzen.

In der Gesetzesbegründung (LT-Drs. 14/3659 S. 15) heißt es dazu: *„Die neu eingefügte Bestimmung soll den Kommunen einen angemessenen Planungszeitraum ermöglichen. Dazu wird festgelegt, dass die Erziehungsberechtigten die Gemeinde oder bei Kindertagespflege das Jugendamt mindestens sechs Monate vor der beabsichtigten Inanspruchnahme eines Betreuungsangebots in Kenntnis zu setzen haben. Gleichzeitig ist im Rahmen der kommunalen Bedarfsplanungen im Interesse der Erziehungsberechtigten jedoch auch Vorsorge darüber zu treffen, dass ein Bedarf berücksichtigt werden kann, der aus einem vom Erziehungsberechtigten nicht zu vertretenden Grund, kurzfristig innerhalb der festgelegten Frist entsteht. Die Regelung stellt für die Erziehungsberechtigten also keine Ausschlussfrist dar."*

Diese Meldeverpflichtung der Eltern ist grundsätzlich zu begrüßen, da dies den Kommunen die Planung und Bereitstellung der Plätze erleichtert und frühzeitig ermöglicht, den Eltern eine Rückmeldung zum Betreuungsbeginn zu geben. Allerdings wird diese (formal) und vom Gesetzgeber gut gemeinte „Anmeldefrist" durch den Satz 2 in Absatz 2 a insoweit nahezu bedeutungslos, als er keine Ausschlussfrist darstellt und mit dem in der Praxis vom Gesetzgeber „kurzfristig entstehenden Bedarf aus von den Personensorgeberechtigten nicht zu vertretendem Grund" (in Form von beruflich bedingten Gründen oder bspw. sofortigem Wegfall bestehender Betreuungsarrangements, z. B. durch Erkrankung/Pflegebedürftigkeit der Großeltern, der Tagespflegeperson usw.) tatsächlich die Szenarien umfasst, die dann „im Rahmen der Planung kurzfristig berücksichtigt werden müssen", für die dann ebenfalls dem Wortlaut folgend „dies im Rahmen der Planung kurzfristig berücksichtigt werden muss".

Für die Praxis kann diese nunmehr gesetzlich verankerte Anmeldefrist Anlass sein, über das örtliche Anmeldeverfahren nachzudenken und dieses ggf. anzupassen.

5. Örtliche Bedarfsplanung (Absatz 3)

Die **Örtliche Bedarfsplanung** ist im KiTaG das zentrale Steuerungsinstrument und in ihrer Bedeutung für die finanzielle Förderung von Kindertageseinrichtungen gestärkt worden. Damit verbunden ist aber zugleich auch eine erhebliche Verantwortung, die die Kommunen bei ihrer Bedarfsplanung zu tragen haben (vgl. *Lieber*, VBlBW 2009 S. 215).

5.1 Anspruch und Bedeutung der kommunalen Bedarfsplanung

Seit Einführung der örtlichen Bedarfsplanung mit dem KGaG, das zum 1.1.2004 in Kraft trat, steht diese im Zentrum der Weiterentwicklung der Tagesbetreuungsangebote für Kinder und ist eine wesentliche Voraussetzung, um den unterschiedlichen örtlichen Verhältnissen und Versorgungsstrukturen noch besser gerecht werden zu können. Darüber hinaus ist die Bedarfsplanung zentrale Grundlage für die Förderung freier Träger. Insoweit hat die örtliche Bedarfsplanung nach dem KiTaG einerseits eine tatsächliche und strategische Ausrichtung des Kinderbetreuungsangebotes innerhalb der Stadt/Gemeinde zu einem bestimmten Zeitpunkt und andererseits eine starke förderrechtliche Komponente, da die Förderung der freien Träger von der Aufnahme in die örtliche Bedarfsplanung zu eben diesem Zeitpunkt abhängt (vgl. § 8 KiTaG und Erl.). Die örtliche Bedarfsplanung ist eine weisungsfreie Pflichtaufgabe i. S. des § 2 Abs. 2 Satz 1 GemO. Die Gemeinden sind nach § 3 KiTaG verpflichtet, eine Bedarfsplanung zu betreiben, um auf die im SGB VIII normierten Ziele der Schaffung eines bedarfsgerechten Betreuungsangebots hinzuwirken. Unverändert ist, dass die Gemeinden gemäß § 3 Abs. 3 KiTaG die anerkannten Träger der freien Jugendhilfe und (nunmehr auch) die privat-gewerblichen Träger rechtzeitig am Verfahren der Bedarfsplanung zu beteiligen haben. Diese Beteiligungspflicht ist ein wesentliches Mittel dafür, die Bedarfslage möglichst zutreffend erfassen zu können.

Die Frage des Bedarfs spielt auch in der **Jugendhilfeplanung** nach § 80 Abs. 1 Nr. 2 SGB VIII eine zentrale Rolle. Zur Auslegung des unbestimmten Rechtsbegriffes Ermittlung des „Bedarfs" *Wiesner u. a.*, Rdnr. 21 und Rdnr. 22 zu § 80 SGB VIII: „Die Bedarfsermittlung hat unter Berücksichtigung der Wünsche, Bedürfnisse und Interessen der jungen Menschen und Personensorgeberechtigten zu erfolgen. In der **Differenzierung zwischen Bedarf und Bedürfnis** werden die Forderungen nach Betroffenenbeteiligung und das Element der politischen Aushandlung deutlich. Der Begriff „Bedürfnis" zielt auf die unmittelbare Artikulation von Wünschen und Interessen von Kindern und Eltern. Demgegenüber wird als Bedarf das Ergebnis politischer Entscheidungen verstanden: Bedarf ist das, was an Bedürfnisartikulation der Betroffenen anerkannt und gemeinsam mit weiteren Vorstellungen zu gesellschaftlichen Erfordernissen als politisch gewollt und künftig finanzierbar definiert wurde. Bedarf ist demnach die politische Verarbeitung von Bedürfnissen, die Eingrenzung auf das (im Rahmen der Gesamtverantwortung und zur Erfüllung der einzelnen gesetzlichen Aufgaben) für erforderlich und gleichzeitig machbar Gehaltene."

5.2 Ermittlung des Bedarfs unter Berücksichtigung der Rechtsprechung des VGH Baden-Württemberg

Diese Auslegung von „Bedarf" im Kontext der bundesrechtlich normierten Jugendhilfeplanung hat mit der aktuellen Novelle des baden-württembergischen KiTaG insbesondere im Lichte der aktuellen Rechtsprechung des VGH Baden-Württemberg eine Diversifizierung erfahren, welche den Städten und Gemeinden, die Aufgabe, die Bedürfnisse und den Bedarf, gemessen am politischen Willen und den finanziellen Möglichkeiten zu ermitteln, an weitere, differenzierte Vorgaben stellt.

Aufgrund einer Normenkontrollklage gegen die KiTaGVO und das KiTaG in der vorherigen Fassung hat der VGH Baden-Württemberg mit dem Urt. vom 4.6.2008 (Az. 12 S 2559/06) grundsätzliche Ausführungen zur Bedarfsplanung gemacht, die der Gesetzgeber wörtlich in die Gesetzesbegründung (LT-Drs. 14/3659 S. 15, 16) übernommen hat:

„Der Bedarfsplanung und damit der Planungshoheit der Gemeinden kommt bei der Erfüllung des Rechtsanspruchs nach § 24 SGB VIII auch im neuen Fördersystem entscheidende Bedeutung zu. Die Gemeinden haben hierbei die Vorschriften der §§ 3 bis 5 SGB VIII zu beachten. Nach dem Urteil des VGH Baden-Württemberg vom 4. Juni 2008 sind Bedarf und Bedarfsdeckung nicht nur quantitativ zu definieren; maßgeblich ist der in quantitativer und qualitativer Hinsicht bestehende Bedarf, der sich insbesondere an den Erfordernissen der §§ 3 bis 5 SGB VIII auszurichten hat. Zu berücksichtigen sind vor allem die Vielzahl von Wertorientierungen, Inhalten, Methoden und Arbeitsformen (§ 3 Abs. 1 SGB VIII), der grundsätzliche Vorrang der freien Jugendhilfe (§ 4 SGB VIII) und insbesondere auch das Wunsch- und Wahlrecht der Eltern (§ 5 SGB VIII). Weder der örtliche Träger der öffentlichen Jugendhilfe noch kreisangehörige Gemeinden dürfen deshalb in der konkreten Förderpraxis bestehende Strukturen fortschreiben und alternative Anbieter auf den bereits „gedeckten" Bedarf verweisen; kommunale und kirchliche Kindergärten dürfen nicht als „closed shop" verstanden werden (BVerwG, Urteil vom 25. November 2004). Der Träger der öffentlichen Jugendhilfe – und auch die Gemeinden im Rahmen der Bedarfsplanung – müssen die Auswahlentscheidungen der Eltern grundsätzlich akzeptieren und ihrer eigenen Bedarfsplanung zugrunde legen. Den elterlichen Erziehungsvorstellungen soll möglichst entsprochen werden. Die Entscheidung über die Förderung von Einrichtungen kann dementsprechend nicht unabhängig von der durch die Erziehungsvorstellung der Eltern geformten konkreten Bedarfslage getroffen werden. Bei der Bedarfsplanung sind sowohl pädagogische Kriterien als auch die Vereinbarkeit von Familie und Beruf zu berücksichtigen; die Standortgemeinde hat in ihrer Bedarfsplanung grundsätzlich auch die Kinder, deren Eltern sich für eine Betreuung an der Standortgemeinde (außerhalb der Wohnsitzgemeinde) entscheiden, zu berücksichtigen. Dies gilt auch für betriebliche bzw. betriebsnahe Einrichtungen. Die Rechtsprechung unterscheidet nicht zwischen einheimischen und auswärtigen Kindern. Daraus folgt, dass sich die Bedarfsplanung grundsätzlich nicht auf die Kinder beschränkt, die in der Gemeinde ihren Wohnsitz haben. Ausgenommen hiervon sind Fälle, in denen das Wunsch- und Wahlrecht nicht entsprechend der Intentionen der §§ 3 bis 5 SGB VIII ausgeübt wird, ferner Fälle, die zu unverhältnismäßigen Kosten führen (§ 5 Abs. 2 Satz 1 SGB VIII)."

Hieraus wird erkennbar, dass die Anforderungen an die Bedarfsplanung weiter steigen und die Umsetzung der vom Gesetzgeber ausführlich beschriebenen Zielrichtung eine sehr sorgfältige Durchführung der Bedarfsplanung erfordert. Ganz generell muss festgestellt werden, dass die Bedarfsplanung sich weiter ausdifferenziert und verändert, von einer bisher stark angebotsorientierten Betrachtung hin zu einer stärker nachfrageorientierten Ausrichtung.

Die schwierigste Frage ist, wie der Bedarf an Betreuungsangeboten zu ermitteln und vor allem, wie dieser zu bewerten ist. Dabei stehen die jeweiligen Planungsträger vor der schwierigen Aufgabe, sowohl die Zahl der zu betreuenden Kinder prognostisch festzustellen, als auch die Art der benötigten Betreuungsarten (Betriebs- und Betreuungsformen, vgl. Erl. zu § 1 KiTaG) zu definieren.

Die Ermittlung und Auswertung der entsprechenden Statistiken ist relativ unproblematisch zu bewältigen, auch weil mittlerweile über den Demografie-Siegel des Statistischen Landesamtes Baden-Württemberg (www.statistik-bw.de/demografiespiegel) die notwendigen Daten für alle Städte und Gemeinden, auch für die Gemeinden unter 5 000 Einwohner, zur Verfügung stehen. Schwieriger gestaltet sich die Bewertung des Bedarfs unter der erforderlichen Berücksichtigung individueller Betreuungswünsche. „Vor diesem Hintergrund hat sich in der Rechtsprechung der vergangenen Jahre die Unterscheidung zwischen dem quantitativen und dem qualitativen Bedarf herausgebildet. Gemeint ist damit, dass ein bedarfsgerechtes Angebot nicht nur die Existenz (mindestens) eines Betreuungsplatzes für jedes zu betreuende Kind voraussetzt, sondern darüber hinaus auch der Inhalt des Betreuungsangebots auf die von den Eltern formulierten Wünsche abzustimmen ist" (*Lieber*, VBlBW 2009 S. 216).

Hier kommt das pädagogische Profil, die Öffnungszeiten, die örtliche Lage der Einrichtungen mit in die Betrachtung. Da die gewünschte Qualität des Betreuungsangebots sich im Nachfrageverhalten, d. h. konkret in der Belegung einer Gruppe/Einrichtung, niederschlägt, ist für die gemeindliche Bedarfsplanung deshalb zunächst von dem Grundsatz auszugehen, dass diejenigen Betreuungsplätze, die tatsächlich nachgefragt und belegt werden bzw. tatsächlich belegt sind, auch in der Bedarfsplanung berücksichtigt und damit finanziell gefördert werden müssen.

Dieser Grundsatz stößt allerdings an die in § 8 KiTaG neu aufgenommene Unterscheidung bei der Förderung freier Träger: nämlich zwischen der an die Bedarfsplanung anknüpfenden institutionellen und der von der Bedarfsplanung unabhängigen platzbezogenen Förderung. Dies lässt erkennen, dass der Gesetzgeber auch einzelne Fallkonstellationen für denkbar hält, in denen eine Förderung ohne die Koppelung an die Bedarfsplanung – also für einzelne belegte Plätze – für denkbar hält, oder im Umkehrschluss, dass nicht jeder belegte Betreuungsplatz notwendigerweise in die Bedarfsplanung aufzunehmen ist.

Dies führt zu der Frage, wann ein belegter Betreuungsplatz in die Bedarfsplanung aufzunehmen ist und wann er zulässigerweise aus dieser ausgeklammert bleiben darf.

5.3 Gruppen-, einrichtungs- und platzbezogene Bedarfsplanung

In der Gesetzesbegründung (Gesetzentwurf der Landesregierung, LT-Drs. 14/3659 S. 16) heißt es ausdrücklich hierzu: Die notwendige Personalausstattung richtet sich nach der Zahl der Gruppen sowie der Betriebsform. Deshalb erfolgt die Bedarfsplanung gruppenbezogen. Eine Gemeinde muss deshalb nicht einzelne Betreuungsplätze in ihrer Bedarfsplanung berücksichtigen, sondern lediglich solche Einrichtungen, die Kinder mindestens in Gruppengröße betreuen und zudem auch mittelfristig die Gewähr für eine Platzbelegung in dieser Größenordnung bieten.

In der bisherigen Rechtslage war die Frage von entscheidender Bedeutung, ob eine Gruppe/Einrichtung gemeindeübergreifend (belegt) war oder nicht. Dieses Kriterium spielte bei der Frage der Förderung einer gemeindeübergreifenden (belegten) Gruppe eine entscheidende Rolle bezüglich der Höhe des gesetzlichen Förderanspruchs bzw. des platzbezogenen Kostenausgleiches durch die Wohnsitzgemeinde, der daran gekoppelt war, dass diese gemeindeübergreifend belegten Plätze ausdrücklich nicht in der Bedarfsplanung der Standortgemeinde aufgenommen sein durften. Die Standortgemeinden hatten also nach der alten Rechtslage keine Verpflichtung zur Aufnahme dieser Plätze/Gruppen in die Bedarfsplanung, sie konnten aber umgekehrt auch keinerlei (Interkommunalen) Kostenausgleich geltend machen. Die mit vielen Schwierigkeiten behaftete Anwendung dieser (alten) Rechtslage wurde nun wesentlich entschärft und vereinfacht (s. Erl. zu § 8 KiTaG). Neben der überaus klaren Gesetzesbegründung unter wörtlicher Zitierung des VGH-Urteiles vom 4.6.2008, a. a. O., (. . .) „Die Rechtsprechung kennt keine Unterscheidung zwischen auswärtigen und einheimischen Kindern" (. . .) ist nun geklärt, dass eine Standortgemeinde jede – auch mit auswärtigen Kindern – belegte Gruppe in die Bedarfsplanung aufzunehmen hat. Eine durch die tatsächliche Nutzung und Belegung ausgeformte Auswahlentscheidung und eine Nachfrage der Eltern bezüglich einer Aufnahme in die Bedarfsplanung so auszulegen, dass hierfür „kein Bedarf vorhanden" sei, ist mit der neuen Rechtslage grundsätzlich nicht mehr vereinbar.

Der Einzugsbereich einer Einrichtung ist für deren Aufnahme in den Bedarfsplan also insoweit nicht mehr von Bedeutung. Vielmehr verbleibt als Kriterium der gemeindlichen Planungsentscheidung im Wesentlichen (nur) noch das Gebot eines wirtschaftlichen Einsatzes öffentlicher Mittel. Die Entscheidung über die Aufnahme eines belegten Betreuungsplatzes in die gemeindliche Bedarfsplanung ist vor allem davon abhängig zu machen, ob durch die betreffende Einrichtung auch mittelfristig mit einer Befriedigung von Betreuungswünschen in wirtschaftlich vertretbarer Weise zu rechnen ist. Dies setzt u. a. voraus, dass in der betreffenden Einrichtung Betreuungsplätze mindestens in Gruppengröße und mit einer gewissen Kontinuität belegt werden. Die Rechtsprechung hat insofern darauf hingewiesen, dass zwar die elterliche Auswahlentscheidung Ausgangspunkt der gemeindlichen Bedarfsplanung sein muss, dass aber dieser Auswahlentscheidung nicht individuell Rechnung getragen werden könne, sondern immer nur im Rahmen einer Einrichtung, die jeweils eine Gruppe von Leistungsberechtigten zusammenfasst.

Damit verbleiben als Anwendungsbereich einer platzbezogenen Förderung nach § 8 Abs. 4 KiTaG solche Einrichtungen, die entweder Kinder nicht in Gruppengröße betreuen oder für die nicht die hinreichende Gewissheit besteht, dass die angebotenen Betreuungsplätze auch mittelfristig (noch) belegt werden. Vgl. auch Erl. zu § 8 Abs. 4 KiTaG.

5.4 Verfahren der Kommunalen Bedarfsplanung

Folgende Schritte erscheinen in diesem Kontext sinnvoll und praxisgerecht:

5.4.1 Bestandsaufnahme

Plätze in vorhandenen Einrichtungen (Krippe, Kindergarten, Altersgemischte Einrichtung, Kindertagespflege, Privatinitiativen, betriebsnahe/betriebliche Kinderbetreuung, jeweils differenziert nach Angebotsformen und -zeiten).

5.4.2 Bedarfsermittlung

– **Quantitativer Aspekt**

Neben der Erfüllung des Rechtsanspruches auf einen Kindergartenplatz (§ 24 SGB VIII) ist darüber hinaus die Geburtenstatistik der unter dreijährigen Kinder und darüber hinaus die Bevölkerungsentwicklung in der Stadt/Gemeinde in den jeweils relevanten Altersjahrgängen zu ermitteln. Dabei dienen Statistik und Einwohnermelderegister als Grundlage. Außerdem sollten Wanderungsbewegungen, also Zu- und Wegzüge ausgewertet werden. Dies ist mittlerweile über den im Jahr 2008 neu aufgelegten Demografie-Spiegel des Statistischen Landesamtes prinzipiell für alle Städte und Gemeinden unter www.statistik-bw.de/Demografiespiegel abrufbar.

– **Qualitativer Aspekt**

Zu klären sind Fragen wie: Welche Angebotsformen werden zusätzlich nachgefragt, gibt es besondere Zielgruppen, Betreuungszeiten, neue Träger? Die Ermittlung erfolgt durch Befragung, z. B. Eltern, Elternbeirat, Erzieher/innen, Firmen usw.

Sollten weitere Angebote probeweise eingeführt werden, z. B. Ganztagsbetreuung für einzelne Kinder oder weitere Absenkung des Aufnahmealters zum Einstieg in die Betreuung von unter Dreijährigen? Innerhalb eines überschaubaren Zeitraumes von einem Kindergartenjahr kann gut abgelesen werden, ob ein tatsächlicher Bedarf vorhanden ist oder nicht.

Insbesondere im Hinblick auf die Vereinbarkeit von Familie und Beruf sollte auch auf ein bedarfsgerechtes Betreuungsangebot während der Ferien geachtet werden. Hierfür kommen verschiedene Maßnahmen in Betracht. Neben einer Verkürzung der Ferienschließzeiten in den Einrichtungen sind auch trägerübergreifende Lösungen und eine die Gemeindegrenzen überschreitende Zusammenarbeit von Einrichtungen denkbar. Außerdem sollte das Thema „Notfallbetreuung“ bei kurzfristig entstehendem Betreuungsbedarf ebenso ernst genommen werden wie der stark zunehmende Bedarf an sehr flexiblen Betreuungszeiten, bspw. am Abend, an Wochenenden oder sogar in Einzelfällen über Nacht.

5.4.3 Kommunalpolitische Beratung, Verabschiedung und Fortschreibung

Mit der Vorlage der von der Verwaltung ermittelten Daten und mit den Trägern erörterten und möglichst abgestimmten und vorberatenen Bedarfsplanung beginnt die Befassung der Gremien: kommunalpolitische Bewertung, Beratung und Beschlussfassung durch Ausschüsse und Gemeinderat. Es folgt i. d. R. die Verabschiedung des örtlichen Bedarfsplanes, sinnvollerweise jeweils bezogen entweder auf das (folgende) Kindergartenjahr oder das Haushaltsjahr. **Ablaufschema zur Bedarfsplanung s. Anhang.**

5.5 Zeitpunkt/Häufigkeit der Erstellung/Änderung von Bedarfsplanungen

Formvorschriften für die Bedarfsplanung gibt es nicht. Das KiTaG in seiner neuen Fassung trifft keine Aussage dazu, zu welchem Zeitpunkt bzw. in welcher Regelmäßigkeit die Kommunen ihren Bedarfsplan aufzustellen oder fortzuschreiben haben. Es dürfte aber sachgerecht sein, die Bedarfsplanung jedenfalls für jedes neue Kindergartenjahr zu aktualisieren. Bei unvorhergesehenen Änderungen der Bedarfslage können auch kurzfristigere Fortschreibungen des Bedarfsplans erforderlich sein.

Es empfiehlt sich daher regelmäßig eine jährliche Fortschreibung; eine unterjährige Anpassung ist möglich. Eine regelmäßige Beratung und Beschlussfassung bzw. die Verabschiedung von kurz-, mittel- und langfristigen Zielen, Strategien und Umsetzungsschritten erscheint ebenfalls angezeigt.

5.6 Rechtzeitige Beteiligung der freien Träger

Eine wichtige Grundlage der gemeindlichen Bedarfsplanung ist die im Gesetz niedergelegte rechtzeitige Beteiligung der nach § 75 SGB VIII anerkannten freien Träger der Jugendhilfe. Durch die vorgeschriebene – rechtzeitige – Beteiligung der freien Träger soll gewährleistet werden, dass bei der örtlichen Bedarfsplanung die Trägervielfalt erhalten und der Grundsatz der Subsidiarität berücksichtigt werden kann. Darüber hinaus ist die rechtzeitige Beteiligung an der Planung eine wichtige Voraussetzung dafür, dass bei der Beurteilung der Angebotsstruktur und ihrer qualitativen Weiterentwicklung die freien Träger ausgewogen berücksichtigt werden. Außerdem hat diese Beteiligungspflicht das Ziel, die Bedarfslage möglichst zutreffend erfassen zu können.

Ausweitung auf privat-gewerbliche Träger und Tageselternvereine

Neu – bedingt durch die Erweiterung des Geltungsbereiches des Gesetzes – (vgl. Erl. zu § 1 KiTaG) ist, dass neben den anerkannten Trägern der freien Jugendhilfe nun auch die privat-gewerblichen Träger i. S. von § 74 a SGB VIII an der gemeindlichen Bedarfsplanung zu beteiligen sind. Außerdem sind an der Bedarfsplanung auch die Tageselternvereine als freie Träger der Jugendhilfe zu beteiligen, auch wenn die Gemeinde für die Kindertagespflege nicht in der Förderverpflichtung steht. Dies ist Aufgabe der Stadt- und Landkreise (vgl. Erl. zu § 8 b KiTaG). Unabhängig von diesem Umstand ist es jedoch insbesondere im Hinblick auf den Ausbau der Kleinkindbetreuung in der Praxis hilfreich und wichtig, das in Kindertagespflege vorhandene Platzangebot im Rahmen der kommunalen Bedarfsplanung ebenfalls weiterzuentwickeln und ggf. über die Grundförderung des Landkreises hinaus zur Stärkung dieser Säule der gemeindlichen Angebotspalette freiwillig zu fördern. Dafür benötigt man aber eine detaillierte Kenntnis der aktuellen Platz-, Angebots- und Nachfragesituation vor Ort. Dies geschieht sinnvollerweise im regelmäßigen Austausch mit dem Tageselternverein.

5.7 Verzahnung von Haushaltsplanung und Kindergartenplanung

Für die Praxis ist von Bedeutung, dass trotz des Auseinanderklaffens von Kindergartenjahr und Haushaltsjahr spätestens im Rahmen der örtlichen Etatberatungen (Herbst/Winter eines Jahres) die örtliche Bedarfsplanung verabschiedet werden sollte. Auf dieser

Grundlage erfolgt die finanzielle Förderung der freien Träger durch die Stadt/Gemeinde (s. Erl. zu § 8 KiTaG). Diese zeitliche Verknüpfung ist empfehlenswert, da die Festlegungen in der Bedarfsplanung Grundlage für die Finanzierung der Angebote der freien Träger sind. Insofern sind die örtlichen Beschlüsse wichtige Eckpfeiler in der Planungs- und Finanzierungssicherheit der nicht-kommunalen Angebote. Es kann daher auch von Vorteil sein, die örtliche Bedarfsplanung schon vor bzw. zu Beginn des Kindergartenjahres erstellt zu haben. Dies bedingt aber verlässliche haushaltsrechtliche Vorgaben/Festlegungen, die zu diesem Zeitpunkt nicht unbedingt vorliegen.

Für das konkrete Vorgehen in der Praxis ist es hilfreich, eine Zeitschiene oder ein Zeitraster zu erstellen, ausgehend von der Verabschiedung des Haushaltsplans. Geht man dann im Wege einer zeitlichen Rückrechnung vor, so ergeben sich fast automatisch die notwendigen Schritte und Zeitpunkte für die erforderlichen Abstimmungsgespräche. Wann tagen beispielsweise der gemeinsame Kindergartenausschuss, das Kuratorium, der Gesamtelternbeirat usw.? Erfolgen Beratungen im Ortschaftsrat? Wann sind die letzten Sitzungen vor der Sommerpause und die ersten Sitzungen nach den Ferien? Welche Träger sind am Ort, welche Einrichtungen sind mit auswärtigen Kindern belegt? Mit welchen Wohnsitzgemeinden sollte Kontakt aufgenommen werden? Haben neue – z. B. privat-gewerbliche Träger Interessensbekundungen abgegeben? Sind weitere (neue) Träger der freien Jugendhilfe z. B. im Zusammenhang mit betrieblicher oder betriebsnaher Kinderbetreuung erkennbar? Welche weiteren Gesprächspartner sind im Bereich Kinderbetreuung am Ort von Bedeutung? Wie sieht es aus mit Beratung/Kontakten zum örtlichen Jugendhilfeträger? Mit Antworten auf diese örtlich höchst unterschiedlichen Gegebenheiten kann man sich pragmatisch einer „rechtzeitigen" Beteiligung nähern, indem man Abstimmungsgespräche und Sitzungen terminiert und einen Zeitplan erstellt. Spätestens ab Fertigstellung dieses vorgesehenen Zeitplans sollte die Einbindung, also die gesetzlich vorgeschriebene, rechtzeitige Beteiligung der freien Träger erfolgen. Nicht vergessen werden sollte, dass dieser unbestimmte Rechtsbegriff und seine Auslegung notfalls einer gerichtlichen Überprüfung standhalten müssen.

Neben einer Konkretisierung des Kriteriums „Rechtzeitigkeit" stellt sich in der Praxis oft auch die Frage, welche freien Träger zu beteiligen sind. Sind nur diejenigen zu beteiligen, die bereits gefördert werden oder alle, die im Gemeindegebiet „aktiv" sind? Als gemeinsames Ergebnis wurde schon 2004 zwischen Kommunalen Landesverbänden und dem Ministerium für Arbeit und Soziales festgehalten, dass die Gemeinden rechtzeitig, nämlich schon zu Beginn des Planungsprozesses, aktiv auf alle freien Träger im Gemeindegebiet zugehen und diese in die Bedarfsplanung einbeziehen. Dabei sollte man sich nicht nur auf bereits „aktive" Träger beschränken, wenn bereits offizielle Interessensbekundungen von möglichen künftigen Trägern vorliegen.

5.8 Anzeigepflicht der Bedarfsplanung beim örtlichen Träger der öffentlichen Jugendhilfe

Mit der Verpflichtung der Gemeinde, ihre Bedarfsplanung dem örtlichen Träger der öffentlichen Jugendhilfe anzuzeigen, soll eine enge Abstimmung der gemeindlichen Bedarfsplanung mit der entsprechenden Jugendhilfeplanung des Kreises sichergestellt werden.

Für die Praxis der kreisangehörigen Städte und Gemeinden bedeutet dies, dass die Bedarfsplanung dem Landkreis (Jugendamt) anzuzeigen ist, für Stadtkreise und kreisangehörige Städte mit eigenem Jugendamt gilt dieses entsprechend. Bisher hatten die Gemeinden ihre Bedarfsplanung mit dem örtlichen Träger der öffentlichen Jugendhilfe „abzustimmen". Aus dieser seitherigen „Abstimmung" der Bedarfsplanung mit dem örtlichen Jugendhilfeträger wurde mit der aktuellen Novelle des KiTaG nun die „Anzeige". Dies ist rein rechtlich weniger als die Abstimmung. Im Referentenentwurf des Gesetzes hatte der Gesetzgeber zunächst sogar eine Genehmigungspflicht der örtlichen Bedarfsplanung vorgesehen, die aber wieder verworfen wurde. Im Anhörungsverfahren haben Gemeindetag und Städtetag die vorgesehene Verpflichtung für die kreisangehörigen Städte und Gemeinden, ihre Bedarfsplanung dem örtlichen Träger der Jugendhilfe zur Genehmigung vorzulegen, abgelehnt, da dies rechtlich nicht zulässig sei. Die Genehmigungspflicht widerspreche dem Charakter einer weisungsfreien Pflichtaufgabe und sei rechtlich schon deshalb nicht erfüllbar, weil die kommunale Bedarfsplanung als Ermessensentscheidung rechtlich keiner Genehmigung zugänglich sei. Der Landkreistag sah keinen Anlass für eine Verschärfung des bisherigen Verfahrens und plädierte für eine umfassende Zuständigkeit für die Kindertagesbetreuung auf der gemeindlichen Ebene. Der Gesetzgeber ist dieser Argumentation gefolgt und hat, „um durch die Statuierung eines gesetzlichen Genehmigungsvorbehalts die Gefahr eines Eingriffs in die geschützte gemeindliche Selbstverwaltung zu vermeiden, stattdessen gesetzlich geregelt, dass der Bedarfsplan dem örtlichen Träger der öffentlichen Jugendhilfe anzuzeigen ist".

Unter „Abstimmung" (der örtlichen Bedarfsplanung) mit dem Jugendhilfeträger wurde bisher die Vorlage, d. h. eine mehr oder weniger angereicherte Kenntnisgabe, an das zuständige Kreisjugendamt verstanden. Es erscheint – auch im Lichte der jetzt erfolgten Abschwächung im Gesetzeswortlaut – jedoch weiterhin sinnvoll, die Planungen auf gemeindlicher Ebene wie auf Kreisebene gut zu verzahnen. Das bedeutet, bereits im Vorfeld der (Fortschreibung) der gemeindlichen Bedarfsplanung Kontakt mit dem örtlichen Jugendhilfeträger aufzunehmen und die Planungen des Kreises mit den örtlichen Planungen aufeinander abzustimmen.

5.9 Interkommunale Abstimmung

Diese ist natürlich gesetzlich nicht vorgegeben, erscheint aber ebenso sinnvoll und geboten wie die Abstimmung mit dem Jugendamt. Es ist für Standort- wie für die Wohnsitzgemeinden von erheblicher Bedeutung, ob und wenn ja, in welchem Ausmaß Plätze für gemeindefremde Kinder vorhanden sind und belegt werden können bzw. voraussichtlich im Laufe eines Kindergartenjahres belegt werden. Eine interkommunale Abstimmung von Standortgemeinden, die in nicht unerheblichem Maße gemeindefremde Kinder aufnehmen, sollte sich im Rahmen der örtlichen Bedarfsplanung ebenso wie die Abstimmung mit dem Jugendamt etablieren. Andersherum können Wohnsitzgemeinden auch von sich aus aktiv auf die Standortgemeinden zugehen, um Kenntnis über die Belegung von Plätzen mit Kindern aus der Wohnsitzgemeinde zu erhalten. Dies hat zentrale Auswirkungen auf das (vorzuhaltende) Platzangebot der Wohnsitzgemeinde.

In die Gesetzesbegründung wurde auf Veranlassung des Gemeindetags Baden-Württemberg diesbezüglich ein klarstellender Hinweis aufgenommen, dass die Wohnsitzgemeinde ein Kind in ihrer Bedarfsplanung nicht berücksichtigen muss, solange dieses Kind in einer anderen Gemeinde betreut wird. Dies gilt wegen des im SGB VIII normierten Wunsch- und Wahlrechts der Eltern allerdings nur für die Dauer der auswärtigen Betreuung (Gesetzentwurf der Landesregierung, LT-Drs. 14/3659 S. 18).

Für die Wohnsitzgemeinden ist es aber nicht nur wegen der Vorhaltung/Zurverfügungstellung von Plätzen (insbesondere im Bereich U3, aber auch im Bereich der Ganztagesplätze U3 und Ü3) von erheblicher Bedeutung, den Umfang der auswärtigen Betreuung von Kindern aus der eigenen Gemeinde zu kennen. Diese Informationen spielen auch eine Rolle für die (in etwa) bereitzustellenden Haushaltsmittel bzgl. des zu leistenden Interkommunalen Kostenausgleiches bei auswärtiger Betreuung (vgl. Erl. zu § 8a KiTaG).

5.10 Hinweise für die Praxis auf häufig gestellte Fragen zur örtlichen Bedarfsplanung

Aufnahme kommunaler Einrichtungen in die örtliche Bedarfsplanung?

Einrichtungen in kommunaler Trägerschaft gehören selbstverständlich auch in die örtliche Bedarfsplanung und sollten zumindest deklaratorisch mit Angebotsumfang und tatsächlicher Belegung/Nachfrage aufgeführt werden. Städte und Gemeinden, die aufgrund örtlicher Besonderheiten ausschließlich Kindertageseinrichtungen in kommunaler Trägerschaft führen, sind von der Erstellung einer Bedarfsplanung nicht befreit; es entfällt lediglich die förderrechtliche Konsequenz an die (nicht vorhandenen) freien Träger am Ort. Im Lichte rückläufiger Kinderzahlen, aber auch des Bedarfs bzw. des kommenden Rechtsanspruchs für unter Dreijährige ist die gemeindliche Bedarfsplanung für die kommunalpolitische Weichenstellung kurz-, mittel- und langfristig von erheblicher Bedeutung; so muss die Bedarfsplanung Antworten geben, beispielsweise auf die Frage, wo (Ortschaft, Stadtteil, Einrichtung) Gruppen geschlossen und/oder umstrukturiert werden, wo das Platzangebot für andere Altersgruppen erweitert wird usw. Wegen der weit reichenden Konsequenzen sollte sich nicht nur ein gemeinsamer Abstimmungsprozess zwischen Kommune und den freien Trägern im Rahmen der Bedarfsplanung etablieren, sondern auch eine kontinuierliche kommunalpolitische Befassung in den dafür zuständigen Gremien.

Auch wenn die Aufgabenstellung „Bedarfsplanung" komplex und nicht immer einfach zu bewältigen ist, so ist die auf die örtlichen Besonderheiten zugeschnittene Bedarfsplanung für Kinderbetreuungsangebote nach dem KiTaG für die Städte und Gemeinden ein wichtiges Steuerungsinstrument, das im Zusammenspiel mit den verschiedenen Trägern zur Umsetzung eines bedarfsgerechten und letztlich maßgeschneiderten Angebots für die jeweilige Kommune werden sollte.

Aufnahme auswärtiger Kinder in die Bedarfsplanung?

– In die Bedarfsplanung der Wohnsitzgemeinde?

In die Gesetzesbegründung wurde der bereits zitierte klarstellende Hinweis aufgenommen, dass die Wohnsitzgemeinde ein Kind in ihrer Bedarfsplanung nicht berücksichtigen muss, solange dieses Kind in einer anderen Gemeinde betreut wird. Dies gilt wegen des im SGB VIII normierten Wunsch- und Wahlrechts der Eltern allerdings nur für die Dauer der auswärtigen Betreuung (Gesetzentwurf der Landesregierung, LT-Drs. 14/3659 S. 18).

Dies bedeutet für die Praxis, dass bei der Wahl eines ganz bestimmten pädagogischen Profils (bspw. die Wahl eines Waldorfkindergartens) eine „Rückkehr" zu örtlichen Betreuungsangeboten als eher unwahrscheinlich einzustufen ist. Demgegenüber ist bei auswärtiger Betreuung, bspw. am Arbeitsort, eine starke Verknüpfung zur Erwerbstätigkeit gegeben. Sollte diese wegfallen, ist nicht auszuschließen bzw. mit einer höheren Wahrscheinlichkeit davon auszugehen, dass ein Platz in der Wohnsitzgemeinde (wieder) benötigt wird. Hier sollten die Wohnsitzgemeinden – wie für Härtefälle – einen gewissen Puffer in ihrem örtlichen Bedarf mit einkalkulieren.

– In die Bedarfsplanung der Standortgemeinde?

Mit der klaren Gesetzesbegründung unter wörtlicher Zitierung des VGH-Urteiles vom 4.6.2008 (s. o.) „Die Rechtsprechung kennt keine Unterscheidung zwischen auswärtigen und einheimischen Kindern" (...), ist nun geklärt, dass eine Standortgemeinde jede – auch mit auswärtigen Kindern – belegte Gruppe in die Bedarfsplanung aufzunehmen hat. Eine durch die tatsächliche Nutzung und Belegung ausgeformte Auswahlentscheidung und eine Nachfrage der Eltern bezüglich einer Aufnahme in die Bedarfsplanung so auszulegen, dass hierfür „kein Bedarf vorhanden" sei, ist mit der neuen Rechtslage grundsätzlich nicht mehr vereinbar.

Der Einzugsbereich einer Einrichtung ist für deren Aufnahme in den Bedarfsplan also nicht mehr von Bedeutung. Vielmehr verbleibt als Kriterium der gemeindlichen Planungsentscheidung im Wesentlichen (nur) noch das Gebot eines wirtschaftlichen Einsatzes öffentlicher Mittel. Die Entscheidung über die Aufnahme eines belegten Betreuungsplatzes in die gemeindliche Bedarfsplanung ist vor allem davon abhängig zu machen, ob durch die betreffende Einrichtung auch mittelfristig mit einer Befriedigung von Betreuungswünschen in wirtschaftlich vertretbarer Weise zu rechnen ist. Dies setzt u. a. voraus, dass in der betreffenden Einrichtung Betreuungsplätze mindestens in Gruppengröße und mit einer gewissen Kontinuität belegt werden. Die Rechtsprechung hat insoweit darauf hingewiesen, dass zwar die elterliche Auswahlentscheidung Ausgangspunkt der gemeindlichen Bedarfsplanung sein muss, dass aber dieser Auswahlentscheidung nicht individuell Rechnung getragen werden könne, sondern immer nur im Rahmen einer Einrichtung, die jeweils eine Gruppe von Leistungsberechtigten zusammenfasst.

– **Rechtsanspruch auf Aufnahme in die Bedarfsplanung?**

Ein Rechtsanspruch auf Aufnahme in die Bedarfsplanung besteht nicht. Die freien Träger haben jedoch einen Anspruch auf eine ermessensfehlerfreie Entscheidung der Standortgemeinde. Die Ausübung des gemeindlichen Ermessens und der hierbei angelegten Maßstäbe und Kriterien sind jedoch gerichtlich nachprüfbar. Träger, die nicht in die Bedarfsplanung aufgenommen werden, können hiergegen Widerspruch einlegen und mittels Klage die (fehlerfreie) Ausübung des Ermessens gerichtlich überprüfen lassen.

§ 4

Ärztliche Untersuchung

Jedes Kind ist vor der Aufnahme in eine Einrichtung oder in Kindertagespflege ärztlich zu untersuchen.

Erläuterungen

Übersicht

1. Ärztliche Untersuchung, Früherkennungsuntersuchungen

Jedes Kind muss vor der Aufnahme in eine Einrichtung i. S. des KiTaG (Kindergarten, Tageseinrichtung mit altersgemischten Gruppen, Kinderkrippe) ärztlich untersucht werden. Das Gesetz enthält nun im Gegensatz zur seitherigen „Soll"- eine **„Muss"-Vorschrift**. Die ärztliche Untersuchung vor der Aufnahme in den Kindergarten ist damit zwingend vorgeschrieben und bestimmt, dass ein Kind nicht aufgenommen werden darf, wenn die Eltern (Sorgeberechtigten) die ärztliche Untersuchung verweigern. Außerdem ist neu, dass diese Vorschrift auch auf die Kindertagespflege erweitert wurde.

Es empfiehlt sich in der Praxis, einen entsprechenden, deutlichen Hinweis an die Eltern in den Aufnahmeformalitäten zu platzieren und dies möglichst auch mit den freien Trägern abzustimmen. Auch in den Aufnahmeregularien bei Plätzen in der Kindertagespflege muss dieser neue Verpflichtungscharakter deutlich erkennbar sein.

Ziel der Vorschrift ist es, bei allen Kindern, die den Kindergarten, eine altersgemischte Tageseinrichtung oder Kinderkrippe oder einen Platz in der Kindertagespflege besuchen wollen, eine allgemeine ärztliche Untersuchung sicherzustellen.

In den neu gefassten **Richtlinien des Kultusministeriums und des Ministeriums für Arbeit und Soziales über die ärztliche Untersuchung** nach § 4 des Kindertagesbetreuungsgesetzes vom **28.9.2009** (GABl. S. 261, K. u. U. S. 202) (vgl. Anhang) über die ärztliche Untersuchung ist darüber hinausgehend festgelegt, dass die ärztliche Untersuchung, mit Ausnahme der U7, nicht länger als 12 Monate vor der Aufnahme in die Einrichtung durchgeführt worden sein darf. Weiter hat der Träger der Einrichtung erforderlichenfalls darauf hinzuwirken, dass das Kind vor der Aufnahme in die Einrichtung ärztlich untersucht wird. Er hat die Vorlage einer ärztlichen Bescheinigung oder einer Bescheinigung über die zuletzt durchgeführte Früherkennungsuntersuchung zu überwachen. Bei Kindern, die bei Aufnahme in die Kindertageseinrichtung das dritte Lebensjahr vollendet haben, ist die Vorlage der ärztlichen Bescheinigung über das Ergebnis der U8-Früherkennungsuntersuchung spätestens 12 Monate nach Aufnahme in die Kindertageseinrichtung zu überwachen, sofern nicht eine andere geeignete ärztliche Bescheinigung vorgelegt wird.

Zweck der ärztlichen Untersuchung ist es, festzustellen, ob dem Besuch des Kindergartens oder einer gleichgesetzten Tageseinrichtung gesundheitliche Bedenken entgegenstehen. Eine ärztliche Untersuchung ist jede Untersuchung durch einen approbierten Arzt. Die ärztliche Untersuchung soll sich insbesondere auf den Stand der körperlichen und psychischen Entwicklung, die Sinnesorgane und Auffälligkeiten des Verhaltens erstrecken. Ärztliche Untersuchungen in diesem Sinne sind auch die Früherkennungsuntersuchungen U3 bis U8 bis zur Vollendung des vierten Lebensjahres. Die ärztliche Untersuchung gehört nicht zu den Dienstaufgaben der Gesundheitsämter. Eine ärztliche Untersuchung vor der Aufnahme in den Kindergarten ist dann nicht erforderlich, wenn der Träger des Kindergartens die ärztliche Untersuchung besonders durchführen lässt. Den Richtlinien ist ein Muster für die Bescheinigung beigefügt, das von der Praxis übernommen werden kann.

Das Land Baden-Württemberg hat in seinem **Kinderschutzkonzept** zum Ausbau der frühen Hilfen und des Kinderschutzes zahlreiche Maßnahmen ergriffen, die sich auch in einer beachtlichen Ausweitung gesetzlicher und untergesetzlicher Vorschriften und Regelungen widerspiegeln.

Für die Praxis wichtig sind in diesem Kontext die mittlerweile **verpflichtend vorgeschriebenen Früherkennungsuntersuchungen**, die u. a. Regelungsgehalt des neu erlassenen Kinderschutzgesetzes sind:

- Verpflichtende Früherkennungsuntersuchungen
- Gesetz zum präventiven Schutz der Gesundheit von Kindern und Jugendlichen in Baden-Württemberg (Kinderschutzgesetz Baden-Württemberg vom 3.3.2009 (GBl. S. 82).

Mit dem **Kinderschutzgesetz – KiSchG (vgl. Anhang)**, das am 7.3.2009 in Kraft getreten ist, wird das Ziel verfolgt, mit Früherkennungsuntersuchungen für Kinder einen präventiven Beitrag dazu zu leisten, dass Problemsituationen im Hinblick auf ein gesundes und gedeihliches Aufwachsen möglichst früh erkannt werden können. Es ist deshalb eine stärkere Verpflichtung der Personensorgeberechtigten als bisher angebracht, diese Untersuchungen wahrzunehmen.

Kernpunkte des KiSchG sind:

- Statuierung einer landesrechtlichen Pflicht für die Eltern (Personensorgeberechtigten) zur Teilnahme der Kinder an allen Früherkennungsuntersuchungen.
- Möglichkeit für die Eltern zur kostenfreien Nachholung möglicherweise versäumter Früherkennungsuntersuchungen.
- Umfangreiche Beratungsverpflichtungen für die Gesundheitsämter und alle mit den Gesundheitsämtern zusammenarbeitenden Einrichtungen und Institutionen, insbesondere z. B. auch Kindertageseinrichtungen.

Sanktionen gegen die Eltern bei Verstoß gegen die neue Verpflichtung (Nichtteilnahme) sind nicht vorgesehen.

Wesentlicher Inhalt des KiSchG ist es folglich, dass zur Verbesserung der gesundheitlichen Vorsorge von Kindern und Jugendlichen sämtliche Personensorgeberechtigten im Land verpflichtet werden, die termingerechte Teilnahme ihrer Kinder an den Früherkennungsuntersuchungen (derzeit U 1 bis U 9 und J 1) sicherzustellen. Durch die Untersuchungen sollen frühzeitig und regelmäßig Krankheiten sowie eine Gefährdung der normalen, altersentsprechenden körperlichen und geistigen Entwicklung von Kindern – auch aufgrund Vernachlässigung oder Misshandlung – erkannt und die im Interesse des Kindeswohls erforderlichen Maßnahmen initiiert werden. Die im KiSchG normierten Maßnahmen zur Steigerung der Teilnahme an den Früherkennungsuntersuchungen stellen gemäß dem Gesetzentwurf (LT-Drs. 14/3587) einen wichtigen Baustein zur Verbesserung der gesundheitlichen Vorsorge sowie des Schutzes von Kindern und Jugendlichen dar und ergänzen somit das Kinderschutzkonzept in Baden-Württemberg.

Primäres Ziel des KiSchG ist es daher, dass alle Kinder innerhalb der dafür vorgesehenen Zeitfenster der Kinder-Richtlinien an der jeweiligen Früherkennungsuntersuchung teilnehmen, da deren Untersuchungsinhalte auch spezifisch auf die jeweilige Altersgruppe ausgerichtet sind. In diesen Fällen tragen wie bisher die Krankenkassen die Kosten für die Durchführung der Früherkennungsuntersuchungen.

Im Zentrum des KiSchG steht daher, dass den Personensorgeberechtigten auch künftig dann die Möglichkeit gegeben wird, ihrer Verpflichtung nachzukommen und **eine Untersuchung kostenfrei nachzuholen**, wenn sie sich der Versäumung eines Untersuchungstermins bewusst werden oder von Dritten darauf hingewiesen werden.

Regelungsbedürftig war die Frage der Kostentragung in solchen Fällen, in denen die für die Früherkennungsuntersuchung vorgesehenen Zeitfenster bereits überschritten sind. Eine außerhalb der Toleranzgrenzen der Kinder-Richtlinien (Richtlinien des Gemeinsamen Bundesausschusses (Kinder-Richtlinien) nach § 26 Abs. 2 i. V. m. § 25 Abs. 4 Satz 2 des SGB V) nachgeholte Untersuchung darf aus Rechtsgründen nicht über die Kassenärztliche Vereinigung zu Lasten der Krankenkassen abgerechnet werden. Der Gesetzgeber hielt es daher für geboten, dass „eine staatlich gewünschte Teilnahme nicht an fehlenden finanziellen Mitteln der Personensorgeberechtigten scheitern darf".

Daher sieht das Gesetz vor, dass versäumte Früherkennungsuntersuchungen nach Ablauf der Toleranzgrenzen der Kinder-Richtlinien für die Personensorgeberechtigten kostenfrei durch den ÖGD nachgeholt werden können, soweit die nächste reguläre Früherkennungsuntersuchung nach den Toleranzgrenzen der Kinder-Richtlinien erst in einem Monat oder später erfolgen kann.

Nach § 1 des KiSchG sind die Personensorgeberechtigten verpflichtet, die Teilnahme ihrer Kinder an den Früherkennungsuntersuchungen i. S. der Kinder-Richtlinien (Richtlinien des Gemeinsamen Bundesausschusses (Kinder-Richtlinien) nach § 26 Abs. 2 i. V. m. § 25 Abs. 4 Satz 2 des SGB V) sicherzustellen. Die Verpflichtung besteht unabhängig vom Versichertenstatus der Personensorgeberechtigten oder ihrer Kinder.

Die Gesundheitsämter führen nach § 8 des Gesundheitsdienstgesetzes (ÖGDG) **Einschulungsuntersuchungen** – s. folgende Erl. – sowie Maßnahmen zur Erkennung und Verhütung von Zahnerkrankungen bei Kindern und Jugendlichen durch. Sie informieren und beraten nach § 7 ÖGDG zur gesundheitlichen Prävention und Gesundheitsförderung. Hierbei weisen sie auch auf die bestehende Verpflichtung zur Teilnahme an Früherkennungsuntersuchungen für Kinder und Jugendliche hin und beraten über Personen, Einrichtungen und Stellen, die vorsorgende, begleitende und nachsorgende Hilfen anbieten und gewähren können.

In der Praxis kommt mit der verpflichtenden Teilnahme an den Früherkennungsuntersuchungen ein weiterer Koordinations- und Beratungsaufwand hinzu.

Wichtig für die Praxis ist in diesem Zusammenhang der Hinweis, dass bei wiederholter/mehrfacher (erfolgloser) Aufforderung zur Teilnahme an den Untersuchungen bzw. zur Vorlage der entsprechenden Nachweise ein Hinweis auf eine mögliche Gefährdung des Kindeswohls vorliegen könnte mit der Folge, das örtliche abgestimmte Verfahren nach § 8a SGB VIII (Schutzauftrag) und der hierzu geschlossenen Vereinbarung unter Einbeziehung der insoweit erfahrenen Fachkraft zur Risikoabschätzung in Gang zu setzen.

2. Verpflichtende Einschulungsuntersuchung – Sprachstandsdiagnose –

2.1 Vorbemerkung

2009 wurde in Baden-Württemberg verpflichtend eine Sprachstandsdiagnose im vorletzten Kindergartenjahr eingeführt, gekoppelt mit der Umsetzung der seinerzeit ebenfalls neu konzipierten Einschulungsuntersuchung.

Rechtsgrundlagen sind zum einen das geänderte **Schulgesetz (SchG) und Gesundheitsdienstgesetz (ÖGDG)**, zum anderen zusätzliche Verwaltungsvorschriften, welche eigens zur Umsetzung neu erlassen wurden.

Lange galt es rechtlich als schwierig, die Verpflichtung zur Teilnahme an den neu konzipierten Untersuchungen – ein durchaus nicht unerheblicher Eingriff in das Elternrecht – gesetzlich vorzugeben.

Letztendlich ging das nur über den Umweg einer unterstellten „Vorwirkung der Schulpflicht". Daher findet sich im KiTaG an keiner Stelle (!) ein Hinweis bzw. Verweis auf die verpflichtenden Untersuchungen und ihre Rechtsgrundlagen, obwohl sie bei vierjährigen Kindern im Kindergarten (und nicht mehr wie früher im Gesundheitsamt) durchgeführt werden.

2.2 Überblick über die einschlägigen aktuellen Rechtsgrundlagen

- **Schulgesetz für Baden-Württemberg (SchG)**

  Änderung § 91 des Schulgesetzes, GBl. vom 21.11.2008, S. 387
- **Gesundheitsdienstgesetz für Baden-Württemberg (ÖGDG)**

  Änderung § 8 des Gesundheitsdienstgesetzes, GBl. vom 21.11.2008, S. 388
- **Schuluntersuchungsverordnung (SchulUntV)**

  Verordnung des Ministeriums für Arbeit und Soziales zur Durchführung schulärztlicher Untersuchungen sowie zielgruppenspezifischer Untersuchungen und Maßnahmen in Tageseinrichtungen und Schulen vom 26.11.2008, GBl. vom 4.12.2008, S. 422
- **Verwaltungsvorschrift des Kultusministeriums zur Durchführung einer Sprachstandsdiagnose in Verknüpfung mit der Einschulungsuntersuchung – Einschulungsuntersuchungsverwaltungsvorschrift – (VwV ESU)**

  GABl. vom 17.12.2008, S. 381

– **Änderung § 91 Schulgesetz** (GBl. S. 387)

§ 91 Abs. 1 SchG: *„Die Schüler sind verpflichtet, sich im Rahmen der Schulgesundheitspflege durch das Gesundheitsamt beraten und untersuchen zu lassen."*

§ 91 Abs. 2 SchG: *„Die Pflicht zur Untersuchung besteht nach Beginn des Schuljahres auch für die Kinder, die bis zum 30. September des laufenden Kalenderjahres das vierte Lebensjahr vollendet haben; für diese Kinder führt das Gesundheitsamt in begründeten Fällen eine* ***Sprachstandsdiagnose*** *durch, für die das Kultusministerium die Kriterien im Einvernehmen mit dem Ministerium für Arbeit und Soziales festlegt. Darüber hinaus besteht in begründeten Fällen die Pflicht zur Untersuchung für die zur Schule angemeldeten Kinder."*

In der Gesetzesbegründung (LT- Drs. 14/3254) heißt es hierzu:

„Die Einschulungsuntersuchung wird bis zu zwei Jahre vorgezogen, weil dann bis zur Einschulung mehr Zeit verbleibt, um eine medizinische Vorsorge oder eine pädagogische Förderung durchzuführen. Daneben wird eine für die Eltern und das Kind verbindliche Sprachstandsdiagnose ermöglicht, welche die Grundlage für die Entscheidung der Eltern über die Sprachfördermaßnahmen bildet. Die bisherige Regelung, wonach die Gesundheitsämter auch autorisiert sind, die zur Grundschule angemeldeten Kinder vor ihrer Einschulung zu untersuchen, bleibt zwar bestehen, soll in der Praxis aber nur in besonderen Bedarfsfällen angewandt werden. Hierbei werden die Fälle erfasst, in denen in medizinischer oder sprachdiagnostischer Hinsicht solche Defizite festgestellt wurden, dass nach fachlichen Gesichtspunkten eine weitere Untersuchung kurz vor der Einschulung erforderlich ist.

Es ist zu unterscheiden zwischen der generellen Schulgesundheitspflege durch das Gesundheitsamt und den Einschulungsuntersuchungen. Im Hinblick auf die hierin liegende Unterschiedlichkeit der Lebenssachverhalte, wurde § 91 SchG in zwei Absätze gegliedert. Das Gesundheitsamt führt neben der medizinischen Untersuchung im Rahmen der in § 91 Abs. 2 SchG geregelten Einschulungsuntersuchung auch in begründeten Fällen eine Sprachstandsdiagnose durch. (. . .) Auch die Sprachstandsdiagnose ist für die Kinder verpflichtend. Sie wird im 2. Halbsatz von § 91 Abs. 2 SchG formuliert."

– **§ 8 Abs. 1 ÖGDG** (GBl. S. 388)

*„Die Gesundheitsämter untersuchen zur Schule angemeldete Kinder sowie Schülerinnen und Schüler **(Einschulungsuntersuchung)**. Dasselbe gilt für Kinder, die bis zum 30. September des laufenden Kalenderjahres das vierte Lebensjahr vollendet haben. Die Untersuchung hat den Zweck, gesundheitliche Einschränkungen der Schulfähigkeit oder die Teilnahme am Unterricht betreffende gesundheitliche Einschränkungen festzustellen; die dabei erhobenen personenbezogenen Daten dürfen für Zwecke der Gesundheitsberichterstattung verarbeitet, insbesondere in anonymisierter Form veröffentlicht werden. Die Gesundheitsämter beraten Kinder sowie Schülerinnen und Schüler, deren Sorgeberechtigte sowie die Kindertagesstätten und die Schulen zu gesundheitlichen Fragen, die den Schulbesuch betreffen. Soweit es im Hinblick auf die besondere gesundheitliche Situation der Kinder sowie der Schülerinnen und Schüler geboten erscheint, können die Gesundheitsämter zielgruppenspezifische Untersuchungen, Angebote und Maßnahmen entwickeln; Angebote und Maßnahmen in Kindertagesstätten und Schulen werden im Einvernehmen mit der Einrichtung durchgeführt."*

Die Gesetzesbegründung (LT-Drs. 14/3254) führt hierzu aus: *„Die Einschulungsuntersuchung wird künftig in zwei Schritten durchgeführt: Alle Kinder werden in Schritt 1 der „neuen" Einschulungsuntersuchung (15 bis 24 Monate vor Einschulung) durch den Kinder- und Jugendärztlichen Dienst der Gesundheitsämter auf Entwicklungsauffälligkeiten untersucht und bei Auffälligkeiten anschließend nachuntersucht, sodass gezielte Fördermaßnahmen eingeleitet werden können.*

Schritt 2 wird im letzten Kindergartenjahr wenige Monate vor der Einschulung zur Frage der Schulfähigkeit durchgeführt. In der ärztlichen Zusammenschau aller Befunde einschließlich der aktualisierten Dokumentation des Erzieherinnenfragebogens sowie der Einschätzung der/des Kooperationslehrerin/-lehrers wird in Schritt 2 entschieden, welche Kinder aus medizinischer Sicht schulreif sind oder ob ggf. eine Zurückstellung vom Schulbesuch oder eine sonderpädagogische Förderung sinnvoll wäre.

Bei auffälligen oder unklaren Befunden erfolgt eine erneute Untersuchung durch den Kinder- und Jugendärztlichen Dienst der Gesundheitsämter. Auch Kinder, die keine vorschulische Einrichtung (insbesondere Kindergarten, Präventivklasse, Schulkindergarten) besuchen, werden ausnahmslos in Schritt 1 und Schritt 2 untersucht."

– Neben diesen strukturellen Neureglungen wurden in einer weiteren Verordnung Zweck, Inhalt und Häufigkeit der Einschulungsuntersuchungen geregelt: **Verordnung des Ministeriums für Arbeit und Soziales zur Durchführung schulärztlicher Untersuchungen sowie zielgruppenspezifischer Untersuchungen und Maßnahmen in Tageseinrichtungen für Kinder und Schulen (Schuluntersuchungsverordnung)** vom 26.11. 2008 (GBl. S. 422), s. Anhang.

Kernpunkte der Schuluntersuchungsverordnung

- Schulärztliche Untersuchungen dienen der Untersuchung, Feststellung und Beurteilung von gesundheitlichen Einschränkungen und Entwicklungsverzögerungen, die die Schulfähigkeit oder die Teilnahme am Unterricht gefährden können sowie der präventiven gesundheitlichen Beratung von Kindern und Jugendlichen.
- Die Einschulungsuntersuchung ist Pflicht für alle zur Schule angemeldeten Kinder.

- Dasselbe gilt für die Kinder, die nach Schuljahresbeginn bis zum 30. September des laufenden Kalenderjahres das vierte Lebensjahr vollendet haben.
- Für diese Kinder führt das Gesundheitsamt in begründeten Fällen außerdem eine verpflichtende Sprachstandsdiagnose nach den einvernehmlich vom Kultusministerium und dem Ministerium für Arbeit und Soziales festgelegten Kriterien durch.
- Die Untersuchung erfolgt einzeln bei jedem Kind.

Die Einschulungsuntersuchung wird in zwei Schritten durchgeführt:

- **Schritt 1** erfolgt 24 bis 15 Monate vor der termingerechten Einschulung, um für die Kinder mehr Zeit für eventuell erforderliche Maßnahmen der Prävention und Gesundheitsförderung zu gewinnen. Er umfasst die Anamneseerhebung durch einen freiwillig auszufüllenden Elternfragebogen, die Vorlage des Impfausweises (Impfbuch) und des Untersuchungsheftes für Kinder (Früherkennungsheft) sowie mit Einverständnis der oder des vertretungsberechtigten Sorgeberechtigten den Fragebogen für die Erzieherin oder den Erzieher zur Entwicklungsdokumentation des Kindes. Der Untersuchungsumfang für Schritt 1 besteht bei allen Kindern aus einer Basisuntersuchung, die in der Regel durch die medizinische Assistentin oder den medizinischen Assistenten unter schulärztlicher Verantwortung entsprechend den Arbeitsrichtlinien in der jeweils gültigen Fassung durchgeführt wird. Im Fall von auffälligen Befunden nach den Arbeitsrichtlinien für die Einschulungsuntersuchung und deren Dokumentation erfolgt nach ärztlichem Ermessen eine weitergehende Nachuntersuchung gegebenenfalls einschließlich der Sprachstandsdiagnose und Beratung durch die Schulärztin oder den Schularzt.
- In **Schritt 2**, der in den Monaten vor der Einschulung stattfindet, erfolgt bei jedem Kind die ärztliche Bewertung:
  - der Untersuchungsergebnisse aus Schritt 1,
  - der Entwicklungsbeobachtung in ausgewählten Dimensionen durch die Erzieherin oder den Erzieher bei Kindern, die eine Tageseinrichtung für Kinder besuchen mit Einverständnis der oder des vertretungsberechtigten Sorgeberechtigten,
  - der Beurteilung der Schulfähigkeit des Kindes durch die Kooperationslehrkraft mit Einverständnis der oder des vertretungsberechtigten Sorgeberechtigten.
  - Für die Praxis sind insbesondere die Vorgaben in § 4 der Verordnung zur **Mitwirkung der Tageseinrichtungen für Kinder** von Bedeutung:
    - Die schulärztlichen Untersuchungen, zielgruppenspezifischen Untersuchungen und Maßnahmen werden im Einvernehmen mit der jeweiligen Tageseinrichtung beziehungsweise der Schule durchgeführt. Die Gesundheitsämter übermitteln den oder dem Sorgeberechtigten der Kinder, die bis zum 30.9. des laufenden Kalenderjahres das vierte Lebensjahr vollendet haben oder zur Schule angemeldet sind beziehungsweise die Schule besuchen, die notwendigen Vordrucke. Sie wirken auf eine Rückgabe anlässlich der schulärztlichen Untersuchung oder der zielgruppenspezifischen Untersuchung oder Maßnahme hin.
    - Die Tageseinrichtungen und Schulen geben den Gesundheitsämtern die zur ordnungsgemäßen Durchführung der Untersuchung und Maßnahmen notwendigen Auskünfte und Informationen, die zu deren Zweckerfüllung nach § 2 Abs. 1 und § 3 Abs. 1 KiTaG notwendig sind. Sie teilen insbesondere die Zahl der einzuschulenden Kinder je Einrichtung oder die in § 3 Abs. 1 KiTaG aufgeführten Kinder sowie die Kinder, die nach Schuljahresbeginn bis zum 30. September des laufenden Kalenderjahres das vierte Lebensjahr vollendet haben, jeweils unter Angabe von Familien- und Vorname (einschließlich der oder des Sorgeberechtigten), Geburtsdatum, Wohnung (Straße, Hausnummer, Postleitzahl, Ort) und Nationalität mit. Diese Daten werden durch das Gesund-

heitsamt mit den namentlichen Meldungen der Meldebehörde verglichen, um Kinder, die keine Tageseinrichtung für Kinder besuchen, zu erfassen und ebenfalls zur Untersuchung einzuladen.

– Die Zurverfügungstellung von Räumlichkeiten hat der Verordnungsgeber wie folgt festgelegt: „Die Tageseinrichtungen für Kinder, die Schulen oder gegebenenfalls die Gemeinde stellen die erforderlichen Räumlichkeiten im Rahmen ihrer Möglichkeiten zur Verfügung."

– Eine weitere Verwaltungsvorschrift wurde dann zusätzlich noch zur Regelung der Durchführung der Sprachstandsdiagnose erlassen:

Verwaltungsvorschrift des Ministeriums für Arbeit und Soziales zur Durchführung der Einschulungsuntersuchung (Einschulungsuntersuchungsverwaltungsvorschrift) vom 28.11.2008 (GABl. vom 17.12.2008, S. 381), s. Anhang.

Kernpunkte dieser Verwaltungsvorschrift

Mit der VwV ESU, die am 18.12.2008 in Kraft trat (und am 31.12.2015 außer Kraft treten wird), werden zahlreiche Details rund um die Spachstandsdiagnostik normiert.

Genauso von Bedeutung wie die VwV sind die zahlreichen Anlagen rund um das zu verwendende Formular der **„SETK 3–5"**. Dieser Befundbogen (Anlagen 4a bis 4c) wird nach den für den schulärztlichen Dienst vom Landesgesundheitsamt Baden-Württemberg herausgegebenen Arbeitsrichtlinien für die Einschulungsuntersuchung und deren Dokumentation (Arbeitsrichtlinien) in der jeweils geltenden Fassung bearbeitet.

Die einheitliche Beurteilung des Gesundheitszustandes der Kinder wird durch die Mitarbeiter des schulärztlichen Dienstes (medizinische Assistentinnen und medizinische Assistenten sowie Ärztinnen und Ärzte) sichergestellt, die sich an den in den Arbeitsrichtlinien aufgeführten „Standarddefinitionen des Untersuchungsprogramms" zu orientieren haben.

Untersuchungsumfang

Für Schritt 1 besteht der Untersuchungsumfang bei allen Kindern aus einer Basisuntersuchung, die in der Regel durch die medizinische Assistentin oder den medizinischen Assistenten unter schulärztlicher Verantwortung entsprechend den Arbeitsrichtlinien durchgeführt wird. Zur Basisuntersuchung gehört bei Kindern, die eine Tageseinrichtung besuchen, mit Einverständnis der oder des vertretungsberechtigten Sorgeberechtigten die Beobachtung des kindlichen Entwicklungsstandes durch die Erzieherin oder den Erzieher (Anlage 3). Im Falle von auffälligen Befunden erfolgt nach ärztlichem Ermessen eine weitergehende Nachuntersuchung gegebenenfalls einschließlich der Sprachstandsdiagnose und Beratung durch die Schulärztin oder den Schularzt.

In Schritt 2 erfolgt zur Frage, ob eine erneute ärztliche Untersuchung zur Beurteilung der Schulreife notwendig ist, bei jedem Kind die ärztliche Bewertung

- der Untersuchungsergebnisse aus Schritt 1,
- der Entwicklungsbeobachtung in ausgewählten Dimensionen durch die Erzieherin oder den Erzieher bei Kindern, die eine Tageseinrichtung für Kinder besuchen (Anlage 3), mit Einverständnis der oder des vertretungsberechtigten Sorgeberechtigten,
- der Beurteilung der Schulfähigkeit des Kindes durch die Kooperationslehrkraft mit Einverständnis der oder des vertretungsberechtigten Sorgeberechtigten.

Durch die Schulärztin oder den Schularzt werden in der Regel untersucht

- die Kinder eines Altersjahrgangs, deren Leistungsfähigkeit in Schritt 1 als erheblich oder anhaltend eingeschränkt beurteilt wurde,

- die Kinder, deren Schulfähigkeit von der Erzieherin oder dem Erzieher und den Kooperationslehrkräften als gefährdet betrachtet wird und die in Schritt 1 ohne deutliche Auffälligkeit waren,
- die Kinder ohne Besuch einer Tageseinrichtung oder ohne vorherige Einschulungsuntersuchung.

3. Konsequenzen aus der Einschulungsuntersuchung (Nr. 6 VwV ESU)

Die erhobenen Befunde werden den, der oder dem Sorgeberechtigten in geeigneter, in der Regel in schriftlicher Form (Anlage 4 a in Schritt 1 und Anlage 4 d in Schritt 2), mitgeteilt. Es schließt sich, soweit geboten oder gewünscht, eine Beratung und Information an. Auf der Grundlage der Befundbögen berät das Gesundheitsamt – soweit geboten und erwünscht – mit Einverständnis des vertretungsberechtigten Sorgeberechtigten die das Kind betreuenden pädagogischen Fachkräfte in den Tageseinrichtungen sowie die das Kind unterrichtenden Lehrkräfte an den Schulen.

Die Befundmitteilung wird in geeigneter Weise dokumentiert.

Außerdem erfolgt im Rahmen der Empfehlung zur ärztlichen Abklärung oder Behandlung nach ärztlichem Ermessen eine zusätzliche schriftliche Befundmitteilung (Befundbogen: Anlage 4 a). Sie dient der Information der oder des Sorgeberechtigten sowie der Ärztinnen oder Ärzte, die die weitergehende Beratung oder Behandlung übernehmen, und wird den, der oder dem Sorgeberechtigten in geeigneter Weise übergeben.

3.1 Information der Tageseinrichtung für Kinder und der fördernden Stelle über erhobene Befunde

- Der Befundbogen zur Weitergabe an die fördernde Stelle (Anlage 4 b) wird vom Gesundheitsamt der Leitung der Tageseinrichtung in einem verschlossenen Umschlag übergeben, wenn das Einverständnis der oder des vertretungsberechtigten Sorgeberechtigten (Anlage 5 a) hierfür vorliegt. Wenn die Tageseinrichtung nicht selbst fördernde Stelle ist, soll der verschlossene Umschlag anschließend der fördernden Stelle (Schule, Grundschulförderklasse oder private Förderstelle) durch die Tageseinrichtung übergeben werden, um in die weitere Planung pädagogischer Fördermaßnahmen einzugehen.
- Liegt das Einverständnis der oder des vertretungsberechtigten Sorgeberechtigten nicht vor, werden ihr, ihm oder ihnen die Mehrfertigungen zur eigenen Entscheidung über die weitere Verwendung übergeben.
- Nur im Ausnahmefall (z. B. bei einer akuten oder chronischen Erkrankung eines Kindes, die einen Handlungsbedarf begründet) kann darüber hinaus von einer schriftlichen Mitteilung an die Schule oder die Tageseinrichtung Gebrauch gemacht werden. Ein gemeinsames Gespräch mit der Schulleitung, den Lehrkräften und Erzieherinnen oder Erziehern sowie den, der oder dem Sorgeberechtigten ist vorzuziehen.
- Eine Mitteilung an die Tageseinrichtung oder die Schule ist, abgesehen von einer konkreten, sonst nicht abwendbaren gesundheitlichen Gefährdung, nur mit schriftlicher Zustimmung der oder des vertretungsberechtigten Sorgeberechtigten auf den Einverständniserklärungen (Anlagen 5 a und 5 b) möglich. Der hierzu verwendete Vordruck verbleibt bei den Unterlagen des Gesundheitsamtes.

In der Praxis kam es bei der Umsetzung – wie nicht anders zu erwarten war – zu erheblichen Schwierigkeiten. Nicht nur diese Flut von Neuerungen und Neuregelungen, sondern auch die vom Land suboptimal vorbereitete und zeitlich überhastete Einführung bedeutete keinen guten Start der neu konzipierten ESU.

Erschwerend kam hinzu, dass die Gesundheitsämter nicht überall über ausreichende personelle Ressourcen verfügten, um die Untersuchungen in den vorgegebenen Zeitfenstern zu realisieren.

So gab es bereits Mitte 2009 einen weiteren Erlass folgenden Inhaltes an die Gesundheitsämter, den Erlass des Ministeriums für Arbeit und Soziales an die Gesundheitsämter vom 7.7.2009 zur Sprachstandsdiagnostik im Rahmen der neukonzipierten Einschulungsuntersuchung zum Sachstand und Hinweisen zur Durchführung der Diagnostik im Jahr 2009:

„Mit der ***Durchführung des SETK 3–5*** *können* ***auch fachlich geeignete Dritte beauftragt*** *werden. In jedem Fall muss die Sprachstandsdiagnostik in der fachlichen Gesamtverantwortung des zuständigen Arztes/der zuständigen Ärztin des Gesundheitsamtes verbleiben. Er oder sie muss den Durchschreibesatz mit dem SETK-Übersichtsblatt auch unterschreiben. Das letzte Blatt des Durchschreibesatzes stellt die Grundlage für die Beantragung von Mitteln beim Programm „Sag mal was – Sprachförderung für Vorschulkinder" bei der Landesstiftung Baden-Württemberg dar. Ansprechpartner nach außen ist ausschließlich das für die Untersuchung zuständige Gesundheitsamt. Erfahrungen haben gezeigt, dass ansonsten die Einordnung in den Gesamtkontext der neukonzipierten Einschulungsuntersuchung nur schwer gelingt und vor allem Eltern verunsichert werden. Der Sprachtest muss nicht in engem zeitlichem Zusammenhang mit der restlichen Einschulungsuntersuchung erfolgen; allerdings sollte er zusammen mit dem Sprach-Screening und einem Hörtest erfolgen, um fachlichen Standards zu genügen. In der Verwaltungsvorschrift des Kultusministeriums zur Durchführung der Sprachstandsdiagnose vom 18. Dezember 2008 wird auch darauf hingewiesen, dass von einer Basisuntersuchung und einer verpflichtenden Sprachstandsdiagnose (SSD) abgesehen werden kann bei Kindern mit Behinderung und Kindern, bei denen anderweitige fachlich aussagekräftige Befunde dem Gesundheitsamt als Mehrfertigung bereits vorliegen. Von einer Basisuntersuchung zur Sprachstandsfeststellung und einer verpflichtenden Sprachstandsdiagnose kann bei Kindern mit Behinderung oder besonderem Förderbedarf abgesehen werden, wenn die nach dieser Vorschrift vorgesehenen Verfahren im Blick auf die Art und Schwere der Behinderung nicht zur Anwendung geeignet sind oder für diese Kinder anderweitige fachlich aussagekräftige Befunde bereits nachgewiesen sind. (Kultus und Unterricht vom 9. Januar 2009, Nr. 1, S. 1). Wiederholt wurde nachgefragt, wie bei Kindern vorgegangen werden kann, die sehr geringe deutsche Sprachkenntnisse haben. Das Handbuch zum SETK 3–5 macht hierzu keine Angaben. Die Testautorin Frau Prof. Grimm erarbeitet derzeit eine 2. Auflage des SETK 3–5, im Handbuch ist ein eigenes Kapitel zur Vorgehensweise bei Kindern mit Deutsch als Zweitsprache vorgesehen. Bis zur Veröffentlichung der 2. Auflage geben wir Ihnen ihre vorläufige Auskunft zur Kenntnis, die Sie bei der Durchführung des SETK 3–5 und der Auswertung der Ergebnisse berücksichtigen können. Danach haben Kinder, die ohne jegliche Kenntnisse der deutschen Sprache in den Kindergarten gekommen sind, nach etwa 10 Monaten Sprachkontakt ohne zusätzliche Förderung basale Sprachfähigkeiten ausgebildet. Mit zusätzlicher Förderung haben sie diese basalen Fähigkeiten nach etwa 6 Monaten ausgebildet. Das kann so interpretiert werden, dass bei Kindern, die 10 Monate bzw. 6 Monate vor der Einschulungsuntersuchung ohne Deutschkenntnisse waren, auf die Durchführung des Tests verzichtet werden kann und von einem intensiven Förderbedarf auszugehen ist, sofern dem nicht medizinische Befunde entgegenstehen. Abgesehen von den oben genannten Ausnahmeregelungen sollte bei jedem Kind, das im Sprach-Screening auffällig war, versucht werden, eine Sprachstandsdiagnose mit dem SETK 3–5 durchzuführen. Dabei wird nochmals auf die von der Testautorin genannten Abbruchkriterien hingewiesen: „Ein statistisches Abbruchkriterium gibt es nicht. Wenn aber ein Kind die Aufgabe offensichtlich nicht verstanden hat, wird der Untertest abgebrochen. Die Durchführung wird auch dann abgebrochen, wenn ein Kind zwar zuerst antwortet, dann aber die weiteren Aufgaben verweigert. Die nicht durchgeführten Items des Untertests werden mit 0 Punkten bewertet. Aber: Solange ein Kind weiter macht, soll nicht abgebrochen werden." In diesen Situationen kann der SETK 3–5 vorzeitig beendet werden*

und, sofern medizinische Diagnosen dem nicht entgegenstehen, ein intensiver Förderbedarf vermerkt werden."

4. Aktuelle Entwicklungen

Änderung der VwV ESU – Generelle Neukonzipierung der Sprachförderung

Nicht nur die Anzahl sowie die Regelungsdichte der neuen Gesetze, Verordnungen und Verwaltungsvorschriften sind das Gegenteil von schlanken Regelungen. Vielmehr wird mit diesen Vorschriften eine Bürokratie generiert, die es in diesem Arbeitsfeld so noch nie gab.

Zusätzlich ist an einigen Stellen kritisch die Frage zu stellen, ob dies in der regulierten Form zielführend sein kann.

Darüber hinaus entsteht ein erheblicher Aufwand für die Kindertageseinrichtungen. Die Gesundheitsämter erhalten vom Land einen Kostenausgleich für ihren zusätzlichen Aufwand. Bezogen auf den deutlich erhöhten Aufwand (Organisation, Koordination, Durchführung) in den Tageseinrichtungen erhalten die Träger dagegen – immer noch – keinen Kostenersatz für die ESU. Lediglich für die Durchführung der Sprachstandsdiagnose soll es pauschal pro Jahr eine Million Euro als Kostenausgleich geben (evtl. über § 29b FAG), die jedoch konkret auch noch nicht bei den Kommunen angekommen sind.

Die lange anhaltenden Probleme bei der praktischen Umsetzung weichen mittlerweile einer sich langsam einspielenden Kooperation zwischen den Gesundheitsämtern und den Kindertageseinrichtungen.

Die Auswirkungen auf den Betriebsablauf und den zu betreibenden Aufwand sind jedoch nach wie vor in dem vom Sozialministerium gegründeten Begleitgremium zur ESU konsequent und konstruktiv kritisch zu beobachten.

Gesamtkonzept – Neukonzipierung der Sprachförderung durch die neue Landesregierung

Die seit vielen Jahren von den kommunalen Landesverbänden, den Freien Trägern und Experten diskutierte Frage bzw. Forderung nach einem abgestimmten, **ganzheitlichen Konzept** zur gesamten **Förderung** von förderbedürftigen Kindern (Bewegung/Motorik, Ernährung, inklusive der **Sprachförderung**) steht auf der Agenda der neuen Landesregierung im frühkindlichen Bereich ebenfalls ganz oben.

Unter dem Motto „Konsequente Sprachförderung von Anfang an" heißt es im Koalitionsvertrag der neuen Landesregierung auf S. 5 *„(...) Wir werden sie (Anm.: die Sprachförderung) neu konzipieren. So soll vom ersten Kindergartentag an eine alltagsintegrierte Sprachförderung erfolgen. Die Sprachförderung soll im Rahmen des Orientierungsplanes umgesetzt werden. Sprachstandsdiagnosen werden durch qualifizierte Erzieherinnen in Kindertageseinrichtungen von Anfang an durchgeführt.(...) Solange die Rahmenbedingungen für die flächendeckende und qualitativ hochwertige Umsetzung des Orientierungsplanes noch nicht gegeben ist, brauchen Kinder mit besonderem Förderbedarf zusätzlich weiterhin eine individuelle Sprachförderung. Auch die individuelle Sprachförderung soll bereits mit Beginn des Kindergartens einsetzen. Die Bewilligung von Mitteln für die Sprachförderung muss dazu von der ESU entkoppelt werden. Die Finanzierung stellt das Land sicher."*

Aus kommunaler Sicht gilt hier – wie beim Thema Orientierungsplan (s. Erl. zu § 2a) – gleichermaßen, dass hier die Konnexität greift und es damit ebenfalls entscheidend von den Ergebnissen der weiteren Finanzverhandlungen zwischen dem Land und den Kommunalen Landesverbänden über die Kostenfolgen und deren gesamte Übernahme durch das Land abhängt, wann und in welcher Weise die im Koalitionsvertrag beschriebenen politischen Absichtserklärungen in die Praxis umgesetzt werden können.

Für die Praxis gelten daher die von der vorherigen Landesregierung noch 2010 auf den Weg gebrachten, das langjährige Projekt der Baden-Württemberg-Stiftung (früher: Landesstiftung Baden-Württemberg) „Sag mal was" ablösende Verwaltungsvorschriften des Kultusministeriums über Zuwendungen zu intensiver Sprachförderung im Kindergarten (ISK-Richtlinie vom 12.5.2010, K.u. U. S. 157). Diese werden an dieser Stelle nicht näher erläutert, da sie zum einen selbst erklärend sind und zum anderen absehbar ist, dass im Laufe des Jahres 2011/2012 die angekündigte Neukonzipierung der Sprachförderung mit der anvisierten Entkoppelung der finanziellen Förderung von der ESU erfolgen soll. Weiter ist ebenfalls in diesem Zeitfenster die Zusammenführung der ebenfalls seit vielen Jahren bestehenden Verwaltungsvorschrift des Kultusministeriums über Zuwendungen zur Förderung von Maßnahmen der vor- und außerschulischen bzw. außerunterrichtlichen Hausaufgaben – Sprach- und Lernhilfe (HSL-Richtlinie vom 26.4.2006, GABl. S. 283) – mit den ISK-Richtlinien vorgesehen.

Wichtig für die Praxis ist, dass für das Kindergartenjahr 2011/2012 das bisherige Verfahren in Sachen ESU und Sprachstandsdiagnose bleibt. Damit muss – mittels des SETK-Befundbogens diagnostiziert – ein intensiver Sprachförderbedarf vorliegen, damit Mittel nach den ISK-Richtlinien vom Träger bei der L-Bank beantragt und die entsprechenden Sprachfördermaßnahmen so auch finanziell gefördert werden können. Zudem können – wie bisher – nach den Regelungen der HSL-Richtlinie ebenfalls Sprachfördermaßnahmen finanziell gefördert werden. Es muss sich aber jeweils um unterschiedliche Kinder bzw. Gruppen handeln. Eine Doppelförderung ist ausgeschlossen.

Die Neukonzipierung des gesamten Handlungsfeldes „Sprachförderung" wird Gegenstand der Kommentierung in der nächsten Auflage sein.

§ 5

Elternbeirat

(1) Bei den Einrichtungen werden Elternbeiräte gebildet. Sie unterstützen die Erziehungsarbeit und stellen den Kontakt zum Elternhaus her.

(2) Elternbeiräte können sich örtlich und überörtlich sowie landesweit zu Gesamtelternbeiräten zusammenschließen.

Erläuterungen

Übersicht

1. Bildung und Aufgabe des Elternbeirats (Absatz 1)

Diese Vorschrift ist unverändert geblieben. Neu erlassen wurden jedoch mittlerweile die **Richtlinien des Kultusministeriums und des Ministeriums für Arbeit und Soziales über die Bildung und Aufgaben der Elternbeiräte vom 15.3.2008** – Az. 24-6930.7/3 (GABl. S. 170, K. u. U. S. 81) – vgl. Anhang.

Danach ist für jede Einrichtung ein Elternbeirat zu bilden. Vorbild des Elternbeirats nach § 5 KiTaG ist der Elternbeirat der Schule. Die Vorschrift richtet sich an den Träger des Kindergartens. Er hat den Elternbeirat zu bilden. Die Vorschrift lässt vom Wortlaut her keine Ausnahmen zu. Ihre Einhaltung kann allerdings nicht ohne oder gegen den Willen der Eltern durchgesetzt werden, da deren Mitwirkung nicht ersetzbar ist.

Der Elternbeirat hat die Aufgabe, die **Erziehungsarbeit der Kindertageseinrichtung zu unterstützen** und den **Kontakt zum Elternhaus herzustellen.** Danach setzt sich der Elternbeirat dafür ein, dass der Anspruch der Kinder auf Bildung und Erziehung in einer Tageseinrichtung verwirklicht wird. Er hat zu diesem Zweck das Verständnis der Eltern für die Bildungs- und Erziehungsziele der Einrichtungen zu wecken, Wünsche, Anregungen und Vorschläge der Eltern entgegenzunehmen und dem Träger oder der Leitung des Kindergartens zu unterbreiten. Er hat sich außerdem beim Träger für eine angemessene Besetzung von Fachkräften sowie für die sachliche und räumliche Ausstattung einzusetzen und das Verständnis der Öffentlichkeit für die Arbeit des Kindergartens und seine besonderen Bedürfnisse zu gewinnen. Der Elternbeirat hat die Zusammenarbeit zwischen Einrichtung, Elternhaus und Träger zu fördern. Er arbeitet mit den pädagogischen Kräften, der Leitung und dem Träger der Einrichtung zusammen.

Die zahlreichen Veränderungen in der Lebenswelt von Kindern bzw. Familien machen einen intensiven Dialog vor Ort mit den Eltern unentbehrlich. Daher sollte der Träger den Elternbeirat unter den Gesichtspunkten der besseren Vereinbarkeit von Familie und Beruf, der verstärkten Erwerbstätigkeit von Frauen, den wirtschaftlichen Belastungen von Familien sowie unter Gesichtspunkten des (örtlichen) Arbeitsmarktes und des „Standortfaktors Kinderbetreuung", bei Veränderungen in der Angebotsstruktur, in der Festlegung von Öffnungs- und Ferienzeiten, der Höhe der Elternbeiträge sowie in der Einführung oder Aufhebung bestimmter pädagogischer Programme beteiligen.

Generell sollte der Träger auf ein konstruktives Miteinander und eine gut ausgestaltete Elternarbeit der Einrichtung achten. Nicht zuletzt auch zur Sicherung des Kindeswohls in Zeiten, in denen die Grenzen der Erziehungsfähigkeit von Eltern oder allein erziehenden Elternteilen deutlich sichtbar werden. Auch unter dem Aspekt gelingender Bildungsarbeit in den Kindertageseinrichtungen ist eine Kooperation zwischen Einrichtungsträger, Personal und Eltern unverzichtbar. Hier gilt es unter der Überschrift „Erziehungspartnerschaft mit den Eltern" zielführend und konstruktiv gemeinsame Konzepte der Elternarbeit zu etablieren und weiterzuentwickeln.

2. Gesamtelternbeiräte (Absatz 2)

Im Gegensatz zum Schulbereich sieht das KiTaG gestufte Elternvertretungen nicht vor. Vielmehr ist die gestufte Bildung von Gesamtelternbeiräten (für mehrere Einrichtungen des gleichen Trägers oder Landeselternbeiräte) freiwillig. Das Gesetz erwähnt jedoch die Bildung solcher örtlicher, überörtlicher oder landesweiter Gesamtelternbeiräte als deklaratorische Bestimmung ausdrücklich.

§ 6

Bemessung der Elternbeiträge

Die Träger der Einrichtungen können Elternbeiträge so bemessen, dass der wirtschaftlichen Belastung durch den Besuch der Einrichtung sowie der Zahl der Kinder in der Familie angemessen Rechnung getragen wird. Für die Erhebung von Benutzungsgebühren durch kommunale Träger der Einrichtungen gelten an Stelle von Satz 1 die Regelungen des Kommunalabgabengesetzes.

Erläuterungen

Übersicht

1. Entgeltbemessung

In der Novelle des KiTaG 2009 ist der Satz 2 angefügt worden, ansonsten ist die Vorschrift unverändert geblieben.

Für die praktische Umsetzung gibt es allerdings Neuerungen, bspw. in der Ausgestaltung der Landesempfehlungen über die Höhe der Elternbeiträge ab dem Kindergartenjahr 2009/10 wie auch die Herausgabe einer Mustersatzung zur Erhebung der Elternbeiträge durch den Gemeindetag Baden-Württemberg, die im Nachgang zu den grundsätzlichen Erläuterungen dargestellt werden.

Die Benutzung von Kinderbetreuungseinrichtungen, die von freien Trägern (auch von privaten und kirchlichen Trägern) betrieben werden, setzt den Abschluss eines (Dienstleistungs-)Vertrages zwischen dem Einrichtungsträger und einem Sorgeberechtigten des zu betreuenden Kindes voraus. Dabei ist auch zu regeln, ob und in welcher Höhe für die Betreuung ein (privatrechtliches) Entgelt zu entrichten ist.

Soweit die Kinderbetreuungseinrichtungen von Kommunen betrieben werden, handelt es sich um öffentliche Einrichtungen gem. § 10 GemO, deren Benutzung entweder privatrechtlich oder öffentlich-rechtlich organisiert werden kann. Während bei privatrechtlich betriebenen Einrichtungen die Benutzung auf der Grundlage eines Vertrages erfolgt, muss bei öffentlich-rechtlich betriebenen Einrichtungen eine Benutzungssatzung erlassen werden. Das Benutzungsentgelt ist bei vertraglicher Benutzungsregelung immer auch privatrechtlich auszugestalten, bei öffentlichen Einrichtungen kann gem. § 13 Abs. 2 KAG entweder eine Gebühr nach KAG oder ein privatrechtliches Entgelt erhoben werden.

Wird eine öffentlich-rechtliche Gebühr erhoben, sind die Gebühren auf der Grundlage des KAG (§§ 13 ff. KAG) durch Satzung (§ 2 KAG) festzusetzen und die Gebührensätze unter Beachtung der Bestimmungen des KAG und der von der Rechtsprechung hierzu entwickelten Grundsätze im Rahmen einer Kalkulation zu ermitteln. Auf privatrechtliche Entgelte finden die Regelungen des KAG keine unmittelbare Anwendung, bei der Gebührenbemessung sind lediglich die allgemeinen Grundsätze des Kommunalabgabenrechts wie Gleichheitsgrundsatz und Äquivalenzprinzip zu beachten.

§ 6 KiTaG stellt lediglich einen allgemeinen, an den Einrichtungsträger gerichteten Programmsatz dar. Es entspricht allgemeinen sozialstaatlichen Grundsätzen, dass bei sozialen Einrichtungen den sozialen Gesichtspunkten gerade bei der Tarifgestaltung ausreichend Rechnung getragen wird. Dementsprechend ist eine Entgeltbemessung unter sozialen Aspekten sowohl bei privatrechtlicher Entgeltgestaltung (bei der die Vertragsparteien Entgelthöhe und Bemessungsgrundlage frei vereinbaren können) als auch bei der Erhebung von Benutzungsgebühren gem. §§ 13 ff. KAG uneingeschränkt zulässig.

Der durch die Novelle des KiTaG i. d. F. vom 19.3.2009 zusätzlich angefügte Satz 2 ist etwas irreführend insoweit formuliert, weil durch die Bezugnahme auf Satz 1 („gelten an Stelle von Satz 1") der Eindruck entstehen könnte, als könnten nach den Regelungen des KAG keine oder andere sozialen Aspekte bei der Tarifgestaltung berücksichtigt werden.

Wie bereits oben ausgeführt, ist eine soziale Gebührenbemessung unabhängig davon zulässig bzw. geboten, ob eine privatrechtliche oder öffentlich-rechtliche Entgeltgestaltung erfolgt. Ob und wie den sozialen Gesichtspunkten im Rahmen der Entgeltbemessung und Entgeltgestaltung Rechnung getragen wird, liegt allein im Ermessen des Einrichtungsträgers, nachdem die Regelung als „Kann"- und nicht als „Soll"-Bestimmung ausgestaltet wurde.

In diesem Zusammenhang ist auch auf die **Einnahmebeschaffungsgrundsätze** der Gemeinden nach § 78 Abs. 2 GemO hinzuweisen, welche – erst recht in Zeiten schwieriger kommunaler Haushaltssituationen – unter Berücksichtigung der Sozialpflichtigkeit der Gebührengestaltung zu beachten sind.

1.1 Kriterien für die (soziale) Staffelung

In § 90 SGB VIII heißt es: „Soweit Landesrecht nichts anderes bestimmt, sind Kostenbeiträge zur Inanspruchnahme von Kindertageseinrichtungen (und Kindertagespflege) zu staffeln. Als Kriterien können insbesondere das Einkommen, die Anzahl der Kindergeldberechtigten Kinder in der Familie und die tägliche Betreuungszeit berücksichtigt werden."

– **Einkommensabhängige Gebührenstaffelung**

Der wirtschaftlichen Belastung der Familie durch den Einrichtungsbesuch könnte wirksam durch die Berücksichtigung der Einkommensverhältnisse der Familie Rechnung getragen werden. Auch gebührenrechtlich ist eine Gebührenbemessung nach der Höhe des Einkommens der Eltern bzw. Sorgeberechtigten zulässig. Allerdings ist der entstehende Verwaltungsaufwand beträchtlich und kompensiert häufig nicht nur die gewünschte Einnahmewirkung und erfüllt auch nicht unbedingt die Erwartungen an die erwünschte „soziale Gerechtigkeit".

– **Zahl der Kinder in der Familie**

Auf dieses Kriterium für die soziale Staffelung hebt der Gesetzgeber bereits im Wortlaut von Satz 1 ab: Die Zahl der Kinder in der Familie kann daher nicht nur ein geeigneter Anhaltspunkt sein, sondern ist die vom Landesgesetzgeber offensichtlich gewollte Ausgestaltung der sozialen Staffelung. Die Zahl der Kinder in der Familie kann dadurch berücksichtigt werden, dass die Höhe des Gebührensatzes nach der Zahl der Kinder in der Familie degressiv gestaffelt wird. Es liegt jedoch im Ermessen des Einrichtungsträgers, ob er auf die Zahl der Kinder in der Familie oder auf die Anzahl der Kinder einer Familie abhebt, die gleichzeitig eine Betreuungseinrichtung besuchen. Es können auch beide Kriterien berücksichtigt werden.

– **Auswärtigenzuschlag**

Grundsätzlich ist es möglich, für auswärtige Benutzer einer Einrichtung höhere Gebühren zu erheben als für Ortsansässige. Der Zuschlag ist allerdings nur unter Beachtung des Kostendeckungsprinzips zulässig und kommt damit nur bei nicht kostendeckenden Einrichtungen in Betracht (BVerwG, Beschl. vom 30.1.1997 – 8 NB 2.96 –). Damit kann es sich beim Auswärtigenzuschlag um keinen „echten Zuschlag" auf eine kostendeckend kalkulierte Gebühr handeln, sondern nur um einen Einheimischenabschlag, d. h. nur die vom Ortsansässigen zu entrichtende Gebühr wird subventioniert bzw. höher subventioniert als die vom Ortsfremden.

Unzulässig ist ein Auswärtigenzuschlag dann, wenn die Einrichtung nach dem Widmungszweck ausdrücklich auch auswärtigen Benutzern offensteht. Die Gemeinden haben bei ihrer Bedarfsplanung die Vorschriften der §§ 3 bis 5 SGB VIII zu beachten. Nach der Rechtsprechung des VGH BW (Urt. vom 4.6.2008 – 12 S 2559/06 –) sind Bedarf und Bedarfsdeckung sowohl in quantitativer als auch in qualitativer Hinsicht auszurichten. Dabei sei auch das Wunsch- und Wahlrecht der Eltern (§ 5 SGB VIII) zu berücksichtigen. Wird den Eltern ein das Gemeindegebiet überschreitendes Wahlrecht bei der Einrichtungsauswahl und -benutzung zugebilligt, wäre eine Widmungsbeschränkung ausschließlich auf ortsansässige Kinder weder mit den Bestimmungen des SGB VIII noch des KiTaG zu vereinbaren. Ohne eine solche Widmungseinschränkung ist dann aber auch dem Auswärtigenzuschlag/Einheimischenabschlag die Grundlage entzogen.

2. „Landesrichtsatz" – Praxis in Baden-Württemberg

Gebührenrechtlich ersetzt eine Empfehlung wie der sog. Landerichtsatz (s. u.) keine Gebührenkalkulation, auch wenn von vornherein feststeht, dass die Gebührensätze bei weitem nicht kostendeckend sind. Es reicht aber aus, wenn den Gebührensätzen eine vereinfachte Kalkulation zugrunde gelegt wird, bei der den zu erwartenden Gebühreneinnahmen die zu erwartenden Betriebsausgaben (abzüglich der FAG-Zuweisungen und der Zahlungen im Rahmen des interkommunalen Kostenausgleichs gem. § 8a KitaG) gegenübergestellt werden. Werden im Rahmen der Kalkulation nicht alle ansatzfähigen Kosten (z. B. Zinsen oder Abschreibungen) berücksichtigt, ist hierauf in der Kalkulationsbegründung hinzuweisen.

Traditionell verständigen sich seit vielen Jahren **Gemeindetag** Baden-Württemberg, **Städtetag** Baden-Württemberg, die **Erzdiözese Freiburg**, die **Diözese Rottenburg/Stuttgart**, die **Ev. Landeskirche in Baden, die Ev. Landeskirche in Württemberg**, das Diakonische Werk der Ev. Landeskirche in Baden, der Ev. Landesverband für Kindertagesstätten in Württemberg, der Caritasverband für die Erzdiözese Freiburg und der Landesverband Kath. Kindertagesstätten in der Diözese Rottenburg/Stuttgart auf **gemeinsame Empfehlungen für die Höhe der Elternbeiträge in Tageseinrichtungen.**

Dieser sogenannte **„Landesrichtsatz"** bzw. die damit verbundene Empfehlung bezieht sich auf den Besuch des Regelkindergartens. Für die Angebotsformen „Verlängerte Öffnungszeit" und „Halbtagsgruppen" haben sich die Verhandlungspartner seit einigen Jahren auf Zu- bzw. Abschläge verständigt. Erstmals wurden 2009 auch Empfehlungen zur Höhe der Elternbeiträge in Kinderkrippen herausgegeben. Der genannte Basisbetrag geht wie beim Regelkindergarten von einer täglichen Betreuungszeit von sechs Stunden aus. Geringere oder höhere Betreuungszeiten können somit leicht umgerechnet werden.

Der Landesrichtsatz ist der Höhe nach von dem langjährigen gemeinsamen Grundsatz getragen, dass der Elternanteil 20 % der Gesamtkosten (ohne kalkulatorischen Aufwand) für den Kindergarten/die Kinderkrippe betragen sollte. Dieser Grundsatz eines Finanzierungsbeitrages der Eltern in Höhe eines Fünftels wurde von der Politik in den Finanzverhandlungen zum Ausbau der Kleinkindbetreuung in den Berechnungen zugrunde gelegt.

Die Kommunalen Landesverbände haben diese politische Erkenntnis seitens der Landesregierung – weg von der in jüngster Zeit politisch immer zunehmender geforderten Gebührenfreiheit – nachdrücklich begrüßt. Angesichts der Finanzlage der öffentlichen Haushalte und des signifikant sinkenden Kostendeckungsgrades im Kindergarten/Krippenbereich kann auf die Erhebung von Elternbeiträgen nicht verzichtet werden. Vielmehr müssen **alle** Akteure (Eltern und Träger) finanziell mit „im Boot" bleiben. Statt Gebührenfreiheit setzen die Kommunalen Landesverbände auf Ausbau und Qualitätsverbesserung.

Für die Praxis ist von Bedeutung, dass der Landesrichtsatz im Kindergartenbereich (Betreuung der über dreijährigen Kinder) für die kirchlichen Einrichtungen über ihre Kirchenleitungen verbindlich ist. Das heißt konkret, wenn die Stadt/Gemeinde in der örtlichen Ausgestaltung der Kindergartengebühren unter dem Landrichtsatz bleibt, muss sie der Kirchengemeinde aufgrund von Nr. 4.4 des (Muster)Vertrages zum Betrieb und zur Förderung des kirchlichen Kindergartens den entgangenen Einnahmeausfall ersetzen.

Im Gegensatz dazu handelt es sich bei den 2009 erstmals gemeinsam herausgegebenen Krippenbeitragssätzen (Betreuung für die unter dreijährigen Kinder in separaten Gruppen/Einrichtungen) um eine Orientierungsgröße, die auch für die kirchlichen Einrichtungen **nicht** verbindlich ist.

2.1 Badischer Landesteil/Württembergischer Landesteil – Gesamtkonzept für Baden-Württemberg seit 2009/2010

Der Landesrichtsatz war viele Jahre im badischen bzw. im württembergischen Landesteil unterschiedlich ausgestaltet.

So wurden die Elternbeiträge im badischen Landesteil nach der Zahl der Kinder einer Familie, welche die Kindertageseinrichtung tatsächlich besuchen, erhoben, während im württembergischen Landesteil der nach der Gesamtzahl der Kinder unter 18 Jahren in einer Familie gestaffelte und je Kind reduzierte Betrag entscheidend war/ist.

Eine landeseinheitliche Empfehlung erfolgte erstmals mit der Veröffentlichung der neuen Richtsätze zum Kindergartenjahr 2009/2010 und 2010/2011 (Gt-info Nr. 299/09 vom 20. 4. 2009). Nachdem sowohl die Sozialministerin wie auch die Staatssekretärin des Ministeriums für Ernährung und Ländlichen Raum die Verhandlungspartner seinerzeit sehr darum gebeten hatten, bei der Fortschreibung der landeseinheitlichen Empfehlungen das württembergische Modell aufgrund seiner insgesamt familienfreundlicheren Wirkung zur Grundlage zu machen, konnte dies nun mit dem landeseinheitlichen Richtsatz ab 2009/2010 erreicht werden. Die Kommunalen Landesverbände haben wegen der grundsätzlichen Bedeutung eines landeseinheitlichen Richtsatzes ihre Mitgliedsstädte und -gemeinden gebeten, wenn möglich auf das landeseinheitliche System umzustellen; auch deshalb, weil die Unterscheidung und die teilweise auch noch nach der Konfession mittlerweile sehr unterschiedlichen Beitragshöhen nicht mehr nachvollziehbar bzw. nicht mehr verständlich kommunizierbar waren.

Aufgrund unterschiedlicher Familienstrukturen vor Ort sowie möglicherweise auftretender Härten bei gleichzeitigem Besuch von zwei Kindern und teilweise nicht unerheblicher Einnahmeausfälle in badischen Städten und Gemeinden ist davon auszugehen, dass die landesweite Umstellung im badischen Landesteil nicht einheitlich bzw. zeitnah erfolgt. Langfristig ist aber auf jeden Fall anzustreben, dass dies gelingt. In jedem Fall sollte unbedingt sichergestellt werden, dass vor Ort für die gleichen Betreuungsarten bei kirchlichen oder kommunalen Einrichtungen ein jeweils einheitlicher Elternbeitrag erhoben wird. Zielführend könnte hier ein mittelfristiger Stufenplan sein mit dem Ziel, über einen Grundsatzbeschluss des Gemeinderates sich dem Landesrichtsatz anzuschließen. Dies kann auch aus kommunalpolitischen Erwägungen überlegenswert sein.

Der fortgeschriebene Landesrichtsatz für den Kindergartenbereich sowie die Empfehlungen für die Kleinkindbetreuung in Kinderkrippen für die Kindergartenjahre 2011/2012 und 2012/2013 sind im Anhang (Anhang 14) abgedruckt.

2.2 Begriff der Familie

Unter einer Familie im Kontext des Landesrichtsatzes geht man aus, wenn Personensorgeberechtigte mit Kindern unter 18 Jahren im Haushalt („unter einem Dach") mit Hauptwohnsitz zusammenleben.

Kinder, für die von einem der Personensorgeberechtigten möglicherweise Unterhaltspflichten für nicht im Haushalt lebende Kinder bestehen, zählen nicht als Kinder im Sinne **dieser** Familie und führen damit zu keiner Reduktion des Kindergartenbeitrages.

Für die Ausgestaltung des Landesrichtsatzes wurde das in § 90 SGB VIII (s. o.) genannte Kriterium der Zahl der kindergeldberechtigten Kinder bewusst **nicht** aufgegriffen; zum einen, weil es sich bei den Kindergartengebühren in der baden-württembergischen Systematik **nicht** um Vereinbarungen nach §§ 77, 78 ff. SGB VIII handelt, zum anderen, weil aufgrund der immer zahlreicher werdenden „Patchwork"-Familien ein nicht vertretbarer Aufwand und sachlich nicht gerechtfertigter Einnahmeausfall für den die Einrichtung betreibenden Träger bzw. die Stadt/Gemeinde entstünde bei der Ausweitung auf alle diejenigen Kinder, für die einer bzw. beide Sorgeberechtigten eine Kindergeldberechtigung nachweisen könnten.

2.3 Neue Mustersatzung für die Erhebung von Kindergartengebühren

Aufgrund zahlreicher Nachfrage hat der Gemeindetag Baden-Württemberg erstmals Anfang 2010 eine Mustersatzung für die Erhebung von Kindergartengebühren erarbeitet und in der BWGZ 03/2010 vom 15. 2. 2010 veröffentlicht – s. Anhang.

2.4 Wirtschaftliche Jugendhilfe

Eltern, die aufgrund ihrer wirtschaftlichen Situation nicht in der Lage sind, die Kindergartengebühren ganz oder teilweise aufzubringen, können nach § 90 Abs. 2 SGB VIII die Übernahme der Gebühren im Rahmen der wirtschaftlichen Jugendhilfe beim örtlich zuständigen Jugendamt beantragen.

§7

Pädagogisches Personal

(1) Fachkräfte in Einrichtungen sind

1. staatlich anerkannte oder graduierte Sozialpädagogen und Sozialpädagoginnen sowie Diplomsozialpädagogen und Diplomsozialpädagoginnen mit Fachhochschulabschluss;

2. staatlich anerkannte Erzieher und Erzieherinnen sowie staatlich anerkannte Erzieher und Erzieherinnen der Fachrichtung Jugend- und Heimerziehung;

3. staatlich anerkannte Kinderpfleger und Kinderpflegerinnen;

4. staatlich anerkannte Heilerziehungspfleger und Heilerziehungspflegerinnen;

5. staatlich anerkannte Heilpädagogen und Heilpädagoginnen;

6. Physiotherapeuten, Physiotherapeutinnen, Krankengymnasten, Krankengymnastinnen, Beschäftigungs- und Arbeitstherapeuten, Beschäftigungs- und Arbeitstherapeutinnen, Logopäden, Logopädinnen sowie Kinderkrankenpfleger und Kinderkrankenschwestern mit abgeschlossener Ausbildung, wenn sie Kinder mit und ohne Behinderung gemeinsam in einer oder mehreren Gruppen betreuen;

7. Diplompädagogen und Diplompädagoginnen;

8. Absolventen der in Baden-Württemberg nach den gesetzlichen Vorschriften eingerichteten Bachelorstudiengänge für frühkindliche Pädagogik.

(2) Das Landesjugendamt kann auf Antrag ausnahmsweise andere Personen als Fachkräfte zulassen, wenn sie nach Vorbildung oder Erfahrung geeignet sind.

(3) Zur Leitung einer Einrichtung oder einer Gruppe sind befugt (Leitungskräfte):

1. Fachkräfte im Sinne des Absatzes 1 Nr. 1, 2, 7 und 8;

2. andere Fachkräfte im Sinne der Absätze 1 und 2, die sich nach Feststellung des Landesjugendamts

a) auf Grund einer mindestens einjährigen Beschäftigung als Zweitkraft in einer Einrichtung oder Gruppe bewährt,

b) durch Fortbildung auf die Leitungsaufgaben vorbereitet und

c) in einem Fachgespräch für diese Aufgaben als geeignet erwiesen haben.

(4) Die Leitungskräfte haben die Aufgabe,

1. zusätzlich zur Erziehung im Elternhaus die Gesamtentwicklung des Kindes zu fördern;

2. mit den Eltern zusammenzuarbeiten;

3. andere, bei der Erfüllung der Aufgaben nach den Nummern 1 und 2 mitwirkende Kräfte in der Einrichtung anzuleiten.

(5) Zweitkräfte unterstützen die Leitungskräfte in der Gruppe. Als Zweitkräfte können Fachkräfte im Sinne der Absätze 1 und 2, insbesondere staatlich anerkannte Kinderpfleger und Kinderpflegerinnen, tätig sein. Als Fachkräfte im Sinne von § 1 Abs. 8 gelten auch Sozialpädagogen, Sozialpädagoginnen, Erzieher, Erzieherinnen, Kinderpfleger und Kinderpflegerinnen während des Berufspraktikums.

(6) Fachkräfte im Sinne der Absätze 1 und 2 und andere Betreuungs- und Erziehungspersonen dürfen in Einrichtungen, auf die dieses Gesetz Anwendung findet und die in Trägerschaft des Landes, eines Landkreises, einer Gemeinde, einer Verwaltungsgemeinschaft, eines Zweck- oder Regionalverbandes stehen, keine politischen, religiösen, weltanschaulichen oder ähnliche äußeren Bekundungen abgeben, die geeignet sind, die Neutralität des Trägers gegenüber Kindern und Eltern oder den politischen, religiösen

oder weltanschaulichen Frieden in Einrichtungen, auf die dieser Absatz Anwendung findet, zu gefährden oder zu stören. Insbesondere ist ein äußeres Verhalten unzulässig, welches bei Kindern oder Eltern den Eindruck hervorrufen kann, dass eine Fachkraft oder eine andere Betreuungs- und Erziehungsperson gegen die Menschenwürde, die Gleichberechtigung der Menschen nach Artikel 3 des Grundgesetzes, die Freiheitsgrundrechte oder die freiheitlich-demokratische Grundordnung auftritt. Die Wahrnehmung des Auftrags nach Artikel 12 Abs. 1 der Verfassung des Landes Baden-Württemberg zur Erziehung der Jugend im Geiste der christlichen Nächstenliebe und zur Brüderlichkeit aller Menschen und die entsprechende Darstellung derartiger Traditionen widerspricht nicht dem Verhaltensgebot nach Satz 1.

(7) Die Einstellung einer Fachkraft im Sinne der Absätze 1 und 2 oder einer anderen Betreuungs- und Erziehungsperson in Einrichtungen nach Absatz 6 Satz 1 setzt als persönliches Eignungsmerkmal voraus, dass sie die Gewähr für die Einhaltung des Absatzes 6 während der gesamten Dauer ihres Arbeitsverhältnisses bietet.

(8) Für die Ableistung eines Praktikums zur Ausbildung als Fachkraft kann im Einzelfall auf Antrag eine Ausnahme von Absatz 6 vorgesehen werden, soweit die Ausübung der Grundrechte es zwingend erfordert und zwingende öffentliche Interessen an der Wahrung der amtlichen Neutralität und des Friedens in der Einrichtung nicht entgegenstehen.

Erläuterungen

Neu in der Novelle des KiTaG 2009 ist § 7 Abs. 1 Nr. 8: In Baden-Württemberg sind derzeit neun Bachelorstudiengänge für frühkindliche Pädagogik eingerichtet, die unterschiedliche Bezeichnungen haben; darüber hinaus werden möglicherweise weitere entsprechende Studiengänge eingerichtet. Diese werden im Gesetz abstrakt genannt, da die erwünschte bundeseinheitliche Berufsbezeichnung für diese Absolventen derzeit noch nicht festgelegt ist. Dies wird jedoch angestrebt. Absolventinnen und Absolventen dieser Studiengänge sind selbstverständlich Fachkräfte im Rahmen des gesetzlich definierten **Fachkraftkatalogs** des § 7 KiTaG.

Mittlerweile ist seit der Novelle des KiTaG im Jahre 2006 das sogenannte **„Kopftuchverbot“** für Fachkräfte in Einrichtungen öffentlicher (kommunaler) Trägerschaft in § 7 Abs. 6 KiTaG gesetzlich geregelt worden. Es handelte sich seinerzeit um ein Nachvollziehen der vorgenommenen Änderung des Schulgesetzes, in das ebenfalls ein solches gesetzliches Kopftuchverbot aufgenommen wurde. Bisher sind keine Probleme mit der Anwendung in der Praxis bekannt. Wichtig ist vielmehr die Ausnahmeregelung in § 7 Abs. 8 KiTaG für die Auszubildenden in den erzieherischen Berufen. Weil man das grundrechtlich geschützte Recht auf freie Berufswahl nicht geringer bewerten wollte als das Grundrecht auf freie Religionsausübung, ist es (theoretisch) denkbar, dass für eine Praktikantin/Auszubildende – jedoch nur während ihres Praktikums oder ihrer Ausbildung – eine Ausnahme von § 7 Abs. 6 KiTaG auf Antrag zugelassen werden könnte. In der Praxis bleibt dies nahezu bedeutungslos, da die Betroffenen von vorneherein wissen (und darüber auch unmissverständlich informiert werden sollten), dass für sie nach Abschluss des Praktikums/der Ausbildung ein gesetzliches Beschäftigungsverbot in einer öffentlichen/kommunal getragenen Kindertageseinrichtung besteht.

§ 8

Förderung von Einrichtungen freier Träger

(1) Für die Förderung von Einrichtungen freier und privat-gewerblicher Träger im Sinne dieses Gesetzes sind die Gemeinden zuständig. Die Träger von Einrichtungen unterrichten die Standortgemeinde über die Zahl und den Betreuungsumfang auswärtiger Kinder.

(2) Träger von Einrichtungen oder Gruppen nach § 1 Abs. 2 bis 5, die in die Bedarfsplanung nach § 3 Abs. 3 aufgenommen sind, erhalten von der Standortgemeinde einen Zuschuss in Höhe von mindestens 63 Prozent der Betriebsausgaben. Die Erhöhung der Personalausgaben, die sich aus der Veränderung des Mindestpersonalschlüssels nach § 2a Abs. 4 Nr. 1 ergibt, ist den Trägern der Tageseinrichtungen im Sinne von § 1 Abs. 1 Nr. 1 zusätzlich zur Förderung nach Satz 1 in vollem Umfang zu erstatten. Dabei können die Zuschüsse zu den Betriebsausgaben Berücksichtigung finden, die für eine Ausstattung mit pädagogischem Personal geleistet werden, deren Umfang den in der auf der Grundlage von § 2a Abs. 4 Nr. 1 zu erlassenden Rechtsverordnung am 31. August 2010 geltenden Mindestpersonalschlüssel überschreitet.

(3) Träger von Einrichtungen oder Gruppen nach § 1 Abs. 6, die in die Bedarfsplanung nach § 3 Abs. 3 aufgenommen sind, erhalten von der Standortgemeinde einen Zuschuss in Höhe von mindestens 68 Prozent der Betriebsausgaben.

(4) Träger von Einrichtungen oder Gruppen nach § 1 Abs. 2 bis 6, die nicht in die Bedarfsplanung nach § 3 Abs. 3 aufgenommen sind, erhalten für jeden belegten Platz von der Standortgemeinde einen Zuschuss mindestens in Höhe des sich je Kind entsprechend der Betreuungszeit nach §§ 29b und 29c des Finanzausgleichsgesetzes (FAG) im Vorjahr ergebenden Betrags. Erfolgt die Betreuung nicht während des ganzen Jahres, besteht ein Ausgleichsanspruch nur für die Monate, in denen für das Kind in der Einrichtung ein Betreuungsverhältnis besteht.

(5) Eine über die Absätze 2 bis 4 hinausgehende Förderung wird in einem Vertrag zwischen der jeweiligen Gemeinde und dem Einrichtungsträger geregelt.

(6) Die kommunalen Landesverbände schließen mit den Kirchen und den Verbänden der sonstigen freien Träger der Jugendhilfe eine Rahmenvereinbarung über Planung, Betrieb und Finanzierung. Die Rahmenvereinbarung bildet die Grundlage für die Verträge im Sinne von Absatz 5.

Erläuterungen

Übersicht

1. Einführung, Entstehungsgeschichte
2. Normenkontrollverfahren und Umsetzung der BVerwGE zur Förderung von gemeindeübergreifenden Einrichtungen für den Zeitraum 2006–2008
3. Finanzierungszuständigkeit der Gemeinden (Absatz 1)
4. Bezuschussung der Träger von Einrichtungen nach § 1 Abs. 2 bis 5 KiTaG, aufgenommen in der Bedarfsplanung, sowie Finanzierung der stufenweisen Erhöhung der Mindestpersonalschlüssel (Absatz 2)
5. Bezuschussung der Träger von Einrichtungen oder Gruppen nach § 1 Abs. 6 KiTaG, aufgenommen in der Bedarfsplanung (Absatz 3)

6. Bezuschussung der Träger von Einrichtungen oder Gruppen nach § 1 Abs. 2 bis 6 KiTaG, die nicht in der Bedarfsplanung aufgenommen sind (Absatz 4)
   6.1 Adressat der Zuweisungen Tageseinrichtungen – Kindertagespflege
7. Zusätzliche Förderung sowie Vertragsmuster zum Betrieb und zur Förderung kirchlicher Kindergärten in der Neufassung 2010 (Absatz 5)
8. Rahmenvereinbarung (Absatz 6)

1. Einführung, Entstehungsgeschichte

Wie bereits die Vorgängerregelung des § 8 KiTaG ist die Regelung der Förderansprüche Kernpunkt der Novellierung i. d. F. vom 3.3.2009 (GBl. S. 83 bzw. Bek. der Neufassung GBl. S. 161) gewesen. Damit wurde 2009 das System zur Förderung von Einrichtungen freier und zusätzlich auch privat-gewerblicher Träger grundlegend geändert. Das aktuelle Fördersystem hat sich dabei wie folgt entwickelt:

– Förderung durch die Träger der öffentlichen Jugendhilfe

Bis zur Einführung des § 74a SGB VIII durch das TAG (BGBl. I S. 3852), wonach die Finanzierung von Tageseinrichtungen seit 1.1.2005 das Landesrecht regelt, richtete sich der Förderanspruch von Einrichtungen unter der Trägerschaft der freien Jugendhilfe nach § 74 SGB VIII gegen die Träger der öffentlichen Jugendhilfe, deren örtliche Träger nach § 69 Abs. 1 Satz 2 SGB VIII die Kreise und kreisfreien Städte sind (vgl. hierzu insbesondere VGH BW, Urt. vom 18.12.2006 – 12 S 2474/06 –, VBlBW 2007 S. 294, 297).

– Übertragung der Förderzuständigkeit auf Städte und Gemeinden

In Baden-Württemberg wurde bereits im Rahmen der Novelle des KGaG mit dem „Gesetz zur Änderung des Kindergartengesetzes und des Finanzausgleichsgesetzes" vom 9.4.2003 (GBl. S. 30) und der Umsetzung der Vereinbarung zwischen Landesregierung, Kommunalen Landesverbänden, Kirchen und den Verbänden der sonstigen freien Träger der Jugendhilfe über eine Übertragung der Finanzierungszuständigkeit für Kindergärten und Tageseinrichtungen mit altersgemischten Gruppen auf die Gemeinden, die Zuständigkeit für die Kindergartenförderung auf die Städte und Gemeinden übertragen (vgl. § 8 Abs. 1 KGaG). Diese sollten aufgrund der ihnen obliegenden Eigenverantwortung den Ausbau und die Struktur der Tagesbetreuungsangebote auf örtlicher Ebene im Rahmen der Gesetze selbst regeln können; so sollte eine optimale Berücksichtigung der örtlichen Verhältnisse sichergestellt sein.

– Fördersystematik des KGaG

Das damalige Fördersystem sah in § 8 Abs. 3 Satz 1 KGaG einen Anspruch auf prozentuale Mindestförderung in Höhe von 63 % der Betriebsausgaben für der Bedarfsplanung entsprechender Einrichtungen vor. Zudem war in § 8 Abs. 3 Satz 2 KGaG für Einrichtungen mit gemeindeübergreifendem Einzugsgebiet, für die nach § 8 Abs. 2 Satz 2 KGaG eine Ausnahme zugelassen werden konnte, ein Mindestzuschuss in Höhe von 31,5 % der Betriebsausgaben vorgesehen. Hinzu kam in § 8 Abs. 5 KGaG der Abschluss einer landesweiten Rahmenvereinbarung über Planung, Finanzierung und Betrieb der Einrichtungen sowie der Abschluss von Verträgen auf örtlicher Ebene zwischen den Gemeinden und den freien Trägern. Damit sollte für die freien Träger ein verlässlicher, aber auch im Interesse einer bedarfsgerechten Weiterentwicklung flexibler, gesetzlicher Gesamtrahmen zur Verfügung gestellt werden.

– **Förderzuständigkeit nach dem KiTaG bis 31.12.2008**

Im Rahmen der Umsetzung des am 1.1.2005 in Kraft getretenen TAG und des am 1.10.2005 in Kraft getretenen KICK vom 8.9.2005 (BGBl. I S. 2729) sowie durch das „Gesetz zur Änderung des Kindergartengesetzes" vom 14.2.2006 (GBl. S. 30 Nr. 2) wurden die Förderansprüche freier Träger erweitert sowie die Aufgabenübertragung auf die Gemeinden weiter konkretisiert. Das seitdem als KiTaG benannte Gesetz verwies bis zu den aktuellen Änderungen durch das „Gesetz zur Änderung des Kindertagesbetreuungsgesetzes und des Finanzausgleichsgesetzes" in der seit 1.1.2009 geltenden Fassung in § 8 Abs. 1 KiTaG auf die Förderzuständigkeit der Gemeinden gemäß §§ 69 Abs. 5 und 74a SGB VIII: Spätestens damit wurde klargestellt, dass nunmehr ausschließlich die Gemeinden für die Förderung von Einrichtungen freier Träger zuständig sind. Das Land oder die Träger der öffentlichen Jugendhilfe kommen nicht mehr als Förderadressat in Betracht. So hat auch der VGH BW ausdrücklich bestätigt, dass aufgrund der landesrechtlichen Regelung des § 8 KiTaG der bundesrechtliche Förderanspruch gegen den örtlichen Jugendhilfeträger nach § 74 Abs. 1 und 2 SGB VIII nicht mehr besteht, da § 74a SGB VIII klarstellt, dass die bundesrechtlichen Regelungen für die Finanzierung von Tageseinrichtungen nicht zur Anwendung kommen (VGH BW, Urt. vom 4.6.2008 – 12 S 2559/06 –). Das Urteil wurde in diesem Punkt durch das BVerwG zwischenzeitlich bestätigt (BVerwG, Urt. vom 21.1.2010 – 5 CN 1.09 –).

– **Fördersystematik nach dem KiTaG bis 31.12.2008**

Das Fördersystem der bis 31.12.2008 gültigen Fassung des KiTaG sah unter § 8 Abs. 2 Satz 1 KiTaG einen Zuschussanspruch für freie Träger von Einrichtungen, die der Bedarfsplanung entsprechen, in Höhe von mindestens 63 % der Betriebsausgaben vor. Klargestellt wurde zudem, dass sich dieser Anspruch gegen die Standortgemeinde richtete. In Satz 2 der Regelung gab es die Möglichkeit der Zulassung einer Ausnahme für Einrichtungen mit gemeindeübergreifendem Einzugsgebiet. Nach Satz 3 betrug der Zuschussanspruch in diesem Fall mindestens 31,5 % der Betriebsausgaben. Auch bezüglich dieser Ausnahmeförderung hat der VGH BW zwischenzeitlich festgestellt, dass ein klageweise durchsetzbarer Anspruch nur gegenüber der Standortgemeinde in Betracht kommt.

Ein Anspruch auf Ausnahmeförderung durch die jeweilige Wohnsitzgemeinde der durch eine Einrichtung mit gemeindeübergreifendem Einzugsgebiet betreuten Kinder bestand im Umkehrschluss nicht und wäre auch nicht sachgerecht gewesen, da die Aufnahme oder Ausnahme-Entscheidung, bezogen auf die Bedarfsplanung und damit verbunden die Frage nach der (Ausnahme-)Förderung für die Einrichtungen vor Ort, stets die Standortgemeinde vorzunehmen hat. Der VGH BW hat in dem zitiertem Urteil ebenfalls klargestellt, dass zwar das KiTaG grundsätzlich von örtlichen Kindergärten und deren Finanzierung durch die Standortgemeinde ausgeht, Einrichtungen mit gemeindeübergreifendem Einzugsgebiet über die Aufnahme in die Bedarfsplanung die Finanzierung nach § 8 Abs. 2 Satz 1 KiTaG allerdings nicht verschlossen ist und ihnen darüber hinaus die Möglichkeit der Ausnahmeförderung über Satz 2 und die Zuschussgewährung nach Absatz 3, für nicht in die Bedarfsplanung aufgenommenen Einrichtungen, offensteht. Dies bedeutete allerdings nicht, dass auch gegenüber der jeweiligen Wohnsitzgemeinde Zuschussansprüche nach § 8 Abs. 2 und 3 KiTaG bestanden.

§ 8 Abs. 3 KiTaG in der bis 31.12.2008 gültigen Fassung sah gemäß Satz 1 einen Anspruch der freien Träger in Form eines jährlichen platzbezogenen Zuschusses gegenüber der jeweiligen Wohnsitzgemeinde für die vom Träger der Einrichtungen betreuten Kinder aus dem Gemeindegebiet vor, sofern die Einrichtung nicht oder nicht bezüglich aller Plätze in die Bedarfsplanung aufgenommen war und kein gleichwertiger Platz zur Verfügung stand. Nach Satz 2 der seinerzeitigen Regelung ergab sich die Höhe des jährlichen platzbezogenen Zuschusses für die verschiedenen Betreuungs- und Betriebsformen aus einer vom Kultusministerium und dem Ministerium für Arbeit und Soziales erlassenen Rechtsverordnung, der „Verordnung des Kultusministeriums und des Ministeriums für Arbeit und Soziales über die Förderung von Kindertageseinrichtungen mit gemeindeübergreifendem Einzugsgebiet (KiTaGVO) vom 19.6.2006 (s. Anhang).

§ 8 Abs 3 Satz 4 KiTaG in der vormaligen Fassung (gültig bis 31.12.2008) beinhaltete eine Regelung in Bezug auf die Förderung dergestalt, dass die Standortgemeinde gleichzeitig auch Wohnsitzgemeinde sein konnte. Der Anspruch freier Träger auf eine platzbezogene Bezuschussung konnte bei Vorliegen der in § 8 Abs. 3 Satz 1 KiTaG in der vormaligen Fassung (gültig bis 31.12.2008) genannten Voraussetzungen demnach auch gegenüber der Standortgemeinde bestehen, sofern vom Träger der Einrichtung betreute Kinder in deren Gemeindegebiet wohnhaft waren.

2. Normenkontrollverfahren und Umsetzung der BVerwGE zur Förderung von gemeindeübergreifenden Einrichtungen für den Zeitraum 2006–2008

In der Praxis sorgte die Regelung des § 8 Abs. 3 KiTaG für erhebliche Probleme und führte zu zahlreichen gerichtlichen Auseinandersetzungen, die teilweise bis heute noch anhängig sind. Auslöser der Streitigkeiten war zum einen der auslegungsbedürftige Begriff des Nichtvorhandenseins eines „gleichwertigen Platzes" als negative Tatbestandsvoraussetzung. Lediglich der Begründung zum Gesetzesentwurf des „Gesetzes zur Änderung des Kindergartengesetzes" der Fraktionen der CDU, FDP/DVP vom 25.11.2005 konnte entnommen werden, dass „ein gleichwertiger Platz dann nicht zur Verfügung steht, wenn er nicht in Bezug auf das pädagogische Konzept oder die Betriebs- und Betreuungsform oder hinsichtlich der Vereinbarkeit von Familie und Ausbildungs- bzw. Erwerbstätigkeit vergleichbar ist" (LT-Drs. 13/4869 S. 13). Zur weiteren Präzisierung erarbeiteten die kommunalen Landesverbände „Hinweise zur Auslegung der §§ 8, 8a KiTaG und der KiTaGVO, welche am 18.4.2007 herausgegeben und am 5.5.2008 ergänzt wurden (GT-info Nr. 306/07 vom 5.5.2008 und GT-info Nr. 393/08 vom 20.5.2008). Dadurch wurde für ausreichend Klarheit gesorgt. In der Praxis war es allerdings für die Wohnsitzgemeinden nahezu unmöglich, die Gleichwertigkeit zur Verfügung stehender Plätze in diesem Sinne nachzuweisen und deshalb von freien Trägern beantragte platzbezogene Zuschüsse abzulehnen.

Zum anderen kam es im Geltungszeitraum der Vorgängerregelungen des KiTaG insbesondere zu Streitigkeiten über die Frage der Höhe der platzbezogenen Zuschüsse. Diese wurde zwar in § 1 Abs. 1 KiTaGVO in Abhängigkeit der Betriebs- und Betreuungsform festgelegt, allerdings wurde von mehreren Trägern von Waldorfkindergärten zur Überprüfung der Regelungen der KiTaGVO ein Normenkontrollverfahren mit dem Antrag eingeleitet, die KiTaGVO für unwirksam zu erklären. Der VGH BW hat mit dem bereits mehrfach zitierten Urteil vom 4.6.2008 lediglich die monatsanteilige Kürzung nach § 1 Abs. 4 KiTaGVO für unwirksam erklärt und den Antrag im Übrigen abgewiesen.

Die Revision wurde nicht zugelassen. Allerdings wurde der hiergegen eingelegten Nichtzulassungsbeschwerde stattgegeben.

Das BVerwG hat der Revision stattgegeben, als § 1 Abs. 1 Nr. 3 KiTaGVO für unwirksam erklärt wurde (BVerwG, Urt. vom 21.1.2010 – 5 CN 1.09 –).

Zur Vorgeschichte

Träger von Waldorfkindergärten hatten in einem Revisionsverfahren beim BVerwG beantragt, § 1 Abs. 1 Nr. 3 der Verordnung über die Förderung von Kindertageseinrichtungen mit gemeindeübergreifendem Einzugsgebiet (KiTaGVO) für ungültig zu erklären, weil sie durch diese Regelung benachteiligt würden. Je nach Betriebsform würden für Plätze in ihren Einrichtungen nur Förderquoten zwischen 19,6 % und 30 % der Betriebskosten erreicht. § 1 Abs. 1 Nr. 3 KiTaGVO beruht auf der Fassung des Kindertagesbetreuungsgesetzes (KiTaG) vom 14.2.2006, das inzwischen durch Gesetz vom 3.3.2009 (bzw. vom 19.10.2010) abgelöst worden ist. Das BVerwG hat mit Urt. vom 21.1.2010 (Az.: 5 CN 1.09) diesem Antrag stattgegeben. Die Regelung des § 1 Abs. 1 Nr. 3 KiTaGVO über die Förderung von Kindergartenplätzen in gemeindeübergreifenden Kindergärten mit verlängerten Öffnungszeiten, die nicht in der Bedarfsplanung der Standortgemeinde aufgenommen sind, sei mit Art. 3 Abs. 1 GG unvereinbar.

Wesentlicher Inhalt des Urteils

Im Kern argumentiert das BVerwG, dass § 1 Abs. 1 Nr. 3 KiTaGVO mit Art. 3 Abs. 1 GG unvereinbar ist, weil diese Norm Trägern von Einrichtungen mit gemeindeübergreifendem Einzugsgebiet, die nicht der Bedarfsplanung entsprechen und auch keine Ausnahmeförderung erhielten, mit dem darin festgelegten platzbezogenen Zuschuss ohne tragfähigen sachlichen Grund auch dann eine deutlich geringere Förderung gewährt bekamen, als Träger von Einrichtungen, die der Bedarfsplanung entsprachen, wenn in der Wohnsitzgemeinde kein gleichwertiger Platz zur Verfügung stand. Diese Ungleichbehandlung („Aufnahme in die Bedarfsplanung" als Unterscheidungskriterium) sei nicht gerechtfertigt, weil nach dem Gesamtsystem des Kindertagesbetreuungsgesetzes kein dem Gleichbehandlungsgebot entsprechender, rechtlich hinreichend gesicherter Anspruch auf eine Förderung durch die Standortgemeinde bestand.

Nach Auffassung des Gerichts war die gesetzliche Regelung über die Förderung von Kindergartenplätzen in gemeindeübergreifenden Kindergärten mit verlängerten Öffnungszeiten, die nicht in die Bedarfsplanung der Standortgemeinde aufgenommen sind, für den Zeitraum vom 1.1.2006 bis zum 31.12.2008, mit dem Gleichheitsgrundsatz des Art. 3 Abs. 1 GG unvereinbar.

Umsetzung des Urteils

Bei der Umsetzung des Urteils ist zunächst festzuhalten, dass es sich auf eine Rechtslage bezieht, die vor dem 1.1.2009 bestanden hat. Des Weiteren wirkt sich das Urteil nur auf diejenigen Fälle aus, in denen die Förderung nach § 1 Abs. 1 Nr. 3 KiTaGVO streitig gestellt worden ist und die Verfahren noch nicht bestandskräftig abgeschlossen sind.

Das BVerwG hat folgende Möglichkeiten einer Umsetzung des Urteils aufgezeigt:

1. Gütliche Einigung für den streitbefangenen Zeitraum.
2. Anhebung des Zuschusses durch die Wohnsitzgemeinde. Das BVerwG hat für diesen Fall die Höhe in dem Urteil nicht festgelegt, sondern nur geäußert, sie müsse der Förderung nach § 8 Abs. 2 Satz 1 KiTaG vom 14.2.2006 (63 %) „annähernd" gleichkommen. Dies entspricht den Aussagen des Gerichts, dass die tatsächliche Nachfrage nach einem Kindergartenplatz mit einer bestimmten pädagogischen Ausrichtung keinen subjektiv-öffentlichen Anspruch auf die Bereitstellung solcher Plätze oder eine Förderung in bestimmter Höhe auslöst. Die Anhebung des Zuschusses durch die Wohnsitzgemeinde würde eine rückwirkende Änderung des § 1 Abs. 1 Nr. 3 der KiTaGVO voraussetzen.
3. Der Landesgesetzgeber könnte das KiTaG durch einen Rechtsanspruch auf Aufnahme in die Bedarfsplanung der Standortgemeinde ergänzen.

Zur praktischen Umsetzung des Urteils im Sinne einer gütlichen Einigung (s. o.) für den streitbefangenen Zeitraum haben Gemeindetag und Städtetag Baden-Württemberg deshalb unter Beteiligung des Kultusministeriums mit der Vereinigung der Waldorf-Kindertageseinrichtungen Baden-Württemberg intensive Gespräche geführt, die zu einer Empfehlungsvereinbarung (s. Anhang) geführt haben. Die Empfehlungsvereinbarung sieht eine rückwirkende Anpassung des Zuschussbetrags von 840 Euro pro Jahr auf 2 000 Euro pro Jahr vor. Diese Anpassung berücksichtigt die Feststellung des BVerwG, dass in den zu entscheidenden Fällen der nach der KiTaGVO zu zahlende Zuschussbetrag zwischen 19,36 und 30 % der Betriebskosten abdeckte. Der Zuschuss vermindert sich anteilmäßig um die Monate, in denen kein regelmäßiger Besuch der Kindertageseinrichtungen stattfand. Auf den von der Wohnsitzgemeinde nachzuzahlenden Zuschussbetrag sind die bereits geleisteten Zuschüsse sowohl der Wohnsitz- wie auch der Standortgemeinde anzurechnen. Die Empfehlungsvereinbarung sieht weiter vor, dass die Abwicklung bis 31.12.

2010 erfolgt. Die Fälligkeit beginnt jedoch frühestens einen Monat nach Geltendmachung. *Wir empfehlen unseren Mitgliedsstädten und -gemeinden, Fälle aus der Zeit von 1. 1. 2006 bis 31. 12. 2008, in denen die Förderung nach § 1 Abs. 1 Nr. 3 KiTaGVO streitig gestellt wurde und das Verfahren noch nicht bestandskräftig abgeschlossen ist, auf dieser Grundlage zum Abschluss zu bringen"* (Gt-Info 624/2010 vom 20. 7. 2010).

Diese Empfehlungsvereinbarung konnte einige Fälle erledigen, es kamen aber darüber hinaus Ende 2010 Nachforderungen an zahlreiche Städte und Gemeinden mit Fallkonstellationen, die weder von der Empfehlungsvereinbarung umfasst sind/waren, und von denen die betroffenen Gemeinden häufig keine Kenntnis hatten, so dass hier insbesondere eine rechtliche Klärung zu den Fragen der Bestandskraft und der Verjährung notwendig erscheint. Daher haben Gemeindetag und Städtetag Baden-Württemberg Anfang 2011 Gespräche mit der Vereinigung der Waldorfkindergärten geführt und im April 2011 die betroffenen Städte und Gemeinden wie folgt über den aktuellen Stand gemeinsam informiert:

„(...) mit Rundschreiben R 17052/2010 vom 23. 7. 2010 bzw. Gt-Info 624/2010 vom 20. 7. 2010 hatten wir Ihnen die Empfehlungsvereinbarung zwischen Gemeindetag und Städtetag Baden-Württemberg und der Vereinigung der Waldorfkindergärten zur Umsetzung des Urteils des Bundesverwaltungsgerichts vom 21. 1. 2010 übersandt. Wir hatten empfohlen, Fälle aus der Zeit vom 1. 1. 2006 bis 31. 12. 2008, in denen die Förderung nach § 1 Abs. 1 Nr. 3 KiTaGVO streitig gestellt wurde und das Verfahren noch nicht bestandskräftig abgeschlossen ist, auf dieser Grundlage zum Abschluss zu bringen. Aus den Rückmeldungen der Städte und Gemeinden wissen wir, dass es auf dieser Basis gelungen ist, viele Fälle abzuschließen. Allerdings wurden wir auch darauf hingewiesen, dass von den Trägern der Waldorfkindergärten unter Berufung auf das Urteil des Bundesverwaltungsgerichts inzwischen für Einrichtungen mit altersgemischten Gruppen und Ganztagskindergärten (vereinzelt auch für Halbtagsgruppen oder Regelkindergartengruppen) ebenfalls erhöhte Zuschüsse gefordert werden. Weiter wurden Nachzahlungen auch dann angefordert, wenn die Zahlungen in der Vergangenheit unwidersprochen akzeptiert worden waren, bzw. die Entscheidungen der Kommunen bestandskräftig wurden und zudem Forderungen für neue Fälle angemeldet, die bislang nicht bekannt waren. Bei dem Zustandekommen der Empfehlungsvereinbarung sind wir auf der Grundlage der Aussagen der Vertreter der Waldorfvereinigung davon ausgegangen, dass alle Fälle streitig gestellt wurden und es sich in der Regel um Gruppen mit verlängerten Öffnungszeiten handelt.

Städtetag und Gemeindetag Baden-Württemberg haben deshalb erneut in Gesprächen mit der Vereinigung der Waldorfkindergärten die aufgeworfenen Rechtsfragen erörtert. Während die Forderungen der Waldorfkindergärten für altersgemischte Gruppen und Ganztagskindergärten wohl nicht zurückgewiesen werden können, weil die Ausführungen des Bundesverwaltungsgerichts auch auf diese beiden Betreuungsformen entsprechend angewandt werden können, konnte bislang über die Frage, wie mit bestandskräftigen Fällen umzugehen ist und welche Verjährungsfrist gilt, noch keine Verständigung erzielt werden. Während die Waldorfvereinigung in der kommunalen Förderung eines freien Trägers eine Sozialleistung sieht, für die die vierjährige Verjährungsfrist gilt und den Kindergartenträgern ein Anspruch auf Rücknahme der Bescheide nach § 44 Abs. 1 SGB X zusteht, sind die Kommunalen Landesverbände der Auffassung, dass es sich bei der Förderung eines freien Trägers um keine Sozialleistung handelt, mit der Konsequenz, dass weder § 44 Abs. 1 SGB X anzuwenden ist, noch die vierjährige Verjährungsfrist des SGB X gilt."

Zur Abschätzung der Größenordnung (Fallzahlen, Höhe der Forderungen) der noch anhängigen Fälle haben Gemeindetag und Städtetag die betroffenen Städte und Gemeinden mittels einer Umfrage um entsprechende Rückmeldung gebeten. Eine erste Bewertung zeigt, dass die finanzielle Dimension zum einen erheblich ist, zum anderen gerade die Fragen der Bestandskraft und der Verjährung grundsätzlich klärungsbedürftig erscheinen. Dies könnte dazu führen, dass in wenigen, auf die verschiedenen Fallkonstellationen abgestellten, Musterverfahren eine (höchst-)gerichtliche Klärung herbeizuführen ist. Die abschließende Bewertung der Kommunalen Landesverbände und der Waldorfvereinigung stand bei Redaktionsschluss noch nicht fest.

– **Förderanspruch für Kleinkindbetreuung nach dem KiTaG bis 31.12.2008**

§ 8 Abs. 5 KiTaG sah im vormaligen KiTaG seinerzeit erstmalig einen Förderanspruch der Träger von Einrichtungen zur Kleinkindbetreuung vor. Demnach war die Wohnsitzgemeinde (die nach Satz 3 ebenfalls zugleich Standortgemeinde sein konnte) zur Leistung eines angemessenen Kostenausgleichs gegenüber dem Träger der Einrichtung für Kleinkindbetreuung mit gemeindeübergreifendem Einzugsgebiet verpflichtet, sofern am Wohnort des Kindes kein gleichwertiger Platz (nach den gleichen Auslegungskriterien der seinerzeitigen Gesetzesbegründung – analog zum Kindergartenbereich) zur Verfügung stand. Über den Verweis in Satz 2 der Regelung auf Absatz 3 war das Nähere ebenfalls durch die Rechtsverordnung des Kultusministeriums und des Ministeriums für Arbeit und Soziales, mithin also durch die KiTaGVO geregelt. Auf die obigen Ausführungen zum Begriff des gleichwertigen Platzes sowie zur Wirksamkeit der KiTaGVO wird insoweit verwiesen.

Wesentlicher Unterschied zum Förderanspruch nach § 8 Abs. 3 KiTaG (Kindergarten und altersgemischte Einrichtungen) war, dass die Förderung von Kinderkrippen nicht an die Aufnahme in die örtliche Bedarfsplanung gekoppelt war. Dies hatte zur Folge, dass den Trägern von Einrichtungen der Kleinkindbetreuung kein gesetzlicher Förderanspruch, welcher an die Aufnahme in die gemeindliche Bedarfsplanung gekoppelt war, eingeräumt wurde. Die unterschiedliche gesetzliche Ausgestaltung der Förderansprüche bezogen auf die Betreuungsart (Kindergarten – über dreijährige Kinder – bzw. Kinderkrippe/Kleinkindbetreuung – unter dreijährige Kinder –) hatte ihren Grund darin, dass für die unter dreijährigen (Klein)Kinder im Gegensatz zu den über dreijährigen Kindern noch kein Rechtsanspruch auf einen Betreuungsplatz nach § 24 Abs. 2 SGB VIII bestand. Vielmehr haben die Gemeinden zunächst durch das TAG bis zum 1.10.2010 und mittlerweile durch das KiföG bis 31.7.2013 über § 24a SGB VIII die Möglichkeit, einen gestuften Ausbau eines entsprechenden bedarfsgerechten (TAG) Betreuungsangebotes für unter dreijährige Kinder bzw. die Erfüllung eines Rechtsanspruchs ab Vollendung des ersten Lebensjahres (KiföG) zu gewährleisten.

Gleichwohl hat das KiTaG in seiner Regelung, die vom 1.1.2006 bis zum 31.12.2008 Geltung hatte, durch die Verknüpfung von § 8 Abs. 5 i.V.m. § 1 Abs. 2 der KiTaGVO eine Förderung in Ausgestaltung eines platzbezogenen Zuschusses rechtsverbindlich normiert. Dies war von der Landesregierung als weiterer Baustein des Konzeptes „Kinderfreundliches Baden-Württemberg" bzw. „Kinderland Baden-Württemberg" ausdrücklicher politischer Wille.

– **Umsetzungsprobleme bei der Förderung der Kleinkindbetreuung in der Praxis**

Durch die gesetzliche Verknüpfung an die Auslegungskriterien des „gleichwertigen Platzes" hatten die Wohnsitzgemeinden im Prinzip keinerlei Möglichkeit, die Zahlung des platzbezogenen Zuschusses zu verweigern, weil sie in den allermeisten Fällen einen solchen tatsächlich nicht (zur Verfügung) stellen konnten. Faktisch führte diese Regelungstechnik zu einem Automatimus, der zahlreiche Konflikte in der Praxis nach sich zog, da die Wohnsitzgemeinden meistens keinerlei Kenntnis davon hatten, wie viele Kleinkinder auswärts betreut wurden.

In der Praxis kam es darüber hinaus auch deshalb zu Streitigkeiten, weil unter § 1 Abs. 2 Satz 2 KiTaGVO, auf welchen § 8 Abs. 5 Satz 2 KiTaG über den Verweis auf Absatz 3 verweist, klargestellt wurde, dass die unter § 1 Abs. 2 Satz 1 KiTaGVO festgelegten Zuschüsse bei Anwendung der Übergangregelung nach § 24a Abs. 1 SGB VIII (a. F.) Richtwerte waren, die ab dem 1.10.2010 verbindlich werden sollten.

Es kam also vor, dass die in § 2 Abs. 1 Satz 1 der KiTaGVO genannten platzbezogenen Zuschüsse teilweise erheblich gekürzt wurden, eben weil diese bis Oktober 2010 nur als

Richtwerte anzusehen waren. Außerdem wurden die von den freien Trägern gestellten Anträge gekürzt, meistens in Abhängigkeit der tatsächlichen Besuchs- und Betreuungszeiten, wie dies § 1 Abs. 4 KiTaGVO bis zur Feststellung der Unwirksamkeit dieser Regelung mit Urteil des VGH BW (vom 4.6.2008 – 12 S 2559/06 –) vorsah; s. ebenso obige Ausführungen hierzu. Auch wenn bis heute keine abschließende Klärung der Frage erfolgte, inwiefern und in welcher Höhe eine Abweichung von den unter § 1 Abs. 2 Satz 1 KiTaGVO für den Fall der Anwendung der Übergangsregelung nach § 24a Abs. 1 SGB VIII in der damaligen Fassung möglich ist, so konnten zumindest die Ausführungen im Beschluss des VG Sigmaringen vom 29.9.2006 (– 2 K 1292/06 –) herangezogen werden. Dort wurde klargestellt, dass ein wirksames Geltendmachen der Ausnahmeregelung des § 24a SGB VIII in der damaligen Fassung dazu führte, dass die in § 1 Abs. 2 Satz 1 KiTaGVO festgelegten Zuschüsse als Richtwerte galten und diese damit tatsächlich nicht verbindlich waren. Allerdings – so das Gericht in zitiertem Beschluss – *„sei eine Orientierung an den in der KiTaGVO angegebenen Werten wohl erforderlich, wenn man dem Begriff des Richtwertes gerecht werden will. Ein deutliches Abweichen hiervon sei nur dann zulässig, wenn die Personal- und Sachkosten des Antragstellers bei sparsamer Haushaltsführung zu einem angemessenen Anteil gedeckt werden könnten"*.

– **Fördersystematik des KiTaG ab 1.1.2009**

Die neue Fördersystematik des KiTaG i. d. F. vom 3.3.2009 wurde deutlich vereinfacht. In § 8 Abs. 2 und 3 KiTaG ist nunmehr die institutionelle Förderung der Träger von Einrichtungen oder Gruppen geregelt, die der Bedarfsplanung entsprechen. Eine Unterscheidung in Einrichtungen mit (oder ohne) gemeindeübergreifendem Einzugsgebiet entfällt ersatzlos. § 8 Abs. 4 KiTaG regelt die platzbezogene Förderung für Träger von Einrichtungen oder Gruppen, die nicht in die Bedarfsplanung aufgenommen sind. Das Kriterium des „gleichwertigen Platzes" ist weggefallen. Der Förderanspruch richtet sich neuerdings ausschließlich gegen die Standortgemeinde. Zudem wurde der Kreis der Förderberechtigten auf privat-gewerbliche Träger erweitert.

3. Finanzierungszuständigkeit der Gemeinden (Absatz 1)

Satz 1 der Regelung stellt die Finanzierungszuständigkeit der Gemeinden für die Förderung von Einrichtungen freier und privat-gewerblicher Träger klar. Neben dem Förderanspruch gegenüber den Gemeinden räumt das Gesetz keinen Anspruch an den Landkreis ein (vgl. Ausführungen zur Vorgängerregelung – LT-Drs. 13/4869 S. 13). Der VGH BW bestätigte mit Urteil vom 4.6.2008, dass durch die Einfügung des § 74a SGB VIII durch das TAG (seit 1.1.2005) die Finanzierung von Tageseinrichtungen insgesamt dem Landesrecht überlassen wurde und hiervon dann auch die Zuständigkeitsverlagerung auf die Gemeinden umfasst wird (VGH BW, Urt. vom 4.6.2008 – 12 S 2559/06 –).

Die bisherige Regelung in Satz 1 sah lediglich die freien Träger nach § 75 SGB VIII als Förderberechtigte vor. Mit Inkrafttreten des KiTaG in seiner neuen Fassung zum 1.1.2009 wurde dieser Kreis der Förderberechtigten um die privat-gewerblichen Träger erweitert. Die Einbeziehung der privat-gewerblichen Träger geht auf das „Gesetz zur Förderung von Kindern unter drei Jahren in Tageseinrichtungen und in Kindertagespflege (Kinderförderungsgesetz – KiföG)" vom 15.12.2008 (BGBl. I S. 2403) zurück. Da nur wenige Bundesländer von der Öffnungsklausel der Vorgängerregelung des § 74a SGB VIII Gebrauch gemacht haben, der Bundesgesetzgeber aber bereits mit dem TAG die Beschränkung der Förderstruktur auf die Träger der freien Jugendhilfe aufbrechen wollte, wurde § 74a Satz 2 SGB VIII letztlich dahingehend abgeändert, dass ausdrücklich alle Träger von Einrichtungen, die die rechtlichen und fachlichen Voraussetzungen für den Betrieb der Einrichtung erfüllen, gefördert werden können (*Lieber*, VBlBW 2009 S. 210, 213 ff.). Diese Formulierung wurde dann auch in § 1 Abs. 2, 3 und 6 KiTaG übernommen (vgl. Erl. zu § 1).

Unter Satz 2 wurde die Verpflichtung der Träger von Einrichtungen geregelt, die Standortgemeinde über die Zahl und den Betreuungsumfang auswärtiger Kinder zu unterrichten.

Die Regelung ist erforderlich, damit die Standortgemeinde dazu in die Lage versetzt wird, ihr zustehende **Kostenausgleichsansprüche** im Wege des Interkommunalen Kostenausgleichs nach § 8a KiTaG (s. hierzu Erl. zu § 8a KiTaG) gegenüber der jeweiligen Wohnsitzgemeinde der betreuten auswärtigen Kinder beziffern zu können.

4. Bezuschussung der Träger von Einrichtungen nach § 1 Abs. 2 bis 5 KiTaG, aufgenommen in der Bedarfsplanung sowie Finanzierung der stufenweisen Erhöhung der Mindestpersonalschlüssel (Absatz 2)

Nach der Regelung sind Anspruchsberechtigte die Träger von Einrichtungen oder Gruppen nach § 1 Abs. 2 bis 5 KiTaG, somit also Träger von Kindergärten, Tageseinrichtungen mit altersgemischten Gruppen sowie von Einrichtungen mit integrativen Gruppen (vgl. Erl. zu § 1 KiTaG). Voraussetzung des Förderanspruchs ist die Aufnahme der Einrichtung oder der Gruppe in die Bedarfsplanung nach § 3 Abs. 3 KiTaG (vgl. Erl. zu § 3 KiTaG).

In der Begründung zu § 3 des Gesetzes zur Änderung des Kindertagesbetreuungsgesetzes und des Finanzausgleichsgesetzes (LT-Drs. 14/3659 S. 16) geht der Gesetzgeber davon aus, dass die Standortgemeinde in ihrer Bedarfsplanung grundsätzlich auch die Kinder, deren Eltern bereits eine Betreuung an der Standortgemeinde (außerhalb der Wohnsitzgemeinde) nachfragen, nicht unberücksichtigt lassen kann. Deshalb geht der Gesetzgeber offensichtlich von der Bedarfsplanung der Standort- und nicht der Wohnsitzgemeinde aus. So stellt auch Absatz 2 auf die Aufnahme der Einrichtung oder Gruppe in die Bedarfsplanung der Standortgemeinde ab. Maßgebend ist die Aufnahme der Einrichtung/Gruppe. Die Aufnahme einzelner Plätze ist demnach nicht vorgesehen, was sich bereits aus dem eindeutigen Wortlaut der Regelung ergibt (s. auch Erl. zu § 3 Abs. 3 KiTaG).

Die in die Bedarfsplanung aufgenommenen Einrichtungen oder Gruppen erhalten von der Standortgemeinde einen Zuschuss in Höhe von mindestens 63 % der Betriebsausgaben. Nicht geregelt wurde, welche konkreten Positionen der Betriebsausgaben und in welcher Höhe diese anerkannt werden. Obwohl Gemeindetag und Städtetag Baden-Württemberg im Rahmen der Anhörung ausdrücklich gefordert haben, die Betriebsausgaben einer Einrichtung im Gesetz zu definieren (LT-Drs. 14/3659 S. 27), hat dies der Gesetzgeber nicht aufgegriffen. Lediglich der Gesetzesbegründung ist zu entnehmen, dass die Höhe der Betriebsausgaben, die im konkreten Einzelfall der gesetzlich vorgesehenen Förderung zugrunde zu legen sind, nach den **Grundsätzen der Erforderlichkeit und Angemessenheit** zu bestimmen sind (LT-Drs. 14/3659 S. 17). Was allerdings im Einzelfall erforderlich und angemessen ist, bleibt unklar. Bis auf Weiteres können als Richtschnur die in der Rahmenvereinbarung zwischen den Kommunalen Landesverbänden mit den Kirchen und den Verbänden der sonstigen freien Träger (s. Anhang) vereinbarten Betriebsausgaben herangezogen werden. Ferner wird hinsichtlich der einzelnen Positionen eine Orientierung an der steuerlichen Gewinnermittlung der Einrichtung erfolgen müssen, sofern die darin aufgeführten Betriebsausgaben vom zuständigen Finanzamt anerkannt werden. Hinzu kommt die Möglichkeit, geltend gemachte Betriebsausgaben mit denen anderer Einrichtungen vor Ort zu vergleichen, um hieraus einen „örtlichen Durchschnitt" ableiten zu können. Zu einer abschließenden Beurteilung erforderlicher und angemessener Betriebsausgaben wird aber eine Beurteilung im jeweiligen Einzelfall unumgänglich sein. Zur Vermeidung von Streitigkeiten ist daher dringend zu empfehlen, von der in § 8 Abs. 5 KiTaG vorgesehenen Möglichkeit zum Vertragsschluss zwischen der jeweiligen Gemeinde und dem Einrichtungsträger Gebrauch zu machen, um die von den Parteien als erforderlich und angemessen erachteten Betriebskosten zu definieren (s. Erl. zu § 8 Abs. 5 KiTaG).

Außerdem empfiehlt es sich für die Praxis, ein **Kommunales Förderkonzept** für die auf dem Stadt-/Gemeindegebiet tätigen Träger zu erstellen und letztlich kommunalpolitisch zu verabschieden. Es bietet sich an, ist aber nirgends zwingend vorgegeben, solche Überlegungen wie auch konkretisierende Festlegungen eines solchermaßen erstellten Förderkonzeptes im Vorfeld auch mit den betroffenen Trägern – im Rahmen der Beteiligung an der Bedarfsplanung nach § 3 Abs. 3 KiTaG – zu erörtern. Ein Anspruch auf diese Empfehlung für die Praxis ist hieraus durch die freien Träger jedoch nicht ableitbar. In einem solchen Förderkonzept der Stadt/Gemeinde (Ähnliches kennt man von der Festlegung der Richtlinien über die Förderung von Vereinen) könnten beispielsweise die Grundlagen für die Angemessenheit und Erforderlichkeit der Betriebsausgaben – jedenfalls dem Grunde nach – festgelegt werden. Insbesondere die Rahmenbedingungen des Betriebs der Einrichtung (Personalausstattung, Gruppengröße, Raum- und Sachausstattung usw.) könnten hier als Messlatte der Förderung nach § 8 KiTaG verabschiedet werden. Was darüber hinausgeht, müsste bspw. ein freier, ggf. privat-gewerblicher Träger selbst an Eigenanteil der Finanzierung unter Berücksichtigung weiterer Finanzierungs-/Einnahmequellen (u. a. auch Elternbeiträge) erbringen.

§ 8 Abs. 2 Satz 2 und Satz 3 KiTaG

Die Ergänzung bzw. Erweiterung in § 8 Abs. 2 Satz 2 und 3 KiTaG geht auf die Erhöhung des Mindestpersonalschlüssels im Zuge der Finanzverhandlungen zum Orientierungsplan (s. Erl. zu § 2a Abs. 3 und 4) zurück. *„Diese Vorschrift regelt, dass die vom Land und den Kommunen zur Erhöhung des Personalschlüssels eingebrachten Mittel auch den freien Trägern zugute kommen. Die durch die Erhöhung des Personalschlüssels den freien Trägern entstehenden Kosten sind in vollem Umfang zu erstatten. Wenn die Kommune allerdings bereits jetzt Zuschüsse für eine Ausstattung mit pädagogischem Personal an den freien Träger leistet, die den vereinbarten und noch in der Rechtsverordnung auf der Grundlage von § 2a Abs. 4 Nr. 1 KiTaG zu normierende, am 31. August 2010 geltenden Mindestpersonalschlüssel erreichen oder überschreiten, kann dies auf die Erstattungspflicht nach § 8 Abs. 2 Satz 2 KiTaG angerechnet werden.*

Nach § 8 KiTaG ist die Förderung von Einrichtungen freier Träger Aufgabe der Kommunen. Die Erhöhung des Personalschlüssels ist auch für die entsprechenden Tageseinrichtungen und deren freie Träger verbindlich. Die Steigerung der Personalausgaben, die sich aus der Erhöhung des Personalschlüssels ab 1. September 2010 ergibt, ist den freien Trägern von Tageseinrichtungen im Sinne von § 1 Abs. 1 Satz 2 Buchst. a KiTaG in der Höhe voll umfänglich zu erstatten, wie die entsprechende bisherige Förderung unter den Kosten liegt, die durch die Erhöhung des Personalschlüssels tatsächlich anfallen. Soweit bereits ein höherer Personalschlüssel als der Mindestpersonalschlüssel am 31. August 2010 bezuschusst wird, kann die höhere Bezuschussung angerechnet werden (LT-Drs. 14/6696, Gesetzesbegründung zu § 8 Abs. 2 Satz 2 und 3 KiTaG).

In den Verhandlungen zur politischen Übereinkunft (s. Erl. zu § 2a) wurde von kommunaler Seite eingebracht und gemeinsam mit dem Land davon ausgegangen, dass diejenigen Städte und Gemeinden, die schon jetzt eine Personalausstattung haben bzw. eine Bezuschussung, die der neuen KiTaVO entspricht oder sogar darüber hinausgeht, ihre entsprechenden Leistungen in der Förderung der freien Träger verbindlich voll anrechnen dürfen und es in diesen Fällen zu keiner Erhöhung des vorhandenen Personalschlüssels kommt. Diese sog. „zwingende" Anrechnung, die nach Ansicht von Gemeindetag und Städtetag Baden-Württemberg auch Geschäftsgrundlage der politischen Übereinkunft war, spiegelt sich in dieser Klarheit nun leider nicht im Gesetzeswortlaut des § 8 Abs. 2 Satz 3 KiTaG wider. Die freien Träger wollten ihrerseits auf keinen Fall eine gesetzlich ermöglichte (zwingende) Anrechnung höherer Standards durch die Kommune. Das Land sah letztlich in dem vom Landtag verabschiedeten Wortlaut des Gesetzes mit der „Kann-Anrechnung" in § 8 Abs. 2 Satz 3 KiTaG einen „Kompromiss" zwischen den widerstreitenden Interessen der kommunalen Seite und der Seite der freien Träger. So steht es nun im Ermessen der Gemeinde, ob sie eine dem freien Träger kommunal finanzierte höhere Personalausstattung bzw. Elemente, die nicht im Mindestpersonalschlüssel enthalten sind, im Rahmen der (Gesamt-)Förderung anrechnet oder nicht.

Um das erkennbar vor Ort entstehende mögliche Konfliktpotenzial abzufedern und eine gelingende Umsetzung zu ermöglichen, haben sich Gemeindetag, Städtetag und die Kirchenleitungen auf folgende gemeinsame Hinweise verständigt:

Gemeinsame Hinweise zur Umsetzung der Änderungen des Kindertagesbetreuungsgesetzes (KiTaG) und der Kindertagesstättenverordnung (KiTaVO) von Gemeindetag Baden-Württemberg, Städtetag Baden-Württemberg und der 4-Kirchen-Konferenz für Kindergartenfragen (4-K-Konferenz) vom 13. April 2011

Zur Umsetzung der Änderungen des Kindertagesbetreuungsgesetzes vom 19.10.2010 und der Kindertagesstättenverordnung vom 25.11.2010 haben sich der Gemeindetag Baden-Württemberg und der Städtetag Baden-Württemberg sowie die Evangelischen und Katholischen Kirchen in Baden-Württemberg auf nachstehende Grundsätze als Orientierungshilfen für die örtlichen Verhandlungen zwischen den Kommunen und den kirchlichen Kindergartenträgern verständigt.

1. *Die Kommunalen Landesverbände und die Kirchen verfolgen die Zielsetzung einer einvernehmlichen und partnerschaftlichen Umsetzung vor Ort. Unter Berücksichtigung der tatsächlichen Ist-Situation ist zu klären, welcher Handlungsbedarf unter Berücksichtigung der bereits vorgehaltenen und kommunal mitfinanzierten Personalausstattung besteht und ggf. welche Konsequenzen sich für die bestehenden Finanzierungsvereinbarungen (z. B. Verträge) mit den Trägern ergeben. Grundlage für die Berechnung des Mindestpersonalbedarfs sind die Ausführungshinweise des KVJS-Landesjugendamts und das hierzu erstellte Berechnungsprogramm (www.kvjs.de/tagesbetreuung.html).*
2. *Nach § 8 Abs. 2 KiTaG ist die Erhöhung der Personalausgaben, die sich aus der Veränderung des Mindestpersonalschlüssels ergibt, den Trägern der Tageseinrichtung in vollem Umfang zu erstatten. Dabei können die Zuschüsse zu den Betriebsausgaben Berücksichtigung finden, die für eine Ausstattung mit pädagogischem Personal geleistet werden, deren Umfang den am 31. August 2010 geltenden Mindestpersonalschlüssel überschreitet.*
3. *In einer Vielzahl von Kindertagesbetreuungseinrichtungen liegt der Personalschlüssel bereits jetzt über dem neuen Mindestpersonalschlüssel. Eine „automatische" Erhöhung des Personalschlüssels und des kommunalen Zuschusses tritt nicht ein. Ein Antrag auf Anpassung der Betriebserlaubnis durch den freien Träger wird – außer in den Fällen, in denen dies beispielsweise durch eine Änderung der Betriebsform unumgänglich ist – nur in Abstimmung mit der Kommune gestellt.*
4. *In Einrichtungen, in denen bis 2013 keine Veränderung der Angebotsform absehbar ist, können sich die Partner vor Ort beispielsweise darauf verständigen, dass eine sich aus der Anpassung des Mindestpersonalschlüssels ergebende Erhöhung erst 2012 oder 2013 als Gesamtpaket umgesetzt wird.*
5. *Die kirchlichen Träger sind beim Betrieb der Einrichtungen und der Beschäftigung von Personal an gesetzliche sowie spezifische kirchenrechtliche Regelungen gebunden. Diese kirchenrechtlichen Regelungen überlagern die KiTaVO nicht. Andererseits stellt die KiTaVO solche trägerspezifische Regelungen, die bereits in der Vergangenheit den Vertragsbeziehungen zwischen bürgerlicher Gemeinde und kirchlichen Trägern zugrunde lagen, nicht in Frage. Falls diese Regelungen zu einem über den (neuen) Mindestpersonalschlüssel hinausgehenden Personalbedarf führen oder über die in der KiTaVO bzw. den Ausführungshinweisen des KVJS hinausgehende, d. h. nicht verpflichtende Elemente enthalten (z. B. Leitungsfreistellung), ist dies, insbesondere soweit es die Finanzierung von zusätzlichem Personal bzw. zusätzlich für erforderlich gehaltenes Personal betrifft, örtlich zu vereinbaren.*
6. *Nach der Kindertagesstättenverordnung ist auch bei mehrgruppigen Einrichtungen eine Leitungsfreistellung nicht verpflichtend. In den Fällen, in denen dies bislang örtlich freiwillig vereinbart war, wird dies – soweit gegenseitiges Einvernehmen vorliegt –*

fortgesetzt. Eine erforderliche Anpassung des Mindestpersonalschlüssels der Gruppen zu Lasten einer Leitungsfreistellung ist grundsätzlich möglich, sollte aber unter dem Gesichtspunkt der Erhaltung des bisherigen Qualitätsniveaus abgewogen werden.

7. *Sofern zwischen dem kirchlichen Kindergartenträger und der Kommune Einvernehmen über eine erforderliche Personalschlüsselanpassung besteht, sind zur Finanzierung dieses Personals pragmatische Lösungsansätze mit pauschalen Finanzierungsanteilen, die die ansonsten geltende Bezuschussung der Betriebsausgaben nicht tangieren, denkbar. Für solche „pauschalen Lösungsansätze“ bieten sich beispielsweise die Fälle an, in denen der Stellenplan „Ist“ dem Mindeststellenplan „Alt“ entspricht und der Mindeststellenplan „Neu“ darüber liegt. Die Personalschlüsselanpassung kann auch zum Anlass für eine Neuverhandlung der Finanzbeziehungen genommen werden.*

   Nur in Fällen, in denen der Ist-Stellenplan auf den Mindeststellenplan „Neu“ erhöht wird, werden hierdurch entstehende Personalkosten zu 100 % durch die Kommune finanziert. Für die Berechnung der erhöhten Personalausgaben werden je 0,1 Stellenanteil einer Vollzeitstelle pauschal 4 500 € pro Jahr angesetzt. Diese Kosten werden unabhängig von der konkret vereinbarten Bezuschussung der Betriebsausgaben zu 100 % erstattet.

8. *Die Kommunalen Landesverbände und die Kirchen regen an, in den Fällen, in denen der Stellenplan „Ist“ über dem Mindeststellenplan „Alt“ und über dem Mindeststellenplan „Neu“ liegt, nach Möglichkeit von einer Anpassung „nach unten“ abzusehen.*

Für die praktische Umsetzung der Neuregelungen des KiTaG in der Fassung vom 19. 10. 2010 und der KiTaVO vom 25. 11. 2010 wird es also im Prinzip unumgänglich bzw. empfehlenswert und angezeigt sein, die Erweiterung des § 8 Abs. 2 Satz 2 und 3 KiTaG i. V. m. § 8 Abs. 5 KiTaG – der vertraglichen Regelung sämtlicher finanzierungsrelevanter Angelegenheiten zwischen Kommune und kirchlichem (freien) Träger – zu betrachten und in einer Art Gesamtpaket – auch unter verhandlungsökonomischen, kommunalpolitischen Gesichtspunkten – im Ganzen anzupacken und zu regeln.

„In Bezug auf die neu festgelegten Mindestpersonalschlüssel und ihre stufenweise Erhöhung könnte eine nachvollziehbare Gesamt-Strategie sein, die kommunale Förderung ggf. höherer Personalschlüssel als der Mindestpersonalschlüssel nach der KiTaVO mit evtl. nicht verpflichtend enthaltenen Elementen (z. B. Leitungsfreistellung) des freien Trägers unter Berücksichtigung der örtlichen Gegebenheiten zu belassen, weiter steigende Kostenbeteiligungen im Bereich der Betriebs-/Investitions- oder Verwaltungskosten insoweit jedoch auf ihre zusätzliche kommunale Kostenrelevanz und damit auf ihre Realisierungsfähigkeit hin zu untersuchen.

Im Kontext der sich weiter ausdifferenzierenden, steigenden finanziellen Beteiligungen im Bereich der Investitions-/Betriebs- und Verwaltungskostenbeteiligung durch die Städte und Gemeinden bietet es sich an, überall dort, wo man den Abschluss eines neuen Vertrags oder einen Änderungsvertrag zwischen Kirchengemeinde und der Kommune in Erwägung zieht, ein Gesamtpaket bzw. Gesamtkonzept auch bezogen auf die Umsetzung der ab 1. 9. 2010 stufenweise verbindlichen Mindestpersonalschlüssel nach der neuen KiTaVO gemeinsam auf den Weg zu bringen.

Eine solche Gesamtlösung bietet auch von der Zeitschiene her die Möglichkeit, die aktuell relevanten Themenspektren sorgfältig mit allen daraus folgenden Konsequenzen, insbesondere unter dem Blickwinkel der finanziellen Beteiligung der Gemeinde an den Betriebs- und Verwaltungskosten kirchlicher Kindergärten, zu ermitteln und die notwendigen (kommunalpolitischen) Beratungen und Entscheidungen im Sinne einer maßgeschneiderten örtlichen Lösung herbeizuführen“ (s. *Dürr*, BWGZ 2011 S. 112 ff.).

5. Bezuschussung der Träger von Einrichtungen oder Gruppen nach § 1 Abs. 6 KiTaG, aufgenommen in der Bedarfsplanung (Absatz 3)

Anspruchsberechtigt sind nach dieser Regelung Träger von Einrichtungen oder Gruppen nach § 1 Abs. 6, also Träger von Einrichtungen zur Förderung der Entwicklung von Kindern bis zur Vollendung des dritten Lebensjahres (vgl. Erl. zu § 1 KiTaG). Voraussetzung ist ebenfalls die Aufnahme der Einrichtung oder Gruppe in die Bedarfsplanung (vgl. Erl. zu § 8 Abs. 2 KiTaG).

Die Träger der in die Bedarfsplanung aufgenommenen Einrichtungen oder Gruppen erhalten von der Standortgemeinde einen Zuschuss in Höhe von mindestens 68 % der Betriebsausgaben. Nicht konkretisiert ist auch hier, welche konkreten Einzelpositionen der Betriebsausgaben und in welcher Höhe diese anerkennungsfähig sind (vgl. Erl. zu § 8 Abs. 2 KiTaG).

Die Regelung unterscheidet sich wesentlich von der bis 31.12.2008 geltenden Vorgängerregelung zur Förderung der Träger von Einrichtungen der Kleinkindbetreuung. Nach § 8 Abs. 5 KiTaG (alt) war die Wohnsitzgemeinde bei der Finanzierung von Einrichtungen zur Kleinkindbetreuung mit gemeindeübergreifendem Einzugsgebiet gegenüber dem Träger zu einem angemessenen Kostenausgleich verpflichtet, sofern in der Wohnsitzgemeinde kein gleichwertiger Platz zur Verfügung stand. In Satz 2 der Regelung wurde auf die KiTaVO verwiesen, weshalb die Höhe des angemessenen Kostenausgleichs dieser zu entnehmen war (vgl. Erl. 1 zu § 8 KiTaG).

Die Neuregelung zur Kleinkindförderung trägt wesentlich zur Vereinfachung und Klarheit bei. Zwar sind auch künftig Streitigkeiten über die Angemessenheit und Erforderlichkeit anerkennungsfähiger Betriebsausgaben nicht gänzlich auszuschließen. Es besteht allerdings Klarheit, dass der institutionelle Förderanspruch bei Aufnahme in die Bedarfsplanung ausschließlich gegenüber der Standortgemeinde besteht. Hinzu kommt, dass nunmehr auch Einrichtungen ohne gemeindeübergreifendes Einzugsgebiet förderfähig sind, was aufgrund der bisherigen Einschränkung des Förderanspruchs auf Einrichtungen mit gemeindeübergreifendem Einzugsgebiet nicht der Fall war. Der platzbezogene Förderanspruch bei Nicht-Aufnahme in die Bedarfsplanung (vgl. nachfolgende Erl. zu Absatz 4) ist nunmehr ebenfalls gesetzlich klar geregelt und hängt nicht mehr davon ab, ob gleichwertige Plätze in der Wohnsitzgemeinde zur Verfügung stehen/standen. Diesbezüglich entstandenes Streitpotential wurde damit ausgeräumt.

6. Bezuschussung der Träger von Einrichtungen oder Gruppen nach § 1 Abs. 2 bis 6, die nicht in der Bedarfsplanung aufgenommen sind (Absatz 4)

Diese Regelung ist die Anspruchsgrundlage für die Förderung der Träger von Einrichtungen oder Gruppen nach § 1 Abs. 2 bis 6 (vgl. Erl. zu § 1 KiTaG), die nicht in den Bedarfsplan der (Standort-)Gemeinde aufgenommen sind. Es handelt sich um einen platzbezogenen Förderanspruch der Träger, da diese nur für jeden belegten Platz einen Zuschuss erhalten. Zuschuss verpflichtet ist ausschließlich die Standortgemeinde. Die Höhe des Zuschusses richtet sich nach dem sich für jedes Kind entsprechend der Betreuungszeit nach §§ 29b und 29c FAG (s. Anhang) **im Vorjahr** ergebenden Betrages. Der Ausgleichsanspruch besteht nur für die Monate, in denen für das Kind in der Einrichtung ein Betreuungsverhältnis besteht.

Für die Praxis ist daher von Bedeutung, wie hoch konkret die FAG-Zuweisung, bezogen auf die Betreuungsart zum Stichtag der Kinder- und Jugendhilfestatistik 1.3. des Vorjahres, war. Hier die Übersicht der FAG-Zuweisungen seit dem Jahr 2009, der Einführung dieser Regelung:

Entwicklung der FAG- Zuweisungen in Euro/Platz

Betreuungsart **Jahr**	**2009**	**2010**	**2011**
Kindergartenkinder unter 5 Stunden (Ü3)	700	800	900
Kindergartenkinder 5 bis 7 Stunden (Ü3)	1 160	1 190	1 350
Kindergartenkinder über 7 Stunden (Ü3)	1 940	1 990	2 250
Kinder (Ü3) in Tageseinrichtungen unter 5 Stunden	1 430	1 820	2 140
Kinder (Ü3) in Tageseinrichtungen 5 bis 7 Stunden	2 000	2 550	3 000
Kinder (Ü3) in Tageseinrichtungen über 7 Stunden	2 860	3 640	4 290

Quelle: Gt- info Nr. 949/2010 aufgrund der Mitteilung des Finanzministeriums Baden-Württemberg

Nach § 29b Abs. 1 FAG erhalten Gemeinden zum Ausgleich der Kindergartenlasten pauschale Landeszuweisungen in Höhe von seither jährlich 386 Mio. Euro: Dieser Betrag erhöht sich stufenweise bis zum Jahr 2012 auf 529 Mio. Euro (vgl. Erl. zu § 2a Abs. 3). Hintergrund ist die Umsetzung der politischen Übereinkunft zur Festlegung und stufenweisen Erhöhung der verbindlichen Mindestpersonalschlüssel in Kindergärten und Tageseinrichtungen mit altersgemischten Gruppen in den Jahren 2010 bis 2012 (LT-Drs. 14/5680 und 14/6696).

Die Förderung von Kindergärten und altersgemischten Einrichtungen erfolgt seit der KiTaG-Novellierung 2009 ausschließlich durch die jeweilige Standortgemeinde. Daher wird dieser Betrag nach § 29b Abs. 2 Satz 1 FAG den Gemeinden nach der Zahl der in ihrem Gebiet betreuten Kinder zwischen drei und unter sieben Jahren verteilt. Dies ist die Folge der zwischen Land und Kommunalen Landesverbänden verabredeten Neuausrichtung der FAG-Zuweisungen im Jahre 2009 nach dem Motto „das Geld folgt den Kindern". Wobei zu beachten ist, dass hier noch eine Unterscheidung insoweit erfolgt, als dieser Grundsatz bei den Finanzzuweisungen für die Förderung der Kleinkindbetreuung ohne Einschränkung angewendet wird; im Kindergartenbereich bzw. bei den Finanzzuweisungen für die Förderung der Betreuung über dreijähriger Kinder erfolgt eine gestufte Übergangslösung dergestalt, dass für die Jahre 2009 bis 2012 die im Jahr 2002 gewährten Landeszuschüsse mit sinkendem Anteil berücksichtigt werden.

Die Kinderzahlen der über dreijährigen Kinder werden nach § 29b Abs. 2 Satz 3 FAG, abhängig von der durchschnittlichen täglichen Betreuungszeit differenziert, gewertet. Bei einer Betreuungszeit von bis zu fünf Stunden erfolgt eine 0,4-fache, bei einer Betreuungszeit von mehr als fünf bis zu sieben Stunden und bei Vor- und Nachmittagsbetreuung (ohne Mittagsbetreuung) eine 0,6-fache und bei einer Betreuungszeit von mehr als sieben Stunden eine einfache Wertung für die Berechnung der Kinderzahlen. Nach Absatz 3 wird für die Zahl der Kinder das Ergebnis der Kinder- und Jugendhilfestatistik des dem jeweiligen Finanzausgleichsjahres vorangegangenen Jahres zugrunde gelegt.

Nach § 29c Abs. 1 Satz 2 FAG erhalten die Gemeinden, Stadt- und Landkreise für die Förderung der Kleinkindbetreuung und Kindertagespflege jährliche Zuweisungen. Diese steigen von 60 Mio. Euro im Jahr 2009 auf 175 Mio. Euro ab dem Jahr 2014 sukzessive jährlich an.

Weitere Zuweisungen erfolgen über den Landesanteil an den Zuweisungen des Bundes nach dem KiföG, der den Kommunen im Rahmen des kommunalen Finanzausgleichs zugewiesen wird.

Nach § 29c Abs. 2 FAG erfolgt auch bei der Kleinkindbetreuung und Kindertagespflege die Zuweisung an die jeweiligen Gemeinden und Landkreise, in denen Kinder betreut werden. Die Kinderzahlen in Tageseinrichtungen werden nach § 29c Abs. 2 Satz 2 Nr. 1a bis c FAG ebenfalls in Abhängigkeit des Betreuungsumfangs differenziert gewertet. Für eine durchschnittliche tägliche Betreuungszeit von bis zu fünf Stunden erfolgt eine 0,5-fache, von mehr als fünf bis zu sieben Stunden und bei Vor- und Nachmittagsbetreuung (ohne Mittagsbetreuung) eine 0,7-fache und für mehr als sieben Stunden eine einfache Wertung. Das Gleiche gilt für die Kinderzahlen in der Kindertagespflege. Nach § 29c Abs. 2 Satz 2 Nr. 2a bis c FAG werden durchschnittliche tägliche Betreuungszeiten von bis zu fünf Stunden dreifach, von mehr als fünf bis zu sieben Stunden und bei Vor- und Nachmittagsbetreuung (ohne Mittagsbetreuung) 0,5-fach und bei mehr als sieben Stunden 0,7-fach gewertet.

6.1 Adressat der Zuweisungen Tageseinrichtungen – Kindertagespflege

Zuweisungen für betreute Kinder in Tageseinrichtungen erhalten nach § 29c Abs. 2 Satz 3 FAG die Gemeinden, Zuweisungen für betreute Kinder in Kindertagespflege die Stadt- und Landkreise. Nach § 29c Abs. 3 FAG wird für die Zahl der Kinder das Ergebnis der Kinder- und Jugendhilfestatistik des dem jeweiligen Finanzausgleichsjahres vorangegangenen Jahres zugrunde gelegt.

Soweit sich nach § 8 Abs. 4 KiTaG die Höhe des Zuschusses nach den §§ 29b und 29c FAG im Vorjahr ergebenden Beträgen berechnet und der Berechnung nach §§ 29b und 29c FAG wiederum für die Berechnung der Kinderzahlen die Kinder- und Jugendhilfestatistik zugrunde gelegt wird, sind die zur Erstellung dieser Statistik erhobenen Zahlen letztlich maßgeblich für die Berechnung der Zuschusshöhe. Nach § 101 Abs. 2 Nr. 10 SGB VIII sind die Angaben für die Erhebung der Kinder- und Jugendhilfestatistik bis zum 1. März eines jeden Jahres zu erteilen. Daher werden bei Berechnung der Beträge nach §§ 29b und 29c FAG für das Vorjahr nur die bis zu diesem Stichtag angegebenen Kinderzahlen berücksichtigt.

Danach angegebene oder ergänzte belegte Platzzahlen werden nicht berücksichtigt.

Es ist deshalb für die Förderberechtigten von großem Interesse, Plätze in neuen Einrichtungen oder Gruppen bis zum Stichtag zu belegen, um die Zahlen zur Statistik rechtzeitig melden zu können. Ansonsten kommt es zu systembedingten Verzögerungen bei der Förderung um deutlich mehr als ein Jahr, da eine Berücksichtigung der belegten Plätze in der Kinder- und Jugendhilfestatistik nicht erfolgt und somit kein Förderanspruch für das Eröffnungsjahr besteht. Ein Förderanspruch besteht dann frühestens für das Folgejahr, sofern dann eine rechtzeitige Meldung der betreuten Kinder zur Kinder- und Jugendhilfestatistik erfolgt und die sonstigen Voraussetzungen der Förderung erfüllt sind.

7. Zusätzliche Förderung sowie Vertragsmuster zum Betrieb und zur Förderung kirchlicher Kindergärten in der Neufassung 2010 (Absatz 5)

Die Regelung entspricht der Vorgängerregelung des § 8 Abs. 4 KiTaG (alt). Der Standortgemeinde und den Einrichtungsträgern wird die Möglichkeit eingeräumt, eine über die Mindestbezuschussung nach den Absätzen 2 bis 4 hinausgehende Förderung zu vereinbaren. Da sich aus der Begründung zum Gesetzesentwurf der Landesregierung zum „Gesetz zur Änderung des Kindertagesbetreuungsgesetzes und des Finanzausgleichsgesetzes" vom 25.11.2008 ergibt, dass Einrichtungsträger und Gemeinden auch von den in den Absätzen 2 und 3 getroffenen Regelungen abweichende Vereinbarungen treffen können (LT-Drs. 14/3659 S. 17), ist unklar, ob die Regelung tatsächlich nur eine über die Förderung hinausgehende Vereinbarung umfasst, oder auch von den gesetzlichen Regelungen abweichende Vereinbarungen allgemein.

Auch wenn dem Wortlaut folgend lediglich von einer über die Mindestförderung hinausgehenden Förderung die Rede ist, wird im Streitfall zunächst zu klären sein, welche konkreten Positionen als Betriebsausgaben anerkennungsfähig sind und in welcher Höhe (vgl. Erl. zu § 8 Abs. 2 KiTaG). Schließlich ist erst die Höhe der Mindestförderung festzustellen, die von den anerkennungsfähigen Betriebsausgaben abhängt, um beurteilen zu können, ob eine darüber hinausgehende Förderung vorliegt.

Streitig ist zudem die Frage, ob ein Anspruch auf Abschluss einer vertraglichen Vereinbarung zur Regelung einer über die Absätze 2 und 4 hinausgehende Förderung besteht. Zwar sieht die Regelung die Möglichkeit einer weitergehenden Förderung auf vertraglicher Grundlage zwischen Gemeinde und Einrichtungsträger vor, allerdings ist nicht erkennbar, dass die Entscheidung hierüber in das Ermessen der Gemeinde gestellt wurde. Allein die bestehende Möglichkeit zum Vertragsschluss reicht hierfür nicht aus. Somit würde auch kein Anspruch auf pflichtgemäße Ermessensausübung über den Abschluss eines Vertrages durch die Gemeinde bestehen. Eine andere Betrachtung wäre nicht sachgerecht, da ein Vertrag typischerweise im jeweiligen Einzelfall zwischen zwei Parteien abgeschlossen wird und keine einseitige Entscheidung der Gemeinde darstellt.

Das pflichtgemäße Ermessen würde also von der Zustimmung der Gegenseite mit den vorgeschlagenen vertraglichen Regelungen abhängen. Ein Anspruch auf Abschluss eines konkreten Vertrages kann daher von vornherein nicht bestehen. Wenn überhaupt, wäre es denkbar, einen Anspruch auf Abschluss eines Vertrages über den allgemeinen Gleichbehandlungsgrundsatz nach Art. 3 GG herzuleiten. Allerdings wäre hierfür der Abschluss eines Vertrages über eine weitergehende Förderung mit einem vergleichbaren Einrichtungsträger erforderlich. Dies wäre im Einzelfall zu prüfen. Die Annahme einer grundsätzlichen und generellen Vergleichbarkeit von freien, kirchlichen oder gemeindlichen oder privat-gewerblichen Einrichtungsträgern scheidet hingegen aus, da erhebliche Unterschiede zwischen diesen, insbesondere im Hinblick auf die unterschiedlichen Kostenstrukturen, etwa aufgrund der Bindung an Tarifverträge, bestehen. Im Lichte der Entscheidung des BVerwG, Urt. vom 21. 1. 2010 (5 CN 1.09), zur Förderung freier Träger mit gemeindeübergreifendem Einzugsgebiet erscheint es empfehlenswert für die Städte und Gemeinden, in denen mehrere bzw. verschiedenartige freie Träger im Stadt-/Gemeindegebiet tätig sind, Grundsätze zur Förderung freier Träger („kommunales Förderkonzept", s. Erl. zu § 8 Abs. 2 und *Dürr,* BWGZ 2010 S. 100) zu erstellen und in den gemeinderätlichen Gremien beschließen zu lassen.

Traditionell gibt es seit vielen Jahren einen zwischen Gemeindetag Baden-Württemberg und den Kirchenleitungen auf Landesebene abgestimmten **„Mustervertrag zum Betrieb und zur Förderung kirchlicher Kindergärten"**. Das zuletzt 2006 aktualisierte Muster wurde 2010 an die Novellierung des KiTaG angepasst und wurde im April 2010 neu gefasst (Veröffentlichung mit Erläuterungen in der BWGZ 2011 S. 109 ff.; außerdem s. Erl. zu § 8 Abs. 2).

Das Vertragsmuster, das der Gemeindetag Baden-Württemberg federführend verhandelt (abgestimmt selbstverständlich auf der kommunalen Seite, d. h. auch mit dem Städtetag Baden-Württemberg), gemeinsam und abgestimmt mit den Kirchenleitungen herausgibt, wurde zuletzt im Jahre 2003 anlässlich der seinerzeitigen tiefgreifenden Landesrechtsänderung mit der Finanzierungszuständigkeit der Gemeinden (sog. Kommunalisierung der Kindergartenförderung) in § 8 des Kindertagesbetreuungsgesetzes (damals noch Kindergartengesetz für Baden-Württemberg) völlig neu erarbeitet und seinerzeit in der BWGZ 2003 S. 646 ff. veröffentlicht und erläutert (*Dürr/Müller,* BGWZ 2003 S. 650 ff.).

Nach Inkrafttreten der umfangreichen Änderung des Bundesrechtes (SGB VIII), des Kinderförderungsgesetzes (KiFöG) und der daraufhin notwendigen Änderung des Kindertagesbetreuungsgesetzes für Baden-Württemberg musste das Vertragsmuster an die seit 1. 1. 2009 geltende Rechtslage auf der Basis des Kindertagesbetreuungsgesetzes (KiTaG) i. d. F. vom 19. 3. 2009 (GBl. S. 161) angepasst werden.

Darüber hinaus war es aufgrund der kostenintensiven Entwicklung gerade auch im Bereich der Kleinkindbetreuung wichtig, den Vertrag hierauf anzupassen, eine klarere

Struktur mit neuen Anlagen einzufügen und den Katalog der zustimmungs-/abstimmungsfähigen Angelegenheiten zu erweitern. Weiter wurden Differenzierungen bei den Punkten Personalausgaben und Verwaltungskosten vorgenommen, die insbesondere durch den Strukturwandel bzw. der Professionalisierung kirchlicher Trägerstrukturen erforderlich wurden.

Wesentliche Änderungen im neuen Vertragsmuster:

In **Nr. 1.1** des Vertragsmusters wurde eine neue Darstellung insoweit gewählt, als nach Kindergartengruppen und Krippengruppen unterschieden wird und hierfür neue Anlagen für Kindergartengruppen (Anlage 1 a) und für Krippengruppen (Anlage 1 b) in den jeweiligen Betriebsformen nach dem KiTaG zur Konkretisierung dem Vertragsmuster beigefügt sind.

In **Nr. 2.6** wurde unter der Überschrift „Bedarfsplanung" bei der Aufnahme auswärtiger Kinder ein vorrangiges Belegungsrecht für Kinder mit Wohnsitz in der Gemeinde vereinbart.

Weiter wurde in **Nr. 2.7** festgelegt, dass die Kirchengemeinde die bürgerliche Gemeinde regelmäßig bzw. zu vereinbarten Zeitpunkten über Zahl und Betreuungsumfang der auswärtigen Kinder entsprechend informiert und darüber hinaus auch mit Unterzeichnung der Anlage 2, einer Einverständniserklärung, zustimmt, dass das Statistische Landesamt die erforderlichen Daten aus der Kinder- und Jugendhilfestatistik, welche die Grundlage für die FAG-Zuweisungen darstellt, an die Gemeinde übermitteln darf.

Unter **Nr. 3.3** wurde der zustimmungs-/abstimmungsfähige Katalog um Angelegenheiten ergänzt und erweitert: Gegenüber dem bisherigen Muster kann nun nicht nur der Stellplan, sondern in diesem Zusammenhang auch die Personalausstattung der von der Kirchengemeinde betriebenen Kindergarten- und Krippengruppen gemäß Anlage 1 a und 1 b zustimmungspflichtig gemacht werden.

Neu aufgenommen wurde ebenfalls eine zustimmungs- oder abstimmungsfähige Regelung über das Verfahren der Weitergabe der Meldungen über die Anzahl der betreuten Kinder gemäß der Kinder- und Jugendhilfestatistik nach §§ 98 ff. SGB VIII.

Außerdem wurde grundsätzlich neu aufgenommen, dass strukturelle/organisatorische Veränderungen in der Trägerschaft von der Kirchengemeinde transparent gemacht und offen gelegt werden und dass finanzielle Auswirkungen, insbesondere Mehrbelastungen, der vorherigen Zustimmung durch die bürgerliche Gemeinde bedürfen.

In **Nr. 4.2.1** wurde bei den Personalausgaben eine Eingrenzung bzw. Negativabgrenzung insoweit vorgenommen, als über außerordentliche Personalausgaben (z. B. Abfindungen) die bürgerliche Gemeinde rechtzeitig zu informieren ist und solche Freiwilligkeitsleistungen der Kirchengemeinde der vorherigen Zustimmung der bürgerlichen Gemeinde bedürfen. Erstmalig wurde darüber hinaus klargestellt, dass Ausgaben für kirchliches Verwaltungspersonal keine Personalausgaben des Kindergartens i. S. des jeweils konkreten Kindergartenvertrages sind. Sie können im gegenseitigen Einvernehmen als Verwaltungskosten nach Nr. 4.2.3 anerkannt werden.

In **Nr. 4.2.3** wurden bei den Verwaltungskosten die bisherigen drei Anwendungsalternativen (prozentuale Pauschale, Festbetrag je Gruppe oder konkret anfallende Aufwendungen) beibehalten. Im Bereich der vier-Kirchen in Baden-Württemberg werden für die verwaltungstechnische Betreuung der Kindergartengebühren unterschiedliche Sätze zwischen 2,5 % der Personalkosten und 5 % der Personal- und Sachkosten im Kindergarten erhoben oder im Umlageweg verrechnet. Es können auch konkret pro Kindergartengruppe rund 2 000 bis zu rund 4 000 Euro an Verwaltungskostenbeitrag erhoben werden.

Seit dem Kindergartenjahr 2010/11 findet im Bereich der Erzdiözese Freiburg das sog. Geschäftsführungsmodell Eingang in die Betriebs- bzw. Verwaltungskostenabrechnung. Die

Erzdiözese Freiburg hat zugesagt, dies den betroffenen Gemeinden gegenüber transparent darzustellen und zu erörtern. Eine verpflichtende vorherige Zustimmung der bürgerlichen Gemeinde ist nur bei Vertragsänderungen oder neu abzuschließenden Verträgen erforderlich, nicht jedoch bei bestehenden Verträgen. Die Gebührenhöhe wird im Bereich der Erzdiözese Freiburg nach einer solchen Erhöhung nach Angaben der Erzdiözese Freiburg in etwa bei 3,75 % liegen und somit die vorstehend genannte Obergrenze von 5 % nicht übersteigen.

Das Vertragsmuster in der Neufassung 2010 ist – wie bisher – als zwischen Kirchenleitungen und Gemeindetag bzw. kommunaler Seite abgestimmter Rahmen zu verstehen. Eine differenzierte, an den örtlichen Gegebenheiten ausgerichtete Verhandlung vor Ort ist nach wie vor erforderlich.

8. Rahmenvereinbarung (Absatz 6)

Die Regelung ist Grundlage für den Abschluss und den wesentlichen Inhalt einer landesweiten Rahmenvereinbarung der Kommunalen Landesverbände mit den Kirchen und den in der Liga der freien Wohlfahrtspflege zusammengeschlossenen Verbänden der sonstigen freien Träger der Jugendhilfe (vgl. Rahmenvereinbarung im Anhang). Die Rahmenvereinbarung bildet die Leitlinie für die örtlichen Vereinbarungen nach Absatz 5. Sie entfaltet unmittelbare Verbindlichkeit zwischen den Vertragspartnern auf Landesebene, nicht aber für die konkreten Vertragsparteien vor Ort. Im Rahmen der Verhandlungen bezüglich der Übertragung der Finanzierungszuständigkeit auf die Kommunen bestand Einvernehmen darüber, dass die Vertragspartner ihren Mitgliedern empfehlen, nach der Rahmenvereinbarung zu verfahren. Wesentliche Bestandteile der Rahmenvereinbarung sind Regelungen über die Beteiligung der freien Träger an der Bedarfsplanung, über den Betrieb der Einrichtungen und die Mitwirkung der Gemeinde etwa bei den Öffnungszeiten oder den Schließzeiten während der Ferien sowie über die Finanzierung der Einrichtungen und die dabei zugrunde zu legenden Kostenbestandteile einschließlich der Elternbeiträge.

Konkretisiert wird die Rahmenvereinbarung für die Mehrheit der Kindergartenträger, die Kirchen, traditionell durch einen zwischen Gemeindetag Baden-Württemberg und den Kirchenleitungen auf Landesebene abgestimmten **„Mustervertrag zum Betrieb und zur Förderung kirchlicher Kindergärten“** (s. Anhang 18).

Anmerkung:

Im Lichte der nunmehr 3. Novellierung des KiTaG (2006, 2009, 2010) seit Entstehung und Verabschiedung der Rahmenvereinbarung verliert diese zunehmend ihren Wirkungsgehalt. Die Rahmenvereinbarung hatte ihre Relevanz in den Jahren 2003 – 2005. Sie war sozusagen der insbesondere von der kirchlichen Seite dringend erbetene „Garant“, den Paradigmenwechsel in der Kindergartenförderung, die sog. Kommunalisierung der Förderung, mit der Übertragung der Finanzierungszuständigkeit der Kindergärten/Kindertageseinrichtungen auf die Städte und Gemeinden im Jahr 2004 zu gewährleisten. Mittlerweile sind die Regelungen im mehrfach novellierten KiTaG selbst sowie insbesondere das neue Vertragsmuster zum Betrieb und zur Förderung kirchlicher Kindergärten in der Fassung 2010 die entscheidenden Grundlagen. Insoweit kommt der Rahmenvereinbarung mittlerweile (nur) noch eine im Kontext der Entwicklungsgeschichte des KiTaG in der beschriebenen Weise zu sehende, seinerzeit nicht unerhebliche Rolle zu.

§ 8a

Interkommunaler Kostenausgleich für auswärtige Kinder

(1) Die Standortgemeinde hat für auswärtige Kinder bis zum Schuleintritt in Einrichtungen im Sinne von § 1 Abs. 2 bis 6, die in die Bedarfsplanung aufgenommen sind, einen Anspruch auf Kostenausgleich gegenüber der Wohnsitzgemeinde der betreuten Kinder. Erfolgt die Betreuung nicht während des ganzen Jahres, besteht ein Ausgleichsanspruch nur für die Monate, in denen für das Kind in der Einrichtung ein Betreuungsverhältnis besteht.

(2) Für jedes auswärtige Kind unter drei Jahren errechnet sich der Kostenausgleich aus 75 Prozent der auf das auswärtige Kind entfallenden Betriebskosten abzüglich der sich entsprechend der Betreuungszeit nach § 29c Abs. 2 FAG im Vorjahr ergebenden Zuweisung. Der Kostenausgleich wird höchstens bis zu den der Standortgemeinde tatsächlich entstehenden Kosten gewährt.

(3) Für jedes auswärtige Kind vom vollendeten dritten Lebensjahr bis zum Schuleintritt errechnet sich der Kostenausgleich aus 63 Prozent der auf das auswärtige Kind entfallenden Betriebskosten abzüglich der sich entsprechend der Betreuungszeit nach § 29b Abs. 2 FAG im Vorjahr ergebenden Zuweisung.

(4) Die Standortgemeinde hat die Gesamtfinanzierung der Einrichtung gegenüber der Wohnsitzgemeinde auf deren Verlangen offen zu legen.

(5) Der Kostenausgleich nach den Absätzen 2 und 3 ist am 1. Februar des jeweils folgenden Jahres fällig. Am 1. April und 1. September des laufenden Kalenderjahres sind Abschlagszahlungen in Höhe von jeweils 50 Prozent des sich nach den Absätzen 2 und 3 ergebenden Kostenausgleichs auf der Grundlage des Finanzierungsplans der Einrichtung zu leisten.

(6) Die Wohnsitzgemeinde und die Standortgemeinde können von den Absätzen 1 bis 3 und 5 abweichende Regelungen vereinbaren. Sie können sich dabei insbesondere abweichend von der Berechnung des Kostenausgleichs nach Absatz 2 Satz 1 beziehungsweise Absatz 3 Satz 1 auf Ausgleichsbeträge einigen, die in gemeinsamen Empfehlungen des Städtetags Baden-Württemberg und des Gemeindetags Baden-Württemberg über die Höhe des interkommunalen Ausgleichs bei der Betreuung auswärtiger Kinder festgelegt sind oder eine andere Höhe des Kostenausgleichs vereinbaren. Für Einrichtungen in der Trägerschaft von Zweckverbänden gelten die Absätze 1 bis 3 nur für Wohnsitzgemeinden, die nicht Mitglied des Zweckverbands sind.

Erläuterungen

Übersicht

1. Einführung

Der **interkommunale Kostenausgleich** in § 8a KiTaG wurde im Rahmen der Novellierung des KiTaG 2009 völlig neu strukturiert.

Kernpunkte hierbei sind:

- Einführung eines gesetzlichen Finanzierungsanspruchs der Standortgemeinde gegenüber der Wohnsitzgemeinde bei Aufnahme der Gruppe/Einrichtung (einschließlich der auswärtig belegten Plätze) in die gemeindliche Bedarfsplanung;
- Möglichkeit der pauschalierten Abrechnung nach den Gemeinsamen Empfehlungen von Gemeindetag und Städtetag (s. Anhang);
- gesetzliche Verankerung des monatsanteiligen Kostenausgleichs bei nicht ganzjähriger Betreuung: Der Ausgleichsanspruch der Standortgemeinde besteht nur für die Monate, in denen für das Kind ein Betreuungsverhältnis besteht;
- Anforderung und Abrechnung des Kostenausgleichs erfolgt ausnahmslos durch die Standortgemeinde – unabhängig davon, ob die auswärtige Betreuung des Kindes/der Kinder in einer kommunalen Einrichtung oder in einer Einrichtung eines freien Trägers erfolgte;
- der Interkommunale Kostenausgleich findet ausschließlich zwischen Standort- und Wohnsitzgemeinde statt. Die Rechts- und Finanzbeziehung der Standortgemeinde mit ihrem/ihren freien Trägern spielt hierbei keine Rolle.

Mit Blick in die Vergangenheit wurden Regelungen zum Kostenausgleich unter den Gemeinden mit dem „Gesetz zur Änderung des Kindergartengesetzes" vom 14.2.2006 (GBl. S. 30) erstmals eingeführt. Die Regelung unter § 8a KiTaG in der bis 31.12.2008 geltenden Fassung sah vor, die Finanzierungsregelungen des § 8 Abs. 2, 3 und 5 KiTaG (alt) auf kommunale Einrichtungen mit gemeindeübergreifendem Einzugsgebiet zu erstrecken, wobei Einrichtungen, an denen die Wohnsitzgemeinden der Kinder in einem Zweckverband beteiligt sind, ausdrücklich ausgenommen wurden und die Regelung der Finanzierungsfragen in diesen Fällen auf den Zweckverband übertragen wurde (vgl. Begründung zum Gesetzentwurf der Fraktionen der CDU, FDP/DVP zum „Gesetz zur Änderung des Kindergartengesetzes" vom 25.11.2005 (LT-Drs. 13/4869 S. 14). Grundlage der damaligen Regelung war die zwischenzeitlich weggefallene Regelung des § 69 Abs. 5 Satz 3 SGB VIII, der für die Aufnahme gemeindefremder Kinder die Sicherstellung eines angemessenen Kostenausgleichs vorsah. In der Praxis war die Regelung bedeutungslos. Dies deshalb, weil die in § 8 Abs. 2 KiTaG (alt) vorgesehene Förderung bei Aufnahme in die Bedarfsplanung sowie die Ausnahmeförderung durch die Standortgemeinde erfolgte, die im Falle der von § 8a KiTaG (alt) umfassten Trägerschaft von Gemeinden gleichzeitig der zu fördernde (kommunale) Träger ist bzw. gewesen wäre. Auch die entsprechende Anwendung der platzbezogenen Förderung nach § 8 Abs. 3 KiTaG (alt) für Einrichtungen in gemeindlicher Trägerschaft kam praktisch nicht zur Anwendung. Der Förderanspruch nach § 8 Abs. 3 KiTaG (alt) setzte als negative Tatbestandsvoraussetzung die Nichtaufnahme der Einrichtung bzw. einzelner Plätze in die Bedarfsplanung voraus. Dabei war es realitätsfremd anzunehmen, dass eine Gemeinde, die selbst die Trägerschaft einer Einrichtung in diesem Sinne hatte, diese bzw. die dort angebotenen Plätze nicht in die (eigene) kommunale Bedarfsplanung aufnimmt. Der entsprechenden Anwendung des § 8 Abs. 3 KiTaG (alt) für Einrichtungen in der Trägerschaft von Gemeinden stand somit faktisch die Aufnahme der Einrichtung in die Bedarfsplanung der Trägergemeinde entgegen. Wenn überhaupt, kam der damalige interkommunale Kostenausgleich im Bereich der Kleinkindbetreuung über den Verweis auf § 8 Abs. 5 KiTaG (alt) zur Anwendung (vgl. hierzu auch *Lieber*, VBlBW 2009 S. 210, 213).

Vor diesem Hintergrund war eine Neufassung der Regelungen im Rahmen der Novellierung des KiTaG geboten, um einen tatsächlichen angemessenen Kostenausgleich der

Standortgemeinde für die Betreuung gemeindefremder Kinder in gemeindeübergreifenden Einrichtungen sicherzustellen. Eine volle Kostendeckung war und ist hingegen nicht erforderlich (vgl. Begründung zum Gesetzentwurf der Landesregierung zum „Gesetz zur Änderung des Kindertagesbetreuungsgesetzes und des Finanzausgleichsgesetzes" vom 25.11.2008 – LT-Drs. 14/3659 S. 18).

Die Neuregelung sieht einen Kostenausgleich allerdings nur für in die Bedarfsplanung aufgenommene Gruppen oder Einrichtungen bzw. die entsprechend auswärtig belegten Plätze vor. Andersherum ausgedrückt: Die Neuregelung sieht explizit keinen Kostenausgleich für nicht in die Bedarfsplanung der Standortgemeinde aufgenommene Einrichtungen oder Gruppen vor, da diese nach § 8 Abs. 4 KiTaG lediglich einen Mindestförderanspruch in Höhe der der Standortgemeinde gewährten Zuweisungen nach §§ 29b und 29c FAG haben. Wird nur dieser von der Standortgemeinde gewährt, entstehen dieser auch keine weiteren Kosten für die Betreuung gemeindefremder Kinder. Soweit nur noch Einrichtungen oder Gruppen in die Bedarfsplanung aufgenommen werden können und nicht mehr wie bisher auch einzelne Plätze, ist der Kostenausgleichsanspruch nicht mehr abhängig von der Aufnahme einzelner Plätze in die Bedarfsplanung, sondern von der Aufnahme der Einrichtung bzw. Gruppe.

Dadurch wird dem Umstand Rechnung getragen, dass die Nichtaufnahme einzelner Kinder in die Bedarfsplanung bei unveränderter Gruppengröße nicht zu einer Kostenreduzierung führt. Allerdings führt die Betreuung gemeindefremder Kinder in einer in die Bedarfsplanung aufgenommenen Einrichtung oder Gruppe zu einem gesetzlichen Refinanzierungsanspruch der Standortgemeinde gegenüber der Wohnsitzgemeinde.

Die Neuregelung hat insbesondere deshalb erhebliche Auswirkung, weil ein interkommunaler Kostenausgleich nunmehr auch für auswärtige Kinder, die in Einrichtungen freier und privat-gewerblicher Träger betreut werden, besteht. Die Aufnahme von Einrichtungen oder Gruppen, in denen gemeindefremde Kinder betreut werden, in den Bedarfsplan der Standortgemeinde ist für diese im Hinblick auf die auswärtig betreuten Kinder kostenneutral, sofern die Mindestförderung nach § 8 Abs. 2 und 3 KiTaG erfolgt (*Lieber*, VBlBW 2009 S. 210, 215).

2. Generalklausel (Absatz 1)

Satz 1 stellt die Generalklausel für den Anspruch der Standortgemeinde (Gemeinde, in der sich die Einrichtung befindet) auf Kostenausgleich gegenüber der Wohnsitzgemeinde (Gemeinde, in der die Kinder ihren Hauptwohnsitz haben) für die Betreuung auswärtiger Kinder dar. Da auf § 1 Abs. 2 bis 6 KiTaG (vgl. hierzu Erl. zu § 1 KiTaG) verwiesen wird, besteht der interkommunale Kostenausgleichsanspruch für die Betreuung auswärtiger Kindergarten- und Kleinkinder. Dies ist im Vergleich zur bisherigen Regelung des interkommunalen Kostenausgleichs unabhängig davon, ob ein gleichwertiger Platz im Gebiet der Wohnsitzgemeinde zur Verfügung steht (vgl. Erl. 1 zu § 8 KiTaG). Satz 2 stellt klar, dass ein Ausgleichsanspruch nur für die Monate des Bestehens eines Betreuungsverhältnisses besteht. Schließlich kann der Platz in diesem Zeitraum nicht anderweitig belegt werden. Streitigkeiten darüber, ob trotz einer nur zeitweise erbrachten Betreuung innerhalb eines Jahres Zuschüsse in Höhe des vollen Jahresbetrages zu bezahlen sind (vgl. Erl. 1 zu § 8 KiTaG), sollten somit zukünftig nicht mehr entstehen.

3. Kostenausgleich für die Betreuung auswärtiger Kinder (Absätze 2 und 3)

Absatz 2 regelt den Kostenausgleich für die Betreuung auswärtiger Kinder unter drei Jahre, Absatz 3 regelt den Kostenausgleich für die Betreuung auswärtiger Kinder vom vollendeten dritten Lebensjahr bis zum Schuleintritt.

Für die Kleinkindbetreuung sieht Absatz 2 einen Ausgleichsanspruch der Standortgemeinde für jedes auswärtige Kind in Höhe von 75 % der auf dieses entfallenden Betriebskosten vor. Abzuziehen sind die sich entsprechend der Betreuungszeit ergebenden Zuweisungen nach § 29c Abs. 2 FAG (vgl. Erl. zu § 8 KiTaG). Unklar ist, ob der Begriff „Betriebskosten" in diesem Sinne mit dem Begriff „Betriebsausgaben" i. S. des § 8 Abs. 3 KiTaG gleichzusetzen ist oder ob diese unterschiedlich zu verstehen sind. Als Ansatzpunkt für eine differenzierende Betrachtung der unterschiedlichen Begriffe kann § 4 EStG herangezogen werden, der unter Absatz 4 Betriebsausgaben als Aufwendungen definiert, die durch den Betrieb veranlasst sind.

Soweit die Standortgemeinde den Betrieb von Einrichtungen nicht unmittelbar selbst als Trägerin finanziert, sondern den Träger dieser entstandenen Betriebsausgaben über die Förderung nach § 8 KiTaG teilweise erstattet, sind der Standortgemeinde entstandene Kosten nicht unmittelbar durch den Betrieb der jeweiligen Einrichtung veranlasst worden, sondern durch die Kosten im Zusammenhang mit deren Förderung. Aufwendungen der Gemeinde werden also nicht durch den Betrieb, sondern durch die von ihr zu bezahlenden Förderzuschüsse veranlasst. Diese Betrachtung würde allerdings nur die unterschiedliche Begrifflichkeit erklären, nicht aber ein etwa weitergehendes Verständnis des Begriffs der Betriebskosten im Vergleich zu den Betriebsausgaben. Es wäre auch nicht sachgerecht, den Begriff der Betriebskosten weiter als den der Betriebsausgaben auszulegen. Schließlich ist Sinn und Zweck des interkommunalen Kostenausgleichs, den Standortgemeinden einen angemessenen Kostenausgleich für die Betreuung auswärtiger Kinder sicherzustellen.

Hingegen ist weder eine volle Kostendeckung erforderlich (vgl. LT-Drs. 14/3659 S. 18), noch ist erkennbar, warum der Begriff der Betriebskosten weitere Kostenpositionen umfassen soll, die nicht vom Begriff der Betriebsausgaben umfasst sind. Hinzu kommt, dass die Förderverpflichtung der Standortgemeinde für die Betreuung auswärtiger Kinder nach § 8 Abs. 3 KiTaG in Höhe von mindestens 68 % der Betriebsausgaben besteht, der interkommunale Kostenausgleichsanspruch gegenüber der Wohnsitzgemeinde hingegen 75 % beträgt.

Hierdurch soll die Standortgemeinde einen möglichst weitgehenden Ausgleich der durch die Betreuung der auswärtigen Kinder entstehenden Kosten erhalten (vgl. LT-Drs. 14/3659 S. 18). Bei der Ermittlung wurde ein pauschalierter Anteil für Elternbeiträge (angenommen in einer Größenordnung von 20 %) sowie der Trägeranteil (angenommen in einer Größenordnung von 5 %), insgesamt also in Höhe von 25 %, in Abzug gebracht. So kommt der Gesetzgeber dazu, bei der Berechnung 75 % zugrunde zu legen, nachdem der Gesetzgeber zunächst davon ausging, dass der Kostenausgleich auf Grundlage der tatsächlichen Betriebsausgaben der Gruppe berechnet wird (sog. Spitzabrechnung). Der Bezug zu den tatsächlichen Betriebsausgaben wird auch in der Gesetzesbegründung (LT-Drs. 14/3659 S. 19) ausdrücklich hergestellt. Es besteht damit keine Veranlassung, den Kostenausgleichsanspruch über eine Erweiterung der Kostenpositionen unter dem Begriff der Betriebskosten faktisch weiter zu erhöhen. Zudem stellt Satz 2 der Regelung klar, dass der Kostenausgleich höchstens bis zu den der Standortgemeinde tatsächlich entstehenden Kosten gewährt wird.

Für die Kindergartenbetreuung sieht Absatz 3 einen Ausgleichsanspruch der Standortgemeinde für jedes auswärtige Kind in Höhe von 63 % der auf dieses entfallenden Betriebskosten vor. Abzuziehen sind die sich entsprechend der Betreuungszeit ergebenden Zuweisungen nach § 29b Abs. 2 FAG (vgl. Erl. zu § 8 KiTaG).

Schließlich ist die Standortgemeinde nur mit dem über die FAG-Zuweisung hinausgehenden Zuschuss finanziell belastet. Im Übrigen wird zum Begriff der Betriebskosten auf die vorigen Erl. zu Absatz 2 verwiesen.

Sofern die Standortgemeinde eine über die Mindestförderung hinausgehende Bezuschussung von Trägern im Rahmen einer vertraglichen Vereinbarung nach § 8 Abs. 5 KiTaG vereinbart, steht ihr für die über die Mindestförderung hinausgehenden Kosten bei der Betreuung auswärtiger Kindergartenkinder kein Refinanzierungsanspruch gegenüber der Wohnsitzgemeinde zu, für die Betreuung auswärtiger Kleinkinder gibt es einen lediglich in Höhe von bis zu höchstens 75 %. Die Bereitschaft zu einer über die Mindestförderung hinausgehenden Förderung durch die Standortgemeinden ist daher begrenzt, da diese auf den Mehrkosten „sitzen bleibt". Etwas anderes gilt dann, wenn die Wohnsitz- und die Standortgemeinde von der in Absatz 6 vorgesehenen Möglichkeit zur Vereinbarung abweichender Regelungen Gebrauch machen (vgl. Erl. zu Absatz 6).

4. Anspruch der Wohnsitzgemeinde auf Offenlegung der Gesamtfinanzierung (Absatz 4)

Die Regelung räumt der Wohnsitzgemeinde einen Anspruch gegenüber der Standortgemeinde auf Offenlegung der Gesamtfinanzierung der Einrichtung ein. Da die Abrechnung des interkommunalen Kostenausgleichs auf Grundlage der tatsächlichen Betriebsausgaben erfolgt (vgl. vorige Erl. zu den Absätzen 2 und 3), stellt die Einsichtnahme der Gesamtfinanzierung eine Kontrollmöglichkeit der Wohnsitzgemeinde zur Überprüfung in Rechnung gestellter Kostenausgleichsansprüche dar. Dies macht die Spitzabrechnung – abgesehen von dem unverhältnismäßig hohen Verwaltungsaufwand – zu einem konfliktbehafteten Weg, da die Standortgemeinde in vielen Fällen die Gesamtfinanzierung eines freien, ggf. privat-gewerblichen Trägers vorzulegen hätte.

Abgesehen davon, dass diese Regelung wenig realistisch ist, würde es in der Praxis Fälle geben können, in denen man – zumindest unter vertretbaren zeitlichen Aspekten jedoch auch von der Sache her – nicht mit einer Lösung auf diesem Weg rechnen kann.

5. Fälligkeit der Zahlungsansprüche aus dem Interkommunalen Kostenausgleich (Absatz 5)

Absatz 5 regelt die Fälligkeit der Zahlungsansprüche aus dem Interkommunalen Kostenausgleich am 1. Februar des jeweils folgenden Jahres. Zuvor hat die Wohnsitzgemeinde Abschlagszahlungen in Höhe von jeweils 50 % am 1. April sowie am 1. September auf Grundlage des Finanzierungsplans der Einrichtung zu leisten. Da die Abrechnung des Interkommunalen Kostenausgleichs auf Grundlage der tatsächlichen Betriebsausgaben des Einrichtungsträgers erfolgt, ist es zunächst erforderlich, dass die Betriebsausgaben gegenüber der Standortgemeinde dargelegt werden. In der Praxis erfolgt dies meistens durch Vorlage der steuerlichen Gewinnermittlung, in der die angefallenen Betriebsausgaben ausgewiesen sind. Die Erstellung dieser dauert allerdings häufig über den 1. Februar des dem Abrechnungsjahr folgenden Jahres hinaus an, so dass die Frist zum 1. Februar regelmäßig nicht eingehalten werden kann. Ferner ist unklar, welchen Anforderungen der Finanzierungsplan der Einrichtung, welcher Grundlage der Abschlagszahlungen ist, genügen muss. Im Einzelfall würde daher zumindest zu prüfen sein, ob dieser schlüssig und nachvollziehbar ist. Zudem kann, falls entsprechende Unterlagen bereits vorliegen, ein Vergleich des Finanzierungsplans mit den in den Vorjahren ausgewiesenen Betriebsausgaben erfolgen. Sofern keine Sonderausgaben des Trägers beabsichtigt sind, sollten die Betriebsausgaben im Finanzierungsplan ungefähr denjenigen der Vorjahre, zzgl. einer Hochindexierung anhand des Verbraucherpreisindex (ca. 3 % jährlich) entsprechen. Bestehen Unklarheiten bezüglich einzelner Kostenpositionen im Finanzierungsplan, wäre der Träger zur konkreten Darlegung aufzufordern. Gelingt eine schlüssige und nachvollziehbare Darlegung der im Finanzierungsplan ausgewiesenen Betriebsausgaben nicht, sollten Abschlagszahlungen, wenn überhaupt, nur entsprechend gekürzt geleistet werden. Schließlich wird der Träger auch im Falle einer etwaigen gerichtlichen Auseinandersetzung über die Höhe der zu zahlenden Abschläge substantiiert darlegen müssen, wie sich die Betriebsausgaben im Finanzierungsplan zusammensetzen.

6. Vereinbarung abweichender Regelungen, Empfehlungen von Gemeindetag und Städtetag (Absatz 6)

Absatz 6 sieht die Möglichkeit vor, abweichende Regelungen zum Interkommunalen Kostenausgleich zu vereinbaren. Insbesondere wird auf die Möglichkeit hingewiesen, von der Berechnung des Kostenausgleichs nach Absatz 2 Satz 1 und Absatz 3 Satz 1, also nach den tatsächlichen Betriebsausgaben der Einrichtung oder Gruppe, abzuweichen und sich auf Ausgleichsbeträge zu einigen, die in gemeinsamen **Empfehlungen des Gemeindetags Baden-Württemberg und des Städtetags Baden-Württemberg** über die Höhe des interkommunalen Kostenausgleichs bei der Betreuung auswärtiger Kinder (vgl. Anhang) festgelegt sind.

Die Regelung ist von erheblicher praktischer Bedeutung. Die Abrechnung des Interkommunalen Kostenausgleichs auf Grundlage der tatsächlich entstandenen Betriebsausgaben des Einrichtungsträgers eröffnet zwar die Möglichkeit zu Gunsten der Standortgemeinde, ihre bzw. dem freien Träger entstandene Kosten exakt gegenüber der Wohnsitzgemeinde abzurechnen, andererseits führt eine Abrechnung auf dieser Basis zu einem enormen Verwaltungsaufwand und zu starkem Konfliktpotential unter den Wohnsitz- und Standortgemeinden. So ist im Falle einer Spitzabrechnung im Einzelnen aufzuführen, in welchen Monaten für welches Kind ein Betreuungsverhältnis bestand. Ferner sind Wechsel von Krippen- in Kindergartengruppen sowie ausscheidende und hinzukommende Kinder zu dokumentieren. Hinzu kommt, dass für den Fall der Aufnahme einzelner Gruppen einer Einrichtung in die Bedarfsplanung die Betriebsausgaben entsprechend zuzuweisen und zu kontrollieren sind. Im Einzelnen wären die auf die jeweiligen auswärtigen Kinder entfallenden Betriebsausgaben zu berechnen und diese dann wieder den jeweiligen Wohnsitzgemeinden zuzuweisen. Hinzu kommt im Streitfall der Aufwand und das Risiko einer gerichtlichen Auseinandersetzung zwischen der Standort- und den jeweiligen Wohnsitzgemeinden über die Höhe des Interkommunalen Kostenausgleichsanspruchs, die wiederum von den vorab benannten Punkten abhängig ist. Der damit verbundene Verwaltungsaufwand steht dabei regelmäßig in keinem Verhältnis zu etwaigen Mehrkosten im Falle der Vereinbarung einer Pauschalabrechnung auf Grundlage der gemeinsamen Empfehlungen des Gemeindetags Baden-Württemberg und des Städtetags Baden-Württemberg über die Höhe des interkommunalen Kostenausgleichs bei der Betreuung auswärtiger Kinder (vgl. Anhang).

Aus diesem Grund wurde auf Initiative des Gemeindetags Baden-Württemberg ein **Muster für eine öffentliche-rechtliche Vereinbarung** entworfen (vgl. Anhang), ausweislich dessen sich die vereinbarenden Gemeinden dazu verpflichten, untereinander auf Grundlage der gemeinsamen Empfehlungen des Gemeindetags Baden-Württemberg und des Städtetags Baden-Württemberg über die Höhe des Interkommunalen Kostenausgleichs bei der Betreuung auswärtiger Kinder abzurechnen. Soweit der Gesetzgeber der von Städte- und Gemeindetag im Rahmen des Anhörungsverfahrens zum „Gesetz zur Änderung des Kindertagesbetreuungsgesetzes und des Finanzausgleichsgesetzes" erhobenen Forderung klarer Festbeträge für den kommunalen Kostenausgleich nicht entsprochen hat (vgl. LT-Drs. 14/3659 S. 28), war es unabdingbar, durch die Vereinbarung einer Abrechnung auf der Grundlage von Pauschalen den durch das Gesetz verursachten unnötigen Verwaltungsaufwand zu kompensieren bzw. überflüssig zu machen.

Dies kann als eine absolut erfolgreiche „inter-kommunal" befriedend wirkende Maßnahme betrachtet und bewertet werden. Auf Initiative des Gemeindetags Baden-Württemberg ist es flächendeckend gelungen, dass in allen 35 Kreisverbänden (diese sind identisch mit den Landkreisen) die eigens dafür erarbeiteten öffentlich-rechtlichen Vereinbarungen abgeschlossen und von allen Städten und Gemeinden unterzeichnet wurden. Darüber hinaus sind alle Stadtkreise den entsprechenden Verträgen beigetreten (beispielsweise sind die Städte Heidelberg und Mannheim der öffentlich-rechtlichen Vereinbarung des Rhein-Neckar-Kreises oder bspw. die Stadt Pforzheim der öffentlich-rechtlichen Vereinbarung des Enzkreises beigetreten). Auch die Landeshauptstadt Stuttgart ist mittlerweile all denjenigen öffentlich-rechtlichen Vereinbarungen von Landkreisen mit kreisangehörigen Städten und Gemeinden beigetreten, aus denen Kinder in der Landeshauptstadt betreut werden. Eine bekannte Universitätsstadt, die sich lange eine andersartige Abrechnung mit selbst festgelegten (deutlich höheren) Beträgen zu eigen machen wollte, wendet mittlerweile ebenfalls die Abrechnung mit den landeseinheitlichen Pauschalen von Gemeindetag und Städtetag an. Mit dem flächendeckenden Abschluss der Vereinbarungen wurde somit die Spitzabrechnung des § 8a Abs. 2 bis 5 KiTaG ad absurdum geführt und in eine praktikable Handhabung auf der Grundlage des § 8a Abs. 6 KiTaG überführt.

Seit 2010 schreiben Gemeindetag Baden-Württemberg und Städtetag Baden-Württemberg nicht nur die Beträge/Pauschalen fort, sondern geben darüber hinaus auch jährlich aktualisierte gemeinsame Hinweise für die Umsetzung in der Praxis heraus. Ab 2012 wird eine Anpassung der berechneten Platzkosten (s. Nr. 8 der gemeinsamen Empfehlungen) unter Berücksichtigung der Entwicklung der Personal- und Sachkosten erfolgen.

Auf zwei Konstellationen/Fragestellungen, die nicht pauschal bzw. bisher nicht übergreifend zu lösen sind

– interkommunaler Kostenausgleich zwischen Städten und Gemeinden aus anderen Bundesländern (z. B. Bayern, Hessen, Rheinland Pfalz),
– interkommunaler Kostenausgleich zwischen Städten und Gemeinden aus anderen Staaten (z. B. Niederlande, Schweiz, Österreich),

wird daher an dieser Stelle das Notwendige erläutert:

Für beide Konstellationen gilt:

Ein Anspruch bzw. eine Verpflichtung zur Leistung eines Kostenausgleichs an eine Stadt/Gemeinde außerhalb Baden-Württembergs oder außerhalb Deutschlands besteht nicht, da das KiTaG für Baden-Württemberg keine Rechtswirkung außerhalb Baden-Württembergs entfaltet. Andersherum kann auch eine Verpflichtung aufgrund eines Landesgesetzes eines anderen Bundeslandes oder eines anderen Nationalstaates keine unmittelbare Rechtswirkung auf eine Kommune in Baden-Württemberg entfalten.

Dazu würde es entsprechender Staatsverträge zwischen den betroffenen Bundesländern (bzw. zwischen den betroffenen Nationalstaaten) bedürfen. Gemeindetag und Städtetag sind wegen der kommunalpraktischen Relevanz solchen Überlegungen im Hinblick auf die Regelungen mit den Nachbar-Bundesländern Bayern, Hessen und Rheinland-Pfalz offen für etwaige Verhandlungen bzw. Lösungen und haben das Land gebeten, hier gemeinsam initiativ zu werden.

Die zurückhaltende Einschätzung der bis März 2011 amtierenden früheren Landesregierung bzw. des Kultusministeriums kommt in dem Antwortschreiben des KM an den Städtetag Baden-Württemberg vom 23.8.2010 zum Ausdruck und hat daher bis heute zu keinen Aktivitäten in diesem Bereich geführt: „(...)*Wir (Anmerkung: das KM) haben zunächst mittels einer Länderumfrage erhoben, inwieweit bereits Lösungen in diesem Sinne existieren. Dabei hat sich gezeigt, dass lediglich in einem Fall, nämlich zwischen dem Land Berlin und dem Land Brandenburg, ein „Staatsvertrag über die gegenseitige Nutzung von Plätzen in Einrichtungen der Kindertagesbetreuung" abgeschlossen wurde. Dieser sieht eine Ausgleichszahlung (die aber wiederum an bestimmte Voraussetzungen geknüpft ist) vor, soweit nicht einvernehmlich ein Ausgleich hergestellt wird. Der Abschluss dieses Staatsvertrags ist aber vor allem vor dem Hintergrund der besonderen räumlichen Verhältnisse zu sehen. Ansonsten wird derzeit nur in Bremen eine länderübergreifende Regelung geprüft, die jedoch wegen der unterschiedlichen Finanzierungssysteme in Bremen und Niedersachsen als schwierig eingeschätzt wird.*

Diese Problematik besteht auch, wenn man die Finanzierungsregelungen von Baden-Württemberg mit denen seiner drei Nachbarländer vergleicht. Nicht nur die Höhe der Förderung der Betreuung von Kindern in Kindertageseinrichtungen, sondern auch deren Ausgestaltung bezüglich der Öffnungs- bzw. Betreuungszeiten, der Bemessungsgrundlage und besonderer Förderbedarfe (z. B. bei Kindern mit Behinderung und bei Kindern mit Migrationshintergrund) sowie die Regelungen eines Kostenausgleichs bei auswärtiger Betreuung unterscheiden sich erheblich. So gibt es in Rheinland-Pfalz und in Hessen ausschließlich eine Förderung des Landes, und zwar für kommunale und freie Einrichtungen mit vielen unterschiedlichen Fördersätzen; gefördert werden in Rheinland-Pfalz nur die Personalkosten, während die Sachkosten vom Träger voll zu tragen sind. Außerdem gibt es dort keine verbindliche, in der Höhe konkretisierte Kostenausgleichsregelung für auswärtige Betreuung („Die im Einzugsbereich der Kindertagesstätte liegenden Gemeinden sollen sich im Rahmen ihrer Finanzkraft beteiligen"). Die sog. Gastkinderregelung des Freistaats Bayern regelt, dass die Wohnsitzgemeinde den auf die betreffenden Kinder entfallenden Anteil der Förderung zu tragen hat, wenn sie nicht über ausreichend bedarfsnotwendig bestimmte oder anerkannte Plätze verfügt; ein Förderanspruch gegen die Wohnsitzgemeinde ist ausgeschlossen, wenn sie einen freien Platz von mindestens sechs Stunden anbietet, auch wenn die Eltern eine längere Betreuungszeit wünschen. Beides sind Einschränkungen, die die baden-württembergische Kostenausgleichregelung nicht vorsieht. Diese Beispiele zeigen, dass es sehr schwierig sein dürfte, mit den angrenzenden Bundesländern bezüglich der Vereinbarung eines länderübergreifenden Kostenausgleichs jeweils auf einen gemeinsamen Nenner zu kommen. Der Abschluss von Staatsverträgen bedingt selbstverständlich auch die Bereitschaft der in Frage kommenden Vertragspartner zu einer solchen Lösung. Diese erscheint zumindest bei einem Überhang an nach Baden-Württemberg einpendelnden Kindern fraglich. Der Abschluss von Staatsverträgen, für deren Wirksamwerden es einer gesetzlichen Grundlage in den beteiligten Ländern bedarf, setzt insbesondere voraus, dass die zu regelnde Thematik eine ausreichende Bedeutung bzw. Notwendigkeit hat. Nur bei einem größeren Umfang an landesweit festgestellten Fallzahlen wäre nach unserer Auffassung eine weitere Prüfung der Möglichkeit einer Realisierung von Staatsverträgen zu erwägen(...)."

Als Hinweis für die Praxis bleibt festzuhalten, dass unter Würdigung jedes Einzelfalles vor Ort (wohlwollend) zu prüfen ist, ob die Stadt/Gemeinde ohne Anerkennung einer Rechtspflicht im Wege der Freiwilligkeit einen angemessenen Kostenausgleich – ggf. unter Anwendung der empfohlenen Pauschalen – leistet. Wohlwollend heißt in diesem Falle, dass dem Umstand Rechnung getragen wird, dass eine (gesetzliche) Zahlungsverpflichtung bestünde, wenn das Kind (oftmals nur wenige Kilometer entfernt) innerhalb der Landesgrenzen Baden-Württembergs wohnhaft wäre.

Speziell auf Bayern bezogen ist noch wichtig zu wissen, dass eine bayerische Standortgemeinde, in der ein Kind aus Baden-Württemberg betreut wird, eine höhere Finanzzuweisung pro Platz/pro Kind vom Freistaat Bayern erhält, wenn sich die Wohnsitzgemeinde eines sog. „Gastkindes" grundsätzlich (unabhängig von der Höhe) an der Finanzierung des von einem auswärtigen, in diesem Fall aus Baden-Württemberg stammenden, Kind und dem von ihm belegten Platz beteiligt.

§ 8b

Förderung der Kindertagespflege

(1) Für die Förderung der Kindertagespflege im Sinne dieses Gesetzes sind die Landkreise, die Stadtkreise und die nach § 5 Kinder- und Jugendhilfegesetz für Baden-Württemberg zu örtlichen Trägern bestimmten kreisangehörigen Gemeinden als örtliche Träger der öffentlichen Jugendhilfe zuständig.

(2) Eine laufende Geldleistung nach § 23 SGB VIII wird von örtlichen Trägern der öffentlichen Jugendhilfe an die Tagespflegeperson für ein von ihr betreutes Kind gewährt, für das ein Betreuungsbedarf im Sinne von § 24 in Verbindung mit § 24a SGB VIII festgestellt ist. Maßgebend hierfür sind die in den jeweils geltenden Empfehlungen des Landkreistags Baden-Württemberg, des Städtetags Baden-Württemberg sowie des Kommunalverbands für Jugend und Soziales Baden-Württemberg für die entsprechenden Betreuungszeiten festgesetzten Beträge.

(3) Für die Betreuung von Kindern unter drei Jahren sind bei der Bemessung der Kostenbeteiligung der Personensorgeberechtigten die Zuweisungen nach § 29c FAG zu berücksichtigen.

(4) Der örtliche Träger der öffentlichen Jugendhilfe hat für die in Kindertagespflege nach Absatz 2 auswärts betreuten Kinder unter drei Jahren einen Anspruch auf Kostenausgleich gegenüber dem örtlichen Träger der öffentlichen Jugendhilfe, in dessen Bereich das Kind betreut wird, in Höhe der für das Kind im laufenden Jahr gewährten Zuweisung nach § 29c FAG. Die örtlichen Träger der öffentlichen Jugendhilfe können eine von Satz 1 abweichende Regelung vereinbaren.

Erläuterungen

Übersicht

1. Zuständigkeit, Umfang der Geldleistung nach § 23 SGB VIII (Absätze 1 und 2)

Zunächst war die Überlegung im Raum gestanden, die Zuständigkeit für die Förderung der Kindertagespflege analog zu § 8 Abs. 1 KiTaG auf die Städte und Gemeinden zu übertragen. Dies wurde aus verschiedenen Gründen wieder verworfen. Insoweit hat die Vorschrift deklaratorische Bedeutung, da sich die Aufgaben und Zuständigkeiten der Stadt- und Landkreise in der Kindertagespflege nach den §§ 23 und 24 SGB VIII entsprechend der Vorschriften der §§ 85 Abs. 1 und 69 Abs. 1 SGB VIII i. V. m. § 1 Abs. 1 KJHG für Baden-Württemberg ergeben und damit in dieser Weise fortbestehen.

Mit Verweis auf die entsprechende bundesrechtliche Regelung bemisst sich der Umfang der Geldleistung nach § 23 SGB VIII in der jeweils geltenden Fassung. Die örtlichen Träger der öffentlichen Jugendhilfe werden durch die für den Aufgabenbereich der Kindertagespflege erstmals gewährten FAG-Zuweisungen bei der Wahrnehmung dieser Aufgabe finanziell entlastet.

Die aktuellen **Empfehlungen von Landkreistag, Städtetag und dem KVJS über die Höhe der laufenden Geldleistung** s. Anhang.

Die gesetzliche Regelung ermöglicht weiterhin Vereinbarungen zwischen dem örtlichen Träger der öffentlichen Jugendhilfe und den kreisangehörigen Gemeinden, die für eine differenzierte örtliche Bedarfsplanung, die sowohl die institutionelle Kinderbetreuung sowie die Kindertagespflege umfasst, von wesentlicher Bedeutung sind.

In der Praxis kann dies beispielsweise im Wege eines öffentlich-rechtlichen Vertrages zur Delegation der Förderung der Kindertagespflege zwischen dem Landkreis und den kreisangehörigen Gemeinden erfolgen. Da es sich um eine Aufgabe des Landkreises handelt, empfiehlt sich eine Kostenerstattungsregelung mit aufzunehmen. Erste Praxisbeispiele belegen die Umsetzbarkeit.

2. Bemessung der Kostenbeteiligung der Personensorgeberechtigten (Absatz 3)

Klargestellt wird, dass die Zuweisungen nach § 29c FAG bei der Bemessung der Kostenbeteiligung der Personensorgeberechtigten von Kindern unter drei Jahren zu berücksichtigen sind. Die Kostenbeteiligung des Personensorgeberechtigten ermäßigt sich dadurch. Die hierzu gemeinsam von Landkreistag, Städtetag und KVJS herausgegebenen gemeinsamen Rundschreiben mit verschiedenen Varianten zur Höhe des Kostenbeitrags der Eltern unter Berücksichtigung der FAG-Zuweisungen an die Stadt- und Landkreise sind im Anhang abgedruckt.

3. Kostenausgleich bei einem Kind, das im Zuständigkeitsbereich eines anderen Trägers der öffentlichen Jugendhilfe betreut wird (Absatz 4)

Absatz 4 regelt den Kostenausgleich zwischen den Trägern der öffentlichen Jugendhilfe für ein Kind, das im Zuständigkeitsbereich eines anderen Trägers der öffentlichen Jugendhilfe betreut wird. Die Träger der öffentlichen Jugendhilfe können abweichend von der in Satz 1 vorgesehenen Berechnung des Kostenausgleichs auch einen eigenen Kostenausgleich vereinbaren. Die Vereinbarung kann auch einen Verzicht auf Kostenausgleich beinhalten. Dem dürfte aber vor dem Hintergrund der haushaltsrechtlichen Einnahmebeschaffungsgrundsätze nach § 78 Abs. 2 GemO ganz besonders in Zeiten leerer kommunaler Kassen enge Grenzen gesetzt sein.

§ 8c

Förderung der Betreuungsangebote durch das Land

Das Land unterstützt die Gemeinden und örtlichen Träger der öffentlichen Jugendhilfe bei der Bereitstellung eines bedarfsgerechten Betreuungsangebots in Tageseinrichtungen und in der Kindertagespflege durch Zuweisungen nach Maßgabe des Finanzausgleichsgesetzes.

Erläuterungen

Die Vorschrift regelt die Förderung von Betreuungsangeboten durch das Land.

Nachdem sich das Land ab 2009 an der Betriebskostenförderung in der institutionellen Kleinkindbetreuung, der Kindertagespflege (und ab 2010 auch an der Erhöhung der Personal-Mindeststandards im Kindergartenbereich) mit originären Landesmitteln beteiligt, sah sich der Gesetzgeber veranlasst, diesen Umstand deklaratorisch in das Gesetz aufzunehmen. Aus kommunaler Sicht bleibt diesbezüglich festzuhalten, dass trotz der Landes- (und Bundes)Förderung in der Kleinkindbetreuung wie auch bei der Qualitätsverbesserung bzw. der Betriebskostenförderung im Kindergarten der mit Abstand höchste Finanzierungsanteil an den Kinderbetreuungsangeboten bei den Kommunen verbleibt. Von einer „fairen Kostenaufteilung", wie sie politisch verkündet wurde („Ein Drittel Bund, ein Drittel Land, ein Drittel Kommunen"), kann in der Praxis leider keine Rede sein. Im Lichte der sich ab 2010 ff. zunehmend dramatisch entwickelnden Lage der kommunalen Haushalte für die Kommunen wird sich zeigen, ob der von Bund und Land forcierte Ausbau unter diesen Bedingungen weiterhin finanzierbar sein wird.

§ 9

Verwaltungsvorschriften, Orientierungsplan für Bildung und Erziehung

(1) Das Kultusministerium und das Sozialministerium erlassen im Einvernehmen mit dem jeweils berührten Ministerium Verwaltungsvorschriften über

1. die Ausgestaltung der Kindertagespflege und die Förderung der Strukturen in der Kindertagespflege durch das Land,

2. die ärztliche Untersuchung nach § 4,

3. die Bildung und Aufgaben der Elternbeiräte nach § 5.

(2) Das Kultusministerium entwickelt im Benehmen mit dem jeweils berührten Ministerium mit Beteiligung der Trägerverbände und den kommunalen Landesverbänden Zielsetzungen für die Elementarerziehung, die in einem Orientierungsplan für Bildung und Erziehung festgelegt werden. Dabei spielt die ganzheitliche Sprachförderung eine zentrale Rolle. Satz 1 gilt entsprechend für Änderungen des Orientierungsplans für Bildung und Erziehung.

(3) Der Orientierungsplan für Bildung und Erziehung wird im Amtsblatt des Kultusministeriums bekannt gegeben.

Erläuterungen

Übersicht

1. Ermächtigungsgrundlage (Absatz 1)

Die Vorschrift stellt die Ermächtigungsgrundlage für den Erlass einer der unter Nrn. 1 bis 3 aufgeführten Verwaltungsvorschriften durch das Kultusministerium und das Ministerium für Arbeit und Soziales im Einvernehmen mit den jeweils berührten Ministerien dar. Die bisherige Ermächtigungsgrundlage für den Erlass einer Verwaltungsvorschrift zur Förderung des Landes für die Kleinkindbetreuung wurde gestrichen, da sich das Land aufgrund der Änderung des FAG im Rahmen der Novelle des KiTaG an den Betriebskosten der Kleinkindbetreuung über Zuweisungen an die Gemeinden und örtlichen Träger der Jugendhilfe beteiligt.

2. Orientierungsplan (Absatz 2)

Das Kultusministerium entwickelt nach Absatz 2 mit den berührten Ministerien und mit Beteiligung der Trägerverbände sowie den kommunalen Landesverbänden Zielsetzungen für die Elementarerziehung.

Diese werden in einem Orientierungsplan für Bildung und Erziehung festgelegt. Nach Satz 2 der Regelung spielt die ganzheitliche Sprachförderung eine zentrale Rolle.

Der Orientierungsplan in der Fassung nach der Anhörung Stand März 2011 kann unter www.km-bw.de eingesehen werden. Zu der gesamten Thematik „Orientierungsplan" wird auf die ausführlichen und aktuellen Erl. zu § 2a Abs. 3 KiTaG verwiesen.

3. Bekanntmachung des Orientierungsplans (Absatz 3)

„Die Regelungen zum Verfahren der Erarbeitung des Orientierungsplans haben sich bewährt und sollen deshalb für dessen evtl. künftige Überarbeitungen entsprechend gelten.

Der Orientierungsplan ist rechtlich weder ein nach § 35 Abs. 3 SchG im Amtsblatt des Kultusministeriums zu veröffentlichender Bildungs- und Lehrplan noch eine Verwaltungsvorschrift. Da er aber die Ziele beschreibt, die durch die Veränderung des Personalschlüssels erreicht werden sollen, ist eine amtliche Veröffentlichung angezeigt. Hierfür schafft § 9 die Grundlage" (LT-Drs. 14/6696, Gesetzesbegründung zu § 9 Abs. 2 und 3).

§ 10

Übergangsregelung zu §§ 8 Abs. 4 und 8a Abs. 2 und 3

(1) Die sich aus § 29b Abs. 2 Satz 1 und 3 FAG nach der Zahl der in Tageseinrichtungen auf dem Gebiet der Gemeinde betreuten Kinder, die das dritte aber noch nicht das siebente Lebensjahr vollendet haben, ergebenden Beträge werden im Jahr 2009 mit dem Faktor 2, im Jahr 2010 mit dem Faktor 1,67, im Jahr 2011 mit dem Faktor 1,43 und im Jahr 2012 mit dem Faktor 1,25 multipliziert. Die Zuschüsse des Landes für die Kindergärten und Tageseinrichtungen mit altersgemischten Gruppen in den Gemeinden für das Jahr 2002 im Sinne von § 29b Abs. 2 Satz 2 FAG bleiben unberücksichtigt.

(2) Abweichend von § 8 Abs. 4 ergibt sich im Jahr 2009 der Zuschuss mindestens aus dem Betrag, der sich auf der Grundlage der ersten FAG-Teilzahlung 2009 für das ganze Jahr errechnet.

(3) Abweichend von § 8a Abs. 2 und 3 ist für die Feststellung des Kostenausgleichs im Jahr 2009 ein Betrag nach dem Finanzausgleichsgesetz zu Grunde zu legen, der sich auf der Grundlage der ersten FAG-Teilzahlung 2009 für das ganze Jahr ergibt.

Erläuterungen

Die stufenweise Einführung der FAG-Mittelverteilung nach der Zahl der betreuten Kinder für den Kindergartenbereich erfordert zwingend eine Übergangsregelung für die Regelungen des Kindertagesbetreuungsgesetzes, die unmittelbar an die neue (aber erst ab 2013 zu 100 Prozent geltende) FAG-Zuweisung anknüpfen. Dies ist zum einen § 8 Abs. 4 KiTaG (Bezuschussung der Träger nichtbedarfsgerechter Einrichtungen in Höhe der FAG-Zuweisung je Kind) und zum anderen § 8a Abs. 3 KiTaG (Reduzierung des Kostenausgleichs der Wohnsitzgemeinde um die FAG-Zuweisung je Kind).

In der Übergangsphase des § 29b FAG von 2009 bis 2012 werden bei der Verteilung der FAG-Mittel außer der Zahl der betreuten Kinder (Komponente 1) zusätzlich die Landeszuschüsse für die Kindergärten in den Gemeinden auf der Basis des Jahres 2002 (Komponente 2) berücksichtigt. Durch die Gruppenbezogenheit beinhalten letztere jedoch keinen rechnerischen Bezug auf die Zahl der Kinder einer Gemeinde. Daher wird mit der Übergangsregelung ein (fiktiver) Betrag pro Kind in der Weise berechnet, dass sich der aus der Komponente 1 ergebende Betrag rechnerisch auf einen 100-prozentigen Zuweisungsbetrag pro Kind hochgerechnet wird.

> *Beispiel:*
>
> *Im Jahr 2009 wird die Kinderkomponente von 50 Prozent verdoppelt, im Jahr 2010 wird die Kinderkomponente von 60 Prozent mit dem Faktor 1,67 multipliziert, sodass sich ebenfalls ein Zuweisungsbetrag von gerundeten 100 Prozent ergibt.*

Dabei ist in Kauf zu nehmen, dass der berechnete fiktive Betrag von den tatsächlichen Verhältnissen nach unten oder oben abweichen kann, und zwar dann, wenn bei einer Gemeinde die Komponenten 1 und 2 unterschiedlich ausgeprägt sind (z. B. bei einem überdurchschnittlichen Rückgang der Kinderzahl seit 2002).

Die Absätze 2 und 3 ermöglichen übergangsweise für das Jahr 2009 eine Berechnung des FAG-Betrags je Kind. Diese Regelung war erforderlich, da für das Vorjahr (2008) nach dieser Systematik kein Betrag ermittelt werden konnte.

Anhang

Anhang 1

Verordnung des Kultusministeriums über den Mindestpersonalschlüssel und die Personalfortbildung in Kindergärten und Tageseinrichtungen mit altersgemischten Gruppen (Kindertagesstättenverordnung – KiTaVO)

vom 25. November 2010 (GVBl. S. 1031)

Auf Grund von § 2a Abs. 4 des Kindertagesbetreuungsgesetzes (KiTaG) in der Fassung vom 19. März 2009 (GBl. S. 162), geändert durch Gesetz vom 19. Oktober 2010 (GBl. S. 748), wird verordnet:

§ 1

Mindestpersonalschlüssel

(1) Beim Betrieb eines an fünf Tagen in der Woche geöffneten Kindergartens oder einer Tageseinrichtung mit altersgemischten Gruppen nach § 1 Abs. 2 bis 4 KiTaG gelten bei einer Schließzeit von 26 Tagen folgende Mindestpersonalschlüssel einschließlich Verfügungs- und Ausfallzeiten für Fachkräfte nach § 7 KiTaG:

1. Halbtagsgruppe,
   bezogen auf 4 Stunden durchschnittlicher täglicher Öffnungszeit:
   a) bei Kindern von der Vollendung des dritten Lebensjahres bis zum Schuleintritt — 1,0 Vollzeitfachkräfte,
   b) bei Altersmischung mit Kindern unter 3 Jahren: — 1,1 Vollzeitfachkräfte,
2. Regelgruppe,
   bezogen auf 6 Stunden durchschnittlicher täglicher Öffnungszeit mit Unterbrechung am Mittag
   a) bei Kindern von der Vollendung des dritten Lebensjahres bis zum Schuleintritt — 1,5 Vollzeitfachkräfte,
   b) bei Altersmischung mit Kindern unter 3 Jahren — 1,7 Vollzeitfachkräfte,
3. Gruppe mit verlängerter Öffnungszeit
   bezogen auf 6 Stunden durchschnittlicher täglicher Öffnungszeit ohne Unterbrechung: — 1,7 Vollzeitfachkräfte,
4. Ganztagsgruppe
   bezogen auf 7 Stunden durchschnittlicher täglicher Öffnungszeit: — 2,0 Vollzeitfachkräfte.

Wird von der Anzahl der in Satz 1 aufgeführten Schließtage abgewichen, erhöht oder verringert sich der Mindestpersonalschlüssel entsprechend. Dies gilt auch, wenn von den in den Nummern 1 bis 4 für die einzelnen Gruppenarten aufgeführten durchschnittlichen täglichen Öffnungszeiten abgewichen wird. Die durchschnittliche tägliche Öffnungszeit nach Satz 1 Nr. 1b), 2b), 3 und 4 besteht aus der Hauptbetreuungszeit und der Randzeit, die mit einer Stunde berücksichtigt ist. Hauptbetreuungszeit ist die Zeit, in der mehr als die Hälfte der Kinder der jeweiligen Höchstgruppenstärke anwesend sind. Weicht die tatsächliche Randzeit von der in Satz 4 genannten ab, erhöht oder verringert sich der Mindestpersonalschlüssel entsprechend.

(2) Bei Gruppen nach Absatz 1 Satz 1 Nr. 1a) und 2a) sind während der gesamten Öffnungszeit eine Fachkraft und während der Hälfte der Öffnungszeit eine weitere Fachkraft einzusetzen. Bei einer Anwesenheit von bis zu 15 Kindern kann die zweite Kraft eine geeignete Betreuungs- und Erziehungsperson sein. Bei Gruppen nach Abs. 1 Satz 1 Nr. 1b), 2b), 3 und 4 sind während der Hauptbetreuungszeit zwei Fachkräfte, während der Randzeit eine Fachkraft einzusetzen. Bei eingruppigen Kindertageseinrichtungen nach Absatz 1 Satz 1 Nr. 1 bis 4 sind während der gesamten Öffnungszeit zwei Fachkräfte einzusetzen; die zweite Kraft kann eine geeignete Erziehungs- und Betreuungsperson sein, wenn in Gruppen nach Absatz 1 Satz 1 Nr. 1a) und 2a) bis zu 15 Kinder, in allen anderen Betriebsformen bis zur Hälfte der Kinder der jeweiligen Höchstgruppenstärke anwesend sind. Der Mindestpersonal-

schlüssel nach Absatz 1 berücksichtigt die gesetzlich vorgesehene Einrichtungsleitung im Sinne des § 47 SGB VIII. Ein eventueller zusätzlicher im Einzelfall zu ermittelnder Betreuungsbedarf von Kindern mit Behinderung, die in integrativen Gruppen gemäß § 1 Abs. 4 und § 2 Abs. 2 KiTaG betreut werden, ist vom Mindestpersonalschlüssel nach Absatz 1 Satz 1 nicht abgedeckt.

(3) Zur Erreichung der in § 2a Abs. 3 KiTaG genannten Ziele erhöhen sich die für den Betrieb einer Tageseinrichtung nach § 1 Abs. 2 bis 4 KiTaG ergebenden verpflichtenden Mindestpersonalschlüssel nach Absatz 1 Satz 1 wie folgt:

1. ab dem 1. September 2010
   a) Halbtagsgruppe 0,1 Vollzeitfachkräfte,
   b) Regelgruppe 0,1 Vollzeitfachkräfte,
   c) Gruppen mit verlängerten Öffnungszeiten 0,1 Vollzeitfachkräfte,
   d) Gruppen mit Ganztagsbetreuung 0,1 Vollzeitfachkräfte,
2. ab dem 1. September 2011
   a) Halbtagsgruppe 0,1 Vollzeitfachkräfte,
   b) Regelgruppe 0,1 Vollzeitfachkräfte,
   c) Gruppen mit verlängerten Öffnungszeiten 0,1 Vollzeitfachkräfte,
   d) Gruppen mit Ganztagsbetreuung 0,1 Vollzeitfachkräfte,
3. ab dem 1. September 2012
   a) Halbtagsgruppe 0,1 Vollzeitfachkräfte,
   b) Regelgruppe 0,1 Vollzeitfachkräfte,
   c) Gruppen mit Ganztagsbetreuung 0,1 Vollzeitfachkräfte,
   d) Gruppen mit verlängerter Öffnungszeit, soweit es sich um altersgemischte Gruppen handelt, 0,1 Vollzeitfachkräfte.

(4) Nachfolgende Gruppenarten, Gruppenstärken und Öffnungsmindestzeiten sind Grundlage der Berechnung des Mindestpersonalschlüssels, der in der Betriebserlaubnis festgelegt wird:

Gruppenart **Alter der Kinder**	**Regelgruppenstärke, Höchstgruppenstärke**
Halbtagsgruppe (HT) für 3-Jährige bis Schuleintritt (Vor- oder Nachmittagsbetreuung von mindestens 3 Stunden)	25 bis 28 Kinder
Regelgruppe (RG) für 3-Jährige bis Schuleintritt (Vor- und Nachmittagsbetreuung mit Unterbrechung am Mittag)	25 bis 28 Kinder
Gruppe mit verlängerter Öffnungszeit (VÖ) für 3-Jährige bis Schuleintritt (durchgängige Öffnungszeit von mindestens 6 Stunden)	22 bis 25 Kinder
Ganztagesgruppe (GT) für 3-Jährige bis Schuleintritt (mehr als 7 Stunden durchgängige Öffnungszeit)	20 Kinder
Altersgemischte Gruppe (AM) **für 3-Jährige bis unter 14 Jahre**	25 bei **HT/RG/VÖ**
	20 bei **GT**
Altersgemischte Gruppe (AM) **für 2-Jährige bis unter 14 Jahre** (mit überwiegender Anzahl von Kindern im Kindergartenalter)	Absenkung der Gruppenstärke um einen Platz je aufgenommenes 2-jähriges Kind, ausgehend von:
	25 bei **HT/RG**
	22 bei **VÖ**
	20 bei **GT**
Altersgemischte Gruppe (AM) **vom 1. Lebensjahr bis unter 14 Jahre** (bei allen Gruppenarten)	15 Kinder, davon höchstens 5 Kinder im Alter von unter drei Jahren

Wird die der Berechnung zugrunde liegende Höchstgruppenstärke dauerhaft erheblich unterschritten, kann im Rahmen der Betriebserlaubnis eine entsprechende Verminderung des Mindestpersonalschlüssels erfolgen. Die Mindestöffnungszeit beträgt 15 Stunden in der Woche. Der geltende Mindestpersonalschlüssel und die ihm nach Satz 1 zugrunde gelegten Parameter werden in die nach § 45 des Achten Buchs Sozialgesetzbuch zu erteilende Betriebserlaubnis aufgenommen.

§ 2

Qualifizierung des pädagogischen Personals

Das Land Baden-Württemberg stellt für die durch Fortbildung unter Berücksichtigung der Zielsetzungen des Orientierungsplans gemäß § 2a Abs. 3 KiTaG erfolgende Qualifizierung des in § 7 KiTaG genannten pädagogischen Personals Mittel nach Maßgabe des § 29b des Finanzausgleichsgesetzes zur Verfügung.

§ 3

Inkrafttreten

Diese Verordnung tritt am Tag nach ihrer Verkündung in Kraft.

Anhang 1.1

Ausführungshinweise des KVJS-Landesjugendamtes zur Kindertagesstättenverordnung (KiTaVO)

vom 9.12.2010

Das Land und die Kommunalen Landesverbände haben sich in einer politischen Übereinkunft vom 24.11.2009 geeinigt, den Personalschlüssel in Kindergärten und Einrichtungen mit altersgemischten Gruppen (AM) stufenweise bis 2012 um insgesamt 0,3 Stellen zu erhöhen (bei Kindergärten mit verlängerter Öffnungszeit um 0,2 Stellen bis 2011).

Zur Umsetzung dieser Übereinkunft wurde über eine gesetzliche Änderung des Kindertagesbetreuungsgesetzes das Kultusministerium ermächtigt, durch eine Rechtsverordnung nähere Bestimmungen zu treffen über die verpflichtende Festlegung und Erhöhung der personellen Mindestausstattung von Kindertageseinrichtungen (§ 2a Abs. 4 KiTaG).

Die Rechtsverordnung über die verpflichtende Festlegung der personellen Ausstattung (Mindestpersonalschlüssel) und die Personalfortbildung in Kindergärten und Tageseinrichtungen mit altersgemischten Gruppen (KiTaVO) ist am 10.12.2010 in Kraft getreten.

I. Rechtsverordnung (KiTaVO)

1 Regelungen in der Rechtsverordnung (KiTaVO)

Mit der Rechtsverordnung wird im Wesentlichen Folgendes geregelt:

1.1 Rechnerische Ermittlung zur Festlegung des Mindestpersonalschlüssels für alle Gruppenarten des Kindergartens und der altersgemischten Gruppen bezogen auf eine bestimmte Öffnungszeit. Von dieser rechnerischen Ermittlung bleibt unberührt, dass die Merkmale einer Ganztagsgruppe erst ab einer täglichen durchgängigen Öffnungszeit von mehr als 7 Stunden vorliegen.

Übersicht:

Ausgehend von einem Betrieb an fünf Tagen in der Woche und 26 Schließtage im Jahr gelten folgende Mindestpersonalschlüssel für die unterschiedlichen Gruppenarten:

Halbtagsgruppe

bezogen auf 4 Stunden durchschnittlicher täglicher Öffnungszeit:

a) ohne Altersmischung mit Kindern von der Vollendung des dritten Lebensjahres bis zum Schuleintritt: 1,0 Vollzeitfachkräfte

b) bei Altersmischung mit Kindern unter 3 Jahren: 1,1 Vollzeitfachkräfte

Regelgruppe

bezogen auf 6 Stunden durchschnittlicher täglicher Öffnungszeit mit Unterbrechung am Mittag

a) ohne Altersmischung mit Kindern von der Vollendung des dritten Lebensjahres bis zum Schuleintritt: 1,5 Vollzeitfachkräfte

b) bei Altersmischung mit Kindern unter 3 Jahren: 1,7 Vollzeitfachkräfte

Gruppe mit verlängerter Öffnungszeit

bezogen auf 6 Stunden durchschnittlicher täglicher Öffnungszeit ohne Unterbrechung: 1,7 Vollzeitfachkräfte

Ganztagsgruppe

bezogen auf 7 Stunden durchschnittlicher täglicher

Öffnungszeit: 2,0 Vollzeitfachkräfte

Wird von der Anzahl der oben genannten Schließtage abgewichen, erhöht oder verringert sich der Mindestpersonalschlüssel entsprechend (weitere Erläuterung siehe auch Ziffer 4).

1.2 Darauf aufstockend erfolgt die **jährliche Erhöhung** um 0,1 Stellen, beginnend zum 1.9.2010.

Übersicht:

Gruppenart	Bezogen auf tägliche Öffnungszeit/ Stunden	Basis	1.9.2010	1.9.2011	1.9.2012
Halbtagsgruppe;	4	1,0	1,1	1,2	1,3
AM mit Kindern unter 3 Jahren	4	1,1	1,2	1,3	1,4
Regelgruppe;	6	1,5	1,6	1,7	1,8
AM mit Kindern unter 3 Jahren	6	1,7	1,8	1,9	2,0
Verlängerte Öffnungszeit;	6	1,7	1,8	1,9	1,9
mit AM	6	1,7	1,8	1,9	2,0
Ganztagsgruppe	7	2,0	2,1	2,2	2,3

1.3 Die Merkmale der einzelnen Gruppenarten ergeben sich aus der Übersicht des § 1 Abs. 4 der KiTaVO:

Gruppenart **Alter der Kinder**	**Regelgruppenstärke, Höchstgruppenstärke**
Halbtagsgruppe (HT) für 3-Jährige bis Schuleintritt (Vor- oder Nachmittagsbetreuung von mindestens 3 Stunden)	25 bis 28 Kinder
Regelgruppe (RG) für 3-Jährige bis Schuleintritt (Vor- und Nachmittagsbetreuung mit Unterbrechung am Mittag)	25 bis 28 Kinder
Gruppe mit verlängerter Öffnungszeit (VÖ) für 3-Jährige bis Schuleintritt (durchgängige Öffnungszeit von mindestens 6 Stunden)	22 bis 25 Kinder
Ganztagesgruppe (GT) für 3-Jährige bis Schuleintritt (mehr als 7 Stunden durchgängige Öffnungszeit)	20 Kinder
Altersgemischte Gruppe (AM) **für 3-Jährige bis unter 14 Jahre**	25 bei **HT/RG/VÖ** 20 bei **GT**
Altersgemischte Gruppe (AM) **für 2-Jährige bis unter 14 Jahre** (mit überwiegender Anzahl von Kindern im Kindergartenalter)	Absenkung der Gruppenstärke um einen Platz je aufgenommenes 2-jähriges Kind, ausgehend von: 25 bei **HT/RG** 22 bei **VÖ** 20 bei **GT**
Altersgemischte Gruppe (AM) **vom 1. Lebensjahr bis unter 14 Jahre** (bei allen Gruppenarten)	15 Kinder, davon höchstens 5 Kinder im Alter von unter drei Jahren

Wird die der Berechnung zugrunde liegende Höchstgruppenstärke dauerhaft erheblich unterschritten, kann im Rahmen der Betriebserlaubnis eine entsprechende Verminderung des Mindestpersonalschlüssels erfolgen (§ 1 Abs. 4 Satz 2 KiTaVO).

Hierzu ist ein gesonderter Antrag beim KVJS-Landesjugendamt zu stellen. Die Entscheidung wird nach den Gegebenheiten des Einzelfalls getroffen. Beispielsweise kann eine Verminderung des Mindestpersonalschlüssels in Frage kommen, wenn in einem Regelkindergarten dauerhaft (abzusehen für mindestens ein Kindergartenjahr) 20 Kinder oder weniger angemeldet sind. Bei der Entscheidung spielen auch andere Faktoren, wie z. B. Räumlichkeiten, Anwesenheitsdichte der Kinder, Qualifikation des Personals etc. eine Rolle.

2 Konkretisierung des erforderlichen Mindestpersonalschlüssels für die jeweiligen Gruppenarten

Der angegebene Mindestpersonalschlüssel in der KiTaVO ist abhängig von der Öffnungszeit der Gruppe. Bei allen Gruppenarten, außer der reinen Halbtagsgruppe und Regelgruppe des Kindergartens, besteht die durchschnittliche tägliche Öffnungszeit aus der Hauptbetreuungszeit und der Randzeit, die mit einer Stunde berücksichtigt ist. Die Mindestpersonalschlüssel beinhalten auch Verfügungszeiten von 10 Stunden pro Woche und Gruppe und pauschal die Ausfallzeiten für Fortbildung und Krankheit der Fachkräfte. Weicht die tatsächliche Öffnungszeit und/oder Randzeit einer Angebotsform vom Rechenansatz der KiTaVO (§ 1 Abs. 1) ab, erhöht oder verringert sich der Mindestpersonalbedarf entsprechend.

Der tatsächliche Mindestpersonalbedarf einer Einrichtung ergibt sich aus nachstehenden Stellenschlüsseln pro Stunde und Tag, multipliziert mit der angebotenen Öffnungszeit.

2.1 Mindestpersonalschlüssel pro Stunde und Tag für die jeweiligen Gruppenarten ab Inkrafttreten der KiTaVO

a) Halbtagsgruppe (HT) und Regelgruppe (RG) Kindergarten ohne Altersmischung

Halbtagsgruppe:

1,1 Stellen geteilt durch 4 Stunden täglicher Öffnungszeit = **0,275 Stellen/Std.**

Regelgruppe:

1,6 Stellen geteilt durch 6 Stunden täglicher Öffnungszeit = **0,267 Stellen/Std.**

b) Halbtagsgruppe (HT) mit Altersmischung von Kindern unter 3 Jahren

Bei der Personalbemessung für diese Gruppen sind Randzeiten und Hauptbetreuungszeiten zu berücksichtigen. Für die Hauptbetreuungszeit, in der mehr als die Hälfte der Kinder der Höchstgruppenstärke anwesend sind, ist die Anwesenheit von zwei Fachkräften, für die Randzeiten, in der bis zur Hälfte der Kinder der Höchstgruppenstärke anwesend sind, die Anwesenheit einer Fachkraft vorzusehen.

Daraus ergibt sich folgender Mindestpersonalschlüssel/Stunde:

1,2 Stellen bei einer Stunde Randzeit und 3 Stunden Hauptbetreuungszeit

pro Stunde Randzeit **= 0,171 Stellen/Std.**

pro Stunde Hauptbetreuungszeit **= 0,343 Stellen/Std.**

Erläuterung:

0,343 × 3 Std. + 0,171 × 1 Std. = 1,2 Stellen

Rechenweg: 1,2 Stellen decken täglich 7 Std. Arbeitszeit ab (1 Std. Randzeit, 3 Std. doppelt, da Hauptbetreuungszeit) = pro Stunde einfach 0,1714 (1,2 : 7), pro Std. doppelt = 0,3428

c) Regelgruppe (RG) Kindergarten mit Altersmischung von Kindern unter 3 Jahren sowie

d) Gruppe mit verlängerter Öffnungszeit (VÖ) einschließlich aller Formen der Altersmischung VÖ nach § 1 Abs. 4 der KiTaVO

Bei der Personalbemessung für diese Gruppen sind Randzeiten und Hauptbetreuungszeiten zu berücksichtigen. Für die Hauptbetreuungszeit, in der mehr als die Hälfte der Kinder der Höchstgruppenstärke anwesend sind, ist die Anwesenheit von zwei Fachkräften, für die Randzeiten, in der bis zur Hälfte der Kinder der Höchstgruppenstärke anwesend sind, die Anwesenheit einer Fachkraft vorzusehen.

Daraus ergibt sich folgender Mindestpersonalschlüssel/Stunde:

1,8 Stellen bei einer Stunde Randzeit und 5 Stunden Hauptbetreuungszeit

pro Stunde Randzeit **= 0,164 Stellen/Std.**

pro Stunde Hauptbetreuungszeit **= 0,327 Stellen/Std.**

Erläuterung:

0,327 × 5 Std. + 0,164 × 1 Std. = 1,8 Stellen

Rechenweg: 1,8 Stellen decken täglich 11 Std. Arbeitszeit ab (1 Std. Randzeit, 5 Std. doppelt, da Hauptbetreuungszeit) = pro Stunde einfach 0,1636 (1,8 : 11), pro Std. doppelt = 0,3272

e) Ganztagsgruppen (GT) einschließlich aller Formen der Altersmischung nach § 1 Abs. 4 der KiTaVO

Bei der Personalbemessung für diese Gruppen sind Randzeiten und Hauptbetreuungszeiten zu berücksichtigen. Für die Hauptbetreuungszeit, in der mehr als die Hälfte der Kinder der Höchstgruppenstärke anwesend sind, ist die Anwesenheit von zwei Fachkräften, für die Randzeiten, in der bis zur Hälfte der Kinder der Höchstgruppenstärke anwesend sind, die Anwesenheit einer Fachkraft vorzusehen.

Daraus ergibt sich folgender Mindestpersonalschlüssel/Stunde:

2,1 Stellen bei einer Stunde Randzeit und 6 Stunden Hauptbetreuungszeit

pro Stunde Randzeit **= 0,162 Stellen/Std.**

pro Stunde Hauptbetreuungszeit **= 0,323 Stellen/Std.**

Erläuterung:

0,323 × 6 Std. + 0,162 × 1 Std. = 2,1 Stellen

Rechenweg: 2,1 Stellen decken täglich 13 Std. Arbeitszeit ab (1 Std. Randzeit, 6 Std. doppelt, da Hauptbetreuungszeit) = pro Stunde einfach 0,1615 (2,1 : 13), pro Std. doppelt = 0,323

2.2 Ab 1.9.2011 gültige Mindestpersonalschlüssel pro Stunde und Tag

a) Halbtagsgruppe und Regelgruppe Kindergarten:

Halbtagsgruppe: 1,2 Stellen zu 4 Std. tgl. Öffnungszeit **= 0,300 Stellen**

Regelgruppe:1,7 Stellen zu 6 Std. tgl. Öffnungszeit **= 0,283 Stellen**

b) Halbtagsgruppe (HT) mit Altersmischung von Kindern unter 3 Jahren:

1,3 Stellen bei einer Stunde Randzeit und 3 Stunden Hauptbetreuungszeit

ergibt pro Stunde Randzeit am Tag **= 0,186 Stellen**

und pro Stunde Hauptbetreuungszeit **= 0,371 Stellen**

c) Regelgruppe (RG) Kindergarten mit Altersmischung von Kindern unter 3 Jahren sowie

d) Gruppen mit verlängerter Öffnungszeit (VÖ) einschließlich aller Formen der Altersmischung VÖ nach § 1 Abs. 4 KiTaVO:

1,9 Stellen bei einer Stunde Randzeit und 5 Stunden Hauptbetreuungszeit

ergibt pro Stunde Randzeit am Tag	**= 0,173 Stellen**
und pro Stunde Hauptbetreuungszeit	**= 0,345 Stellen**

e) Ganztagsgruppe (GT) einschließlich aller Formen der Altersmischung nach § 1 Abs. 4 der KiTaVO:

2,2 Stellen bei einer Stunde Randzeit und 6 Stunden Hauptbetreuungszeit

ergibt pro Stunde Randzeit am Tag	**= 0,169 Stellen**
und pro Stunde Hauptbetreuungszeit	**= 0,338 Stellen**

2.3 Ab dem 1. 9. 2012 gültige Mindestpersonalschlüssel pro Stunde und Tag

a) Halbtagsgruppe und Regelgruppe Kindergarten:

Halbtagsgruppe: 1,3 Stellen zu 4 Std. tgl. Öffnungszeit	**= 0,325 Stellen**
Regelgruppe: 1,8 Stellen zu 6 Std. tgl. Öffnungszeit	**= 0,300 Stellen**

b) Halbtagsgruppe (HT) mit Altersmischung von Kindern unter 3 Jahren:

1,4 Stellen bei einer Stunde Randzeit und 3 Stunden Hauptbetreuungszeit ergibt

pro Stunde Randzeit am Tag	**= 0,200 Stellen**
und pro Stunde Hauptbetreuungszeit	**= 0,400 Stellen**

c) Regelgruppe (RG) Kindergarten mit Altersmischung von Kindern unter 3 Jahren sowie

d) Gruppen mit verlängerter Öffnungszeit (nur mit Altersmischung):

2,0 Stellen bei einer Stunde Randzeit und 5 Stunden Hauptbetreuungszeit ergibt

pro Stunde Randzeit am Tag	**= 0,182 Stellen**
und pro Stunde Hauptbetreuungszeit	**= 0,364 Stellen**

Bitte beachten: Bei **Gruppen mit verlängerter Öffnungszeit ohne Altersmischung** gilt weiterhin:

1,9 Stellen bei einer Stunde Randzeit und 5 Stunden Hauptbetreuungszeit

ergibt pro Stunde Randzeit am Tag	**= 0,173 Stellen**
und pro Stunde Hauptbetreuungszeit	**= 0,345 Stellen**

e) Ganztagsgruppe (GT) einschließlich alle Formen der Altersmischung nach § 1 Abs. 4 der KiTaVO:

2,3 Stellen bei einer Stunde Randzeit und 6 Stunden Hauptbetreuungszeit

ergibt pro Stunde Randzeit am Tag	**= 0,177 Stellen**
und pro Stunde Hauptbetreuungszeit	**= 0,354 Stellen**

2.4 Überblick zu den Mindestpersonalschlüsseln pro Stunde und Tag

Ab 1.9.2010 gültige Mindestpersonalschlüssel pro Stunde/Tag	
Halbtagsgruppe **(HT)** Kindergarten ohne Altersmischung	**0,275 Stellen/Std.**
Regelgruppe **(RG)** Kindergarten ohne Altersmischung	**0,267 Stellen/Std.**
HT mit **Altersmischung Kinder unter 3 Jahren (U 3)**	
pro Stunde Randzeit:	**0,171 Stellen/Std.**
pro Stunde Hauptbetreuungszeit:	**0,343 Stellen/Std.**
RG mit **Altersmischung U 3**	
pro Stunde Randzeit:	**0,164 Stellen/Std.**
pro Stunde Hauptbetreuungszeit:	**0,327 Stellen/Std.**
Gruppe **VÖ einschl. aller Formen der Altersmischung**	
pro Stunde Randzeit:	**0,164 Stellen/Std.**
pro Stunde Hauptbetreuungszeit:	**0,327 Stellen/Std.**
Gruppe **GT einschl. aller Formen der Altersmischung**	
pro Stunde Randzeit:	**0,162 Stellen/Std.**
pro Stunde Hauptbetreuungszeit:	**0,323 Stellen/Std.**
Ab 1.9.2011 gültige Mindestpersonalschlüssel pro Stunde/Tag	
Halbtagsgruppe **(HT)** Kindergarten ohne Altersmischung	**0,300 Stellen/Std.**
Regelgruppe **(RG)** Kindergarten ohne Altersmischung	**0,283 Stellen/Std.**
HT mit **Altersmischung Kinder unter 3 Jahren (U 3)**	
pro Stunde Randzeit:	**0,186 Stellen/Std.**
pro Stunde Hauptbetreuungszeit:	**0,371 Stellen/Std.**
RG mit **Altersmischung U 3**	
pro Stunde Randzeit:	**0,173 Stellen/Std.**
pro Stunde Hauptbetreuungszeit:	**0,345 Stellen/Std.**
Gruppe **VÖ einschl. aller Formen der Altersmischung**	
pro Stunde Randzeit:	**0,173 Stellen/Std.**
pro Stunde Hauptbetreuungszeit:	**0,345 Stellen/Std.**
Gruppe **GT einschl. aller Formen der Altersmischung**	
pro Stunde Randzeit:	**0,169 Stellen/Std.**
pro Stunde Hauptbetreuungszeit:	**0,338 Stellen/Std.**
Ab 1.9.2012 gültige Mindestpersonalschlüssel pro Stunde/Tag	
Halbtagsgruppe **(HT)** Kindergarten ohne Altersmischung	**0,325 Stellen/Std.**
Regelgruppe **(RG)** Kindergarten ohne Altersmischung	**0,300 Stellen/Std.**
HT mit **Altersmischung Kinder unter 3 Jahren (U 3)**	
pro Stunde Randzeit:	**0,200 Stellen/Std.**
pro Stunde Hauptbetreuungszeit:	**0,400 Stellen/Std.**
RG mit **Altersmischung U 3**	
pro Stunde Randzeit:	**0,182 Stellen/Std.**
pro Stunde Hauptbetreuungszeit:	**0,364 Stellen/Std.**

Ab 1.9.2012 gültige Mindestpersonalschlüssel pro Stunde/Tag	
Gruppe **VÖ nur mit Altersmischung**	
pro Stunde Randzeit:	**0,182 Stellen/Std.**
pro Stunde Hauptbetreuungszeit:	**0,364 Stellen/Std.**
Gruppe **GT einschl. aller Formen der Altersmischung**	
pro Stunde Randzeit:	**0,177 Stellen/Std.**
pro Stunde Hauptbetreuungszeit:	**0,354 Stellen/Std.**

3 Eingruppige Einrichtungen

In allen eingruppigen Kindertageseinrichtungen sind während der gesamten Öffnungszeit zwei Fachkräfte einzusetzen. Bei Regelkindergärten und Halbtagskindergärten kann bei einer Anwesenheit von bis zu 15 Kindern, in allen anderen Angebotsformen bei einer Anwesenheit von bis zur Hälfte der Kinder der jeweiligen Höchstgruppenstärke, die zweite Kraft eine im Umgang mit Kindern geeignete Betreuungskraft sein.

4 Schließtage der Einrichtungen

Bei der Personalmenge für die genannten Gruppenarten wird von 26 Schließtagen im Jahr ausgegangen. Sind die Urlaubszeiten des Personals und die Ferienschließtage der Einrichtung bzw. Gruppe nicht identisch, ist ein höherer oder geringerer Personalbedarf auf der Basis von 0,103 Stellen (26 Tage zu 251 Arbeitstage im Jahr) zu berücksichtigen. Dies ergibt einen zusätzlichen oder geringeren Personalbedarf von 0,0039 Stellen pro Tag.

> Beispiel:
>
> Anstatt 26 Tage nur 10 Tage Schließung. Differenz 16 Tage Mehraufwand × 0,0039 = 0,062. Angenommener Stellenbedarf einer Gruppe: 2,0 Stellen × 0,062 = 0,124 Stellen. Stellen insgesamt mit Mehrbedarf = 2,12 Stellen. Dieser Mehrbedarf kann in geeigneter Weise abgedeckt werden, z. B. durch Überstunden, Einsatz von „Springkräften" aus einem Vertretungspool, etc.

Zur Bestimmung des genauen Mindestpersonalschlüssels für die jeweiligen Bedingungen einer Tageseinrichtung für Kinder ist auf der Homepage des KVJS-Landesjugendamts ein **Berechnungsprogramm** eingestellt: www.kvjs.de/tagesbetreuung.html

5 Besonderheit Waldkindergarten

Der Waldkindergarten ist ein Kindergarten nach § 1 Abs. 2 oder eine Tageseinrichtung mit altersgemischter Gruppe nach § 1 Abs. 3 des Kindertagesbetreuungsgesetzes. Er wird in der Regel als Halbtagsgruppe oder als Gruppe mit verlängerter Öffnungszeit betrieben. Für den Waldkindergarten besteht die Besonderheit, dass bei der Angebotsform als Kindergarten die Höchstanzahl von 20 Kindern und zwei Fachkräfte während der gesamten Öffnungszeit gelten. Werden in der altersgemischten Form zweijährige Kinder mit betreut, ist eine zusätzlich geeignete Kraft vorzusehen und die Gruppenstärke auf 15 Kinder zu begrenzen.

6 Einrichtungsleitung

Der Mindestpersonalschlüssel nach § 1 Abs. 1 Satz 1 KiTaVO berücksichtigt die gesetzlich vorgesehene Einrichtungsleitung im Sinne des § 47 SGB VIII (§ 1 Abs. 2 Satz 5 KiTaVO).

Nach § 47 SGB VIII hat der Träger einer erlaubnispflichtigen Einrichtung der zuständigen Behörde (KVJS-Landesjugendamt) den Namen und die berufliche Ausbildung des Leiters unverzüglich anzuzeigen. Demnach ist für jede Einrichtung eine Fachkraft mit der Funktion einer Leitung zu bestimmen. Es besteht keine Verpflichtung der Träger, die Leitung einer Einrichtung ganz oder teilweise freizustellen. Eine gegebenenfalls im Einzelfall freiwillig vereinbarte Leitungsfreistellung (z. B. aufgrund der Gruppenanzahl einer Einrichtung) ist nicht beim Mindestpersonalschlüssel berücksichtigt. In diesen

Fällen ist ein entsprechender Ausgleich zur Einhaltung des erforderlichen Mindestpersonalschlüssels der Gruppen zu gewährleisten.

7 Integrative Gruppen

Ein eventueller zusätzlicher im Einzelfall zu ermittelnder Betreuungsbedarf von Kindern mit Behinderung, die in integrativen Gruppen gemäß § 1 Abs. 4 und § 2 Abs. 2 KiTaG betreut werden, ist vom Mindestpersonalschlüssel nicht abgedeckt (§ 1 Abs. 2 Satz 6 KiTaVO)

Werden Kinder mit Behinderung aufgenommen, kann ein erhöhter Betreuungsbedarf entstehen. Er wird in der Regel gemeinsam mit Fachstellen (z. B. Frühförderstellen) und in „Runden Tischen" der Beteiligten festgestellt. Ergibt sich ein höherer Betreuungsbedarf, kann dieser durch Reduzierung der Gruppenstärke und/oder Eingliederungshilfe nach den §§ 53, 54 SGB XII oder § 35a SGB VIII und/ oder ggf. durch Erhöhung des für die jeweilige Gruppe erforderlichen Mindestpersonalschlüssels abgedeckt werden. Je nach Intensität des ermittelten Betreuungsbedarfs kann auch eine dieser Maßnahmen ausreichend sein.

8 Betriebserlaubnis

Aufnahme des Mindestpersonalschlüssels in die nach § 45 SGB VIII zu erteilende Betriebserlaubnis (§ 1 Abs. 4 KiTaVO)

Nach § 45 SGB VIII bedarf jeder Träger für den Betrieb einer Kindertageseinrichtung der Erlaubnis. Zuständig für die Erteilung der Betriebserlaubnis ist nach § 85 Abs. 2 Nr. 6 SGB VIII der überörtliche Träger. Nach § 19 Kinder- und Jugendhilfegesetz für Baden-Württemberg (LKJHG) wird diese Aufsichtsaufgabe vom KVJS-Landesjugendamt als Pflichtaufgabe nach Weisung wahrgenommen.

Neue Betriebserlaubnisse werden ab Inkrafttreten der KiTaVO entsprechend der Systematik dieser Rechtsverordnung erteilt. Sie beinhalten den für die jeweilige Angebotsform erforderlichen Mindestpersonalschlüssel, eine Übersicht zu den Gruppenarten, Gruppenstärken und Öffnungsmindestzeiten nach der KiTaVO sowie weitere Rahmenbedingungen zu den unterschiedlichen Angebotsformen. **Antragsvordrucke** zur Erteilung oder Änderung einer Betriebserlaubnis können auf der Homepage des KVJS-Landesjugendamtes abgerufen werden: www.kvjs.de/tagesbetreuung.html

Bestehende Betriebserlaubnisse gelten als rechtmäßige begünstigende Verwaltungsakte ab Inkrafttreten der Rechtsverordnung weiter. Eine **Änderung** der bestehenden Betriebserlaubnis ist nicht erforderlich, kann aber beantragt werden, ohne dass sich an der Angebotsform der Einrichtung etwas verändert. Für neue Einrichtungen und für bestehende Einrichtungen, bei denen sich die Gruppenform oder Gruppenanzahl verändert, muss eine neue Betriebserlaubnis beantragt werden.

II. Andere Angebotsformen außerhalb der KiTaVO

Die in der KiTaVO aufgeführten Gruppenarten sind Angebotsformen nach § 1 Abs. 1 Nr. 1 des Kindertagesbetreuungsgesetzes (KiTaG).

Kinderkrippen sind Angebotsformen nach § 1 Abs. 1 Nr. 2 KiTaG. Dies gilt entsprechend für die Angebotsform der Betreuten Spielgruppe. Der Hort und Hort an der Schule sind keine Angebotsformen nach dem KiTaG.

Die KiTaVO des Kultusministeriums vom 25. 11. 2010 gilt nicht für die Angebotsformen Krippe, Betreute Spielgruppe, Hort, Hort an der Schule. Auch diese Angebotsformen sind betriebserlaubnispflichtig. Für diese Angebotsformen gelten die bisherigen Rahmenbedingungen weiterhin.

Anhang 1.2

Berechnungshilfe des KVJS zum Personalbedarf in Kindertageseinrichtungen unter Berücksichtigung der Rechtsverordnung über die verpflichtende Festlegung der personellen Ausstattung (KiTaVO)

vom 30. Dezember 2010

I. Personalbedarf für Angebotsformen innerhalb der Kindertagesstättenverordnung

1. Regelungen in der Kindertagesstättenverordnung (KiTaVO)

Mit der Rechtsverordnung wird zum Personalbedarf in Kindergärten und Tageseinrichtungen mit altersgemischten Gruppen im Wesentlichen Folgendes geregelt:

1.1 Rechnerische Ermittlung zur Festlegung des Mindestpersonalschlüssels für alle Gruppenarten des Kindergartens und der altersgemischten Gruppen bezogen auf eine bestimmte Öffnungszeit. Von dieser rechnerischen Ermittlung bleibt unberührt, dass die Merkmale einer Ganztagsgruppe erst ab einer täglich durchgängigen Öffnungszeit von mehr als 7 Stunden vorliegen.

Übersicht:

Ausgehend von einem Betrieb an fünf Tagen in der Woche und 26 Schließtage im Jahr gelten folgende Mindestpersonalschlüssel für die unterschiedlichen Gruppenarten:

Halbtagsgruppe,

bezogen auf 4 Stunden durchschnittlicher täglicher Öffnungszeit:

a) ohne Altersmischung mit Kindern von der Vollendung des dritten Lebensjahres bis zum Schuleintritt: 1,0 Vollzeitfachkräfte

b) bei Altersmischung mit Kindern unter 3 Jahren: 1,1 Vollzeitfachkräfte

Regelgruppe,

bezogen auf 6 Stunden durchschnittlicher täglicher Öffnungszeit mit Unterbrechung am Mittag

a) ohne Altersmischung mit Kindern von der Vollendung des dritten Lebensjahres bis zum Schuleintritt: 1,5 Vollzeitfachkräfte

b) bei Altersmischung mit Kindern unter 3 Jahren: 1,7 Vollzeitfachkräfte

Gruppe mit verlängerter Öffnungszeit,

bezogen auf sechs Stunden durchschnittlicher täglicher Öffnungszeit ohne Unterbrechung: 1,7 Vollzeitfachkräfte

Ganztagsgruppe

bezogen auf sieben Stunden durchschnittlicher täglicher Öffnungszeit: 2,0 Vollzeitfachkräfte

Wird von der Anzahl der oben genannten Schließtage abgewichen, erhöht oder verringert sich der Mindestpersonalschlüssel entsprechend (weitere Erläuterung siehe auch Ziffer 7).

1.2 Darauf aufstockend erfolgt die jährliche Erhöhung um 0,1 Stellen, beginnend zum 1.9.2010.

Übersicht:

Gruppenart	Bezogen auf tägliche Öffnungszeit/Stunden	Basis	1.9.2010	1.9.2011	1.9.2012
Halbtagsgruppe,	4	1,0	1,1	1,2	1,3
AM mit Kindern unter 3 Jahren	4	1,1	1,2	1,3	1,4

Gruppenart	Bezogen auf tägliche Öffnungszeit/Stunden	Basis	1.9.2010	1.9.2011	1.9.2012
Regelgruppe,	6	1,5	1,6	1,7	1,8
AM mit Kindern unter 3 Jahren	6	1,7	1,8	1,9	2,0
Verlängerte Öffnungszeit,	6	1,7	1,8	1,9	1,9
mit AM	6	1,7	1,8	1,9	2,0
Ganztagsgruppe	7	2,0	2,1	2,2	2,3

2. Übersetzung zur Berechnung des Personalbedarfs unter den spezifischen Bedingungen einer Einrichtung

Die personelle Ausstattung in Kindergärten und Tageseinrichtungen mit altersgemischten Gruppen richtet sich nach der Rechtsverordnung (KiTaVO) des Kultusministeriums vom 25.11.2010.

Der angegebene Mindestpersonalschlüssel in der KiTaVO ist abhängig von der Öffnungszeit der Gruppe. Bei allen Gruppenarten, außer der Halbtagsgruppe und Regelgruppe des Kindergartens ohne Altersmischung, besteht die durchschnittliche tägliche Öffnungszeit aus der Hauptbetreuungszeit und der Randzeit, die mit einer Stunde berücksichtigt ist. Die Mindestpersonalschlüssel beinhalten auch Verfügungszeiten von 10 Stunden pro Woche und Gruppe und pauschal die Ausfallzeiten für Fortbildung und Krankheit der Fachkräfte (ca. 8 %). Weicht die tatsächliche Öffnungszeit und/oder Randzeit einer Angebotsform von der Benennung in der KiTaVO ab, erhöht oder verringert sich der Mindestpersonalbedarf entsprechend. Der tatsächliche Mindestpersonalbedarf einer Einrichtung ergibt sich aus nachstehenden Stellenschlüsseln pro Stunde und Tag, multipliziert mit der angebotenen Öffnungszeit.

2.1 Mindestpersonalschlüssel pro Stunde und Tag für die jeweiligen Gruppenarten ab Inkrafttreten der KiTaVO:

a) Halbtagsgruppe (HT) und Regelgruppe (RG) Kindergarten ohne Altersmischung

Halbtagsgruppe: 1,1 Stellen geteilt durch 4 Stunden täglicher Öffnungszeit = 0,275 Stellen/Std.

Regelgruppe: 1,6 Stellen geteilt durch 6 Stunden täglicher Öffnungszeit = 0,267 Stellen/Std.

b) Halbtagsgruppe (HT) mit Altersmischung von Kindern unter 3 Jahren

Bei der Personalbemessung für diese Gruppen sind Randzeiten und Hauptbetreuungszeiten zu berücksichtigen. Für die Hauptbetreuungszeit, in der mehr als die Hälfte der Kinder der Höchstgruppenstärke anwesend sind, ist die Anwesenheit von zwei Fachkräften, für die Randzeiten, in der bis zur Hälfte der Kinder der Höchstgruppenstärke anwesend sind, die Anwesenheit einer Fachkraft vorzusehen.

Daraus ergibt sich folgender Mindestpersonalschlüssel/Stunde:

1,2 Stellen bei einer Stunde Randzeit und 3 Stunden Hauptbetreuungszeit:

pro Stunde Randzeit **= 0,171 Stellen/Std.**

pro Stunde Hauptbetreuungszeit **= 0,343 Stellen/Std.**

Erläuterung:
0,343 × 3 Std. + 0,171 × 1 Std. = 1,2 Stellen
Rechenweg: 1,2 Stellen decken täglich 7 Std. Arbeitszeit ab (1 Std. Randzeit, 3 Std. doppelt, da Hauptbetreuungszeit) = pro Stunde einfach 0,1714 (1,2 : 7), pro Std. doppelt = 0,3428

c) Regelgruppe (RG) Kindergarten mit Altersmischung von Kindern unter 3 Jahren sowie

d) Gruppe mit verlängerter Öffnungszeit (VÖ) einschließlich aller Formen der Altersmischung VÖ nach § 1 Abs. 4 der KiTaVO

Bei der Personalbemessung für diese Gruppen sind Randzeiten und Hauptbetreuungszeiten zu berücksichtigen. Für die Hauptbetreuungszeit, in der mehr als die Hälfte der Kinder der Höchstgruppenstärke anwesend sind, ist die Anwesenheit von zwei Fachkräften, für die Randzeiten, in der bis zur Hälfte der Kinder der Höchstgruppenstärke anwesend sind, die Anwesenheit einer Fachkraft vorzusehen.

Daraus ergibt sich folgender Mindestpersonalschlüssel/Stunde:

1,8 Stellen bei einer Stunde Randzeit und 5 Stunden Hauptbetreuungszeit:

pro Stunde Randzeit **= 0,164 Stellen/Std.**

pro Stunde Hauptbetreuungszeit **= 0,327 Stellen/Std.**

Erläuterung:
0,327 × 5 Std. + 0,164 × 1 Std. = 1,8 Stellen
Rechenweg: 1,8 Stellen decken täglich 11 Std. Arbeitszeit ab (1 Std. Randzeit, 5 Std. doppelt, da Hauptbetreuungszeit) = pro Stunde einfach 0,1636 (1,8 : 11), pro Std. doppelt = 0,3272

e) Ganztagsgruppen (GT) einschließlich aller Formen der Altersmischung nach § 1 Abs. 4 der KiTaVO

Bei der Personalbemessung für diese Gruppen sind Randzeiten und Hauptbetreuungszeiten zu berücksichtigen. Für die Hauptbetreuungszeit, in der mehr als die Hälfte der Kinder der Höchstgruppenstärke anwesend sind, ist die Anwesenheit von zwei Fachkräften, für die Randzeiten, in der bis zur Hälfte der Kinder der Höchstgruppenstärke anwesend sind, die Anwesenheit einer Fachkraft vorzusehen.

Daraus ergibt sich folgender Mindestpersonalschlüssel/Stunde:

2,1 Stellen bei einer Stunde Randzeit und 6 Stunden Hauptbetreuungszeit:

pro Stunde Randzeit **= 0,162 Stellen/Std.**

pro Stunde Hauptbetreuungszeit **= 0,323 Stellen/Std.**

Erläuterung:
0,323 × 6 Std. + 0,162 × 1 Std. = 2,1 Stellen
Rechenweg: 2,1 Stellen decken täglich 13 Std. Arbeitszeit ab (1 Std. Randzeit, 6 Std. doppelt, da Hauptbetreuungszeit) = pro Stunde einfach 0,1615 (2,1 : 13), pro Std. doppelt = 0,323

2.2 Ab 1.9.2011 gültige Mindestpersonalschlüssel/Stunde

a) Halbtagsgruppe und Regelgruppe Kindergarten:

Halbtagsgruppe: 1,2 Stellen zu 4 Std. tgl. Öffnungszeit **= 0,300 Stellen**

Regelgruppe: 1,7 Stellen zu 6 Std. tgl. Öffnungszeit **= 0,283 Stellen**

b) Halbtagsgruppe mit Altersmischung Kinder unter 3 Jahren:

1,3 Stellen bei einer Stunde Randzeit und 3 Stunden Hauptbetreuungszeit

ergibt pro Stunde Randzeit am Tag **= 0,186 Stellen**

und pro Stunde Hauptbetreuungszeit **= 0,371 Stellen**

c) Regelgruppe Kindergarten (RG) mit Altersmischung Kinder unter 3 Jahren sowie

d) Gruppen mit verlängerter Öffnungszeit (VÖ) Kindergarten einschließlich aller Formen der Altersmischung:

1,9 Stellen bei einer Stunde Randzeit und 5 Stunden Hauptbetreuungszeit

ergibt pro Stunde Randzeit am Tag **= 0,173 Stellen**

und pro Stunde Hauptbetreuungszeit **= 0,345 Stellen**

e) Ganztagsgruppe (GT) Kindergarten einschließlich aller Formen der Altersmischung:

2,2 Stellen bei einer Stunde Randzeit und 6 Stunden Hauptbetreuungszeit

ergibt pro Stunde Randzeit am Tag **= 0,169 Stellen**

und pro Stunde Hauptbetreuungszeit **= 0,338 Stellen**

2.3 Ab dem 1. 9. 2012 gültige Mindestpersonalschlüssel/Stunde

a) Halbtagsgruppe und Regelgruppe Kindergarten:

Halbtagsgruppe: 1,3 Stellen zu 4 Std. tgl. Öffnungszeit **= 0,325 Stellen**

Regelgruppe: 1,8 Stellen zu 6 Std. tgl. Öffnungszeit **= 0,300 Stellen**

b) Halbtagsgruppe mit Altersmischung Kinder unter 3 Jahren:

1,4 Stellen bei einer Stunde Randzeit und 3 Stunden Hauptbetreuungszeit

ergibt pro Stunde Randzeit am Tag **= 0,200 Stellen**

und pro Stunde Hauptbetreuungszeit **= 0,400 Stellen**

c) Regelgruppe Kindergarten mit Altersmischung Kinder unter 3 Jahren sowie

d) Gruppen mit verlängerter Öffnungszeit (nur mit Altersmischung):

2,0 Stellen bei einer Stunde Randzeit und 5 Stunden Hauptbetreuungszeit

ergibt pro Stunde Randzeit am Tag **= 0,182 Stellen**

und pro Stunde Hauptbetreuungszeit **= 0,364 Stellen**

Bitte beachten: Bei **Gruppen mit verlängerter Öffnungszeit ohne Altersmischung** gilt weiterhin:

1,9 Stellen bei einer Stunde Randzeit und 5 Stunden Hauptbetreuungszeit

ergibt pro Stunde Randzeit am Tag **= 0,173 Stellen**

und pro Stunde Hauptbetreuungszeit **= 0,345 Stellen**

e) Ganztagsgruppe einschließlich aller Formen der Altersmischung:

2,3 Stellen bei einer Stunde Randzeit und 6 Stunden Hauptbetreuungszeit

ergibt pro Stunde Randzeit am Tag = **0,177 Stellen**
und pro Stunde Hauptbetreuungszeit = **0,354 Stellen**

2.4 Überblick zu den Mindestpersonalschlüsseln pro Stunde und Tag

Ab 1.9.2010 gültige Mindestpersonalschlüssel pro Stunde/Tag	
Halbtagsgruppe **(HT)** Kindergarten ohne Altersmischung	**0,275 Stellen/Std.**
Regelgruppe **(RG)** Kindergarten ohne Altersmischung	**0,267 Stellen/Std.**
HT mit **Altersmischung Kinder unter 3 Jahren (U 3)**	
pro Stunde Randzeit:	**0,171 Stellen/Std.**
pro Stunde Hauptbetreuungszeit:	**0,343 Stellen/Std.**
RG mit **Altersmischung U 3**	
pro Stunde Randzeit:	**0,164 Stellen/Std.**
pro Stunde Hauptbetreuungszeit:	**0,327 Stellen/Std.**
Gruppe **VÖ einschl. alle Formen der Altersmischung**	
pro Stunde Randzeit:	**0,164 Stellen/Std.**
pro Stunde Hauptbetreuungszeit:	**0,327 Stellen/Std.**
Gruppe **GT einschl. alle Formen der Altersmischung**	
pro Stunde Randzeit:	**0,162 Stellen/Std.**
pro Stunde Hauptbetreuungszeit:	**0,323 Stellen/Std.**
Ab 1.9.2011 gültige Mindestpersonalschlüssel pro Stunde/Tag	
Halbtagsgruppe **(HT)** Kindergarten ohne Altersmischung	**0,300 Stellen/Std.**
Regelgruppe **(RG)** Kindergarten ohne Altersmischung	**0,283 Stellen/Std.**
HT mit **Altersmischung Kinder unter 3 Jahren (U 3)**	
pro Stunde Randzeit:	**0,186 Stellen/Std.**
pro Stunde Hauptbetreuungszeit:	**0,371 Stellen/Std.**
RG mit **Altersmischung U 3**	
pro Stunde Randzeit:	**0,173 Stellen/Std.**
pro Stunde Hauptbetreuungszeit:	**0,345 Stellen/Std.**
Gruppe **VÖ einschl. alle Formen der Altersmischung**	
pro Stunde Randzeit:	**0,173 Stellen/Std.**
pro Stunde Hauptbetreuungszeit:	**0,345 Stellen/Std.**
Gruppe **GT einschl. alle Formen der Altersmischung**	
pro Stunde Randzeit:	**0,169 Stellen/Std.**
pro Stunde Hauptbetreuungszeit:	**0,338 Stellen/Std.**

Ab 1.9.2012 gültige Mindestpersonalschlüssel pro Stunde/Tag	
Halbtagsgruppe **(HT)** Kindergarten ohne Altersmischung	**0,325 Stellen/Std.**
Regelgruppe **(RG)** Kindergarten ohne Altersmischung	**0,300 Stellen/Std.**
HT mit **Altersmischung Kinder unter 3 Jahren (U 3)**	
pro Stunde Randzeit:	**0,200 Stellen/Std.**
pro Stunde Hauptbetreuungszeit:	**0,400 Stellen/Std.**
RG mit **Altersmischung U 3**	
pro Stunde Randzeit:	**0,182 Stellen/Std.**
pro Stunde Hauptbetreuungszeit:	**0,364 Stellen/Std.**
Gruppe **VÖ** **nur mit Altersmischung**	
pro Stunde Randzeit:	**0,182 Stellen/Std.**
pro Stunde Hauptbetreuungszeit:	**0,364 Stellen/Std.**
Gruppe **GT einschl. alle Formen der Altersmischung**	
pro Stunde Randzeit:	**0,177 Stellen/Std.**
pro Stunde Hauptbetreuungszeit:	**0,354 Stellen/Std.**

3. Besonderheit Waldkindergärten

Der Waldkindergarten ist eine Einrichtung nach § 1 Abs. 2 oder Abs. 3 KiTaG. Zum Personalbedarf gilt je nach Öffnungszeit HT oder VÖ der für diese Gruppenarten oben genannte Stundenschlüssel der Hauptbetreuungszeit, dies aber für die gesamte Öffnungszeit. Außerdem ist bei der altersgemischten Form 2-Jährige bis Schuleintritt zusätzlich eine weitere im Umgang mit Kindern geeignete Kraft während der gesamten Öffnungszeit hinzuzurechnen.

II. Personalbedarf für Angebotsformen außerhalb der KiTaVO

1. Personalbedarf für Krippen und Horte

Die KiTaVO des Kultusministeriums vom 25.11.2010 gilt nicht für Krippen und Horte. Für diese Angebotsformen sind zwei Fachkräfte während der Hauptbetreuungszeit und eine Fachkraft während der Randzeiten erforderlich. Ansonsten hängt der personelle Mindestbedarf von der Dauer der Öffnungszeit ab. An Verfügungszeiten sind 10 Stunden pro Gruppe in der Woche und an Ausfallzeiten für Fortbildung und Krankheit 8 % der Arbeitszeit vorzusehen.

Ausgehend von einer Wochenarbeitszeit von 39 Stunden beträgt der Stellenschlüssel pro Stunde am Tag für:

Randzeiten	**= 0,158 Stellen**
Hauptbetreuungszeiten	**= 0,317 Stellen**

2. Betreute Spielgruppe

Die Öffnungszeit für die Betreuung von unter dreijährigen Kindern in der Betreuten Spielgruppe beträgt 10 bis 15 Stunden in der Woche. Dies erfordert bei 15 Stunden **0,83 Stellen je Gruppe** (15 Std. × 2 Kräfte = 30 Std.÷ 39 Std., zuzüglich 8 % Ausfallzeiten). Daraus ergibt sich ein durchschnittlich täglicher **Stundenschlüssel von 0,276 Stellen**. Bei der BS bestehen aber geringere Anforderungen an die Qualifikation des Personals: 1 Fachkraft nach § 21 LKJHG und eine weitere, im Umgang mit Kindern geeignete Kraft.

3. Hort an der Schule

Der Hort an der Schule ist ein Betreuungsangebot von mindestens 5 Stunden täglich am Nachmittag für Kinder im Schulalter. An Personal sind in mehrgruppigen Einrichtungen eine Fachkraft während der gesamten Öffnungszeit und eine weitere geeignete Kraft während der Hälfte der Öffnungszeit pro Gruppe, bei eingruppigen Einrichtungen beide Kräfte für die gesamte Öffnungszeit vorzusehen. Bei einer täglichen fünfstündigen Betreuungszeit erfordert dies bei mehrgruppigen Einrichtungen pro Gruppe **1,176 Stellen** (2 Kräfte 37,5 Std. + 5 Std. Verfügungszeit ÷ 39 Std., zzgl. 8 % Ausfallzeit). Daraus ergibt sich ein durchschnittlich täglicher Stundenschlüssel von **0,235 Stellen**. Bei eingruppigen Einrichtungen werden für eine fünfstündige Öffnungszeit **1,522 Stellen** benötigt; dies ergibt einen Stundenschlüssel von **0,304 Stellen** pro Tag.

III. Weiteres für alle Angebotsformen

1. Eingruppige Einrichtungen

In allen eingruppigen Kindertageseinrichtungen sind während der gesamten Öffnungszeit zwei Fachkräfte einzusetzen. Bei Regelkindergärten und Halbtagskindergärten kann bei einer Anwesenheit von bis zu 15 Kindern, in allen anderen Angebotsformen bei einer Anwesenheit von bis zur Hälfte der Kinder der jeweiligen Höchstgruppenstärke, die zweite Kraft eine im Umgang mit Kindern geeignete Betreuungskraft sein (bei der Betreuten Spielgruppe und beim Hort an der Schule kann die zweite Kraft immer eine im Umgang mit Kindern geeignete Kraft sein).

2. Schließtage der Einrichtungen

Beim Mindestpersonalbedarf für alle oben genannten Kindertageseinrichtungen wird von **26 Schließtagen im Jahr** und **26 Tagen Urlaubsanspruch** des Personals ausgegangen. Weichen die Urlaubszeiten des Personals und/oder die Ferienschließtage der Einrichtung bzw. Gruppe davon ab, ist ein höherer oder geringerer Personalbedarf auf der Basis von 0,103 Stellen (26 Tage zu 251 Arbeitstage im Jahr) zu veranschlagen. Dies ergibt **pro Tag 0,0039 Stellen**. Damit sind die jeweils abweichenden Tage der Schließung und/oder des Urlaubs zu multiplizieren und dies als Minder- oder Mehrbedarf mit dem errechneten Personalschlüssel einer Gruppe zu multiplizieren.

> Beispiel:
>
> Anstatt 26 Tage nur 10 Tage Schließung. Differenz 16 Tage Mehraufwand × 0,0039 = 0,062. Angenommener Stellenbedarf einer Gruppe: 2,0 Stellen × 0,062 = 0,124 Stellen.

Diese sind als Mehrbedarf zu addieren = 2,12 Stellen

IV. Hinweise zur Eintragung in der Excel-Tabelle

Auszufüllen sind in der Tabelle bei der jeweils zutreffenden Gruppenform nur die orangen Felder. Bei der Halbtagsgruppe und der Regelgruppe ist lediglich die **tatsächliche Wochenöffnungszeit** einzutragen. Bei allen anderen Gruppenformen ist zusätzlich (soweit zutreffend) die **Randzeit** einzutragen. In der rechten Spalte wird automatisch das Gesamtergebnis angegeben. Bei den Randzeiten ist zu beachten, dass dazu die durchschnittlich tägliche Stundenanzahl einzutragen ist: Sind die Randzeiten nicht an jedem Tag der gesamten Woche gleich oder bestehen sie nur für einen Teil der Woche an einzelnen Tagen, sind die Randzeiten pro Woche zu summieren und dann durch fünf zu teilen.

Bei **eingruppigen Einrichtungen** ist für die jeweilige Angebotsform in der Spalte „Randzeiten/Tag" 0 einzutragen. Bei eingruppigen Halbtagskindergärten und Regelkindergärten ist dazu die Spalte Halbtagsgruppe mit unter 3-Jährigen bzw. Regelgruppe mit unter 3-Jährigen zu verwenden.

In den Zeilen „Anzahl Schließtage pro Jahr" und Anzahl „Urlaubstage pro Jahr" ist lediglich die tatsächlich zutreffende Anzahl der Tage einzutragen.

Rechenmodell für Träger zum Mindestpersonalbedarf in Kindertageseinrichtungen nach KiTaVO bis 31.8.2011

Name der Einrichtung:

Gruppenname	**Halbtagsgruppe**	**Regelgruppe**	**Halbtagsgruppe u. Altersmischung mit unter 3-Jährigen**	**Regelgruppe u. Altersmischung mit unter 3-Jährigen**	**Gruppe mit verlängerten Öffnungszeiten (VÖ), Kindergarten u. alle Formen der Altersmischung**	**Ganztagsgruppe (GT) Kindergarten u. alle Formen der Altersmischung**	**Kripple/Horte (ohne Gültigkeit KiTaVO)**	Öffnungszeit/Woche	Öffnungszeit/Tag	Randzeiten/Tag (Std.)	Hauptbetreuungszeit pro Tag/Std.	Stellenschlüssel für Hauptbetreuungszeit	Stellenschlüssel für Randzeiten	Bedarf an Stellen pro Gruppe inkl. Verfügungs- u. Ausfallzeiten
									0		0,00	0,000	0,000	0,000
									0		0,00	0,000	0,000	0,000
									0		0,00	0,000	0,000	0,000
									0		0,00	0,000	0,000	0,000
									0		0,00	0,000	0,000	0,000
									0		0,00	0,000	0,000	0,000
									0		0,00	0,000	0,000	0,000
									0		0,00	0,000	0,000	0,000
									0		0,00	0,000	0,000	0,000
									0		0,00	0,000	0,000	0,000
													Stellen insgesamt	0,000
													Anzahl Schließtage pro Jahr	
													Anzahl Urlaubstage pro Jahr	
													Mehr- oder Minderbedarf Schließtage	0,000
													Mehr- oder Minderbedarf Urlaubstage	0,000
													Gesamtpersonalbedarf	**0,000**

Kurzanleitung:

- pro Gruppe = eine Zeile
- Mausklick auf entsprechende Gruppenart (Spalte B - H)
- ein X eintragen
- orange Felder müssen ausgefüllt werden.

Rechenmodell für Träger zum Mindestpersonalbedarf in Kindertageseinrichtungen nach KiTaVO von 1.9.2011 - 31.8.2012

Name der Einrichtung:

Gruppenname	**Halbtagsgruppe**	**Regelgruppe**	**Halbtagsgruppe u. Altersmischung mit unter 3-Jährigen**	**Regelgruppe u. Altersmischung mit unter 3-Jährigen**	**Gruppe mit verlängerten Öffnungszeiten (VÖ), Kindergarten u. alle Formen der Altersmischung**	**Ganztagsgruppe (GT) Kindergarten u. alle Formen der Altersmischung**	**Krippe/Horte (ohne Gültigkeit KiTaVO)**	Öffnungszeit/Woche	Öffnungszeit/Tag	Randzeiten/Tag (Std.)	Hauptbetreuungszeit pro Tag/Std.	Stellenschlüssel für Hauptbetreuungszeit	Stellenschlüssel für Randzeiten	Bedarf an Stellen pro Gruppe inkl. Verfügungs- u. Ausfallzeiten
									0		0,00	0,000	0,000	0,000
									0		0,00	0,000	0,000	0,000
									0		0,00	0,000	0,000	0,000
									0		0,00	0,000	0,000	0,000
									0		0,00	0,000	0,000	0,000
									0		0,00	0,000	0,000	0,000
									0		0,00	0,000	0,000	0,000
									0		0,00	0,000	0,000	0,000
									0		0,00	0,000	0,000	0,000
									0		0,00	0,000	0,000	0,000
													Stellen insgesamt	0,000
													Anzahl Schließtage pro Jahr	
													Anzahl Urlaubstage pro Jahr	
													Mehr- oder Minderbedarf Schließtage	0,000
													Mehr- oder Minderbedarf Urlaubstage	0,000
													Gesamtpersonalbedarf	**0,000**

Kurzanleitung:

- ▶ pro Gruppe = eine Zeile
- ▶ Mausklick auf entsprechende Gruppenart (Spalte B - H)
- ▶ ein X eintragen
- ▶ orange Felder müssen ausgefüllt werden.

Rechenmodell für Träger zum Mindestpersonalbedarf in Kindertageseinrichtungen nach KiTaVO ab 1.9.2012

Name der Einrichtung:

Gruppenname	**Halbtagsgruppe**	**Regelgruppe**	**Halbtagsgruppe u. Altersmischung mit unter 3-Jährigen**	**Regelgruppe u. Altersmischung mit unter 3-Jährigen**	**Gruppe mit verlängerten Öffnungszeiten (VÖ), Kindergarten u. alle Formen der Altersmischung**	**Gruppe mit verlängerten Öffnungszeiten (VÖ) OHNE Altersmischung**	**Ganztagsgruppe (GT) Kindergarten u. alle Formen der Altersmischung**	**Kripple/Horte (ohne Gültigkeit KiTaVO)**	Öffnungszeit/Woche	Öffnungszeit/Tag	Randzeiten/Tag (Std.)	Hauptbetreuungszeit pro Tag/Std.	Stellenschlüssel für Hauptbetreuungszeit	Stellenschlüssel für Randzeiten
										0		0,00	0,000	0,000
										0		0,00	0,000	0,000
										0		0,00	0,000	0,000
										0		0,00	0,000	0,000
										0		0,00	0,000	0,000
										0		0,00	0,000	0,000
										0		0,00	0,000	0,000
										0		0,00	0,000	0,000
										0		0,00	0,000	0,000
										0		0,00	0,000	0,000

Stellen insgesamt	
Anzahl Schließtage pro Jahr	
Anzahl Urlaubstage pro Jahr	
Mehr- oder Minderbedarf Schließtage	
Mehr- oder Minderbedarf Urlaubstage	
Gesamtpersonalbedarf	

Kurzanleitung:

- ► pro Gruppe = eine Zeile
- ► Mausklick auf entsprechende Gruppenart (Spalte B - H)
- ► ein X eintragen
- ► orange Felder müssen ausgefüllt werden.

Anhang 2

Antrag bzw. Änderung einer Betriebserlaubnis (Muster)

Kommunalverband für Jugend und Soziales
Baden-Württemberg
Dezernat Jugend – Landesjugendamt

Tageseinrichtung für Kinder
Antrag auf Erteilung der Betriebserlaubnis

Träger:	
Straße/ Nr.:	
PLZ/ Ort:	
Telefon/ Fax:	
E-Mail:	

Einrichtung:	
Straße/ Nr.:	
PLZ/ Ort:	
Telefon/ Fax:	
E-Mail:	

Beantragt wird hiermit nach § 45 SGB VIII die Erlaubnis für den Betrieb einer Tageseinrichtung zur Betreuung von		Kindern in		Gruppen

Anlass des Antrags:	☐ Neueröffnung ☐ Trägerwechsel ☐ Übergangssituation / Provisorium für die Dauer von bis
Datum der Inbetriebnahme:	
Dafür wurde folgende Einrichtung geschlossen:	

Trägerverbände:	
Mit dieser Einrichtung sind wir folgendem Trägerverband angeschlossen: ☐ keinem Trägerverband angeschlossen	

Beschreibung der Gesamteinrichtung:					
Allgemeine Räume					
Büro-/Personalraum	☐	m²	Sanitärbereich	☐	
Mehrzweckraum	☐	m²	Wickelbereich	☐	
Ruheraum/Schlafraum	☐	m²	Material- u. Abstellräume	☐	
Außenspielbereich (Fläche)		m²	Sonstige	☐	m²

Anhang 2 – KiTaG

Leitung der Einrichtung:	
Name, Vorname:	
Qualifikation:	

Anlagen:	☐ Gruppenblatt (je Gruppe ein separates Gruppenblatt ausfüllen)
	☐ Grundrissplan mit Nutzflächenberechnung
	☐ Konzeption der Einrichtung (siehe § 45 Abs. 2 Satz 3 SGB VIII)
	☐ Baurechtliche und feuerpolizeiliche Genehmigung oder Nutzungsänderung
	☐ Polizeiliches Führungszeugnis von der Einrichtungsleitung (nur bei Doppelfunktion: Einrichtungsleitung und Trägerschaft)

Einhaltung anderer Rechtsvorschriften:

Wir versichern, dass

☐ die Richtlinien der Unfallkasse Baden-Württemberg für Kindergärten – Bau und Ausrüstung – eingehalten werden,

☐ die Vorgaben des zuständigen Gesundheitsamtes und ggf. der Lebensmittelsicherheit/Veterinäramt bei der bisherigen Planung beachtet worden sind. Erfolgen nach den oben genannten Rechtsvorschriften/Richtlinien im Rahmen der Abnahme des Betriebes oder danach während des laufenden Betriebes weitere Anforderungen, werden diese ebenfalls beachtet.

☐ eine Vereinbarung mit dem örtlich zuständigen Jugendamt zum Schutzauftrag bei Kindeswohlgefährdung gem. § 8a Abs. 2 SGB VIII abgeschlossen wurde.

__________________________ __________________________

Ort, Datum Unterschrift

Gruppenblatt

Bitte für jede Angebotsform ein separates Gruppenblatt ausfüllen.

	Gruppenart nach KiTaVO	Höchstgruppenstärke	Alter der Kinder	Anzahl der Kinder
☐	**Halbtagsgruppe HT** für 3-Jährige bis Schuleintritt (Vor- oder Nachmittagsbetreuung mind. 3 Std.)	25 bis 28 Kinder		
☐	**Regelgruppe RG** für 3-Jährige bis Schuleintritt (Vor- und Nachmittagsbetreuung mit Unterbrechung am Mittag)	25 bis 28 Kinder		
☐	**Gruppe mit verlängerter Öffnungszeit VÖ** für 3-Jährige bis Schuleintritt (durchgängige Öffnungszeit von mind. 6 Std.)	22 bis 25 Kinder		
☐	**Gruppe mit verlängerter Öffnungszeit VÖ und/oder RG/ HT** für 3-Jährige bis Schuleintritt	22 bis 25 Kinder		
☐	**Ganztagesgruppe GT** für 3-Jährige bis Schuleintritt (mehr als 7 Std. durchgängige Öffnungszeit)	20 Kinder		
☐	**Ganztagesgruppe GT zeitgemischt mit VÖ und/oder RG** für 3-Jährige bis Schuleintritt	22 bis 25 Kinder bei mehr als 10 Kinder in GT: 20		
☐	**Altersgemischte Gruppe AM** **für 3-Jährige bis unter 14 Jahre** (mit überwiegender Anzahl von Kindern im Kindergartenalter)	25 bei **HT/RG/VÖ**		
☐		20 bei **GT**		
☐		25 bei **HT/RG/VÖ/GT** bei mehr als 10 Kindern in GT: 20		
	Altersgemischte Gruppe AM **für 2-Jährige bis unter 14 Jahre** (mit überwiegender Anzahl von Kindern im Kindergartenalter)	Absenkung der Gruppenstärke um einen Platz je aufgenommenes 2-Jähriges Kind, ausgehend von:		
☐		25 bei **HT/RG**		
☐		22 bei **VÖ**		
☐		20 bei **GT**		
☐		22 bei **HT/RG/VÖ/GT** bei mehr als 10 Kinder in GT: 20		
☐	**Altersgemischte Gruppe AM** **vom 1. Lebensjahr bis unter 14 Jahre** (bei allen Gruppenarten)	15 Kinder, davon max. 5 Kinder unter 3 Jahren		
	Gruppenart außerhalb der KiTaVO		**Alter der Kinder**	**Anzahl der Kinder**
☐	**Kleinkindbetreuung (Krippe) KR** 0 bis 3 Jahre (über 15 Std. wöchentlich)	10 Kinder		
☐	**Betreute Spielgruppe BS** 0 bis 3 Jahre (10 – 15 Std. wöchentlich)	10 Kinder		
☐	**Hort** Schuleintritt bis 14 Jahre	20 Kinder		
☐	**Hort an der Schule** Schuleintritt bis 14 Jahre	20 Kinder 25 Kinder bei zusätzlichem Raumangebot		
☐	**Waldkindergarten** 3-Jährige bis Schuleintritt	20 Kinder		
☐	**Sonst. Betreuungsform** (mehr als 10 bis 15 Std. wöchentlich) - Kinder von 2 Monaten bis Schuleintritt - Kinder von 3 bis 14 Jahren	15 Kinder 20 Kinder		

Öffnungszeiten:

vormittags	von		Uhr bis		Uhr	an	Vormittagen / Woche
nachmittags	von		Uhr bis		Uhr	an	Nachmittagen / Woche
durchgehend	von		Uhr bis		Uhr	an	Tagen / Woche
durchschnittlich tägliche Öffnungszeit:			Std./Tag	**durchschnittlich tägliche Randzeit*:**			Std./Tag

*Randzeit ist die Zeit, in der weniger als die Hälfte der Kinder der jeweiligen Höchstgruppenstärke anwesend sind.

Personelle Besetzung:

Zur Berechnung der erforderlichen personellen Mindestbesetzung in den unterschiedlichen Angebotsformen ist ein Excelprogramm abrufbar unter:
www.kvjs.de/jugendhilfe/tagesbetreuung

Gruppenleitung:	
Qualifikation:	
Arbeitszeit in Std./Woche:	
weitere Fachkraft:	
Qualifikation:	
Arbeitszeit in Std./Woche:	
weitere Fachkraft:	
Qualifikation:	
Arbeitszeit in Std./Woche:	
weitere Fachkraft:	
Qualifikation:	
Arbeitszeit in Std./Woche:	
weitere Zusatzkraft:	
Qualifikation:	
Arbeitszeit in Std./Woche:	

Räume der Gruppe:

Gruppenraum:	m^2
Kleingruppenraum:	m^2
Schlafraum:	m^2

Bemerkungen:

Tageseinrichtung für Kinder
Antrag auf Änderung der Betriebserlaubnis

Träger:	
Straße/ Nr.:	
PLZ/ Ort:	
Telefon/ Fax:	
E-Mail:	

Einrichtung:	
Aktenzeichen:	
Straße/ Nr.:	
PLZ/ Ort:	
Telefon/ Fax:	
E-Mail:	

Nach § 45 SGB VIII beantragen wir hiermit die Änderung der Betriebserlaubnis für folgende Betriebsformen mit Wirkung vom: .

Hinweis: Bitte geben Sie alle Angebotsformen der Einrichtung (sowohl weiter bestehende, als auch geänderte) in der folgenden Tabelle an. Bitte füllen Sie dazu für jede Gruppe das Gruppenblatt aus.

Anzahl	Gruppenart nach KiTaVO/ Alter der Kinder	Anzahl der Kinder
	Halbtagsgruppe HT für 3-Jährige bis Schuleintritt (Vor- oder Nachmittagsbetreuung von mind. 3 Std.)	
	Regelgruppe RG für 3-Jährige bis Schuleintritt (Vor- und Nachmittagsbetreuung mit Unterbrechung am Mittag)	
	Gruppe mit verlängerter Öffnungszeit VÖ für 3-Jährige bis Schuleintritt (durchgängige Öffnungszeit von mind. 6 Std.)	
	Gruppe mit verlängerter Öffnungszeit und/oder RG/ HT für 3-Jährige bis Schuleintritt	
	Ganztagesgruppe GT für 3-Jährige bis Schuleintritt (mehr als 7 Std. durchgängige Öffnungszeit)	
	Ganztagsgruppe GT zeitgemischt mit VÖ und/oder RG/ HT für 3-Jährige bis Schuleintritt	
	Altersgemischte Gruppe AM **für 3-Jährige bis unter 14 Jahre** (mit überwiegender Anzahl von Kindern im Kindergartenalter)	
	Altersgemischte Gruppe AM **für 2-Jährige bis unter 14 Jahre** (mit überwiegender Anzahl von Kindern im Kindergartenalter)	
	Altersgemischte Gruppe AM **vom 1. Lebensjahr bis unter 14 Jahre** (bei allen Gruppenarten)	

Anhang 2 – KiTaG

Anzahl	Gruppenart außerhalb der KiTaVO/Alter der Kinder	Anzahl der Kinder
	Kleinkindbetreuung (Krippe) KR 0 bis 3 Jahre (über 15 Std. wöchentlich)	
	Betreute Spielgruppe BS 0 bis 3 Jahre (10 – 15 Std. wöchentlich)	
	Hort Schuleintritt bis 14 Jahre	
	Hort an der Schule Schuleintritt bis 14 Jahre (täglich mind. 5 Std. außerhalb des Unterrichts, in der Schule oder in der Nähe der Schule)	
	Waldkindergarten 3-Jährige bis Schuleintritt	
	Sonstige Betreuungsformen (mehr als 10 bis 15 Std. wöchentlich) Kinder von 2 Monaten bis Schuleintritt, Kinder von 3 bis 14 Jahre	

Trägerverbände:	
Mit dieser Einrichtung sind wir ☐ folgendem Trägerverband angeschlossen:	
☐ keinem Trägeverband angeschlossen.	

Leitung der Einrichtung:	
Name, Vorname:	
Qualifikation:	

Anlagen:	☐ Gruppenblatt (je Gruppe ein separates Gruppenblatt ausfüllen)
	☐ Grundrissplan mit Nutzflächenberechnung (bei baulichen Änderungen)
	☐ Konzeption der Einrichtung (bei maßgeblich neuen Altersstrukturen wie z. B. Kleinkindbetreuung und Altersmischung)
	☐ Stellungnahme des Gesundheitsamtes (bei Ausbau zu Ganztagesangeboten und Kleinkindbetreuung)
	☐ Polizeiliches Führungszeugnis von der Einrichtungsleitung (nur bei Doppelfunktion: Einrichtungsleitung und Trägerschaft)

Einhaltung anderer Rechtsvorschriften:

Wir versichern, dass

☐ die Richtlinien der Unfallkasse Baden-Württemberg für Kindergärten – Bau und Ausrüstung – eingehalten werden.

☐ die Vorgaben des zuständigen Gesundheitsamtes und der Lebensmittelsicherheit/ Veterinäramt bei der bisherigen Planung beachtet worden sind. Erfolgen nach den oben genannten Rechtsvorschriften/Richtlinien im Rahmen der Abnahme des Betriebes oder danach während des laufenden Betriebes weitere Anforderungen, werden diese ebenfalls beachtet.

☐ eine Vereinbarung mit dem örtlich zuständigen Jugendamt zum Schutzauftrag bei Kindeswohlgefährdung gem. § 8a Abs. 2 SGB VIII abgeschlossen wurde.

________________ Ort, Datum

________________ Unterschrift

Anhang 3

Rahmenvereinbarung

vom 25. Juli 2003

zwischen den Kommunalen Landesverbänden, den Kirchen und den Verbänden der sonstigen freien Träger der Jugendhilfe zur Umsetzung des § 8 Abs. 5 des Kindergartengesetzes für Baden-Württemberg (Kindergartengesetz – KGaG) vom 8. April 2003

Präambel

Mit der Novellierung des Kindergartengesetzes setzt die Landesregierung ihre politische Entscheidung um, die Förderzuständigkeit für die Kindergärten auf die Städte und Gemeinden zu übertragen.

Nach § 8 Abs. 5 KGaG schließen die Kommunalen Landesverbände mit den Kirchen sowie den Verbänden der sonstigen freien Träger der Jugendhilfe (freie Träger) über Planung, Betrieb und Finanzierung der Tageseinrichtungen eine Rahmenvereinbarung.

Grundlage für diese Rahmenvereinbarung sind die zwischen den Vertragspartnern vereinbarten Zusagen, dass mit der Veränderung der Förderzuständigkeit keine finanzielle Schlechterstellung der freien Träger erfolgt, eine „ehrenamtsfähige" Ausgestaltung der Regelungen sicher gestellt wird und der Erhalt der freien Trägerschaft im bisherigen Umfang sowie die Pluralität und die qualitative Weiterentwicklung des Kindergartenwesens gewährleistet ist.

Vor diesem Hintergrund schließen die

Kommunalen Landesverbände in Baden-Württemberg,
die Evangelischen Landeskirchen und
die Katholischen (Erz-)Diözesen in Baden-Württemberg

und

die Verbände der sonstigen freien Träger der Jugendhilfe

die nachfolgende Rahmenvereinbarung.

Diese Rahmenvereinbarung bildet die Grundlage für die örtlichen Vereinbarungen gemäß § 8 Abs. 4 und 5 KGaG. Die Vertragspartner empfehlen ihren Mitgliedern, nach dieser Rahmenvereinbarung zu verfahren.

1. Planung der Einrichtungen

Bedarfsplanung

Nach § 3 Abs. 2 i. V. m. § 8 Abs. 2 KGaG werden die Förderzuschüsse grundsätzlich nur für Einrichtungen gewährt, die der Bedarfsplanung entsprechen. Zum Verfahren und zu den inhaltlichen Vorgaben dieser Bedarfsplanung wird Folgendes vereinbart:

1.1 Die freien Träger der Jugendhilfe, die (im Gemeinde-/Stadtgebiet) Einrichtungen bzw. Angebote betreiben, sind an der Bedarfsplanung rechtzeitig zu beteiligen.

1.2 Die anerkannten freien Träger der Jugendhilfe können in den Gremien der kommunalen Gebietskörperschaften angehört werden.

1.3 Bei der Bedarfsplanung sind insbesondere der Grundsatz der Subsidiarität und die Erhaltung der Trägervielfalt zu berücksichtigen.

1.4 Bei der Angebotsstruktur und ihrer qualitativen Weiterentwicklung werden die Anbieter/Träger ausgewogen berücksichtigt.

1.5 Für Einrichtungen mit gemeindeübergreifendem Einzugsgebiet (zum Beispiel Betriebskindergärten) soll gegebenenfalls unter Mitwirkung des örtlichen Jugendhilfeträgers eine enge Abstimmung über das vorzuhaltende Angebot erfolgen. Dabei ist insbesondere die Kostenerstattung durch die Wohnsitzgemeinde zu regeln.

1.6 Für jede Betreuungsform nach § 1 KGaG sollen als Grundlage der Planung Mindestgruppengrößen vereinbart werden.

2. Betrieb der Einrichtungen

2.1 Leistungen der freien Träger

2.1.1 Die freien Träger gewährleisten die Erfüllung des Erziehungs-, Bildungs- und Betreuungsauftrags auf der Grundlage des christlichen Glaubens bzw. im Rahmen ihrer jeweiligen eigenständigen pädagogischen Ausrichtung.

2.1.2 Die freien Träger verpflichten sich, Kinder ohne Rücksicht auf ihr Bekenntnis und ihre Nationalität im Rahmen der zur Verfügung stehenden Plätze und nach Maßgabe ihrer jeweiligen Ordnungen aufzunehmen.

2.2 Geltung kirchlicher Regelungen

Die kirchlichen Träger sind beim Betrieb und der Beschäftigung der nach dem Stellenplan erforderlichen Fach- und Hilfskräfte an gesetzliche sowie spezielle kirchenrechtliche Regelungen gebunden. Der kirchliche Träger informiert bei Bedarf die bürgerliche Gemeinde über die wesentlichen Grundlagen des anzuwendenden kirchlichen Rechts.

2.3 Mitwirkung der bürgerlichen Gemeinde

Zustimmung oder Abstimmung mit der bürgerlichen Gemeinde

In örtlichen Vereinbarungen ist zu regeln, inwieweit Entscheidungen der freien Träger über

2.3.1 die Aufstellung und Änderung des sich an den Betreuungs- und Betriebsformen orientierenden Stellenplans,

2.3.2 die Festsetzung des Elternbeitrags,

2.3.3 Bauumfang, Gesamtkosten und Baubeginn von Investitionsmaßnahmen gemäß Ziffer 3.5,

2.3.4 die Beschaffung von Einrichtungs- und Ausstattungsgegenständen ab einer örtlich zu vereinbarenden Wertgrenze je Kindergartengruppe,

2.3.5 die Festlegung der Öffnungszeiten[1]) und Kindergartenferien und

2.3.6 die Grundsätze über das Verfahren zur Aufnahme der Kinder der Zustimmung oder Abstimmung mit der bürgerlichen Gemeinde bedürfen.

2.4 Kuratorium/Gemeinsamer Ausschuss

In den örtlichen Vereinbarungen kann zur Abstimmung von Grundsatzfragen zwischen bürgerlicher Gemeinde und freiem Träger die Bildung eines Kuratoriums/Gemeinsamen Ausschusses vorgesehen werden.

---

1) Ziffer 2.2 ist zu beachten (Geltung kirchlicher Regelungen).

3. Finanzierung der Einrichtungen

3.1 Betriebsausgaben

Zu den Betriebsausgaben gehören die für den ordnungsgemäßen Betrieb der Einrichtung erforderlichen Personal- und Sachausgaben sowie die Verwaltungskosten.

3.1.1 Personalausgaben

Dies sind alle Ausgaben für die pädagogischen Mitarbeiter und Mitarbeiterinnen der Einrichtung (im Rahmen des einvernehmlich verhandelten Stellenplans) sowie die Ausgaben für Hausmeister-, Reinigungs- und Wirtschaftspersonal einschließlich der Ausgaben für Fortbildung und notwendige Vertretungskosten.

3.1.2 Sachausgaben

Hierzu gehören insbesondere

- alle sächlichen Geschäftsaufwendungen, die im Hinblick auf die Arbeit mit den Kindern, bei der fachlichen Begleitung und beim laufenden Betrieb der Einrichtung entstehen und
- je nach Eigentum des Gebäudes und örtlicher Vereinbarung die Ausgaben für
  - die laufende Unterhaltung und Bewirtschaftung des Gebäudes einschließlich Steuern, Abgaben und Versicherungen,
  - die Unterhaltung und Ergänzung des Inventars und
  - die Pflege und Unterhaltung der Außenanlagen einschließlich der Spielgeräte
  - sowie evtl. Aufwendungen für das Grundstück, Mieten oder Erbbauzinsen.

3.1.3 Verwaltungskosten

Die Aufwendungen für die verwaltungstechnische Betreuung der Einrichtungen (Personal- und Sachkosten für die Personalverantwortung, Rechnungsführung unter anderem) können mit einer prozentualen Pauschale berücksichtigt werden.

3.2 Bewertung ehrenamtlich erbrachter Leistungen

Ehrenamtlich erbrachte Leistungen können dann als Betriebsausgaben anerkannt werden, wenn sie über das übliche und notwendige Maß an Elternarbeit vergleichbarer Betriebsformen von Einrichtungen für Kinder hinausgehen und ansonsten von externen Dienstleistern bzw. von neben- oder hauptamtlichem Personal erbracht werden.

Die Höhe und die Bemessung (gegebenenfalls als Pauschale) des als geldwerte Leistung anzuerkennenden Betrages soll einvernehmlich in der örtlichen Vereinbarung festgelegt werden. In der örtlichen Vereinbarung kann auch geregelt werden, inwieweit Nachweise über die erbrachten Leistungen vorzulegen sind.

3.3 Finanzierung der freien Träger durch die bürgerlichen Gemeinden

Der Zuschuss, den die bürgerliche Gemeinde an die freien Träger leistet, setzt sich zusammen aus dem Mindestzuschuss nach § 8 Abs. 3 KGaG und einer darüber hinausgehenden Förderung nach § 8 Abs. 4 KGaG. Über die Ausgestaltung der Finanzierung sind örtliche Vereinbarungen zu treffen.

Bis zum In-Kraft-Treten neuer oder geänderter Vereinbarungen gelten die bestehenden kommunalen Beteiligungsverträge als Verträge im Sinne von § 8 Abs. 4 KGaG weiter mit der Maßgabe, dass der bislang berücksichtigte Landeszuschuss ersetzt wird durch den Zuschuss nach § 8 Abs. 3 KGaG. Der bisherige Beteiligungs- oder Abmangelfinanzierungssatz ist entsprechend anzupassen.

Der neue Zuschuss nach § 8 Abs. 4 KGaG oder ein neuer Gesamtzuschuss nach § 8 Abs. 3 und 4 KGaG muss bei gleichbleibenden Verhältnissen mindestens der bisherigen Gesamtförderung (Landeszuschuss und kommunale Förderung) entsprechen.

3.4 Auszahlung des Zuschusses der bürgerlichen Gemeinden zu den Betriebsausgaben

Der Zuschuss der bürgerlichen Gemeinde zu den Betriebsausgaben wird jährlich auf der Grundlage des Rechnungsergebnisses der Einrichtung gewährt.

Die bürgerliche Gemeinde leistet vierteljährliche Abschlagszahlungen (15.2./15.5./15.8./ 15.11.), die sich nach dem Haushaltsansatz für die Einrichtung bemessen. Die Schlusszahlung ist jährlich vier Wochen nach vollständiger Vorlage der Abrechnung für das vorangegangene Kalenderjahr zu leisten.

Abweichende örtliche Vereinbarungen sind möglich.

3.5 Investitionsausgaben

Investitionsausgaben sind Aufwendungen für die Herstellung, die Renovierung, die Sanierung und den Umbau von Einrichtungen im Eigentum des freien Trägers; sie umfassen insbesondere die in der DIN 276 festgelegten Kosten.

Die Finanzierung der Investitionsausgaben soll in der örtlichen Vereinbarung zwischen der bürgerlichen Gemeinde und dem Kindergartenträger geregelt werden (für die Mitgliedsstädte und -gemeinden des Gemeindetags gilt dabei die Empfehlung im bisherigen Mustervertrag).

Investitionsausgaben für Einrichtungen, die im Eigentum der bürgerlichen Gemeinde stehen, trägt diese.

3.6 Elternbeiträge

Elternbeiträge können im Rahmen von so genannten Landesrichtsätzen vereinbart werden.

4. Schlussbestimmungen

4.1 Die Rahmenvereinbarung wird auf unbestimmte Zeit geschlossen. Sie kann von jedem Vertragspartner mit einer Kündigungsfrist von einem Jahr zum Ende des Kindergartenjahres gekündigt werden. Sie bleibt bis zum Abschluss einer neuen Vereinbarung in Kraft. Die Kündigung bedarf der Schriftform.

4.2 Die Vertragspartner sind bereit, bei grundlegender Änderung der wirtschaftlichen Situation oder des Kindergartenrechts in Gespräche über eine einvernehmliche Anpassung dieser Rahmenvereinbarung einzutreten.

Anhang 4

Verwaltungsvorschrift des Ministeriums für Arbeit und Soziales zur Kindertagespflege (VwV Kindertagespflege)

vom 8. Juni 2009 – Az.: 23-6930.19-5 –

1. Begriffsbestimmung und Ausgestaltung der Kindertagespflege

1.1 Kindertagespflege

Kindertagespflege ist die Betreuung und Förderung von Kindern durch geeignete Tagespflegepersonen nach § 1 Abs. 7 des Kindertagesbetreuungsgesetzes (KiTaG).

1.2 Zahl der betreuten Kinder, Betreuung in anderen Räumen

a) Kindertagespflege wird im Haushalt der Tagespflegeperson, der Personensorgeberechtigten oder in anderen geeigneten Räumen geleistet. Durch eine Tagespflegeperson dürfen nicht mehr als fünf fremde Kinder gleichzeitig betreut werden. Die Zahl der höchst möglichen Betreuungsverhältnisse ist auf acht Kinder je Tagespflegeperson begrenzt.

b) In anderen geeigneten Räumen können mehr als fünf fremde Kinder, höchstens jedoch neun Kinder gleichzeitig durch mehrere Tagespflegepersonen mit einer Pflegeerlaubnis nach § 43 des Achten Buches Sozialgesetzbuch (SGB VIII) betreut werden. Ab dem achten zu betreuenden Kind muss eine Tagespflegeperson Fachkraft im Sinne des Kindertagesbetreuungsgesetzes sein.

c) In der nach § 43 SGB VIII zu erteilenden Erlaubnis können die Zahl der gleichzeitig betreuten Kinder und die Zahl der höchstmöglichen Betreuungsverhältnisse eingeschränkt werden, wenn das Wohl der betreuten Kinder nicht gewährleistet wäre. Dies ist insbesondere der Fall, wenn
   - die Räume nur für die Betreuung einer geringeren Zahl von Kindern geeignet sind oder
   - die Tagespflegeperson nicht die in Nummer 1.3 genannte Mindestqualifikation nachweisen kann.

1.3 Qualifizierung von Tagespflegepersonen

a) Der Umfang der Grundqualifikation von Tagespflegepersonen, die erstmals ab dem Jahr 2007 für die Betreuung in Kindertagespflege zur Verfügung stehen, beträgt im Sinne dieser Verwaltungsvorschrift mindestens 62 Unterrichtseinheiten zu je 45 Minuten.

b) Für Tagespflegepersonen, die erstmals im Jahr 2011 für die Betreuung in Kindertagespflege zur Verfügung stehen, beträgt die Grundqualifikation grundsätzlich 160 Unterrichtseinheiten zu je 45 Minuten. Davon können 40 Unterrichtseinheiten im Rahmen einer Supervision oder in praxisbegleitenden Gruppenveranstaltungen erfolgen.

c) Bei einer Betreuung in anderen geeigneten Räumen (Nummer 1.2) ist eine Zusatzqualifikation von 40 Unterrichtseinheiten zu je 45 Minuten erforderlich.

d) Von der Grundqualifikation sind mindestens 30 Unterrichtseinheiten vor einer Vermittlung als Tagespflegeperson zu absolvieren. Die restlichen Unterrichtseinheiten werden praxisbegleitend vermittelt.

Die Qualifizierung erfolgt auf Grundlage eines standardisierten Qualifizierungskonzepts, das vom Landesjugendamt zusammen mit dem Landesverband der Tagesmütter-Vereine Baden-Württemberg e. V. in enger Anlehnung an die Vorgaben des Deutschen Jugendinstituts entwickelt wurde und fortgeschrieben wird. In dem Qualifizierungskonzept sind auch Qualifikationsanforderungen für Personen mit besonderen einschlägigen Aus- und Vorbildungen festgelegt. Darüber hinaus sind insbesondere auch Maßnahmen der Supervision und praxisbegleitende Fortbildungsmaßnahmen im Umfang von 15 Unterrichtseinheiten pro Jahr vorgesehen. Als Nachweis für die Teilnahme an Qualifizierungsmaßnahmen wird ein Zertifikat ausgestellt. Veranstalter von Kursen im Sinne von Buchstabe a bis c sind die nach § 75 SGB VIII anerkannten Träger der freien Jugendhilfe, die örtlichen und überörtlichen Träger der öffentlichen Jugendhilfe sowie andere, vom örtlichen Träger der öffentlichen Jugendhilfe für insoweit geeignet gehaltene Einrichtungen und Vereinigungen.

2. Förderung der Strukturen in der Kindertagespflege

2.1 Zuwendungsziel

Ziel der Zuwendungen ist es, durch Vorbereitung, Qualifizierung und Fortbildung von Tagespflegepersonen die Strukturen in der Kindertagespflege zu stärken und damit ein vielfältiges Betreuungsangebot zu fördern und die Vereinbarkeit von Familie und Erwerbsarbeit weiter zu verbessern.

2.2 Zuwendungszweck

Die finanziellen Zuwendungen sollen durch Maßnahmen der Vorbereitung, Qualifizierung und Fortbildung das vorhandene Angebot an Tagespflegestellen sichern und den qualitätsorientierten bedarfsgerechten Ausbau von Betreuungsangeboten in der Kindertagespflege im Sinne des Achten Buches Sozialgesetzbuch unterstützen. Sie werden nur für Maßnahmen für Personen erbracht, für die nicht von anderen Leistungsträgern oder Stellen Leistungen auf Grund gesetzlicher Verpflichtung zu erbringen sind oder Leistungen erbracht werden.

2.3 Rechtsgrundlagen

Die Zuschüsse werden im Rahmen der bei Kapitel 0919 Titel 681 70 des Staatshaushaltsplans verfügbaren Mittel nach Maßgabe dieser Verwaltungsvorschrift und der §§ 23 und 44 der Landeshaushaltsordnung (LHO), der Allgemeinen Verwaltungsvorschriften (VV-LHO) hierzu und der §§ 48, 49 und 49a des Landesverwaltungsverfahrensgesetzes bewilligt. Die Zuwendungen sind eine freiwillige Leistung des Landes; ein Rechtsanspruch besteht nicht.

2.4 Zuwendungsempfänger

2.4.1 Zuwendungsempfänger sind die örtlichen Träger der öffentlichen Jugendhilfe im Sinne von § 1 Abs. 1 des Kinder- und Jugendhilfegesetzes für Baden-Württemberg (LKJHG) in der Fassung vom 14. April 2005 (GBl. S. 377).

2.4.2 Die Zuwendungsempfänger leiten die Zuwendungen nach den Bestimmungen in Nummer 2.6.5 an die nach den Bestimmungen in Nummer 2.5 förderberechtigten freien Träger weiter, soweit sie die Aufgaben nicht selbst wahr nehmen.

2.5 Zuwendungsvoraussetzungen

2.5.1 Förderfähige Träger sind nur öffentliche Träger oder anerkannte Träger der freien Jugendhilfe, die

a) die Werbung und Gewinnung von Tagespflegepersonen und damit den Ausbau des Angebots an Betreuungsplätzen in Kindertagespflege zum Ziel haben,

b) die Vorbereitung sowie die Qualifizierung und Fortbildung von Tagespflegepersonen nach Nummer 1.3 und deren Vermittlung gewährleisten und

c) die Beratung und Begleitung der Personen, die Interesse an der Ausübung der Kindertagespflege haben, sowie von Tagespflegepersonen und Personensorgeberechtigten der betreuten Kinder sicherstellen.

2.5.2 Die Leistungen nach Nummer 2.5.1 Buchst. a bis c dürfen nur von geeigneten Fachkräften im Sinne von § 72 Abs. 1 SGB VIII erbracht werden. Der Zuwendungsempfänger trägt die Gesamtverantwortung, dass in seinem Zuständigkeitsbereich alle Fördervoraussetzungen erfüllt werden.

2.5.3 Die Zuwendungen des Landes nach Nummer 2.6 werden bei Vorliegen der Voraussetzungen nur gewährt, wenn die Stadt- und Landkreise sowie die kreisangehörigen Gemeinden mit eigenem Jugendamt nachweisen, dass sie sich mit einem mindestens gleich hohen Betrag an der Förderung der Vorbereitung, Qualifizierung und Fortbildung von Tagespflegepersonen beteiligen. Bei geringeren Beträgen verringern sich die Zuwendungen des Landes anteilig.

2.6 Art, Höhe und Weiterleitung der Zuwendung

2.6.1 Die Zuwendung wird als Zuschuss zur Projektförderung im Wege der Festbetragsfinanzierung gewährt.

2.6.2 Die Landesmittel zur Förderung der Strukturen in der Kindertagespflege richten sich nach der Zahl der Kinder unter drei Jahren zum 31. Dezember des Vorvorjahres und nach der Zahl der zum 1. März des Vorjahres bzw. im Jahr 2009 nach der Zahl der zum 15. März 2008 in der Statistik der Kinder- und Jugendhilfe, Teil III, 3 (Bogen P) erfassten Tagespflegepersonen. Dabei wird die Zahl der Tagespflegepersonen zu Grunde gelegt, die mit einem Qualifizierungskurs von 30 bis 120 Stunden und mit 121 oder mehr Stunden erfasst sind.

2.6.3 Die Zuschüsse zur Förderung der Strukturen in der Kindertagespflege betragen für jeden Stadt- und Landkreis sowie für kreisangehörige Gemeinden mit eigenem Jugendamt

a) mit bis zu 5 000 Kleinkindern	4,00 Euro je Kleinkind,
b) mit 5 001 bis 10 000 Kleinkindern	3,25 Euro je Kleinkind,
c) mit über 10 000 Kleinkindern	2,75 Euro je Kleinkind

und je erfasste Tagespflegeperson nach Nummer 2.6.2

d) von 30 bis 120 Stunden (Unterrichtseinheiten)	140 Euro,
e) von 121 und mehr Stunden (Unterrichtseinheiten)	170 Euro.

2.6.4 Verzichtet eine kreisangehörige Gemeinde mit eigenem Jugendamt auf die auf sie entfallende Zuwendung, wird die Zahl der Kinder unter drei Jahren nach Nummer 2.6.3 bei der Ermittlung der Zuwendung für den zuständigen Landkreis berücksichtigt.

2.6.5 Soweit die den Zuwendungsempfängern gewährten Zuschüsse und die nach Nr. 2.5.3 nachzuweisenden Beträge an freie Träger weitergeleitet werden, erfolgt dies auf Grundlage von Zuwendungs- und Leistungsvereinbarungen, die zwischen den öffentlichen Trägern der Jugendhilfe und den freien Jugendhilfeträgern im Bereich der Kindertagespflege getroffen werden und die den Aufwand der freien Träger für die Vorbereitung, Qualifizierung und Fortbildung von Tagespflegepersonen angemessen berücksichtigen. Die §§ 3 und 4 SGB VIII sind zu beachten.

2.7 Verfahren

2.7.1 Bewilligungsbehörde ist das für den örtlichen Träger der öffentlichen Jugendhilfe zuständige Regierungspräsidium. Das Ministerium für Arbeit und Soziales gibt der Bewilligungsbehörde jeweils bis zum 15. März des laufenden Haushaltsjahres unter Zugrundelegung der vom Statistischen Landesamt Baden-Württemberg erhobenen Daten die Berechnungsgrundlagen sowie die anteilig auf die einzelnen öffentlichen Jugendhilfeträger entfallenden Beträge bekannt.

2.7.2 Die Zuschüsse sind bis zum 31. März des laufenden Haushaltsjahres, im Jahr 2009 bis zum 30. April 2009, bei der Bewilligungsbehörde zu beantragen. Im Antrag ist darzulegen, durch welche förderberechtigten Träger nach Nummer 2.4 die Vorbereitung, Qualifizierung und Fortbildung von Tagespflegepersonen wahrgenommen wird und in welcher Höhe eine eigene Beteiligung des Stadt- und Landkreises oder der kreisangehörigen Gemeinde mit eigenem Jugendamt im Sinne von Nummer 2.5.3 erfolgt.

2.7.3 Im Bewilligungsbescheid ist der Zuwendungsempfänger zu verpflichten, nach Bestandskraft Teilbeträge des in einem Gesamtbetrag eingegangenen Zuschusses nach Maßgabe der Nummern 2.7.4 und 2.7.5 zweckgebunden weiter zu bewilligen und auszuzahlen.

2.7.4 Abweichend von Nummer 7 VV zu § 44 LHO werden die Zuschüsse zum 1. Juli des laufenden Haushaltsjahres, frühestens nach Bestandskraft des Zuwendungsbescheids ausbezahlt. Der Zuwendungsempfänger leitet diese sowie die komplementär zu erbringenden Mittel auf Grundlage der nach Nummer 2.6.5 geschlossenen Vereinbarung in vierteljährlichen Zahlungen am 15. Februar, 15. Mai, 15. August und 15. November an die Träger der Maßnahmen weiter. Vereinbarungen über kürzere Auszahlungsfristen sind hiervon unberührt.

2.7.5 Mit der Weiterbewilligung der Fördermittel sind die anerkannten Träger der freien Jugendhilfe zu verpflichten, im vorgegebenen Verwendungsnachweis die zweckentsprechende Verwendung der Mittel nachzuweisen. Diese sind an die Bewilligungsbehörde weiterzuleiten. In den Nachweisen ist insbesondere darzulegen,

a) welche Maßnahmen zur Vorbereitung, Qualifizierung und Fortbildung von Tagespflegepersonen durchgeführt und

b) wie viele Tagespflegepersonen mit 30 bis 120 und wie viele mit 121 und mehr Qualifizierungsstunden zum Stichtag 1. März erfasst waren.

Dies gilt entsprechend, soweit mit den Zuwendungen eigene Projekte der Träger der öffentlichen Jugendhilfe gefördert werden.

2.7.6 Die Allgemeinen Nebenbestimmungen für Zuwendungen zur Projektförderung (AN-Best-P) sind mit Ausnahme der Nummer 3 ANBest-P entsprechend anzuwenden und zum Bestandteil des Zuwendungsbescheids zu erklären, soweit nicht in dieser Verwaltungsvorschrift von ihnen abgewichen wird.

3. Inkrafttreten

3.1 Diese Verwaltungsvorschrift tritt mit Wirkung vom 1. Januar 2009 in Kraft und am 31. Dezember 2013 außer Kraft.

3.2 Mit Inkrafttreten dieser Verwaltungsvorschrift tritt die VwV Kleinkindbetreuung vom 14. November 2006 (GABl. S. 584) außer Kraft.

Anhang 4.1

Hinweise zur Umsetzung der VwV Kindertagespflege

vom 18. Februar 2009 – Az.: 23-6930.19-5 –

Vorbemerkung:

Das Gesetz zur Änderung des Kindertagesbetreuungsgesetzes und des Finanzausgleichsgesetzes vom 18. Februar 2009 erforderte eine Änderung der VwV Kleinkindbetreuung vom 14. November 2006. Ab dem Jahr 2009 fördert das Land die Betriebskosten der Kleinkindbetreuung in Einrichtungen und in der Kindertagespflege über das Finanzausgleichsgesetz. Die Landesregierung misst der Qualifizierung der Tagespflegepersonen eine sehr hohe Bedeutung bei, so dass sie für diesen Zweck zusätzliche Landesmittel zur Verfügung stellt.

Das Ministerium gibt folgende Hinweise zu der VwV Kindertagespflege und zu dem Qualifizierungskonzept für Kindertagespflegepersonen vom 8. Februar 2007.

1. Begriffsbestimmungen und Ausgestaltung der Kindertagespflege

Nr. 1.2 Buchst. b – Betreuung in anderen geeigneten Räumen

Hintergrund dieser Regelung ist es insbesondere, eine sog. „Randzeitenbetreuung" zu ermöglichen. Dies ist z. B. der Fall, wenn die institutionellen Betreuungsangebote in Kinderkrippen (oder auch im Kindergartenbereich) mangels größerer Nachfrage zeitlich befristet sind und einzelne (mehrere) Eltern darüber hinaus dennoch einen Bedarf haben. Hier kann es im Einzelfall sinnvoll sein, die Randzeiten durch Kindertagespflege in Räumen der Einrichtung abzudecken.

Grundsätzlich ist mit einer Betreuung in anderen geeigneten Räumen eine Betreuung außerhalb oder getrennt vom Familienhaushalt zu verstehen. Diese müssen geeignet sein und damit den Bedürfnissen der Kinder entsprechen (z. B. Ess- und Schlafmöglichkeiten). Da es sich hier um eine besondere Form von Kindertagespflege handelt, ist eine Sonderqualifikation als Voraussetzung vorgesehen.

Die Erteilung einer Pflegeerlaubnis nach § 43 SGB VIII ist ein wesentliches Abgrenzungskriterium zur Kinderkrippe, für die eine Betriebserlaubnis nach § 45 SGB VIII erforderlich ist. Bei dieser besonderen Form der Kindertagespflege erfordert die Erteilung einer entsprechenden Pflegeerlaubnis für eine Betreuung nach Nr. 1.2 b VwV Kindertagespflege eine enge Kooperation zwischen Jugendamt, Landesjugendamt und den Tagespflegepersonen. Über die Anträge auf Erteilung einer Pflegeerlaubnis entscheidet nach entsprechender Prüfung das örtlich zuständige Jugendamt. Dabei sind die Rahmenbedingungen durch Nebenbestimmungen zu berücksichtigen.

Auch bei einer Betreuung in anderen geeigneten Räumen durch Tagespflegepersonen soll es möglich sein, über eine gleichzeitige Betreuung von höchstens neun Kindern hinaus weitere Betreuungsverhältnisse einzugehen. In diesem Fall ist in der Regel von max. 12 angemeldeten Kindern auszugehen, von denen jeweils nicht mehr als neun Kinder gleichzeitig betreut werden dürfen. Nähere Voraussetzungen sind ggf. im Rahmen der Pflegeerlaubnis zu regeln.

Nr. 1.3 – Qualifizierung von Kindertagespflegepersonen

Das Qualifizierungskonzept ist nach einem modularen System aufgebaut. Dadurch ist eine äußerst variable und auf die jeweilige Situation abgestimmte Durchführung der Qualifizierungsmaßnahmen möglich. Ergänzend zur Grundqualifizierung enthält das Konzept ein Nachqualifizierungs- bzw. Fortbildungsmodul. Die einzelnen Module bzw. Kurse werden nachfolgend kurz vorgestellt.

Kurs I – Vorbereitende Qualifizierung (30 UE)

In der ersten Stufe im Umfang von 30 Unterrichtseinheiten (UE) soll insbesondere festgestellt werden, ob die angehende Tagespflegeperson für die Kindertagespflege geeignet ist. Auch soll es diesen Tagespflegepersonen dadurch ermöglicht werden, selbst einzuschätzen, ob diese Tätigkeit für sie geeignet ist. Dieses Qualifizierungsmodul wird deshalb **vor** einer Vermittlung als Tagespflegeperson absolviert. Am Ende dieses Kurses wird eine Bescheinigung erteilt, die als Grundlage für eine vorläufige Pflegeerlaubnis dienen kann.

Kurs II – Praxis begleitende Qualifizierung (32 UE)

Diese UE können Praxis begleitend zu einer Tätigkeit als Tagespflegeperson besucht werden. Im Anschluss daran erhält die Teilnehmerin/der Teilnehmer ein Zertifikat über den Besuch der Kurse I und II mit insgesamt 62 UE. Die nach der VwV Kindertagespflege bis Ende 2010 geltende Grundqualifikation ist damit bereits erfüllt.

Kurs III – Praxis begleitende Qualifizierung (40 UE)

Dieser Kurs hat zusammen mit Kurs IV zum Ziel, die Grundqualifizierung von 62 UE auf 160 UE auszubauen. Auch diese UE können Praxis begleitend besucht werden.

Die erfolgreiche Teilnahme an Kurs III im Umfang von 40 UE gilt gleichzeitig als Zusatzqualifikation nach Nr. 1.3 Buchst. c VwV Kindertagespflege und berechtigt somit bereits zu einer Betreuung in anderen geeigneten Räumen.

Kurs IV – Praxis begleitende Weiterbildung (58 UE)

Für dieses Qualifizierungsmodul stehen zwei Alternativen zur Verfügung. Diese 58 UE können entweder insgesamt als Kurssystem oder aus einer Kombination aus Kurs, Supervision oder Praxis begleitenden Gruppenveranstaltungen absolviert werden. Näheres enthält das Qualifizierungskonzept.

Insgesamt führen die Kurse I bis IV somit zu der erst ab 2011 vorgesehenen Grundqualifikation von 160 UE.

Kurs V – Praxis begleitende Fortbildungsmaßnahmen (15 UE)

Dieses Modul enthält Ausführungen zu den Inhalten der jährlichen Praxis begleitenden Fortbildungen im Umfang von 15 UE. Die Fortbildungsmaßnahmen sind erstmals im Kalenderjahr nach Abschluss der Grundqualifizierung zu absolvieren.

2. Förderung der Strukturen in der Kindertagespflege

2.2 Zuwendungszweck

Die Mittel für die Förderung der Strukturen in der Kindertagespflege sind ausschließlich für die Vorbereitung, Qualifizierung und Fortbildung von Tagespflegepersonen zu verwenden. Dabei sind die Mittel in erster Linie für Maßnahmen im Sinne des Qualifizierungskonzepts für Kindertagespflegepersonen in Baden-Württemberg auf der Grundlage des Qualifizierungsprogramms des Deutschen Jugendinstituts vom 8. Februar 2007 einschließlich der in diesem Konzept vorgesehenen Praxis begleitenden jährlichen Fortbildungsmaßnahmen einzusetzen. Darüber hinaus können verbleibende Mittel zur Finanzierung von Maßnahmen in Anspruch genommen werden, die unmittelbar in Zusammenhang mit der Organisation und Durchführung dieser Qualifizierungsmaßnahmen stehen, wie z. B. für Maßnahmen der Öffentlichkeitsarbeit für die genannten Qualifizierungsmaßnahmen oder für Kurse über die Erste Hilfe am Kind.

Nr. 2.5.1 – Förderfähige Träger

Zur Qualitätssicherung und weiteren Qualitätssteigerung sind die Zuwendungen nur an die Träger zu gewähren, die die Voraussetzungen der Nummer 2.5.1 erfüllen. Es ist möglich, dass förderfähige Träger qualifizierte Dritte zu der Durchführung von Maßnahmen heranziehen.

Nr. 2.5.3 – Kommunale Komplementärfinanzierung

Kosten für in eigener Zuständigkeit und Verantwortung erbrachte Leistungen der Vorbereitung, Qualifizierung und Fortbildung von Tagespflegepersonen können auf die Komplementärfinanzierung angerechnet werden. Nicht anrechenbar sind dagegen beispielsweise Leistungen für die Beratung und Begleitung nach Nummer 2.5.1 Buchstabe c, der Vermittlung von Tagespflegepersonen oder die Jugendhilfeleistungen nach dem SGB VIII wie z. B. die Übernahme der laufenden Geldleistung. Zuwendungen des Landes werden anteilig auch gewährt, wenn der kommunale Beitrag geringer ist als der mögliche Höchstbetrag der Landesförderung.

Nr. 2.6 – Höhe der Zuwendung, Berechnungsgrundlagen

Die Höhe der Zuwendungen errechnet sich aus der Zahl der Kleinkinder und der Zahl der statistisch erfassten qualifizierten Tagespflegepersonen.

Tagespflegepersonen, die bereits vor dem Jahr 2007 in der Kindertagespflege tätig waren, bis zum 1. 1. 2007 noch keine 30 Unterrichtseinheiten nachweisen konnten (ggf. auch Personen mit einschlägigen Aus- und Vorbildungen) und im Jahr 2007 eine Nachqualifizierung (Kurs VI des Qualifizierungskonzepts) abgeschlossen haben, gelten als qualifiziert im Sinne von Kurs I und Kurs II des Qualifizierungskonzepts (Qualifizierung mit 62 UE).

Ergänzend erfolgt an dieser Stelle der Hinweis, dass das Ministerium für Arbeit und Soziales das Statistische Landesamt gebeten hat, für die Erstellung der Kinder- und Jugendhilfestatistik nach dem SGB VIII zusätzlich auch die Tagespflegepersonen zu erfassen, die am Stichtag (15. März bzw. 1. März d. J.) der Betreuung zwar zur Verfügung standen, aber kein aktives Betreuungsverhältnis vorweisen konnten. Dies ist notwendig, da die Zuwendungen des Landes an die Stadt- und Landkreise für alle Tagespflegepersonen gewährt werden sollen, die entsprechend qualifiziert sind und grundsätzlich für eine Betreuung und somit zur Bedarfsdeckung zur Verfügung stehen.

Den Regierungspräsidien (Bewilligungsbehörden) werden die Berechnungsgrundlagen sowie die auf die einzelnen Stadt- und Landkreise und kreisangehörige Gemeinden mit eigenem Jugendamt entfallenden Zuschussbeträge direkt vom Ministerium für Arbeit und Soziales unter Zugrundelegung der vom Statistischen Landesamt erhobenen Daten rechtzeitig bekannt gegeben.

Anhang 4.1 – KiTaG

Anhang 5

Sozialhilferichtlinien Baden-Württemberg – Integrationshilfen in Kindertageseinrichtungen und allgemeinen Schulen von Städtetag, Landkreistag und dem KVJS herausgegeben (Gemeinsames Rundschreiben vom 27.8.2009)

Rundschreiben Nr. 753/2009 des Landkreistages Baden-Württemberg
Rundschreiben Nr. 15488/2009 des Städtetags Baden-Württemberg
Rundschreiben Nr. Dez.2-12/2009 des Kommunalverbandes für Jugend und Soziales

Integrationshilfen in Kindertageseinrichtungen und allgemeinen Schulen nach § 54 Abs. 1 Nr. 1 SGB XII

1. Allgemeines

Vorrangig Beteiligte

Die gemeinsame Förderung von Kindern bzw. Schülerinnen und Schülern mit und ohne Behinderung ist die Aufgabe aller Kindertageseinrichtungen und aller Schularten. Dies ergibt sich aus (§ 2 Abs. 2 Kindertagesbetreuungsgesetz – KiTaG- und § 15 Schulgesetz – SchulG).

§ 2 Abs 2 KiTaG lautet: „(2) Kinder, die auf Grund ihrer Behinderung einer zusätzlichen Betreuung bedürfen, sollen zusammen mit Kindern ohne Behinderung in Gruppen gemeinsam gefördert werden, sofern der Hilfebedarf dies zulässt. Dies ist auch im Rahmen der kommunalen Bedarfsplanung nach § 3 Abs. 3 angemessen zu berücksichtigen. § 35a SGB VIII und §§ 53, 54 des Zwölften Buches Sozialgesetzbuch (SGB XII) bleiben unberührt." § 15 Abs. 4 und 5 lauten: „(4) Die Förderung behinderter Schüler ist auch Aufgabe in den anderen Schularten. Behinderte Schüler werden in allgemeinen Schulen unterrichtet, wenn sie aufgrund der gegebenen Verhältnisse dem jeweiligen gemeinsamen Bildungsgang in diesen Schulen folgen können. Die allgemeinen Schulen werden hierbei von den Sonderschulen unterstützt. (5) Die allgemeinen Schulen sollen mit den Sonderschulen im Schulleben und im Unterricht, soweit es nach den Bildungs- und Erziehungszielen möglich ist, zusammenarbeiten."

Für behinderte Kinder und Jugendliche mit sonderpädagogischem Förderbedarf stehen außerdem die differenzierten Angebote des in Baden-Württemberg aufgebauten Sonderschulwesens, einschließlich Schulkindergärten zur Verfügung.

Personenkreis

Voraussetzung für Leistungen ist, dass es sich um wesentlich behinderte Kinder oder Jugendliche im Sinne von Rd. Nr. 53.04 SHR bzw. von einer solchen Behinderung Bedrohte im Sinne von Rd. Nr. 53.05 SHR handelt und ein behinderungsbedingter zusätzlicher Bedarf besteht (vgl. hierzu Rd. Nr. 53.07 und 53.08 SHR). Zum Vorrang der Jugendhilfe bei seelischer Behinderung vgl. Rd. Nr. 53.09 SHR.

Abgrenzung

Maßnahmen der Eingliederungshilfe kommen dann in Betracht, wenn die tatsächlich vorhandenen Ressourcen der Kindertageseinrichtung bzw. des Schulträgers zur Abdeckung des individuellen zusätzlichen Förderbedarfs nicht ausreichen. Ihre Grenzen findet die Gewährung von Maßnahmen der Eingliederungshilfe, wenn der individuelle zusätzliche behinderungsbedingte Förderbedarf durch den Träger der Kindertageseinrichtung bzw. den Schulträger mit den zum Zeitpunkt der Entscheidung vorhandenen Personal- und Sachmitteln zuzüglich den Leistungen der Eingliederungshilfe nicht sichergestellt werden kann bzw. wenn die Ziele der Kindertageseinrichtung oder der allgemeinen Schule nicht erreicht werden können und/oder die Belange anderer Kinder oder Schüler der Förderung in der Kindertageseinrichtung oder in der Schule entgegenstehen.

Der individuelle zusätzliche Förderbedarf soll durch geeignete fachliche Gutachten und Stellungnahmen festgestellt werden.

Anhang 5 – KiTaG

Ein Kind hat nach § 24 SGB VIII vom vollendeten dritten Lebensjahr Anspruch auf den Besuch einer Kindertageseinrichtung. Für Kinder im Alter unter drei Jahren und für Kinder im schulpflichtigen Alter ist ein bedarfsgerechtes Angebot an Plätzen in Tageseinrichtungen und in Kindertagespflege vorzuhalten. Damit können auch Kinder unter 3 Jahren Anspruch auf integrative Maßnahmen haben, wenn dies im Einzelfall erforderlich ist. Ab 1.8.2013 besteht für Kinder im Alter von 1 bis 3 Jahren ein Rechtsanspruch auf Betreuung in einer Kindertageseinrichtung.

Grundsätzlich ist davon auszugehen, dass für behinderte Kinder im ersten Lebensjahr kein über die Eingliederungshilfe abzudeckender individueller Förderbedarf besteht. Der Besuch einer Sonderschule/eines Schulkindergartens stellt nicht schon für sich eine Benachteiligung dar. Auf die vom Bundesverfassungsgericht in seinem Beschluss vom 8.10.1997 – AZ.: BvR 9/87 aufgestellten Grundsätze wird verwiesen.

2. Leistungen in Kindertageseinrichtungen

Kindertageseinrichtungen sind alle in § 1 Abs. 2 bis 6 KiTaG genannten Betreuungsformen und Betriebsformen, jedoch nicht Schulkindergärten oder Betreuungsangebote der Schulen nach § 20 SchG. Leistungserbringer sind in der Regel die Träger der Kindertageseinrichtungen. Sie können diese Leistungen durch eigenes oder externes Personal erbringen.

Leistungsvoraussetzungen und Leistungen

Die Förderung ist sowohl am Bedarf des nichtbehinderten, als auch am Bedarf des behinderten Kindes auszurichten, um beide an gemeinsame Lebens- und Lernformen heranzuführen.

Für ein Kind mit wesentlicher Behinderung kann im Einzelfall – im Vergleich mit einem Kind ohne Behinderung – ein zusätzlicher Bedarf als pädagogische Anleitung zur Teilnahme am Gruppengeschehen (durch Personal i. S. d. § 7 KiTaG) oder begleitenden Hilfen (durch Pflegefachkräfte oder durch geeignete Hilfskräfte als Hilfestellung bei Alltagshandlungen, wie Anziehen, Toilettengang) bestehen.

Pädagogische Hilfen durch externe Integrationsfachkräfte sollen auch darauf abzielen, das pädagogische Personal in der Kindertageseinrichtung bei der eigenständigen Förderung des behinderten Kindes und dessen Integration in die Gruppe zu unterstützen.

Der zusätzliche Förderbedarf kann auch in der Kombination von pädagogischer und begleitender Hilfe bestehen. Für gruppen- oder einrichtungsübergreifende Dienste kommt alternativ zu den pädagogischen Einzelfallhilfen auch die Gewährung von Eingliederungshilfe in Form einer angemessenen Gruppenpauschale in Betracht.

Der Nachrang der Sozialhilfe (§ 2 SGB XII) ist zu beachten. Leistungen, auf die nach SGB V ein Anspruch des Leistungsberechtigten besteht (Krankengymnastik, Logopädie, Ergotherapie, Behandlungspflege u. a.), sind keine Maßnahmen der Eingliederungshilfe. Beiträge für Kindertageseinrichtungen und Fahrtkosten zur Kindertageseinrichtung und zurück werden, wie bei nichtbehinderten Kindern, grundsätzlich nicht übernommen.

3. Leistungen in allgemeinen Schulen

Allgemeine Schulen sind alle in § 4 Abs. 1 SchG genannten Schulen mit Ausnahme der Sonderschulen im Sinne des § 15 SchG einschließlich der Außenklassen. Die Grundschulförderklassen (§ 5a SchG) sind den allgemeinen Schulen gleichgestellt. Leistungserbringer im Sinne dieser Richtlinien sind in der Regel die Schulträger.

Leistungsvoraussetzungen und Leistungen

Eingliederungshilfe nach dem SGB XII kommt in Schulen nur für Assistenzdienste (begleitende Hilfen durch schulfremde Personen) in Betracht.

Pädagogische Maßnahmen im Sinne des Bildungsauftrages fallen in den Verantwortungsbereich der Schule. Das Land trägt hierfür nach § 15 FAG die persönlichen Kosten für die in seinem Dienst stehenden Lehrer an den öffentlichen Schulen nach § 2 Abs. 1 Nr. 1 des SchG; die Schulträger tragen die übrigen Schulkosten. Die privaten Schulen erhalten Zuschüsse des Landes (§ 17 PSchG) und ggf. Zuschüsse der Gemeinden.

Die Eingliederungshilfe bemisst sich nach der festgestellten, notwendigen Begleitung durch eine schulfremde Person. Es sind in jedem Fall unter Einbeziehung von sonstigen Hilfsmöglichkeiten (z. B. Mitschüler, Lehrer, Eltern) kostengünstige Lösungen anzustreben.

Von allgemeinen Schulen in privater Trägerschaft evtl. erhobenes Schulgeld stellt keinen Bedarf im Sinne des § 54 Abs. 1 SGB XII dar. Fahrtkosten zur allgemeinen Schule und zurück werden in der Regel nicht übernommen. Es gilt der Vorrang der Schülerbeförderung nach der jeweiligen Satzung.

4. Verfahren

Zur Feststellung der wesentlichen Behinderung wird auf Rd. Nr. 53.07 SHR verwiesen. Unter Beteiligung der vom Sozialhilfeträger einbezogenen Fachkräfte/Dienste, des Kindergartens oder der Schulverwaltung werden Umfang und Erforderlichkeit des zusätzlichen individuellen Förderbedarfs im Rahmen eines Gesamtplanes nach § 58 SGB XII (s. a. Rd. Nr. 58.01–58.05) vom Sozialhilfeträger festgestellt und bedarfsgerecht fortgeschrieben.

Organisation und Durchführung der Leistung erfolgt durch den Leistungserbringer. Erforderlichkeit und Umfang der notwendigen Assistenz für einen Schüler durch eine schulfremde Person sowie die eventuelle Inanspruchnahme eines Fahrdienstes werden im Benehmen mit der Schulverwaltung festgestellt. Über technische Hilfen entscheidet der Sozialhilfeträger unter Beachtung von Rd.Nr. 54.07. Die Voraussetzungen einer barrierefreien Nutzung ist Aufgabe des Schul-/Kindergartenträgers.

5. Einkommens- und Vermögenseinsatz

Zum Einsatz des Einkommens und Vermögens wird auf Rd. Nr. 92.03 f SHR verwiesen.

Anhang 5.1

Möglicher Verfahrensablauf zur Einleitung von Hilfen für Kinder mit Behinderung im Kindergarten

Eltern wünschen Aufnahme des Kindes mit Behinderung im Kindergarten

⇓

Erste Klärung:	Problemlage des Kindes, weiterer Informationsbedarf, Bedingungen des Kindergartens (Personal, Räume, Konzeption)
Beteiligte:	Erzieherin, ggf. Fachberatung, Träger, Eltern, geeignete Fachstellen

Einschätzung eines höheren Förderbedarfes, orientiert an § 2 SGB IX :
Mit hoher Wahrscheinlichkeit Abweichung der körperlichen Funktion, geistigen Fähigkeit oder seelischen Gesundheit des Kindes länger als 6 Monate von dem für das Lebensalter typischen Zustand und daher Beeinträchtigung der Teilhabe am Leben in der Gesellschaft bzw. in der jeweiligen Gruppenart des Kindergartens

⇓

Verbesserung über das Kindertagesbetreuungsgesetz (KiTaG) ausreichend und möglich:

⇓

Einrichtung einer Integrativen Gruppe nach §1 Abs.4 (KiTaG), als Gruppe mit besonderen pädagogischen Anforderungen

⇓

Antrag Kindergartenträger beim Landesjugendamt auf Ergänzung der Betriebserlaubnis

Anhang 5.1 – KiTaG

Einschätzung eines zusätzlichen individuellen Förderbedarfes bei dem Kind mit Behinderung nach § 53 SGB XII oder § 35a SGB VIII (Erfordernis Eingliederungshilfe)

⇓

Antrag der Eltern beim örtlichen Träger der Sozialhilfe (oder der Jugendhilfe bei seelisch behinderten Kinder; Verfahren läuft dann über das Jugendamt) auf Eingliederungshilfe

⇓

Feststellung der Behinderung durch das Gesundheitsamt

⇓

Einsetzung eines Fachkreises bzw. Runden Tisches zur Feststellung der Erforderlichkeit und Umfang des zusätzlichen Förderbedarfes.
Beteiligte: Eltern, Erzieherin, Träger, ggf. Fachberatung, geeignete Fachstellen (Frühförderung, sonderpädagogische oder psychologische Beratungsstellen, SPZ)

⇓

Aufstellung eines Gesamtplanes nach § 58 SGB XII durch das Sozialamt

⇓

Einschätzung der erforderlichen Hilfen im Kindergarten (begleitende und /oder pädagogische Hilfen)

⇓

Entscheidung des Sozialhilfeträgers

⇓

Abschluss Vertrag zwischen Kindergartenträger und örtlicher Sozialhilfeträger

⇓

Erbringung der Leistung durch eigenes Personal und/oder Honorarkräften oder eines Integrationsfachdienstes

⇓

Bedarfsgerechte Fortschreibung des Gesamtplanes

Anhang 6

Qualifizierungskonzept für Tagespflegepersonen in Baden-Württemberg auf der Grundlage des Qualifizierungsprogramms des Deutschen Jugendinstituts (DJI)

überarbeitete Fassung vom 23. Februar 2011

I. Einleitung

Die Kindertagespflege als familiennahe und flexible Betreuungsform von Kindern ist neben der Kinderbetreuung in Einrichtungen eine wichtige Säule der Betreuungsangebote für Kinder im Land. Die Qualität der Kindertagespflege ist von besonderer Bedeutung. Der Förderungsauftrag umfasst nach § 22 SGB VIII Erziehung, Bildung und Betreuung. Die Qualifizierung von Tagespflegepersonen muss deshalb gesichert und verbessert werden.

Die VwV Kindertagespflege enthält Hinweise zum Umfang der Qualifizierung. Ab dem Jahr 2011 sieht die VwV Kindertagespflege eine Grundqualifikation von 160 Unterrichtseinheiten für neue Tagespflegepersonen vor. Mit der Erweiterung der Grundqualifizierung auf 160 Unterrichtseinheiten für neue Tagespflegepersonen wird die Qualifizierung landesweit weiter ausgebaut werden.

Ziel dieses Qualifizierungskonzeptes ist es, dass Tagespflegepersonen in Baden-Württemberg einheitlich auf ihre Tätigkeit vorbereitet werden.

Das nachfolgende Qualifizierungskonzept richtet sich insbesondere an die Veranstalter von Qualifizierungsmaßnahmen für Tagespflegepersonen und an das verantwortliche Schulungspersonal.

Die Inhalte dieses Konzepts sollen grundsätzlich in allen Fällen Anwendung finden, in denen eine relevante Betreuung durch Tagespflegepersonen beabsichtigt ist. Nach den gesetzlichen Vorgaben für die Erteilung einer Pflegeerlaubnis (§ 43 SGB VIII) ist dies der Fall, wenn eine entgeltliche Betreuung mehr als 15 Stunden wöchentlich länger als drei Monate außerhalb des Haushalts des Erziehungsberechtigten stattfinden soll. Liegen diese Voraussetzungen nicht vor (z. B. Betreuung auf Gefälligkeitsbasis, Betreuung unter drei Monaten oder bis zu 15 Stunden wöchentlich), können die Vorgaben des Konzepts als Anhaltspunkte oder Richtwerte gelten.

Die Kommunalen Landesverbände und das Büro des Landesbeauftragten für Bürokratieabbau wurden bei der Erstellung dieses Qualifizierungskonzepts beteiligt.

II. Inhalte des Qualifizierungskonzepts

Das bisherige Qualifizierungskonzept vom 8. Februar 2007 wurde mit dem nachfolgenden Qualifizierungskonzept eng an das aktuelle Curriculum des Deutschen Jugendinstituts (DJI) angepasst. Abweichungen zum Curriculum des DJI bestehen insbesondere darin, dass die Themen Sicherheit und Schweigepflicht in Kurs I vorgezogen wurden, auf das Thema Schutzauftrag bei Kindeswohlgefährdung in der Tagespflege bereits in Kurs I, neben der vertiefenden Behandlung in Kurs III, eingegangen wird und die Kindertagespflege in anderen geeigneten Räumen in Kurs III besonders berücksichtigt wird.

Jährlich stattfindende Fortbildungsveranstaltungen für Tagespflegepersonen unterstützen deren tägliche Erziehungs-, Bildungs- und Betreuungstätigkeit und tragen damit ebenfalls zur Sicherung der Qualität in der Kindertagespflege bei.

Für Personen mit besonderen einschlägigen Aus- und Vorbildungen ist nur ein sehr verkürztes Qualifizierungsprogramm vorgesehen.

Die nachfolgenden Themen innerhalb der Kurse sind in Unterrichtseinheiten (UE) gegliedert; eine Unterrichtseinheit umfasst 45 Minuten.

Anhang 6 – KiTaG

Das nachfolgende Schema gibt einen Überblick über die einzelnen Qualifizierungskurse:

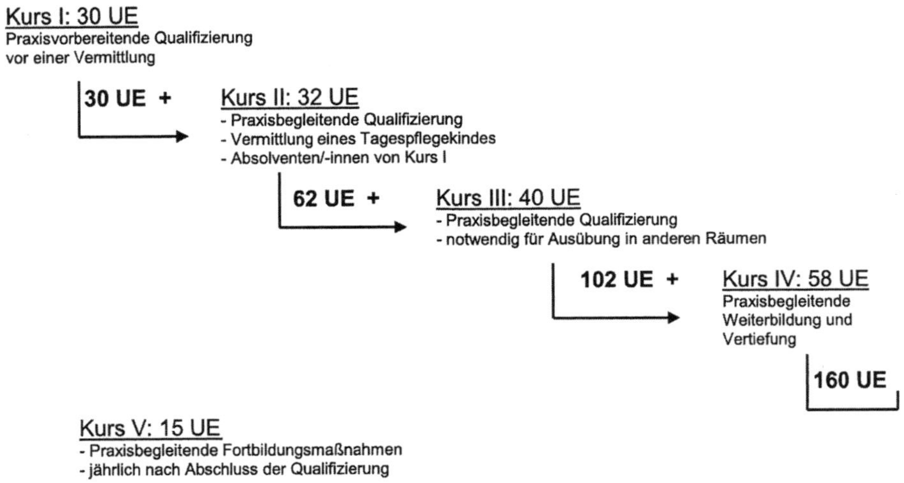

Die Kurse im Einzelnen:

II.1. Kurs I – Vorbereitende Qualifizierung (30 UE)

1. Einführung in die Qualifizierung 1,5 UE

Wie ist die Qualifizierung angeboten? Welche Themen werden behandelt? Wie wird im Kurs gearbeitet? *1*[1])

2. Kindertagespflege – die Perspektive der Tagespflegeperson

Erwartungen an die Kindertagespflege und Motivationsklärung *2* 3 UE

Rechtliche und finanzielle Grundlagen der Kindertagespflege (1. Teil) *3* 3 UE

Aufgaben und Alltag der Tagespflegeperson *4* 3 UE

3. Kindertagespflege – die Perspektive der Kinder

Das Kind in zwei Familien *5* 3 UE

Gestaltung der Eingewöhnungsphase *6* 3 UE

Sicherheit drinnen und draußen – Umgang mit Gefahrenquellen *15* 3 UE

4. Kindertagespflege – die Perspektive der Eltern

Erstkontakt mit den Eltern – Verständigung und Zusammenarbeit *7* 3 UE

Rechtliche und finanzielle Grundlagen der Kindertagespflege (2. Teil):

Der Betreuungsvertrag *8* 1,5 UE

Rechtliche und finanzielle Grundlagen (3. Teil), 9, im Übrigen Kurs III

5. Schweigepflicht in der Kindertagespflege 41 und 3 UE

Schutzauftrag bei Kindeswohlgefährdung in der Tagespflege – Teile aus 23, im Übrigen Kurs III

---

1) Die *kursiv* geschriebenen Ziffern bezeichnen die einzelnen Einheiten aus dem Themenspektrum des DJI-Curriculums.

6.	**Zwischenbilanz:** Wo stehe ich? Was brauche ich noch? *10*	1,5 UE
	Kurs I insgesamt:	**30 UE**

Zusätzlich zu Kurs I ist ein Erste-Hilfe-Kurs für Säuglinge und Kleinkinder erforderlich.

Personen mit besonderen einschlägigen Aus- und Vorbildungen nehmen (mindestens) an Kurs I teil. Sie gelten damit in der Regel als umfassend qualifiziert (160 Unterrichtseinheiten).

II.2. Kurs II – Praxisbegleitende Qualifizierung (32 UE)

1.	**Förderung von Kindern: Erziehung – Bildung – Betreuung**	**21 UE**
	Eine gute Entwicklung – was gehört dazu?, Ressourcenorientierung 12	3 UE
	Kinder brauchen Beachtung. Wie nehme ich Kinder im Tagespflegealltag wahr? 13	3 UE
	Gesund leben in der Kindertagespflege 16	3 UE
	Die Beziehung zum Tageskind positiv gestalten 19	3 UE
	Bevor der Kragen platzt 20	3 UE
	Der Bildungsauftrag in der Kindertagespflege 24	3 UE
	Wie kann die Tagespflegeperson im Alltag spielerisch das Kind fördern? 27	3 UE
2.	**Besondere Herausforderungen in der Kindertagespflege**	**3 UE**
	Abschied von Tageskindern 32	
3.	**Kooperation und Kommunikation zwischen Tagespflegeperson und Eltern**	**6 UE**
	Erziehungspartnerschaft in der Kindertagespflege 33	3 UE
	Kommunikation in der Kindertagespflege: Wie sag ichs wie? 37	3 UE
4.	**Kursreflexion**	**2 UE**
	Kurs II insgesamt:	**32 UE**
	Kurs I und Kurs II:	**62 UE**

II.3. Kurs III – Praxis begleitende Qualifizierung (auch zur Betreuung in anderen geeigneten Räumen, 40 UE)

1.	**Rechtliche und finanzielle Rahmenbedingungen für die Ausübung der Kindertagespflege in anderen geeigneten Räumen**	**4 UE**
	Einsatzmöglichkeiten der Ausübung, Gesetzliche Grundlagen für die Ausübung der Tätigkeit in anderen geeigneten Räumen	3 UE
	Arbeits- und sozialversicherungsrechtliche Grundlagen der selbständigen Tätigkeit, Rufbereitschaft	1 UE
	Profil: Kindertagespflege und Kindertageseinrichtungen Anforderungsprofil an die Tagespflegeperson	
2.	**Förderung von Kindern: Erziehung – Bildung – Betreuung**	**21 UE**
	Spielorte und Entwicklungsräume, Geeignete Spielmaterialien 26	3 UE
	Förderung von Kindern in der Kindertagespflege 11	3 UE
	Kinder sind verschieden – ihr Recht auf Anerkennung ist gleich. Ansätze zum Umgang mit individuellen, geschlechtsspezifischen und kulturellen Unterschieden 14	3 UE
	Schwierige Erziehungssituationen in der Kindertagespflege 22	3 UE
	Kontakt und soziale Beziehungen im Spiel 25	3 UE
	Unterstützung der kindlichen Spielentwicklung im Alltag	3 UE
	Kinder brauchen Bücher – Sprachförderung 28	3 UE

3.	**Gestaltung des Tagesablaufes**	**3 UE**
	Führung/Leitung einer Kleingruppe; gruppendynamische Aspekte	
4.	**Kooperation und Kommunikation zwischen Tagespflegeperson und Eltern**	**3 UE**
	Kooperation zwischen Nähe und Distanz 34	
5.	**Vernetzung und Kooperation**	**3 UE**
	Vernetzung und Kooperation 43	
6.	**Erstellung einer schriftlichen Konzeption**	**4 UE**
7.	**Kursreflexion**	**2 UE**
	Kurs III insgesamt:	**40 UE**
	Kurs I, Kurs II und Kurs III:	**102 UE**

Eine Praxishospitation in einer Einrichtung während oder im Anschluss an Kurs III wird empfohlen.

II.4. Kurs IV – Praxis begleitende Weiterbildung und Vertiefung (58 UE):

a) Kurs IV – Kursorientierte Variante

1.	**Rechtliche Rahmenbedingungen in der Kindertagespflege**	**3 UE**
2.	**Förderung von Kindern: Erziehung – Bildung – Betreuung**	**21 UE**
	Nach Wahl aus Einheiten 12 bis 29 (insbes. auch Bewegung/Ernährung)	
3.	**Besondere Herausforderungen in der Kindertagespflege**	**6 UE**
	Nach Wahl aus Einheiten 30 bis 32	
4.	**Halbzeitbilanz/Kursreflexion** 46	**3 UE**
5.	**Kooperation und Kommunikation zwischen Tagespflegeperson und Eltern**	**15 UE**
	Nach Wahl aus Einheiten 33 bis 40	
6.	**Arbeitsbedingungen der Tagespflegeperson**	**7 UE**
	Nach Wahl aus Einheiten 41 bis 44	
7.	**Abschlussabend: Rückschau und Ausblick**	**3 UE**
	Kurs IV Variante a insgesamt:	**58 UE**

b) Kurs IV – Reflexionsorientierte Variante

Insgesamt 18 UE werden im Kurssystem absolviert. Sie umfassen folgende Themen:

1.	**Rechtliche Rahmenbedingungen in der Kindertagespflege**	**3 UE**
2.	**Förderung von Kindern: Erziehung – Bildung – Betreuung**	**12 UE**
	Nach Wahl aus Einheiten 12 bis 29, (insbes. auch Bewegung/Ernährung)	
3.	**Arbeitsbedingungen der Tagespflegeperson**	**3 UE**
	Nach Wahl aus Einheiten 41 bis 44	
	Nr. 1– 3 insgesamt:	**18 UE**
	Die weiteren **40 UE** werden thematisch im Rahmen einer Supervision (strukturierte Reflexion der erzieherischen Tätigkeit) oder in Praxis begleitenden Gruppenveranstaltungen (angeleitete Selbstreflexion und Austausch mit anderen Tagespflegepersonen) angeboten	**40 UE**
	Kurs IV Variante b insgesamt	**58 UE**
	Kurs I, Kurs II, Kurs III und Kurs IV insgesamt:	**160 UE**

II.5. Kurs V – Praxis begleitende jährliche Fortbildungsmaßnahmen (15 UE)

Aktuelle Themen aus dem Feld der Kindertagespflege; je nach örtlichem Bedarf Vertiefung der Themen aus den Bereichen Förderung von Kindern, Kooperation und Kommunikation zwischen Tagespflegepersonen und Eltern, Arbeitsbedingungen der Tagespflegeperson, rechtliche Rahmenbedingungen	**15 UE**

Diese UE werden nicht auf die Kurse I bis IV angerechnet.

II.6. Kurs VI – Nachqualifizierung im Umfang von 15 UE (einmalig im Jahr 2007)

1.	**Rechtliche Grundlagen**	**2 UE**
	Aktuelle rechtliche Grundlagen; Schutzauftrag § 8a SGB VIII	
2.	**Förderung von Kindern: Erziehung – Bildung – Betreuung**	**10 UE**
	Förderung von Kindern in Tagespflege 11	2 UE
	Wie erziehe ich – wie wurde ich erzogen 18	3 UE
	Bildungsauftrag in der Kindertagespflege 24	2 UE
3.	**Kooperation und Kommunikation zwischen Tagespflegeperson und Eltern**	**3 UE**
	Erziehungspartnerschaft in der Kindertagespflege 33	
4.	**Arbeitsbedingungen der Tagespflegeperson**	**3 UE**
	Vernetzung und Kooperation 43	
	Kurs VI insgesamt:	**15 UE**

III. Weitere Rahmenbedingungen

Eine qualifizierte und verantwortliche Kursleitung soll während der Kurse anwesend sein. Sie deckt möglichst viele Themen selbst ab; im Bedarfsfall setzt sie Referenten/-innen ein.

Die curricularen Einheiten dienen als Handreichung und Arbeitsgrundlage für die Kursleitung bzw. für die Referenten/-innen. Sofern zu aktuellen Themen keine Einheiten im Qualifizierungsprogramm des DJI zu finden sind, soll die Kursleitung geeignete Materialien zusammenstellen.

Nach Abschluss des jeweiligen Kurses erhalten die Teilnehmer/-innen als Nachweis für eine erfolgreiche Teilnahme an der Qualifizierungsmaßnahme eine Bescheinigung/ein Zertifikat.

IV. Finanzierung

Die Finanzierung der Qualifizierungsmaßnahmen ist mit dem örtlichen Jugendhilfeträger unter Berücksichtigung der VwV Kindertagespflege abzustimmen. In die Finanzierung können auch Teilnahmebeiträge der Kursteilnehmer/-innen einfließen.

Anhang 7

Empfehlungen zu laufenden Geldleistungen für Kinder in Kindertagespflege nach dem SGB VIII

1 Geltungsbereich

Diese Empfehlungen gelten für die Gewährung einer laufenden Geldleistung zur Förderung von Kindern in Kindertagespflege nach § 23 SGB VIII.

2 Laufende Geldleistung

2.1 Die Förderung von Kindern in Kindertagespflege nach Maßgabe von § 23 SGB VIII umfasst u. a. die Vermittlung des Kindes zu einer geeigneten Tagespflegeperson nach § 23 Abs. 3 SGB VIII und die Gewährung einer laufenden Geldleistung nach § 23 Abs. 2 SGB VIII.

2.2 Die laufende Geldleistung pro Stunde beträgt in der Kindertagespflege:

	4,3 Wochen pro Monat	
	172 Stunden/Monat	**1 Stunde**
Sachkosten	300,00 € (44,6 %)	1,74 € (44,6 %)
Förderungsleistung	372,00 € (55,4 %)	2,16 € (55,4 %)
	672,00 € (100 %)	3,90 € (100 %)

2.3 Die Sachkosten orientieren sich an der Betriebsausgabenpauschale als steuerliche Freistellung aus Einnahmen nach § 18 Abs. 1 Nr. 1 EStG. Der Beitrag zur Anerkennung der Förderungsleistung der Tagespflegepersonen wird unabhängig hiervon gesondert angepasst.

2.4 Der Beitrag zur gesetzlichen Unfallversicherung wird einmal pro Tagespflegeperson in voller Höhe übernommen (derzeit: 6,61 € pro Monat).

2.5 Der Beitrag für nachgewiesene Aufwendungen zu einer angemessenen Alterssicherung beträgt einmal pro Tagespflegeperson bis zu 50 v. H. des Mindestbeitragssatzes in der gesetzlichen Rentenversicherung (derzeit: 39,80 € pro Monat) oder des tatsächlichen, nach den Einkommensverhältnissen ermittelten gesetzlichen Betrags.

2.6 Die Beiträge für nachgewiesene Aufwendungen zu einer angemessenen Kranken- und Pflegeversicherung betragen einmal pro Tagespflegeperson 50 v. H. der maßgeblichen Bemessungsgrößen nach §§ 10, 240, 243 SGB V (derzeit: 62,58 € Krankenversicherung pro Monat und 8,19 €/9,24 € Pflegeversicherung pro Monat) oder des tatsächlichen, nach den Einkommensverhältnissen ermittelten gesetzlichen Betrags.

3. Zusätzliche oder außergewöhnliche Betreuungszeiten

Ferienzeiten und gegebenenfalls ausfallende Zeiten in Tageseinrichtungen für Kinder sowie Zeiten aus Über-Nacht-Betreuungen, die von der Tagespflegeperson zusätzlich abgedeckt werden, werden als Stundenwerte addiert und zusammen mit den sonstigen im jeweiligen Monat anfallenden Stundenleistungen ausbezahlt.

4. Inkrafttreten

Es wird empfohlen, diese Regelung ab 1.7.2009 anzuwenden.

Anhang 8

Mögliches Ablaufschema örtliche Bedarfsplanung

Einrichtung eines **örtlichen Arbeitskreises**/Ausschusses/Runden Tisches zur Durchführung und Begleitung des Planungsprozesses, Beteiligung der freien und privat-gewerblichen Trägern, dem Tageselternverein, Leitungen der örtlichen Einrichtungen und Diensten, Elternvertretungen

Feststellung des **Bestandes** von Angeboten in der Gemeinde nach den Merkmalen Art und Zeit der Betreuung sowie Alter der Kinder (U3, Ü3)

Ermittlung des **Bedarfes** anhand der Bevölkerungsentwicklung, Sozialdaten, Einwohnermeldewesen, Lohnsteuerkarten, Befragung von Experten und Eltern

Entwurf von **Planungszielen** und möglichen (flexiblen und kostengünstigen) **Maßnahmen, priorisiert** nach den Bedarfskriterien der §§ 24 und 24 a SGB VIII

Vorlage und Entscheidung im **Gemeinderat**

Jährliche **Feststellung des Bedarfs und Ausbaustandes bis 2013**.

Bedarfsplanung dem Jugendamt (örtlicher Träger der öffentlichen Jugendhilfe)anzeigen

Anhang 9

Richtlinien des Kultusministeriums und des Ministeriums für Arbeit und Soziales über die ärztliche Untersuchung nach § 4 des Kindertagesbetreuungsgesetzes

vom 28. September 2009 – Az.: 24-6930.6/4 – (GABl. 2009 S. 261; K. u. U. 2009 S. 202)

1. Allgemeines

1.1 Jedes Kind muss vor der Aufnahme in eine Einrichtung im Sinne des Kindertagesbetreuungsgesetzes (Kindergarten, Tageseinrichtung mit altersgemischten Gruppen, Kinderkrippe) ärztlich untersucht werden.

1.2 Zweck der ärztlichen Untersuchung ist festzustellen, ob dem Besuch der Einrichtung gesundheitliche Bedenken entgegenstehen.

1.3 Die ärztliche Untersuchung soll sich insbesondere auf den Stand der körperlichen und psychischen Entwicklung, die Sinnesorgane und Auffälligkeiten des Verhaltens erstrecken. Ärztliche Untersuchungen in diesem Sinne sind auch die Früherkennungsuntersuchungen U3-U8 bis zur Vollendung des vierten Lebensjahres (Kinder-Richtlinien in der Neufassung vom 26. April 1976, Beilage zum Bundesanzeiger Nr. 214 vom 11. November 1976, zuletzt geändert am 15. Mai 2008, Bundesanzeiger Nr. 96 Seite 326) nach § 181 Abs. 1 Nr. 1 RVO in der Fassung des Zweiten Krankenversicherungsänderungsgesetzes vom 21. Dezember 1970 (BGBl. IS. 1770).

U3	4.–5. Lebenswoche
U4	3.–4. Lebensmonat
U5	6.–7. Lebensmonat
U6	10.–12. Lebensmonat
U7	21.–24. Lebensmonat
U7 a	34.–36. Lebensmonat
U8	46.–48. Lebensmonat

(Die Untersuchungen U3 bis U6 betreffen Einrichtungen mit Betreuung von Kindern unter 3 Jahren.)

1.4 Die ärztliche Untersuchung darf nicht länger als 12 Monate vor der Aufnahme in die Einrichtung durchgeführt worden sein.

2. Vorlage einer Bescheinigung über die ärztliche Untersuchung

2.1 Bei der Aufnahme des Kindes in eine Einrichtung haben die Eltern (Personensorgeberechtigten) eine ärztliche Bescheinigung über das Ergebnis der ärztlichen Untersuchung vorzulegen. Aus der Bescheinigung muss ersichtlich sein, ob und ggf. welche gesundheitlichen Bedenken gegen den Besuch der Einrichtung sprechen.

2.2 Nr. 2.1 gilt nicht, wenn der Träger der Einrichtung die ärztliche Untersuchung selbst durchführen lässt (vgl. Nr. 3.2).

2.3 Für die ärztliche Bescheinigung über das Ergebnis der ärztlichen Untersuchung ist der Vordruck nach dem beiliegenden Muster zu verwenden.

3. Aufgaben des Trägers der Einrichtung

3.1 Der Träger der Einrichtung hat erforderlichenfalls darauf hinzuwirken, dass das Kind vor der Aufnahme in die Einrichtung ärztlich untersucht wird. Er hat die Vorlage einer ärztlichen Bescheinigung oder einer Bescheinigung über die zuletzt durchgeführte Früherkennungsuntersuchung zu überwachen.

3.2 Der Träger kann die ärztliche Untersuchung der Kinder durch einen beauftragten Arzt selbst durchführen lassen, wenn die Eltern (Personensorgeberechtigten) zuvor zugestimmt haben und mit der Weitergabe des Untersuchungsergebnisses an den Träger einverstanden sind. In diesen Fällen kann die Untersuchung abweichend von Nr. 1.1 Satz 1 innerhalb eines Monats nach der Aufnahme in die Einrichtung durchgeführt werden. Es genügt, wenn das Untersuchungsergebnis die Angaben im Vordruck nach Nr. 2.3 enthält.

4. Ergänzende Bestimmungen

4.1 Nehmen die pädagogischen Mitarbeiter der Einrichtung bei einem Kind erkennbare deutliche Entwicklungsverzögerungen oder -Störungen wahr, empfehlen sie den Eltern (Personensorgeberechtigten) eine Vorstellung des Kindes bei einem Kinderarzt oder einer Sonderpädagogischen Beratungsstelle bzw. Interdisziplinären Frühförderstelle. Auskunft über geeignete Beratungs- bzw. Frühförderstellen im Stadt- oder Landkreis gibt die Arbeitsstelle Frühförderung der unteren Schulaufsichtsbehörde oder die Überregionale Arbeitsstelle Frühförderung im Regierungspräsidium Stuttgart. Mit Zustimmung der Eltern (Personensorgeberechtigten) kann die Einrichtung den Kontakt zur Sonderpädagogischen Beratungsstelle bzw. Interdisziplinären Frühförderstelle auch direkt herstellen.

4.2 Bei Personen, die an bestimmten übertragbaren Krankheiten erkrankt sind oder dessen verdächtig oder die verlaust sind, sind die Vorschriften des Infektionsschutzgesetzes zu beachten.

5. Die Regelungen der Nrn. 1 bis 4 gelten für die Aufnahme eines Kindes in Kindertagespflege entsprechend.

6. Inkrafttreten

Diese Richtlinien treten am Tag nach ihrer Veröffentlichung in Kraft.

Gleichzeitig treten die Richtlinien vom 15. März 2008 (GABl. S. 167, K. u. U. S. 96) außer Kraft.

Redaktioneller Hinweis: Die Richtlinien enthalten gegenüber der Bekanntmachung vom 15. März 2008 (GABl. S. 167, K. u. U. S. 96) Änderungen in Nrn. 1.3, 1.4, 3.1, 5.

Anhang 9.1

Bescheinigung über die ärztliche Untersuchung nach § 4 des Kindertagesbetreuungsgesetzes und den Richtlinien über die ärztliche Untersuchung

Das Kind

Name

Vorname

Geburtsdatum

Anschrift

wurde am

von mir auf Grund des § 4 Kindertagesbetreuungsgesetzes und der dazu erlassenen Richtlinien über die ärztliche Untersuchung ärztlich untersucht.

Gegen die Aufnahme des Kindes in einer Kindertageseinrichtung oder in Kindertagespflege bestehen – soweit sich nach der Durchführung der gesetzlichen Früherkennungsuntersuchung U erkennen lässt –

❏ keine medizinischen Bedenken

❏ medizinische Bedenken

❏ Das Kind ist gesundheitlich beeinträchtigt. Die Voraussetzungen für die Aufnahme des Kindes in einer Kindertageseinrichtung oder in Kindertagespflege werden mit den Eltern (Sorgeberechtigten) und dem Personal der Einrichtung bzw. der Tagespflegeperson geklärt. Auf die Möglichkeit der Entbindung von der ärztlichen Schweigepflicht durch die Eltern wird hingewiesen.

Das Untersuchungsergebnis ist den Personensorgeberechtigten mitgeteilt worden.

Ort, Datum

Unterschrift der Ärztin/des Arztes ....

Stempel der Ärztin/des Arztes

Anhang 9.1 – KiTaG

Anhang 10

Gesetz zum präventiven Schutz der Gesundheit von Kindern und Jugendlichen in Baden-Württemberg (Kinderschutzgesetz Baden-Württemberg)

vom 3. März 2009 (GBl. S. 82)

§ 1

Präventiver Schutz der Gesundheit von Kindern und Jugendlichen

(1) Die Personensorgeberechtigten sind verpflichtet, die Teilnahme ihrer Kinder an den Früherkennungsuntersuchungen im Sinne der Richtlinien des Gemeinsamen Bundesausschusses (Kinder-Richtlinien) nach § 26 Abs. 2 in Verbindung mit § 25 Abs. 4 Satz 2 des Fünften Buches Sozialgesetzbuch (SGB V) sicherzustellen. Die Verpflichtung nach Satz 1 besteht unabhängig vom Versichertenstatus der Personensorgeberechtigten oder ihrer Kinder.

(2) Sämtliche Behörden des öffentlichen Gesundheitsdienstes schützen und fördern die Gesundheit von Kindern und Jugendlichen.

(3) Die Gesundheitsämter führen nach § 8 des Gesundheitsdienstgesetzes (ÖGDG) Einschulungsuntersuchungen sowie Maßnahmen zur Erkennung und Verhütung von Zahnerkrankungen bei Kindern und Jugendlichen durch. Sie informieren und beraten nach § 7 ÖGDG zur gesundheitlichen Prävention und Gesundheitsförderung. Hierbei weisen sie auch auf die nach Absatz 1 bestehende Verpflichtung zur Teilnahme an Früherkennungsuntersuchungen für Kinder und Jugendliche hin und beraten über Personen, Einrichtungen und Stellen, die vorsorgende, begleitende und nachsorgende Hilfen anbieten und gewähren können.

(4) Die Gesundheitsämter arbeiten im Rahmen ihrer Aufgaben mit anderen Stellen und öffentlichen Einrichtungen, insbesondere mit Trägern der öffentlichen und freien Jugendhilfe, zusammen.

(5) Werden Beschäftigten der Gesundheitsämter im Rahmen ihrer Amtsausübung oder sonstigen Personen, die Schweige- oder Geheimhaltungspflichten im Sinne von § 203 des Strafgesetzbuchs (StGB) unterliegen, gewichtige Anhaltspunkte für eine Gefährdung des Wohls eines Kindes oder Jugendlichen bekannt und reichen die eigenen fachlichen Mittel nicht aus, die Gefährdung abzuwenden, sollen sie bei den Personensorgeberechtigten auf die Inanspruchnahme der erforderlichen weitergehenden Hilfen hinwirken. Ist ein Tätigwerden dringend erforderlich, um die Gefährdung abzuwenden, und sind die Personensorgeberechtigten nicht bereit oder in der Lage, hieran mitzuwirken, sind die in Satz 1 genannten Personen befugt, dem Jugendamt die vorliegenden Erkenntnisse mitzuteilen; hierauf sind die Betroffenen vorab hinzuweisen, es sei denn, damit wird der wirksame Schutz des Kindes oder Jugendlichen infrage gestellt. Unter den Voraussetzungen des Satzes 2 steht eine Schweige- oder Geheimhaltungspflicht im Sinne von § 203 StGB einer Mitteilung an das Jugendamt nicht entgegen.

§ 2

Nachuntersuchung bei versäumter Teilnahme an den Früherkennungsuntersuchungen

(1) Werden Früherkennungsuntersuchungen entgegen § 1 Abs. 1 nicht innerhalb der in den Kinder-Richtlinien festgesetzten Toleranzgrenzen durchgeführt, gelten sie als versäumt. Werden Früherkennungsuntersuchungen versäumt und kann die nächste reguläre Früherkennungsuntersuchung nach den Toleranzgrenzen der Kinder-Richtlinien erst in einem Monat oder später erfolgen, sind die Personensorgeberechtigten verpflichtet, die letzte für die Altersstufe des Kindes vorgesehene Früherkennungsuntersuchung nachholen zu lassen. Sie können hierzu ihr Kind dem für sie zuständigen Gesundheitsamt vorstellen.

(2) Das nach Absatz 1 von den Personensorgeberechtigten aufgesuchte Gesundheitsamt führt nach seiner Wahl entweder durch eigenes qualifiziertes Personal die Nachholung der versäumten Früherkennungsuntersuchung selbst durch oder beauftragt einen Dritten mit der Nachholung der versäumten Früherkennungsuntersuchung, wenn der Dritte die Gewähr für eine sachgerechte Wahrnehmung der Aufgabe bietet. Für den Fall der Beauftragung eines Dritten erstattet der Träger des aufgesuchten Gesundheitsamts dem Dritten die für die Nachuntersuchung entstandenen Kosten in der Höhe, wie sie

der Dritte bei einer termingerecht wahrgenommenen Früherkennungsuntersuchung im Sinne der Kinder-Richtlinien nach § 26 Abs. 2 in Verbindung mit § 25 Abs. 4 Satz 2 SGB V von den gesetzlichen Krankenkassen erstattet bekommen hätte.

§ 3

Inkrafttreten

Dieses Gesetz tritt am Tag nach seiner Verkündung in Kraft.

Anhang 11

Verordnung des Ministeriums für Arbeit und Soziales zur Durchführung schulärztlicher Untersuchungen sowie zielgruppenspezifischer Untersuchungen und Maßnahmen in Tageseinrichtungen für Kinder und Schulen (Schuluntersuchungsverordnung)

vom 26. November 2008 (GBl. S. 422)

Auf Grund von § 8 Abs. 4 des Gesundheitsdienstgesetzes (ÖGDG) vom 12. Dezember 1994 (GBl. S. 663), zuletzt geändert durch Artikel 28 der Verordnung vom 25. April 2007 (GBl. S. 252, 255), wird im Einvernehmen mit dem Kultusministerium verordnet:

§ 1

Örtliche Zuständigkeit

Für die Durchführung der Maßnahmen nach § 8 Abs. 1 ÖGDG ist die untere Gesundheitsbehörde (Gesundheitsamt) zuständig, in deren örtlichem Zuständigkeitsbereich das Kind wohnt.

Wird eine Tageseinrichtung (z. B. Betriebskindergarten) besucht, die sich außerhalb der wohnortbezogenen Zuständigkeit des Gesundheitsamtes befindet, ist für die Einschulungsuntersuchung (Schritt 1 und Schritt 2) das Gesundheitsamt zuständig, in dessen örtlicher Zuständigkeit sich die Tageseinrichtung befindet; nach Abschluss von Schritt 2 werden die Unterlagen dem wohnortbezogen zuständigen Gesundheitsamt übergeben.

§ 2

Zweck, Umfang, Häufigkeit und Durchführung der schulärztlichen Untersuchungen

(1) Schulärztliche Untersuchungen dienen

1. der Untersuchung, Feststellung und Beurteilung von gesundheitlichen Einschränkungen und Entwicklungsverzögerungen, die die Schulfähigkeit oder die Teilnahme am Unterricht gefährden können,
2. der präventiven gesundheitlichen Beratung von Kindern und Jugendlichen.

(2) Die Einschulungsuntersuchung ist Pflicht für alle zur Schule angemeldeten Kinder. Dasselbe gilt für die Kinder, die nach Schuljahresbeginn bis zum 30. September des laufenden Kalenderjahres das vierte Lebensjahr vollendet haben; für diese Kinder führt das Gesundheitsamt in begründeten Fällen außerdem eine verpflichtende Sprachstandsdiagnose nach den einvernehmlich vom Kultusministerium und dem Ministerium für Arbeit und Soziales festgelegten Kriterien durch. Die Untersuchung erfolgt einzeln bei jedem Kind.

(3) Die Einschulungsuntersuchung wird in zwei Schritten durchgeführt:

1. Schritt 1 erfolgt 24 bis 15 Monate vor der termingerechten Einschulung, um für die Kinder mehr Zeit für eventuell erforderliche Maßnahmen der Prävention und Gesundheitsförderung zu gewinnen. Er umfasst die Anamneseerhebung durch einen freiwillig auszufüllenden Elternfragebogen, die Vorlage des Impfausweises (Impfbuch) und des Untersuchungsheftes für Kinder (Früherkennungsheft) sowie mit Einverständnis der oder des vertretungsberechtigten Sorgeberechtigten den Fragebogen für die Erzieherin oder den Erzieher zur Entwicklungsdokumentation des Kindes. Der Untersuchungsumfang für Schritt 1 besteht bei allen Kindern aus einer Basisuntersuchung, die in der Regel durch die medizinische Assistentin oder den medizinischen Assistenten unter schulärztlicher Verantwortung entsprechend den Arbeitsrichtlinien in der jeweils gültigen Fassung durchgeführt wird. Im Fall von auffälligen Befunden nach den Arbeitsrichtlinien für die Einschulungsuntersuchung und deren Dokumentation erfolgt nach ärztlichem Ermessen eine weitergehende Nachuntersuchung gegebenenfalls einschließlich der Sprachstandsdiagnose und Beratung durch die Schulärztin oder den Schularzt.

2. In Schritt 2, der in den Monaten vor der Einschulung stattfindet, erfolgt bei jedem Kind die ärztliche Bewertung:
   a) der Untersuchungsergebnisse aus Schritt 1,
   b) der Entwicklungsbeobachtung in ausgewählten Dimensionen durch die Erzieherin oder den Erzieher bei Kindern, die eine Tageseinrichtung für Kinder besuchen mit Einverständnis der oder des vertretungsberechtigten Sorgeberechtigten,
   c) der Beurteilung der Schulfähigkeit des Kindes durch die Kooperationslehrkraft mit Einverständnis der oder des vertretungsberechtigten Sorgeberechtigten.

(4) Im Vorfeld oder im Verlauf der Einschulungsuntersuchung genügt die Unterschrift einer oder eines vertretungsberechtigten Sorgeberechtigten auf den jeweiligen Vordrucken.

(5) An sonderpädagogischen Einrichtungen der Frühförderung beziehungsweise bei Kindern, die behindert oder von Behinderung bedroht sind, können die Einschulungsuntersuchungen den jeweiligen Gegebenheiten angepasst werden.

(6) Während des Schuljahres können weitere schulärztliche Untersuchungen durchgeführt werden.

(7) Die Einschulungsuntersuchung umfasst in der Regel die Feststellung von Vorbefunden aus vorgelegten Dokumenten, den Elternfragebogen und den Fragebogen für die Erzieherin oder den Erzieher sowie die Befunderhebung aus der aktuellen Untersuchung. Umfang und Durchführung weiterer Untersuchungen zur Abklärung gesundheitlicher Einschränkungen und Entwicklungsverzögerungen, die die Teilnahme am Unterricht betreffen, richten sich nach den Umständen des Einzelfalles. Die erhobenen Befunde und eine zusammenfassende ärztliche Beurteilung des gesamten Untersuchungsergebnisses sind zu dokumentieren und bei Auswirkungen auf den Schulbesuch in Schritt 2 mit Zustimmung der oder des vertretungsberechtigten Sorgeberechtigten der Kooperationslehrkraft und der Schulleitung mitzuteilen.

(8) Mit Zustimmung der oder des vertretungsberechtigten Sorgeberechtigten wird der Befundbogen der Leitung der Tageseinrichtung für Kinder in einem verschlossenen Umschlag übergeben. Mit Zustimmung der oder des vertretungsberechtigten Sorgeberechtigten wird dieser Umschlag an die namentlich zu nennende fördernde Stelle (Tageseinrichtung für Kinder, Schule Grundschulförderklasse oder private Förderstelle) verschlossen durch die Tageseinrichtung für Kinder übergeben, um in die weitere Planung pädagogischer Fördermaßnahmen einzugehen. Eine Durchschrift des Befundbogens, der zur Weitergabe an die behandelnde Haus- oder Kinderärztin beziehungsweise den Haus- oder Kinderarzt vorgesehen ist, wird dem oder den vertretungsberechtigten Sorgeberechtigten zur Weitergabe ausgehändigt. Darüber hinaus erhalten die Eltern ein Exemplar dieses Befundbogens für die eigene Information. Ein Exemplar verbleibt im Gesundheitsamt.

(9) Die Leistungen sind unentgeltlich.

(10) Einzelheiten zur Durchführung der Einschulungsuntersuchungen werden durch Verwaltungsvorschrift des Ministeriums für Arbeit und Soziales geregelt.

§ 3

Zweck, Umfang, Häufigkeit und Durchführung der zielgruppenspezifischen Untersuchungen und Maßnahmen in Tageseinrichtungen für Kinder und Schulen

(1) Zielgruppenspezifische Untersuchungen, Angebote und Maßnahmen dienen der Beratung von Schülern und Schülerinnen, Lehrkräften und der oder des Sorgeberechtigten zu gesundheitlichen Fragen, die den Schulbesuch betreffen. Gleiches gilt für Kinder in Tageseinrichtungen sowie für Erzieherinnen und Erzieher. Das Ministerium für Arbeit und Soziales, das Landesgesundheitsamt und die Gesundheitsämter können Untersuchungen, Angebote und Maßnahmen entwickeln, die auf die besondere gesundheitliche Situation der Kinder abgestimmt sind.

(2) Die Gesundheitsämter beziehen die oder den Sorgeberechtigten sowie die Erzieherinnen und Erzieher und die Lehrkräfte in die zielgruppenspezifischen Untersuchungen, Angebote und Maßnahmen in Tageseinrichtungen und Schulen ein. Die Teilnahme an den zielgruppenspezifischen Untersuchungen ist freiwillig. Vor Beginn einer Untersuchung ist die Zustimmung der oder des vertretungsberechtigten Sorgeberechtigten einzuholen.

(3) § 2 Abs. 8 und 9 gilt entsprechend.

§ 4

Mitwirkung der Tageseinrichtungen für Kinder und der Schulen

(1) Schulärztliche Untersuchungen, zielgruppenspezifische Untersuchungen und Maßnahmen werden im Einvernehmen mit der jeweiligen Tageseinrichtung beziehungsweise der Schule durchgeführt.

(2) Die Gesundheitsämter übermitteln den oder dem Sorgeberechtigten der Kinder, die bis zum 30. September des laufenden Kalenderjahres das vierte Lebensjahr vollendet haben oder zur Schule angemeldet sind beziehungsweise die Schule besuchen, die notwendigen Vordrucke. Sie wirken auf eine Rückgabe anlässlich der schulärztlichen Untersuchung oder der zielgruppenspezifischen Untersuchung oder Maßnahme hin.

(3) Die Tageseinrichtungen und Schulen geben den Gesundheitsämtern die zur ordnungsgemäßen Durchführung der Untersuchung und Maßnahmen notwendigen Auskünfte und Informationen, die zu deren Zweckerfüllung nach § 2 Abs. 1 und § 3 Abs. 1 notwendig sind. Sie teilen insbesondere die Zahl der einzuschulenden Kinder je Einrichtung oder die in § 3 Abs. 1 aufgeführten Kinder sowie die Kinder, die nach Schuljahresbeginn bis zum 30. September des laufenden Kalenderjahres das vierte Lebensjahr vollendet haben, jeweils unter Angabe von Familien- und Vorname (einschließlich der oder des Sorgeberechtigten), Geburtsdatum, Wohnung (Straße, Hausnummer, Postleitzahl, Ort) und Nationalität mit. Diese Daten werden durch das Gesundheitsamt mit den namentlichen Meldungen der Meldebehörde verglichen, um Kinder, die keine Tageseinrichtung für Kinder besuchen, zu erfassen und ebenfalls zur Untersuchung einzuladen. Bei den in § 3 Abs. 1 genannten Lehrkräften beziehungsweise Erzieherinnen und Erziehern und dem oder den dort aufgeführten Sorgeberechtigten genügen die Benennung des Familien- und Vornamens. Die Tageseinrichtungen für Kinder, die Schulen oder gegebenenfalls die Gemeinde stellen die erforderlichen Räumlichkeiten im Rahmen ihrer Möglichkeiten zur Verfügung.

§ 5

Inkrafttreten

Diese Verordnung tritt am Tag nach ihrer Verkündung in Kraft. Gleichzeitig tritt die Schuluntersuchungsverordnung vom 15. August 1997 (GBl. S. 405) außer Kraft.

Anlage 1a

Einladung Basisuntersuchung (Schritt 1)

Kopfbogen der unteren Gesundheitsbehörde

Sehr geehrte Eltern,

bald beginnt für Ihr Kind die Vorschulzeit und damit ein neuer Lebensabschnitt. Damit alle Kinder möglichst gut in die Schule starten, werden sie nach § 91 des Schulgesetzes für Baden-Württemberg (Pflicht zur Einschulungsuntersuchung) untersucht, um Gesundheits- und Entwicklungsprobleme rechtzeitig vor Beginn der Schulzeit zu erkennen. Damit soll die Chance für eine frühestmögliche Förderung genutzt werden. Deswegen werden die Kinder – nun neu – bereits im vorletzten Kindergartenjahr untersucht.

Erleichtert wird die schulärztliche Untersuchung, wenn frühere Erkrankungen und die Entwicklung Ihres Kindes bekannt sind. Deshalb bitten wir Sie, den beigelegten Fragebogen auszufüllen und bei der Untersuchung zusammen mit dem Untersuchungsheft für Kinder (gelbes U-Heft) und dem Impfausweis (Impfbuch) vorzulegen. Die Beantwortung der Fragen ist **freiwillig.**

Alle Angaben und die Eintragungen im Impfausweis (Impfbuch) und im Untersuchungsheft (gelbes U-Heft) unterliegen der ärztlichen Schweigepflicht. Untersuchungsbefunde und sich daraus ergebende Empfehlungen werden in anonymisierter Form, d. h. ohne Angabe der Personalien, für statistische Zwecke ausgewertet. Personenbezogene Daten werden bis zu ihrer Löschung nach der Grundschulzeit Ihres Kindes beim Gesundheitsamt aufbewahrt.

Wir haben bereits einen Termin für die Untersuchung Ihres Kindes vorgesehen. Falls Ihr Kind zu diesem Termin **nicht** im Kindergarten sein kann, rufen Sie bitte im Gesundheitsamt an, damit ein neuer Termin vereinbart werden kann. Den genauen Ablauf der Untersuchung haben wir auf der Rückseite beschrieben.

Für Fragen steht Ihnen das Kinder- und Jugendärztliche Team gerne zur Verfügung.

Mit freundlichen Grüßen

Ihr Kinder- und Jugendärztliches Team

Einladung der Eltern (Sorgeberechtigten)
zur Einschulungsuntersuchung für Kinder im vorletzten Kindergartenjahr
(Kinder, die bis zum 30. September dieses Jahres vier Jahre alt geworden sind)

Untersuchung durch die medizinische Assistentin oder den medizinischen Assistenten des Gesundheitsamtes (Schritt 1)

am: .... **um:** .... **Uhr**

❏ **im Kindergarten** .... ❏ **anderer Ort:** ....

So verläuft die Untersuchung:

Ihr Kind wird im Kindergarten (oder in einer Räumlichkeit außerhalb des Kindergartens) zum vereinbarten Termin von einer medizinischen Assistentin oder einem medizinischen Assistenten Ihres Gesundheitsamtes besucht. Diese/-r prüft in der **Basisuntersuchung** das Seh- und Hörvermögen und erfasst weitere wichtige Entwicklungsschritte sowie Größe und Gewicht ihres Kindes. **Wenn Sie wünschen, können Sie Ihr Kind gern zu dieser Basisuntersuchung begleiten!**

Bitte geben Sie Ihrem Kind zur Einschulungsuntersuchung folgende Unterlagen in einem verschlossenen Umschlag mit oder bringen Sie die Unterlagen mit, wenn Sie ihr Kind begleiten:

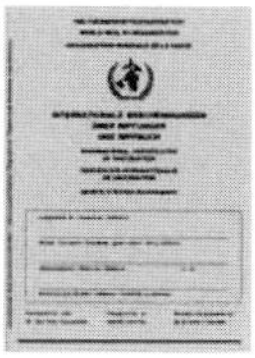

1. **Das Untersuchungsheft für Kinder (gelbes U-Heft)**
2. **Den Impfausweis (Impfbuch)**
3. **Den ausgefüllten Elternfragebogen (freiwillig!)**
4. **Falls vorhanden: wichtige Arztberichte zu Erkrankungen Ihres Kindes**

Sie erhalten den Impfausweis (Impfbuch) und das Untersuchungsheft für Kinder (gelbes U-Heft) nach der Untersuchung zurück.

Alle vorliegenden Dokumente werden von der Schulärztin oder dem Schularzt zusammen mit der medizinischen Assistentin oder dem medizinischen Assistenten ausgewertet und **streng vertraulich** behandelt. **Selbstverständlich werden Sie im Anschluss über das Ergebnis der Untersuchung informiert.**

Auf Wunsch ist darüber hinaus jederzeit eine Einsicht in die Untersuchungsunterlagen beim zuständigen Gesundheitsamt möglich.

Um den Entwicklungsstand Ihres Kindes besser einschätzen zu können, sollen die Erzieherinnen oder der Erzieher im Kindergarten mit Hilfe eines Fragebogens zweimal um ihre Einschätzung gebeten werden – im vorletzten und im letzten Kindergartenjahr kurz vor der Einschulung.

Die Ergebnisse der Untersuchung werden auf dem Befundbogen des Gesundheitsamtes vermerkt und ggf. mit der Erzieherin oder dem Erzieher besprochen, so dass ein individueller Förderplan für Ihr Kind erstellt werden kann.

Ebenfalls wollen wir kurz vor der Einschulung mit der Kooperationslehrkraft der Grundschule ein Entwicklungsgespräch führen. Hierfür und für die Weitergabe der Ergebnisse der Einschulungsuntersuchung an die Kindergartenleitung ist Ihr Einverständnis erforderlich.

Bitte unterschreiben Sie die beigelegten Einverständniserklärungen.

Falls nach dieser ersten Untersuchung durch die medizinische Assistentin oder den medizinischen Assistenten noch eine zweite Untersuchung durch die Schulärztin oder den Schularzt erforderlich wird, laden wir Sie zusammen mit Ihrem Kind zu dieser ergänzenden Untersuchung erneut schriftlich ein.

Vielen Dank für Ihr Vertrauen und Ihre Mitwirkung!

Ihr Kinder- und Jugendärztliches Team

Anlage 1 b

Einladung ärztliche Untersuchung (Schritt 1)

Kopfbogen der unteren Gesundheitsbehörde

Vorname, Nachname des Kindes

bzw. der oder des Sorgeberechtigten

Straße, Hausnummer

PLZ, Ort

Sehr geehrte Eltern,

Ihr Kind

. . . .

Vorname Name

wurde im Rahmen der Einschulungsuntersuchung von der medizinischen Assistentin oder dem medizinischen Assistenten des Gesundheitsamtes untersucht. Die Untersuchung ergab Hinweise, dass eine weitere Beratung und Untersuchung durch die Schulärztin oder den Schularzt sinnvoll erscheinen. Bitte kommen **Sie zusammen mit Ihrem Kind**

am: . . . . **um:** . . . . **Uhr**

❑ **im Kindergarten** . . . . ❑ **anderer Ort:** . . . .

Wenn Sie bitte nochmals folgende Dokumente zur Untersuchung mitbringen, erleichtern Sie uns die Durchführung der schulärztlichen Untersuchung sehr:

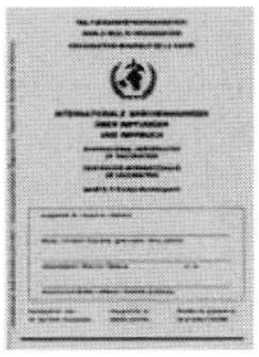

1. **Das Untersuchungsheft für Kinder (gelbes U-Heft)**
2. **Den Impfausweis (Impfbuch)**
3. **Falls vorhanden: wichtige Arztberichte zu Erkrankungen Ihres Kindes**

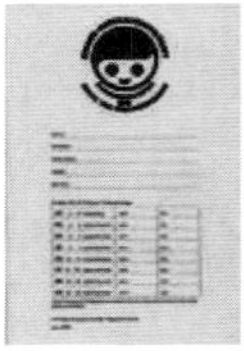

Falls Sie den oben genannten Termin nicht einhalten können, rufen Sie bitte im Gesundheitsamt an, damit ein neuer Termin vereinbart werden kann.

Mit freundlichen Grüßen

Ihr Kinder- und Jugendärztliches Team

Anlage 1c

Einladung ärztliche Untersuchung (Schritt 2)

Kopfbogen der unteren Gesundheitsbehörde

Vorname, Nachname des Kindes

bzw. der oder des Sorgeberechtigten

Straße, Hausnummer

PLZ, Ort

Sehr geehrte Eltern,

Ihr Kind

....

Vorname   Name

wurde im letzten Jahr im Rahmen der Einschulungsuntersuchung untersucht. Um Sie zu Fragen der Schulfähigkeit und Einschulung beraten zu können, möchten wir Ihr Kind auch dieses Jahr schulärztlich untersuchen. Bitte kommen **Sie zusammen mit Ihrem Kind**

am: .... **um:** .... **Uhr**

❑ **in den Kindergarten** .... ❑ **anderer Ort:** ....

Wenn Sie bitte nochmals folgende Dokumente zur Untersuchung mitbringen, erleichtern Sie uns die Durchführung der schulärztlichen Untersuchung sehr:

1. **Das Untersuchungsheft für Kinder (gelbes U-Heft)**
2. **Den Impfausweis (Impfbuch)**
3. **Falls vorhanden: wichtige Arztberichte zu Erkrankungen Ihres Kindes**

Falls Sie den oben genannten Termin nicht einhalten können, rufen Sie bitte im Gesundheitsamt an, damit ein neuer Termin vereinbart werden kann.

Mit freundlichen Grüßen

Ihr Kinder- und Jugendärztliches Team

Anlage 2

Elternfragebogen (Schritt 1)

Sehr geehrte Eltern,

die Beantwortung der folgenden Fragen ist **freiwillig**, das bedeutet, dass Sie den Fragebogen vollständig, teilweise oder gar nicht ausfüllen können. Hierdurch entsteht Ihnen und Ihrem Kind kein Nachteil. Sie helfen uns jedoch sehr in der Vorbereitung der Untersuchung und Ihrer Beratung, wenn Sie den Fragebogen sorgfältig ausfüllen.

Im Fragebogen werden Informationen zur familiären, sozialen und gesundheitlichen Situation Ihres Kindes erfragt, die Auswirkung auf seine schulische Entwicklung haben können. Falls Ihnen Fragen oder deren Bedeutung unklar sind, bitten wir Sie, bei Ihrem Gesundheitsamt nachzufragen.

Der Fragebogen wird nach der Einschulungsuntersuchung mit den anderen Unterlagen Ihres Kindes zur schulärztlichen Untersuchung im Gesundheitsamt unter Wahrung datenschutzrechtlicher Grundsätze verschlossen aufbewahrt. Nach der Grundschulzeit wird er zusammen mit allen andern Unterlagen gelöscht. Alle Unterlagen sind auf Wunsch jederzeit einsehbar.

Das Ausfüllen und die Abgabe des Fragebogens sind mit einer Einwilligung gleichzusetzen. Die Einwilligung gegenüber dem Gesundheitsamt kann jederzeit widerrufen werden. Hieraus entsteht Ihnen und Ihrem Kind kein Nachteil.

Mit freundlichen Grüßen

Ihr Kinder- und Jugendärztliches Team

Familienname des Kindes: ______________________ Vorname: ______________________

Geburtsdatum: ____________ Kindergarten: ________________________ Gruppe: ________

1. Bei wem lebt Ihr Kind hauptsächlich? (Hier bitte nur ein Kreuz machen!)

Bei den Eltern .... ○

Bei einem Elternteil (Mutter oder Vater) .... ○

Bei der Mutter und ihrem neuen Partner
oder beim Vater und seiner neuen Partnerin .... ○

Bei anderen Verwandten .... ○

Bei Pflegeeltern .... ○

In einem Heim .... ○

2. Mit wie vielen älteren und jüngeren Geschwistern lebt Ihr Kind zusammen?
(Gemeint sind in diesem Fall auch Halbgeschwister und angeheiratete Geschwister.)

Mein Kind lebt mit keinen Geschwistern zusammen, es lebt als Einzelkind ○ → Sie machen weiter mit Frage 3

Bitte geben Sie die Geburtsjahre der Geschwister an:

☐☐ ☐☐ ☐☐ ☐☐ ☐☐

3. Seit wann leben Sie hauptsächlich in Deutschland?
(Bitte für beide Elternteile angeben!)

Mutter .... Seit meiner Geburt ○ Seit (Jahreszahl) ☐☐☐☐

Vater .... Seit meiner Geburt ○ Seit (Jahreszahl) ☐☐☐☐

4. Welche Sprachen werden bei Ihnen zu Hause gesprochen?

Deutsch ○ Andere Sprachen ○

Welche anderen Sprachen? ________________________________

5. Welche Sprache wurde bevorzugt mit Ihrem Kind während der ersten drei Lebensjahre gesprochen?

Deutsch ○ Andere Sprachen ○

Welche anderen Sprachen? ________________________________

6. War die Geburt Ihres Kindes

eine normale Geburt ? .... ○

eine Frühgeburt ? .... ○

eine Mehrlingsgeburt ? .... ○

Wie schwer war Ihr Kind bei der Geburt?

ca. [ ][ ][ ][ ] Gramm .... weiß nicht ○

Kam es bei der Geburt zu Komplikationen?

Ja ○ Nein ○ Weiß nicht ○

Wenn ja, welche? ____________________

7. Hat oder hatte Ihr Kind <u>jemals</u> folgende Krankheiten?

Asthma .... Ja ○ .... Nein ○

Hatte Ihr Kind <u>in den letzten zwölf Monaten</u> beim Atmen pfeifende oder keuchende Geräusche? .... Ja ○ .... Nein ○

Mittelohrentzündung (mindestens zwei) .... Ja ○ .... Nein ○

Herzleiden .... Ja ○ .... Nein ○

Zuckerkrankheit/Diabetes mellitus .... Ja ○ .... Nein ○

Anfallsleiden/Epilepsie .... Ja ○ .... Nein ○

Hämophilie/andere Blutungskrankheiten .... Ja ○ .... Nein ○

Rheumatische Erkrankungen .... Ja ○ .... Nein ○

8. Hatte Ihr Kind jemals weitere Krankheiten, die bisher nicht genannt wurden?

Ja ○ Nein ○ Weiß nicht ○

Wenn ja, welche? ____________________

9. Hat Ihr Kind eine Brille (Sehhilfe)? Ja ○ Nein ○

In welchem Alter hat Ihr Kind die Sehhilfe bekommen? Mit [ ][ ] Jahren

Wurde Ihr Kind in den letzten sechs Monaten von einem Augenarzt/einer Augenärztin untersucht oder behandelt?

Ja ○ Nein ○

10. Ist Ihr Kind dauerhaft schwerhörig? .... Ja ○ ..... Nein ○ ..... Weiß nicht ○

11. Einige Fragen zum Gesundheitszustand Ihres Kindes:

Benötigt oder nimmt Ihr Kind vom Arzt/von der Ärztin verschriebene Medikamente (außer Vitamine)? .... Ja ○ .... Nein ○

Wenn ja, welche: ______________________________

Müssen Medikamente während der Zeit im Kindergarten, in der Schule verabreicht werden? .... Ja ○ .... Nein ○

Wenn ja, welche: ______________________________

Bekommt oder wartet Ihr Kind auf eine spezielle Therapie, wie z. B. Physiotherapie, Ergotherapie oder Sprachtherapie? .... Ja ○ .... Nein ○

◆	Nein	Ja	Beginn im Alter von 2 3 4 Jahren	Kind steht auf Warte-liste	Dauer in Jahren <1 2 3	Maßnahme ist abgeschlossen
Sprachförderung im Kindergarten	○	○	○ ○ ○	○	○ ○ ○	○
Logopädie	○	○	○ ○ ○	○	○ ○ ○	○
Ergotherapie	○	○	○ ○ ○	○	○ ○ ○	○
Andere Förder- oder Heil-maßnahmen	○	○	○ ○ ○	○	○ ○ ○	○

Welche? ______________________________

Hat Ihr Kind emotionale, Entwicklungs- oder Verhaltensprobleme, für die es Behandlung bzw. Beratung benötigt oder bekommt? Ja ○ Nein ○

12. Machen Sie sich Sorgen ...

... dass Ihr Kind eine Lese-/Rechtschreibschwäche (Legasthenie) entwickeln könnte, z. B. weil andere Familienmitglieder davon betroffen sind oder waren?

Ja ○ Nein ○

... um die Entwicklung Ihres Kindes, weil es zurzeit gesundheitliche oder andere Probleme in Ihrer Familie gibt?

Ja ○ Nein ○

Wenn ja, welche? ______________________________

... um das Verhalten Ihres Kindes, weil es z. B. besonders schüchtern oder wild ist, oder um seine Stimmungen, weil es z. B. traurig erscheint?

Ja ○ Nein ○

Wenn ja, bitten wir Sie zur Vorbereitung einer Beratung oder weiteren Untersuchung die Fragen auf der letzten Seite auszufüllen.

13. Wie lange besucht Ihr Kind bis jetzt einen Kindergarten?

nie	bis zu 1 Jahr	bis zu 2 Jahren	bis zu 3 Jahren	3 Jahre und länger
○	○	○	○	○

14. Wie lange sieht Ihr Kind <u>durchschnittlich pro Tag</u> **Fernsehsendungen, Videofilme, DVD bzw. wie viel Zeit verbringt es am Computer?** (Bitte kreuzen Sie an, was am ehesten zutrifft.)

	Gar nicht	etwa 30 Minuten/Tag	etwa 1 bis 2 Stunden/Tag	etwa 3 bis 4 Stunden/Tag	mehr als 4 Stunden/Tag
An einem Wochentag	○	○	○	○	○
An einem Samstag/Sonntag	○	○	○	○	○

Steht ein Fernsehgerät im Kinderzimmer? .... Ja ○ .... Nein ○

15. Soziodemografische Angaben

Die erwachsenen Bezugspersonen des Kindes ...		Vater	Mutter
haben folgendes Alter (in Jahren):		☐☐	☐☐
haben diesen Schulabschluss:	Förderschule	○	○
	Hauptschule	○	○
	Mittlere Reife	○	○
	Abitur, FH-Reife	○	○
	Anderer:	○	○
	keinen	○	○
erwarben den Schulabschluss in Deutschland		○	○
sind berufstätig	in Vollzeit	○	○
	in Teilzeit	○	○
	in Schichtdienst/Nachtarbeit	○	○
	als Hausfrau/Hausmann	○	○
	zurzeit nicht	○	○

16. Fragen zu Stärken und Schwächen

Bitte markieren Sie zu jedem Punkt „Nicht zutreffend", „Teilweise zutreffend" oder „Eindeutig zutreffend". Beantworten Sie bitte alle Fragen so gut Sie können, selbst wenn Sie sich nicht ganz sicher sind oder Ihnen eine Frage merkwürdig vorkommt. Bitte berücksichtigen Sie bei der Antwort das Verhalten Ihres Kindes in den letzten sechs Monaten.

	Trifft nicht zu	Trifft teilweise zu	Trifft eindeutig zu
Rücksichtsvoll	○	○	○
Unruhig, überaktiv, kann nicht lange stillsitzen	○	○	○
Klagt häufig über Kopfschmerzen, Bauchschmerzen oder Übelkeit	○	○	○
Teilt gerne mit anderen Kindern (Süßigkeiten, Spielzeug, Buntstifte usw.)	○	○	○
Hat oft Wutanfälle, ist aufbrausend	○	○	○
Einzelgänger, spielt meist alleine	○	○	○
Im Allgemeinen folgsam; macht meist, was Erwachsene verlangen	○	○	○
Hat viele Sorgen; erscheint häufig bedrückt	○	○	○
Hilfsbereit, wenn andere verletzt, krank oder betrübt sind	○	○	○
Ständig zappelig	○	○	○
Hat wenigstens einen guten Freund oder eine gute Freundin	○	○	○
Streitet sich oft mit anderen Kindern oder schikaniert sie	○	○	○
Oft unglücklich, niedergeschlagen; weint häufig	○	○	○
Im Allgemeinen bei anderen Kindern beliebt	○	○	○
Leicht ablenkbar, unkonzentriert	○	○	○
Nervös oder anklammernd in neuen Situationen; verliert leicht das Selbstvertrauen	○	○	○
Lieb zu jüngeren Kindern	○	○	○
Verhält sich gegenüber Erwachsenen oft widerwillig	○	○	○
Wird von anderen gehänselt oder schikaniert	○	○	○
Hilft anderen oft freiwillig (Eltern, Erzieherin oder anderen Kindern)	○	○	○
Überlegt bevor er/sie handelt	○	○	○
Kann gegenüber anderen boshaft sein	○	○	○
Kommt besser mit Erwachsenen aus als mit anderen Kindern	○	○	○
Hat viele Ängste; fürchtet sich leicht	○	○	○
Führt Aufgaben zu Ende; gute Konzentrationsspanne	○	○	○

Gibt es noch etwas, das Sie erwähnen möchten?

Anlage 3

Fragebogen für die Erzieherin oder den Erzieher

A. Beobachtungsbogen für das vorletzte Kindergartenjahr

(Kinder, die nach Schuljahresbeginn bis zum 30. September des laufenden Kalenderjahres das vierte Lebensjahr vollendet haben) Bei Schritt 1 je nach Alter des Kindes die Grenzsteine unter 1) oder 2) anwenden!

1) Validierte Grenzsteine der Entwicklung: Ende 48. Monat[1])

Körpermotorik		
1. Dreirad oder ähnliche Fahrzeuge werden zielgerichtet und sicher bewegt, Kind tritt und lenkt gleichzeitig, umfährt gewandt Hindernisse	❑ ja	❑ nein
2. Hüpfen aus dem Stand mit beiden Beinen gleichzeitig um 30–50 cm nach vorne, mit stabiler Gleichgewichtskontrolle möglich	❑ ja	❑ nein
Sprachentwicklung		
1. Kind verwendet „Ich" zur Selbstbezeichnung	❑ ja	❑ nein
2. Ereignisse/Geschichten werden in etwa in richtiger zeitlicher und logischer Reihenfolge wiedergegeben, meist noch mit . . .und dann . . . und dann-Verknüpfungen	❑ ja	❑ nein
Soziale Kompetenz		
1. Beginnt und beteiligt sich an Regelspielen (Brett-Karten-Kreis-Bewegungsspiele)	❑ ja	❑ nein
2. Kind ist bereit zu teilen	❑ ja	❑ nein
Emotionale Kompetenz		
1. Kind kann seine Emotionen bei alltäglichen Ereignissen meist selbst regulieren. Gewisse Toleranz gegen Kummer, Enttäuschung, Freude, Vorfreude, Ängste, Stress	❑ ja	❑ nein
2. Kind weiß, dass es Mädchen oder Junge ist und verhält sich danach.	❑ ja	❑ nein

2) Validierte Grenzsteine der Entwicklung: Ende 60. Monat[1])

Körpermotorik		
1. Treppen können beim Auf- und Absteigen, mit Beinwechsel, sicher und freihändig begangen werden	❑ ja	❑ nein
2. Größere Bälle (Durchmesser etwa 20 cm) können mit Händen, Armen, Körper aufgefangen werden, wenn sie aus 2 m Entfernung zugeworfen werden	❑ ja	❑ nein
Sprachentwicklung		
1. Ereignisse/Geschichten werden in richtiger zeitlicher und logischer Reihenfolge wiedergegeben, mit korrekter, jedoch noch einfach strukturierter Syntax.	❑ ja	❑ nein

1) Die Grenzsteine gehen zurück auf: R. Michaelis und G. Niemann: Entwicklungsneurologie und Pädiatrie. Das Prinzip der essentiellen Grenzsteine. S. 62 ff. Stuttgart 1999. Neue Daten durch: Petermann, F., Stein, I. A.(2000): Entwicklungsdiagnostik mit dem ET 6-6. Swets Testservice, Swets u. Zeitlinger, Lisse, N. L. + Michaelis, R. (2001), Tübinger Version (noch unpubliziert); Largo, R. H.: Babyjahre, Carisen, Hamburg 1993. Piper, München. Überarbeitet von infans 2003; version 1-03.

Soziale Kompetenz		
1. Kind kann Spielzeug, Süßigkeiten und Ähnliches zwischen sich und anderen gerecht aufteilen	❑ ja	❑ nein
2. Lädt andere Kinder zu sich ein, wird selbst eingeladen	❑ ja	❑ nein
Emotionale Kompetenz		
1. Gelegentlich wird noch enger Körperkontakt gesucht: Bei Kummer, Müdigkeit, Erschöpfung, Krankheit und ähnlichen Ereignissen.	❑ ja	❑ nein
2. Kann auch über beschämende, frustrierende, unerfreuliche Ereignisse berichten.	❑ ja	❑ nein

Stärken und Schwächen (SDQ-D): Wie gut treffen die folgenden Beschreibungen zu?

Bitte berücksichtigen Sie bei Ihrer Antwort das Verhalten des Kindes in den letzten sechs Monaten.

		Trifft nicht zu	Trifft teilweise zu	Trifft eindeutig zu
1	Unruhig, überaktiv, kann nicht lange stillsitzen	0	1	2
2	Denkt nach, bevor er/sie handelt	2	1	0
3	Führt Aufgaben zu Ende, gute Konzentrationsspanne	2	1	0
4	Ständig zappelig	0	1	2
5	Leicht ablenkbar, unkonzentriert	0	1	2

Bitte die Anzahl der Punkte zusammenzählen:				

Interpretation (bitte ankreuzen):

(0–5 Punkte) ❑ unauffällig (6 Punkte) ❑ grenzwertig (7–10 Punkte) ❑ auffällig

Sonstige Beobachtungen (bitte beschreiben)

B. Beobachtungsbogen für das letzte Kindergartenjahr, (Alter des Kindes im Mittel 72 Monate = 6 Jahre[1])[2])

Körpermotorik		
1. Einbeiniges Stehen: Mindestens 5 Sekunden lang, bei guter Gleichgewichtskontrolle und ohne deutliches Schwanken, auf rechtem und linkem Bein.	❑ ja	❑ nein
2. Einbeiniges Hüpfen: Mindestens 3-mal mit einem Bein auf der Stelle hüpfen. Gute Gleichgewichtskontrolle bei flüssigem Bewegungsablauf und konstantem Rhythmus. Auf rechtem und linkem Bein.	❑ ja	❑ nein
3. Ball fangen: Schaumstoffball in der Größe eines Tennisballes oder Tennisball aus 2 m geworfen, kann Kind mit schalenartig geöffneten Händen auffangen (Schalenförmige Stellung der Hände), oder bereits mit pronierten, zufassenden Händen den Ball fangen. Fünfmaliger Versuch.	❑ ja	❑ nein
4. Fahrrad fahren ohne Stützräder sicher und mit flüssiger Koordination möglich.	❑ ja	❑ nein
Körperbewusstsein		
1. Kleinere Körperteile werden auf Befragen gezeigt (und benannt): Finger, Zehen, Zähne, Knie, Ellbogen, Kinn.	❑ ja	❑ nein
2. Rechts-Links-Unterscheidungen möglich: Frage nach rechter Hand, linkem Bein, linkem Ohr usw.	❑ ja	❑ nein
Hand-Fingermotorik		
1. Stifthaltung Erwachsener: Der Stift ruht auf dem Mittelfinger und wird beim Abstrich von der Zeigefingerspitze geführt, beim Aufstrich von der Daumenspitze.	❑ ja	❑ nein
Sprachentwicklung		
1. Sechs- bis Achtwort-Sätze, die wichtigsten grammatikalischen Strukturen werden weitgehend beherrscht, nur selten Fehler im Satzbau.	❑ ja	❑ nein
2. Kleine Erlebnisse oder Berichte können in weitgehend richtiger zeitlicher und logischer Reihenfolge erzählt werden.	❑ ja	❑ nein
Kognitive Entwicklung[2])		
1. Mensch, Baum, Haus, Fahrrad, Auto können gut erkennbar, mit den wichtigsten Attributen gemalt werden.	❑ ja	❑ nein
2. Einzelne Buchstaben, der eigene Name, Zahlen können weitgehend richtig geschrieben werden, wenn auch oft noch krakelig, jedoch nicht seitenverkehrt oder spiegelbildlich.	❑ ja	❑ nein
Soziale Kompetenz		
1. Im Spiel mit anderen Kindern keine Probleme mit Abwechseln. Eingriffe von Erwachsenen sind dazu nicht mehr notwendig.	❑ ja	❑ nein
2. Zeitweilig hat Kind mindestens über mehrere Wochen eine „beste" Freundin oder einen „besten" Freund.	❑ ja	❑ nein
Emotionale Kompetenz		
1. Kind möchte gerne zur Schule gehen, traut sich dies zu, oder geht bereits gerne in die Schule, kommt dort nicht nur schulisch, sondern auch emotional gut zurecht.	❑ ja	❑ nein

1) Petermann, F., Stein, I. A.(2000): Entwicklungsdiagnostik mit dem ET 6-6. Swets Testservice, Swets u. Zeitlinger, Lisse, N. L. + Michaelis, R. (2001), Tübinger Version (noch unpubliziert); Largo, R. H.: Babyjahre, Carisen, Hamburg 1993. Piper, München.

2) Tübinger Version.

Entwicklung der Selbständigkeit		
1. Vertraute Wege werden alleine bewältigt, ohne Straßen zu überkreuzen.	❑ ja	❑ nein
2. Kind kreuzt Straße selbständig, beachtet Ampeln.	❑ ja	❑ nein
3. Richtet sich selbst Brote, Müsli, Getränke.	❑ ja	❑ nein
4. Schuhbändel können gebunden werden, oft allerdings noch locker.	❑ ja	❑ nein
5. Vollständige Blasen- und Darmkontrolle Tag und Nacht.	❑ ja	❑ nein

Stärken und Schwächen (SDQ-D): Wie gut treffen die folgenden Beschreibungen zu?

Bitte berücksichtigen Sie bei Ihrer Antwort das Verhalten des Kindes in den letzten sechs Monaten.

		Trifft nicht zu	Trifft teilweise zu	Trifft eindeutig zu
1	Unruhig, überaktiv, kann nicht lange stillsitzen	0	1	2
2	Denkt nach, bevor er/sie handelt	2	1	0
3	Führt Aufgaben zu Ende, gute Konzentrationsspanne	2	1	0
4	Ständig zappelig	0	1	2
5	Leicht ablenkbar, unkonzentriert	0	1	2

Bitte die Anzahl der Punkte zusammenzählen:			

Interpretation (bitte ankreuzen):

(0–5 Punkte) ❑ unauffällig (6 Punkte) ❑ grenzwertig (7–10 Punkte) ❑ auffällig

Sonstige Beobachtungen (bitte beschreiben):

Anlage 4a

Befundbogen
für das Gesundheitsamt, den oder die Sorgeberechtigte/-n
und zur Weitergabe an den behandelnden Arzt/die behandelnde Ärztin

Name und Anschrift des Kindes bzw. seiner/seines Sorgeberechtigten

Landratsamt ....
Anschrift

Kindergarten: ....
nicht im Kindergarten □

BEFUNDE AUS SCHRITT 1 DER EINSCHULUNGSUNTERSUCHUNG

Grundschule: ....
Untersuchung durch: □ med.Ass. □ Ärztin/Arzt

Familiensprache: □ D □ TR □ IT □ GR □ RUS □ ALB □ SEK □ ENG □ FRAN □ Sonstige ....

Gewicht: ☐☐☐ **kg Größe:** ☐☐☐ **cm** **BMI:** .... **Perz.:** .... **Alter:** ....
□ verweigert □ nicht möglich □ Med □VSP □HFö □o.B.

Untersuchungsbereiche		Befund	
Grobmotorik (fakultativ) **Einbeinhüpfen**		links □1 □2 □3 □4 □5 □6 □7 □8 □9 □10 rechts □1 □2 □3 □4 □5 □6 □7 □8 □9 □10	**□ verweigert □ nicht möglich □Med □Int □VSP □HFö □o.B.**
*** Hörtest** (bis 20 dB) (Reintonaudiometrie) ***ersetzt keine fachärztliche Untersuchung!**		**akuter Infekt** □ **Lärm** □ **Frequenz in kHz** alle Freq. bei 20 dB gehört: □ **re. 0,5 1,0 2,0 4,0 6,0** **30 dB** □ □ □ □ □ **40 dB** □ □ □ □ □ **≥ 50 dB** □ □ □ □ □ alle Freq. bei 20 dB gehört: □ **li. 0,5 1,0 2,0 4,0 6,0** **30 dB** □ □ □ □ □ **40 dB** □ □ □ □ □ **≥ 50 dB** □ □ □ □ □	**rechts: □ verweigert □ nicht möglich □ Med □o.B. links: □ verweigert □ nicht möglich □ Med □o.B.**
*** Sehtest** (Visus F 1,0) □ Brille /falls ja: □ ohne Brille untersucht ***ersetzt keine fachärztliche Untersuchung!**		F rechts □ 1,0 □ 0,7 □ 0,5 □ ≤0,3 F links □ 1,0 □ 0,7 □ 0,5 □ ≤0,3 auffällig: □ räuml. Sehen □ Farbsinn Vorschaltlinse besser (+ 1,5 dpt) □ rechts □ links	**rechts: □ verweigert □ nicht möglich □ Med □o.B. links: □ verweigert □ nicht möglich □ Med □o.B.**
SPRACHE	**1. HASE (Heidelberger Auditives Screening in der Einschulungsuntersuchung)**		
	- Sätze nachsprechen	richtig □0 □1 □2 □3 □4 □5 □6 □7 □8 □9 □10	**□ verweigert □ nicht möglich**
	- Zahlenfolgen	richtig □0 □1 □2 □3 □4 □5 □6 □7 □8 □9 □10	**□ verweigert □ nicht möglich**
	- Kunstwörter	richtig □0 □1 □2 □3 □4 □5 □6 □7 □8 □9 □10	**□ verweigert □ nicht möglich □VSP □HFö □o.B.**
	2. Artikulation	□ B □ L,N □ CH1 □ CH2 □ G,K □ S,Z □ Sch □ R □ F,PF □ T,D	**□ verweigert □ nicht möglich □Med □HFö □o.B.**
	3. Spontansprache	auffällig: □ Satzbau □ Artikel □ Verb □ Plural □ Präposition	
	4. Sprachverständnis	fakultativ richtig: □1 □2 □3	**□ verweigert □ nicht möglich □Med □Int □VSP □HFö □o.B.**
Grapho-motorik	**Händigkeit**	□ rechts □ links □ beidhändig mit Dominanz □ unklar	**□ verweigert □ nicht möglich □Med □Int □VSP □HFö □o.B.**
	Druck	□ zu stark □ zu schwach □ verkrampft	
	Führung	□ legt Handgelenk nicht auf □ unsicher	
	Haltung	□ verkehrt □ Palmargriff	
Visuomotorik		richtig: DP0 (4J.): □1 □2 □3 □4 DP1 (5J.): □1 □2 □3 □4 □5	**□ verweigert □ nicht möglich**
Menschzeichnung		□ Kopffüßler □ unstrukturiert	**□ verweigert □ nicht möglich □Med □Int □VSP □HFö □o.B.**
Mengenerfassung		□ <=2 □3 □4 □5	
Verhalten: Kooperation Emotion		auffällig: □ Konzentration □ Mitarbeit □ Arbeitstempo □ Ausdauer □ Impulskontrolle □ Selbstvertrauen □ Frustrationstoleranz □ anderes	**□ verweigert □ nicht möglich □Med □Int □VSP □HFö □o.B.**
Gesamtbewertung: Basisuntersuchung		**□ U-Heft fehlt □ Impfberatung erfolgt, □ Impfbuch nicht vorgelegt**	**□ ärztliche Nachuntersuchung □Med □VSP □HFö □o.B.**

Ärztliche Nachuntersuchung		**Punkte**	**T-Wert**	**%-Rang**	
Sprache: SETK 3-5	**s. Protokollbogen**				
Akust.-phon. Diff.	fakultativ □1 □2 □3 □4 □5 □6				**□ verweigert □ nicht möglich □Med □Int □VSP □HFö □o.B.**
Kognition Motorik		____ ____	___ ___	___ ___	**□ verweigert □ nicht möglich □Med □Int □VSP □HFö □o.B.**
Verhalten: Kooperation Emotion	auffällig: □ Konzentration □ Mitarbeit □ Arbeitstempo □ Ausdauer □ Impulskontrolle □ Selbstvertrauen □ Frustrationstoleranz □ anderes				**□ verweigert □ nicht möglich □Med □Int □VSP □HFö □o.B.**
Abschließende Bewertung Wiedervorstellung Schritt 2 aus heutiger Sicht: □					**□Med □Int □VSP □HFö □o.B.**

Zusätzliche Bemerkungen:

Datum, Unterschrift Assistentin/Assistent und Ärztin/Arzt..

Legende: Med: Kinder mit medizinischem Abklärungsbedarf, **Int:** Kinder mit speziellem pädagogischen Förderbedarf, **VSP:** Kinder, die am regulären Vorschulprogramm im Kindergarten teilnehmen sollen, **HFö:** Kinder mit häuslichem Förderbedarf, **o.B.:** komplett altersgerecht entwickelte Kinder
Code-Nr.

Anlage 4b

Befundbogen
zur Weitergabe an die fördernde Stelle

Name und Anschrift des Kindes bzw. seiner/seines Sorgeberechtigten

Landratsamt ....
Anschrift

Kindergarten: ....
nicht im Kindergarten □

BEFUNDE AUS SCHRITT 1 DER EINSCHULUNGSUNTERSUCHUNG

Grundschule: ....
Untersuchung durch: □ med.Ass. □ ÄrztinArzt

Familiensprache: □ D □ TR □ IT □ GR □ RUS □ ALB □ SEK □ ENG □ FRAN □ Sonstige ....

Gewicht: [ ][ ][ ] [ ] **kg** **Größe:** [ ][ ][ ] **cm** **BMI:** ....
□ verweigert □ nicht möglich □ Med □VSP □HFö □o.B.

Untersuchungsbereiche	**Befund**	
Grobmotorik (fakultativ) **Einbeinhüpfen**	links □1 □2 □3 □4 □5 □6 □7 □8 □9 □10 rechts □1 □2 □3 □4 □5 □6 □7 □8 □9 □10	□ verweigert □ nicht möglich □Med □Int □VSP □HFö □o.B.
*** Hörtest** (bis 20 dB) (Reintonaudiometrie) ***ersetzt keine fachärztliche Untersuchung!**	**akuter Infekt □** **Lärm □** **Frequenz in kHz** alle Freq. bei 20 dB gehört: □ re. 0,5 1,0 2,0 4,0 6,0 30 dB □ □ □ □ □ 40 dB □ □ □ □ □ ≥ 50 dB □ □ □ □ □ alle Freq. bei 20 dB gehört: □ li. 0,5 1,0 2,0 4,0 6,0 30 dB □ □ □ □ □ 40 dB □ □ □ □ □ ≥ 50 dB □ □ □ □ □	**rechts:** □ verweigert □ nicht möglich □ Med □o.B. **links:** □ verweigert □ nicht möglich □ Med □o.B.
*** Sehtest** (Visus F 1,0) □ Brille /falls ja: □ ohne Brille untersucht ***ersetzt keine fachärztliche Untersuchung!**	F rechts □ 1,0 □ 0,7 □ 0,5 □ ≤0,3 F links □ 1,0 □ 0,7 □ 0,5 □ ≤0,3 auffällig: □ räuml. Sehen □ Farbsinn Vorschaltlinse besser (+ 1,5 dpt) □ rechts □ links	**rechts:** □ verweigert □ nicht möglich □ Med □o.B. **links:** □ verweigert □ nicht möglich □ Med □o.B.
SPRACHE – **1. HASE (Heidelberger Auditives Screening in der Einschulungsuntersuchung)**		
- Sätze nachsprechen	richtig □0 □1 □2 □3 □4 □5 □6 □7 □8 □9 □10	□ verweigert □ nicht möglich
- Zahlenfolgen	richtig □0 □1 □2 □3 □4 □5 □6 □7 □8 □9 □10	□ verweigert □ nicht möglich
- Kunstwörter	richtig □0 □1 □2 □3 □4 □5 □6 □7 □8 □9 □10	□ verweigert □ nicht möglich □VSP □HFö □o.B.
2. Artikulation	□ B □ L,N □ CH1 □ CH2 □ G,K □ S,Z □ Sch □ R □ F,PF □ T,D	□ verweigert □ nicht möglich □Med □HFö □o.B.
3. Spontansprache	auffällig: □ Satzbau □ Artikel □ Verb □ Plural □ Präposition	□ verweigert □ nicht möglich □Med □Int □VSP □HFö □o.B.
4. Sprachverständnis	fakultativ richtig: □1 □2 □3	
Graphomotorik – **Händigkeit**	□ rechts □ links □ beidhändig mit Dominanz □ unklar	□ verweigert □ nicht möglich □Med □Int □VSP □HFö □o.B.
Druck	□ zu stark □ zu schwach □ verkrampft	
Führung	□ legt Handgelenk nicht auf □ unsicher	
Haltung	□ verkehrt □ Palmargriff	
Visuomotorik	richtig: DP0 (4J.): □1 □2 □3 □4 DP1 (5J.): □1 □2 □3 □4 □5	□ verweigert □ nicht möglich
Menschzeichnung	□ Kopffüßler □ unstrukturiert	□ verweigert □ nicht möglich □Med □Int □VSP □HFö □o.B.
Mengenerfassung	□ <=2 □ 3 □ 4 □ 5	
Verhalten: Kooperation Emotion	auffällig: □ Konzentration □ Mitarbeit □ Arbeitstempo □ Ausdauer □ Impulskontrolle □ Selbstvertrauen □ Frustrationstoleranz □ anderes	□ verweigert □ nicht möglich □Med □Int □VSP □HFö □o.B.
Gesamtbewertung: Basisuntersuchung	**□ U-Heft fehlt □ Impfberatung erfolgt, □ Impfbuch nicht vorgelegt**	□ ärztliche Nachuntersuchung □Med □VSP □HFö □o.B.
Ärztliche Nachuntersuchung	**Punkte T-Wert %-Rang**	
Sprache: SETK 3-5	s. Protokollbogen	
Akust.-phon. Diff.	fakultativ □1 □2 □3 □4 □5 □6	□ verweigert □ nicht möglich □Med □Int □VSP □HFö □o.B.
Kognition **Motorik**	___ ___ ___ ___ ___ ___	□ verweigert □ nicht möglich □Med □Int □VSP □HFö □o.B.
Verhalten: Kooperation Emotion	auffällig: □ Konzentration □ Mitarbeit □ Arbeitstempo □ Ausdauer □ Impulskontrolle □ Selbstvertrauen □ Frustrationstoleranz □ anderes	□ verweigert □ nicht möglich □Med □Int □VSP □HFö □o.B.
Abschließende Bewertung Wiedervorstellung Schritt 2 aus heutiger Sicht: □		□Med □Int □VSP □HFö □o.B.

Zusätzliche Bemerkungen:

Datum, Unterschrift Assistentin/Assistent und Ärztin/Arzt...

Legende: **Med:** Kinder mit medizinischem Abklärungsbedarf, **Int:** Kinder mit speziellem pädagogischen Förderbedarf, **VSP:** Kinder, die am regulären Vorschulprogramm im Kindergarten teilnehmen sollen, **HFö:** Kinder mit häuslichem Förderbedarf, **o.B.:** komplett altersgerecht entwickelte Kinder
Code-Nr.

Anlage 4c

Befundbogen (Rückseite) ausschließlich für das Gesundheitsamt

HEUTIGE UNTERSUCHUNG — Einschulung

Geschlecht m □ w □

GA AA □ BL □ BC □ BB □ EM □ ES □ FR □ FDS □ FN □ GP □ HD □ HDHHN-LHN-S □ KA □ KN □ KÜN □ LÖ □ LB □ MA □ MOS □ CW □ OG □ PF □ RA □ RV □ RT □ RW □ SHA □ SIG □ TBB □ TÜ □ TUT □ UL □ VS □ WN □ WT □ S □

Schritt 1
Untersuchung am Tag 1 □ 2 □ 3 □ 4 □ 5 □ 6 □ 7 □ 8 □ 9 □ 10 □ 20 □ 30 □ Monat 1 □ 2 □ 3 □ 4 □ 5 □ 6 □ 7 □ 8 □ 9 □ 10 □ 11 □ 12 □ Jahr 2006 □ 2007 ■ 2008 □

Arzt
Untersuchung am Tag 1 □ 2 □ 3 □ 4 □ 5 □ 6 □ 7 □ 8 □ 9 □ 10 □ 20 □ 30 □ Monat 1 □ 2 □ 3 □ 4 □ 5 □ 6 □ 7 □ 8 □ 9 □ 10 □ 11 □ 12 □
von Assistent 1 □ 2 □ 3 □ 4 □ 5 □ 6 □ 7 □ 8 □ 9 □ 10 □ 20 □ 30 □ Arzt 1 □ 2 □ 3 □ 4 □ 5 □ 6 □ 7 □ 8 □ 9 □ 10 □ 20 □ 30 □

Gemeinde-schlüssel
Kreis 1 □ 2 □ 3 □ 4 □ St. 2 1 □ 2 □ 3 □ St. 3 1 □ 2 □ 3 □ 4 □ 5 □ 6 □ 7 □ 8 □ 9 □
Gde. 0 □ 1 □ 2 □ 3 □ 4 □ 5 □ 6 □ 7 □ 8 □ 9 □ St. 5 0 □ 1 □ 2 □ 3 □ 4 □ 5 □ 6 □ 7 □ 8 □ 9 □ St. 6 0 □ 1 □ 2 □ 3 □ 4 □ 5 □ 6 □ 7 □ 8 □ 9 □

Geb.-Monat 1 □ 2 □ 3 □ 4 □ 5 □ 6 □ 7 □ 8 □ 9 □ 10 □ 11 □ 12 □ Jahr 94 □ 95 □ 96 □ 97 □ 98 □ 99 □ 2000 □ 2001 □ 2002 □ 2003 □ Nation D □ TR □ I □ FrJU □ GR □ So □

Geburtstag: Freitext (wird nicht erfasst).

VORBEFUNDE AUS VORGELEGTEN DOKUMENTEN

Impfungen Anzahl der verabreichten Impfungen gegen . . .
Impfbuch nicht vorgelegt □

	Tetanus	Diphtherie	Pertussis	Hib	HBV	Polio	Masern	Mumps	Röteln	Varizellen	FSME	HAV	Meningok.	andere	Influenza	Pneumok
	1 □	□	□	□	□	□	□	□	□	□	□	□	KonjMenC □	□	08/09 □	1 □
	2 □	□	□	□	□	□	□	□	□	2+ □	□	□	4-val PS □		07/08 □	2 □
	3 □	□	□	□	□	□	3+ □	3+ □	3+ □		3+ □	3+ □			06/07 □	3 □
	4 □	□	□	□	4+ □ falls nur mit Hexavac	□								verwendeter Influenza-Impfstoff	05/06 □	4+ □
Pertussis-Komb.-Impfstoff □	5+ □	5+ □	5+ □	5+ □	□	5+ □										

Gesetzliche **Früherkennungsuntersuchungen** Heft nicht vorgelegt □ (bitte nicht durchgeführte markieren) U2 □ U3 □ U4 □ U5 □ U6 □ U7 □ U8 □ U9 □

Erzieherinnenfragebogen: □nicht möglich, bitte auffällige Befunde markieren:
Körpermotorik1 □; Körpermotorik2 □; sprachl. Entwicklung1 □; sprachl. Entwicklung2: □ (bei 4-Jähr.);
soziale Kompetenz1 □, soziale Kompetenz2 □; emotionale Kompetenz1 □; emotionale Kompetenz2 □;
Hyperaktivität: □ grenzwertig, □ auffällig; sonstige Beobachtungen: □

Elternfragebogen: □ verweigert □nicht möglich
Bisherige Förderung □ Logopädie □Ergotherapie □ Frühförderung □ Sprachförderung im KiGa
□ Sehhilfe □ augenärztlich untersucht
□ Bekannter Hörschaden
SDQ: □ nicht ausgefüllt, wenn ausgefüllt: Gesamtwert: □ grenzwertig, □ auffällig emotionale Probleme: □ grenzwertig, □ auffällig,
Verhaltensprobleme: □ grenzwertig, □ auffällig, Verhaltensprobleme mit Gleichaltrigen □ grenzwertig, □ auffällig,
Hyperaktivität: □ grenzwertig, □ auffällig, prosoziales Verhalten: □ grenzwertig, □ auffällig
Schulausbildung (6 Stufen)
Berufstätigkeit (4 Stufen)

SETK 3-5 (s. auch Protokollbogen): □ verweigert □nicht möglich
Verstehen von Sätzen: ______ ______ Satzgedächtnis: ______ ______ Phonolog. Arbeitsgedächtnis f. Nichtwörter: ______ ______
Rohwert T-Wert Rohwert T-Wert Rohwert T-Wert
Morpholog. Regelbildung: ______ ______ Gedächtnisspanne für Wortfolgen: ______ ______
Rohwert T-Wert Rohwert T-Wert **□Med □Int □VSP □HFö □o.B.**

Art der Befundmitteilung □ mündlich □ schriftlich

Schritt 2
Untersuchung am Tag 1 □ 2 □ 3 □ 4 □ 5 □ 6 □ 7 □ 8 □ 9 □ 10 □ 20 □ 30 □ Monat 1 □ 2 □ 3 □ 4 □ 5 □ 6 □ 7 □ 8 □ 9 □ 10 □ 11 □ 12 □
Arzt 1 □ 2 □ 3 □ 4 □ 5 □ 6 □ 7 □ 8 □ 9 □ 10 □ 20 □ 30 □ Jahr 2006 □ 2007 ■ 2008 □

Erzieherinnenfragebogen: □nicht möglich, bitte auffällige Befunde markieren:
Körpermotorik1 □; Körpermotorik2 □; Körpermotorik3 □; Körpermotorik4 □; Körperbewusstsein1 □; Körperbewusstsein2 □;
Hand-Finger-Motorik1 □; sprachl. Entwicklung1 □; sprachl. Entwicklung2: □; kognitive Entwicklung1 □; kognitive Entwicklung2 □;
soziale Kompetenz1 □, soziale Kompetenz2 □; emotionale Kompetenz1 □; Selbständigkeit1 □; Selbständigkeit2 □; Selbständigkeit3 □;
Selbständigkeit4 □; Selbständigkeit5 □; Hyperaktivität: □ grenzwertig, □ auffällig; sonstige Beobachtungen: □
Bewertung unauffällig □; (Wieder-)Vorstellung □

□ verweigert □ nicht möglich
□Med □Int □VSP □HFö □o.B.

Untersuchungsbereich Untersuchungsverfahren Punktwert Prozentrang

□ verweigert □ nicht möglich
□Med □Int □VSP □HFö □o.B.

Untersuchungsbereich Untersuchungsverfahren Punktwert Prozentrang

□ verweigert □ nicht möglich
□Med □Int □VSP □HFö □o.B.

Untersuchungsbereich Untersuchungsverfahren Punktwert Prozentrang

Sondererhebung:
A 0 □ 1 □ 2 □ 3 □ 4 □ 5 □ 6 □ 7 □ 8 □ 9 □
B 0 □ 1 □ 2 □ 3 □ 4 □ 5 □ 6 □ 7 □ 8 □ 9 □
C 0 □ 1 □ 2 □ 3 □ 4 □ 5 □ 6 □ 7 □ 8 □ 9 □
D 0 □ 1 □ 2 □ 3 □ 4 □ 5 □ 6 □ 7 □ 8 □ 9 □
E 0 □ 1 □ 2 □ 3 □ 4 □ 5 □ 6 □ 7 □ 8 □ 9 □
F 0 □ 1 □ 2 □ 3 □ 4 □ 5 □ 6 □ 7 □ 8 □ 9 □
G 0 □ 1 □ 2 □ 3 □ 4 □ 5 □ 6 □ 7 □ 8 □ 9 □
H 0 □ 1 □ 2 □ 3 □ 4 □ 5 □ 6 □ 7 □ 8 □ 9 □

Zusammenfassende Bewertung: ·
Hinweise auf Einschränkung der Leistungsfähigkeit: □nicht beeinträchtigt □nicht erheblich oder nur vorübergehend beeinträchtigt
□erheblich oder anhaltend
Hinweise auf besonderen Beschulungsbedarf: □Körper □Sehvermögen □Gehör □geistig □Sprache □Förderschule □sonstiges
Empfehlung zur Rückstellung

Anlage 4 d

Befundmitteilung Sorgeberechtigte (Schritt 2)

Kopfbogen der unteren Gesundheitsbehörde

Vorname, Nachname des Kindes

bzw. der oder des Sorgeberechtigten

Straße, Hausnummer

PLZ, Ort

Sehr geehrte Eltern,

Ihr Kind

....

Vorname Name

wurde im Rahmen von Schritt 2 der Einschulungsuntersuchung im letzten Kindergartenjahr in folgenden Entwicklungsbereichen schulärztlich untersucht:

....

(Bitte die untersuchten Entwicklungsbereiche eintragen!)

Bei der Untersuchung ergaben sich folgende Befunde:

....

Der Befund hat folgende Auswirkungen auf den Schulbesuch:

....

Im Interesse Ihres Kindes empfehlen wir Ihnen (zutreffendes ist angekreuzt):

- Ihre Kinderärztin oder Ihren Kinderarzt bzw. Ihre Hausärztin oder Ihren Hausarzt aufzusuchen und diese Mitteilung vorzulegen.
- diese Mitteilung den zuständigen Lehrkräften vorzulegen, damit der Befund in der Schule berücksichtigt und ihr Kind dort entsprechend gefördert werden kann.

Bitte entbinden sie die Schulärztin oder den Schularzt von ihrer oder seiner Schweigepflicht (siehe Einverständniserklärungen: Anlage 5 b), damit sie oder er oben genannte Befunde mit Ihrem Kinderarzt oder Ihrer Kinderärztin bzw. Ihrem Hausarzt oder Ihrer Hausärztin oder den zuständigen Lehrkräften der Schule besprechen darf.

Mit freundlichen Grüßen

Ihr Kinder- und Jugendärztliches Team

Anlage 5a

Einverständniserklärungen (Schritt 1)

der oder des vertretungsberechtigten Sorgeberechtigten gegenüber dem Gesundheitsamt bzw. der Tageseinrichtung für Kinder und der Schule

Ich bin/Wir sind damit einverstanden, dass die Schulärztin oder der Schularzt den ausgefüllten **Fragebogen** der Erzieherin oder des Erziehers im Rahmen der Einschulungsuntersuchung verwendet. Dieser Fragebogen kann von mir/uns im zuständigen Gesundheitsamt eingesehen werden.

bitte Zutreffendes ankreuzen:

Ja ❑ Nein ❑

Ich bin/Wir sind damit einverstanden, dass die Schulärztin oder der Schularzt zu schulrelevanten Gesundheitsfragen meines/unseres Kindes Kontakt mit der **betreuenden Erzieherin oder** dem **betreuenden Erzieher** aufnimmt und Informationen austauscht und diese – soweit geboten und erwünscht – berät.

Ja ❑ Nein ❑

Ich bin/Wir sind damit einverstanden, dass der **Befundbogen** mit den Ergebnissen der Einschulungsuntersuchung der Leitung der Tageseinrichtung ausgehändigt wird, damit diese ggf. eine Förderung einleiten bzw. den Befundbogen im geschlossenen Umschlag an die fördernde Stelle zu diesem Zweck weiterleiten kann.

Ja ❑ Nein ❑

Ich bin/Wir sind damit einverstanden, dass die Schulärztin oder der Schularzt zu schulrelevanten Gesundheitsfragen meines/unseres Kindes Kontakt mit dem behandelnden **Haus- oder Kinderarzt bzw. der** behandelnden **Haus- oder Kinderärztin** aufnimmt und Informationen austauscht.

Ja ❑ Nein ❑

Ich bin/Wir sind damit einverstanden, dass die Schulärztin oder der Schularzt zu schulrelevanten Gesundheitsfragen meines/unseres Kindes Kontakt mit der **Kooperationslehrkraft** aufnimmt und Informationen austauscht und die **unterrichtenden Lehrkräfte** an der Schule – soweit geboten und erwünscht – berät.

Ja ❑ Nein ❑

Mir/Uns ist bekannt, dass ein nicht erteiltes Einverständnis keine Nachteile für mein/unser Kind hat. Ich kann meine Einwilligungen jederzeit und ohne Angabe von Gründen widerrufen. Hierdurch wird mir/uns oder meinem/unserem Kind kein Nachteil entstehen. Mir/uns ist bekannt, dass allerdings in diesem Fall kein persönlich auf mein/unser Kind abgestimmter Förderplan erstellt werden kann.

....

Ort, Datum, Unterschrift der oder des vertretungsberechtigten Sorgeberechtigten.

Anlage 5 b

Einverständniserklärungen (Schritt 2)

der oder des vertretungsberechtigten Sorgeberechtigten gegenüber dem Gesundheitsamt bzw. der Schule

Ich bin/Wir sind damit einverstanden, dass die Schulärztin oder der Schularzt zu schulrelevanten Gesundheitsfragen meines/unseres Kindes Kontakt mit dem behandelnden **Haus- oder Kinderarzt bzw. der** behandelnden **Haus- oder Kinderärztin** aufnimmt und Informationen austauscht.

Ja ❑ Nein ❑

Ich bin/Wir sind damit einverstanden, dass die Schulärztin oder der Schularzt zu schulrelevanten Gesundheitsfragen meines/unseres Kindes Kontakt mit der **Kooperationslehrkraft** aufnimmt und Informationen austauscht und die **unterrichtenden Lehrkräfte** an der Schule – soweit geboten und erwünscht – berät.

Ja ❑ Nein ❑

Ich bin/Wir sind damit einverstanden, dass die Schulärztin oder der Schularzt nach Abschluss der Untersuchung eine ärztliche Beurteilung der Untersuchungsergebnisse sofern sie Auswirkungen auf den Schulbesuch haben (gesundheitliche Schulfähigkeit), der **Kooperationslehrkraft** und der **Schulleitung** mitteilt.

Ja ❑ Nein ❑

Mir/Uns ist bekannt, dass ein nicht erteiltes Einverständnis keine Nachteile für mein/unser Kind hat. Ich kann meine Einwilligungen jederzeit und ohne Angabe von Gründen widerrufen. Hierdurch wird mir/uns oder meinem/unserem Kind kein Nachteil entstehen.

Mir/uns ist bekannt, dass die Beurteilung der gesundheitlichen Schulfähigkeit meines/unseres Kindes jedoch eine Voraussetzung für seine Einschulung ist.

. . . .

Ort, Datum, Unterschrift der oder des vertretungsberechtigten Sorgeberechtigten.

Anhang 12

Verwaltungsvorschrift des Ministeriums für Arbeit und Soziales zur Durchführung der Einschulungsuntersuchung (Einschulungsuntersuchungsverwaltungsvorschrift)

vom 28. November 2008 – Az.: 54-5432-1

Inhaltsübersicht

Anhang 12 – KiTaG

1 Zweck der Einschulungsuntersuchung

Nach § 8 Abs. 1 des Gesundheitsdienstgesetzes (ÖGDG) vom 12. Dezember 1994 (GBI. S. 663), zuletzt geändert durch Artikel 2 des Gesetzes zur Änderung des Schulgesetzes für Baden-Württemberg, des Gesundheitsdienstgesetzes und der Meldeverordnung vom 18. November 2008 (GBl. S. 387, 388), und nach § 2 Abs. 2 der Schuluntersuchungsverordnung untersuchen die unteren Gesundheitsbehörden zur Schule angemeldete Kinder sowie Schülerinnen und Schüler. Dasselbe gilt für Kinder, die nach Schuljahresbeginn bis zum 30. September des laufenden Kalenderjahres das vierte Lebensjahr vollendet haben.

Die Einschulungsuntersuchung wird in zwei Schritten durchgeführt:

- Schritt 1 erfolgt vierundzwanzig bis fünfzehn Monate vor der termingerechten Einschulung, um für die Kinder mehr Zeit für eventuell erforderliche Maßnahmen der Prävention und Gesundheitsförderung zu gewinnen.
- Schritt 2, in den Monaten vor der Einschulung, hat den Schwerpunkt, gesundheitliche Einschränkungen der Schulfähigkeit oder die Teilnahme am Unterricht betreffende gesundheitliche Einschränkungen und Entwicklungsverzögerungen festzustellen. Dies entspricht einer betriebsärztlichen Aufgabe.

Dabei ist ein landeseinheitlich standardisiertes Vorgehen bei der Einschulungsuntersuchung und deren Dokumentation Bestandteil des Qualitätsmanagements im schulärztlichen Bereich des öffentlichen Gesundheitsdienstes. Die bei der Einschulungsuntersuchung gewonnenen Daten geben im Rahmen einer epidemiologisch fundierten Gesundheitsberichterstattung in anonymisierter Form einen Überblick über den Gesundheitszustand der Kinder in Baden-Württemberg vor Eintritt in die Schule; sie können nach Auswertung Ansatzpunkte für gesundheitspolitische Maßnahmen bieten.

2 Inhalt der Verwaltungsvorschrift

In dieser Verwaltungsvorschrift wird im Einvernehmen mit dem Kultusministerium Näheres über die Durchführung der Einschulungsuntersuchung geregelt.

Regelungen zu sonstigen schulärztlichen Untersuchungen sowie zielgruppenspezifischen Untersuchungen und Maßnahmen in Schulen bleiben vorbehalten.

3 Zuständigkeiten

Für die Durchführung der Einschulungsuntersuchung ist die untere Gesundheitsbehörde (Gesundheitsamt) zuständig, in deren örtlichem Zuständigkeitsbereich das Kind wohnt. Wird eine Tageseinrichtung (z. B. Betriebskindergarten) besucht, die sich außerhalb der wohnortbezogenen Zuständigkeit des Gesundheitsamtes befindet, ist für die Einschulungsuntersuchung (Schritt 1 und Schritt 2) das Gesundheitsamt zuständig, in dessen örtlicher Zuständigkeit sich die Tageseinrichtung befindet; nach Abschluss von Schritt 2 werden die Unterlagen dem wohnortbezogen zuständigen Gesundheitsamt übergeben.

4 Durchführung der Einschulungsuntersuchung

4.1 Arbeits- und Organisationsplan

Die Gesundheitsämter erstellen im Zusammenwirken mit den Tageseinrichtungen für Kinder und Schulen für jede Untersuchungsperiode einen Arbeits- und Organisationsplan. Grundlage des Plans bildet eine von den Gesundheitsämtern zu erstellende Liste der zu betreuenden Schulen und Tageseinrichtungen.

4.2 Untersuchungskollektiv, Zeitpunkt der Untersuchung

Die Einschulungsuntersuchung soll mit Schritt 1 bei allen Kindern 24 bis 15 Monate vor dem Beginn des ersten Schuljahres durchgeführt werden. Schritt 2 soll in den Monaten vor Beginn des ersten Schuljahres erfolgen.

4.3 Ausnahmeregelungen

An sonderpädagogischen Einrichtungen der Frühförderung und bei Kindern, die behindert oder von Behinderung bedroht sind, kann die Einschulungsuntersuchung unter Berücksichtigung der Behinderungsart und der dadurch notwendigen Besonderheiten der Untersuchung den jeweiligen Gegebenheiten angepasst werden.

4.4 Untersuchungstermine

Das Gesundheitsamt legt grundsätzlich gemeinsam mit den Tageseinrichtungen und den Schulen rechtzeitig die Untersuchungstermine fest.

4.5 Mitwirkung der Tageseinrichtungen für Kinder und der Schulen

Die Tageseinrichtungen für Kinder und die Schulen geben den Gesundheitsämtern die zur ordnungsgemäßen Durchführung der Untersuchung und Maßnahmen notwendigen Auskünfte und Informationen, die zu deren Zweckerfüllung nach § 2 Abs. 1 und § 3 Abs. 1 der Schuluntersuchungsverordnung notwendig sind. Hierbei ist ein Verfahren zu wählen, welches gewährleistet, dass durch die Übermittlung keine datenschutzrechtlich unzulässige Kenntnisnahme durch Unbefugte erfolgen kann.

Die Tageseinrichtungen werden durch die Gesundheitsämter über die anstehende Untersuchung informiert. Sie melden den Gesundheitsämtern die Zahl und Personalien der Kinder mit Angabe von Familien- und Vorname (einschließlich der oder des Sorgeberechtigten), Geburtsdatum, Wohnung (Straße, Hausnummer, Postleitzahl, Ort) und Nationalität.

4.6 Einladung der oder des Sorgeberechtigten, Angaben zur Anamnese

Das Gesundheitsamt erhält nach § 6a der Meldeverordnung vom 28. Januar 2008 (GBl. S. 61), geändert durch Artikel 3 des Gesetzes zur Änderung des Schulgesetzes für Baden-Württemberg, des Gesundheitsdienstgesetzes und der Meldeverordnung (GBl. S. 387, S. 388) von den Meldebehörden die zur ordnungsgemäßen Durchführung der Einschulungsuntersuchung notwendigen Auskünfte und Informationen in elektronischer Form, hinsichtlich der Zahl und Personalien der Kinder mit Angabe von Familien- und Vorname (einschließlich der oder des Sorgeberechtigten), Geburtsdatum, Wohnung (Straße, Hausnummer, Postleitzahl, Ort) und Nationalität. Hierbei ist ein Verfahren zu wählen, welches gewährleistet, dass durch die Übermittlung keine datenschutzrechtlich unzulässige Kenntnisnahme durch Unbefugte erfolgen kann.

Dasselbe gilt für Kinder, die nach Schuljahresbeginn bis zum 30. September des laufenden Kalenderjahres das vierte Lebensjahr vollendet haben.

Das Gesundheitsamt gleicht diese Daten mit den namentlichen Meldungen der Tageseinrichtungen für Kinder ab, um Kinder, die keine Tageseinrichtung besuchen, zu erfassen und ebenfalls zur Untersuchung einzuladen.

Das Gesundheitsamt informiert die oder den Sorgeberechtigten der Kinder rechtzeitig über die jeweiligen Termine der bevorstehenden Einschulungsuntersuchung (Einladungsschreiben: Anlage 1a bis 1c) und übermittelt den oder dem Sorgeberechtigten der Kinder, die bis zum 30. September des laufenden Kalenderjahres das vierte Lebensjahr vollendet haben oder zur Schule angemeldet sind bzw. die Schule besuchen, die notwendigen Vordrucke (Elternfragebogen für Schritt 1: Anlage 2, Einverständniserklärungen: Anlage 5a und 5b).

Erfolgt die Übermittlung durch die Tageseinrichtung für Kinder oder die Schule, so leitet das Gesundheitsamt den Tageseinrichtungen oder Schulen die erforderliche Zahl von Vordrucken einschließlich adressierter Umschläge zu.

Erfolgt die Einladung direkt über das Gesundheitsamt, verschickt oder übergibt dieses selbst die Unterlagen.

Die Rückgabe der Unterlagen erfolgt im Rahmen der schulärztlichen Untersuchung in einem verschlossenen Umschlag an das Gesundheitsamt.

Der Elternfragebogen mit den personenbezogenen Daten (Anlage 2) wird am Ende der Untersuchung der Schulgesundheitskarte (siehe Nummer 7.2) beigefügt.

4.7 Räumlichkeiten

Die Schule, die Tageseinrichtung für Kinder oder gegebenenfalls die Gemeinde stellt im Rahmen ihrer Möglichkeiten die erforderlichen Räumlichkeiten zur Verfügung.

Dies sind am Untersuchungstermin eine Wartezone und ein Untersuchungsraum. Warte- und Untersuchungsräume müssen für die Einschulungsuntersuchung geeignet und in den kalten Jahreszeiten ausreichend beheizt sein.

In Ausnahmefällen kann die Untersuchung auch im Gesundheitsamt oder an einem anderen geeigneten Ort stattfinden.

4.8 Anwesenheit und Unterschriften der oder des vertretungsberechtigten Sorgeberechtigten

Die Anwesenheit der oder des vertretungsberechtigten Sorgeberechtigten ist nur bei den ärztlichen Untersuchungselementen Pflicht. Ausnahmen sind in Einzelfällen möglich.

Ergebnisse, die sich bei der Untersuchung des Kindes ergeben, werden den, der oder dem Sorgeberechtigten in geeigneter Form mitgeteilt und das weitere Vorgehen vorgeschlagen bzw. abgesprochen.

Im Vorfeld oder im Verlauf der Einschulungsuntersuchung genügt die Unterschrift einer oder eines vertretungsberechtigten Sorgeberechtigten auf den jeweiligen Vordrucken.

4.9 Anwesenheit Dritter

Die Kinder werden einzeln untersucht. Abgesehen von den, der oder dem Sorgeberechtigten ist die Anwesenheit Dritter bei der Untersuchung nur zulässig, soweit es zur ordnungsgemäßen Durchführung der Untersuchung erforderlich ist und von den, der oder dem Sorgeberechtigten erlaubt wird.

4.10 Untersuchungsfrequenz

Die Einschulungsuntersuchung wird in zwei Schritten durchgeführt, mit Schritt 1 vierundzwanzig bis fünfzehn Monate vor Beginn des ersten Schuljahres und mit Schritt 2 in den Monaten vor Beginn des ersten Schuljahres. Weitere Untersuchungen erfolgen nur in begründeten Fällen.

4.11 Datenschutz

Um den Datenschutz zu gewährleisten, ist für die Weitergabe von Daten des Kindes zwischen dem Gesundheitsamt und der Leitung der Tageseinrichtung für Kinder die Einverständniserklärung der oder des vertretungsberechtigten Sorgeberechtigten mit der jeweiligen Entbindung von der ärztlichen Schweigepflicht notwendig, die eine entsprechende Aufklärung voraussetzt (Anlagen 5a und 5b).

Der Befundbogen zur Weitergabe an die Haus- oder Kinderärztin bzw. den Haus- oder Kinderarzt (Anlage 4a) wird der, dem oder den vertretungsberechtigten Sorgeberechtigten selbst zur Weitergabe nach der Untersuchung in einem verschlossenen Umschlag übermittelt.

5 Erhebung von Anamnese und Befunden bei der Einschulungsuntersuchung

5.1 Anamneseerhebung

Die Anamnese dient der Information der Schulärztin oder des Schularztes über bisherige Erkrankungen und den Verlauf der frühkindlichen Entwicklung sowie mögliche Entwicklungsrisiken. Sie wird schriftlich über einen freiwillig auszufüllenden Elternfragebogen (Anlage 2) erhoben.

Zur Anamnese zählen ferner die Eintragungen im Untersuchungsheft für Kinder (Früherkennungsheft) sowie die Impfdokumentation nach dem Impfausweis (Impfbuch). Die Vorlage dieser Dokumente ist Pflicht.

Die Dokumentation der Impfungen und der aus der Anamnese bekannten Krankheiten, der Entwicklungsrisiken sowie der Entwicklungsbeobachtung durch die Erzieherin oder den Erzieher erfolgt in Schritt 1 auf dem Befundbogen (Anlagen 4a bis 4c). Gleiches gilt für eine Feststellung von Vorbefunden aus vorgelegten Dokumenten.

5.2 Befunderhebung

Der Befundbogen (Anlagen 4a bis 4c) wird nach den für den schulärztlichen Dienst vom Landesgesundheitsamt Baden-Württemberg herausgegebenen Arbeitsrichtlinien für die Einschulungsuntersuchung und deren Dokumentation (Arbeitsrichtlinien) in der jeweils geltenden Fassung bearbeitet.

Um eine einheitliche Beurteilung des Gesundheitszustandes der Kinder sicherzustellen, haben sich die Mitarbeiter des schulärztlichen Dienstes (medizinische Assistentinnen und medizinische Assistenten sowie Ärztinnen und Ärzte) an den in den Arbeitsrichtlinien aufgeführten „Standarddefinitionen des Untersuchungsprogramms" zu orientieren.

5.3 Untersuchungsumfang

Für Schritt 1 besteht der Untersuchungsumfang bei allen Kindern aus einer Basisuntersuchung, die in der Regel durch die medizinische Assistentin oder den medizinischen Assistenten unter schulärztlicher Verantwortung entsprechend den Arbeitsrichtlinien durchgeführt wird.

Zur Basisuntersuchung gehört bei Kindern, die eine Tageseinrichtung besuchen, mit Einverständnis der oder des vertretungsberechtigten Sorgeberechtigten die Beobachtung des kindlichen Entwicklungsstandes durch die Erzieherin oder den Erzieher (Anlage 3).

Im Falle von auffälligen Befunden erfolgt nach ärztlichem Ermessen eine weitergehende Nachuntersuchung gegebenenfalls einschließlich der Sprachstandsdiagnose und Beratung durch die Schulärztin oder den Schularzt.

In Schritt 2 erfolgt zur Frage, ob eine erneute ärztliche Untersuchung zur Beurteilung der Schulreife notwendig ist, bei jedem Kind die ärztliche Bewertung

- der Untersuchungsergebnisse aus Schritt 1,
- der Entwicklungsbeobachtung in ausgewählten Dimensionen durch die Erzieherin oder den Erzieher bei Kindern, die eine Tageseinrichtung für Kinder besuchen (Anlage 3) mit Einverständnis der oder des vertretungsberechtigten Sorgeberechtigten,
- der Beurteilung der Schulfähigkeit des Kindes durch die Kooperationslehrkraft mit Einverständnis der oder des vertretungsberechtigten Sorgeberechtigten.

Durch die Schulärztin oder den Schularzt werden in der Regel untersucht

- die Kinder eines Altersjahrgangs, deren Leistungsfähigkeit in Schritt 1 als erheblich oder anhaltend eingeschränkt beurteilt wurde,
- die Kinder, deren Schulfähigkeit von der Erzieherin oder dem Erzieher und den Kooperationslehrkräften als gefährdet betrachtet wird und die in Schritt 1 ohne deutliche Auffälligkeit waren,
- die Kinder ohne Besuch einer Tageseinrichtung oder ohne vorherige Einschulungsuntersuchung.

Die ärztliche Untersuchung konzentriert sich in Schritt 1 und Schritt 2 nach ärztlichem Ermessen auf die auffälligen Befunde. Die Arbeitsrichtlinien enthalten dazu Vorschläge.

Fehlen Unterlagen, die vom Ministerium für Arbeit und Soziales für den üblichen Untersuchungsumfang vorausgesetzt werden, oder liegen sonstige begründete Einzelfälle vor, so findet eine weitergehende orientierende Untersuchung mit Dokumentation statt, wie sie in den Arbeitsrichtlinien beschrieben ist.

6 Konsequenzen aus der Einschulungsuntersuchung

6.1 Befunde und Befundmitteilung

Die erhobenen Befunde werden den, der oder dem Sorgeberechtigten, in geeigneter, in der Regel in schriftlicher Form (Anlage 4a in Schritt 1 und Anlage 4d in Schritt 2), mitgeteilt. Es schließt sich, soweit geboten oder gewünscht, eine Beratung und Information an. Auf der Grundlage der Befundbögen berät das Gesundheitsamt – soweit geboten und erwünscht – mit Einverständnis des vertretungsberechtigten Sorgeberechtigten die das Kind betreuenden pädagogischen Fachkräfte in den Tageseinrichtungen sowie die das Kind unterrichtenden Lehrkräfte an den Schulen. Die Befundmitteilung wird in geeigneter Weise dokumentiert.

Außerdem erfolgt im Rahmen der Empfehlung zur ärztlichen Abklärung oder Behandlung nach ärztlichem Ermessen eine zusätzliche schriftliche Befundmitteilung (Befundbogen: Anlage 4a). Sie dient der Information der oder des Sorgeberechtigten sowie der Ärztinnen oder Ärzte, die die weitergehende Beratung oder Behandlung übernehmen, und wird den, der oder dem Sorgeberechtigten in geeigneter Weise übergeben.

6.2 Information der Tageseinrichtung für Kinder und der fördernden Stelle über erhobene Befunde

Der Befundbogen zur Weitergabe an die fördernde Stelle (Anlage 4b) wird vom Gesundheitsamt der Leitung der Tageseinrichtung in einem verschlossenen Umschlag übergeben, wenn das Einverständnis der oder des vertretungsberechtigten Sorgeberechtigten (Anlage 5a) hierfür vorliegt. Wenn die Tageseinrichtung nicht selbst fördernde Stelle ist, soll er anschließend der fördernden Stelle (Schule, Grundschulförderklasse oder private Förderstelle) verschlossen durch die Tageseinrichtung übergeben werden, um in die weitere Planung pädagogischer Fördermaßnahmen einzugehen.

Liegt das Einverständnis der oder des vertretungsberechtigten Sorgeberechtigten nicht vor, werden ihr, ihm oder ihnen die Mehrfertigungen zur eigenen Entscheidung über die weitere Verwendung übergeben.

Nur im Ausnahmefall (z. B. bei einer akuten oder chronischen Erkrankung eines Kindes, die einen Handlungsbedarf begründet) kann darüber hinaus von einer schriftlichen Mitteilung an die Schule oder die Tageseinrichtung Gebrauch gemacht werden. Ein gemeinsames Gespräch mit der Schulleitung, den Lehrkräften und Erzieherinnen oder Erziehern sowie den, der oder dem Sorgeberechtigten ist vorzuziehen.

Eine Mitteilung an die Tageseinrichtung oder die Schule ist, abgesehen von einer konkreten, sonst nicht abwendbaren gesundheitlichen Gefährdung, nur mit schriftlicher Zustimmung der oder des vertretungsberechtigten Sorgeberechtigten auf den Einverständniserklärungen (Anlagen 5a und 5b) möglich. Der hierzu verwendete Vordruck verbleibt bei den Unterlagen des Gesundheitsamtes.

7 Statistik und Dokumentation

7.1 Vordrucke

Die Anwendung der landesweit einheitlichen Formularsätze ist für die Gesundheitsämter verbindlich.

Die Anlagen enthalten die neuen Vordrucke zur sofortigen Verwendung, erstmals für den Einschulungsjahrgang 2010. Die Beschaffung der Befundbögen (Anlagen 4a bis 4d) erfolgt aus Gründen der Qualitätssicherung zentral durch das Landesgesundheitsamt Baden-Württemberg.

Die Gesundheitsämter melden ihren jeweils für einen Jahrgang notwendigen Bedarf bis zum 30. Juni des laufenden Jahres dort an.

Die Beschaffung von Mehrfertigungen der Vordrucke 1a bis 3 und 5a bis 5b ist Aufgabe der Gesundheitsämter, ebenso die Kostenübernahme für alle verwendeten Vordrucke.

7.2 Schulgesundheitskarte

Für jedes Kind bzw. jede Schülerin und jeden Schüler wird eine Schulgesundheitskarte bestehend aus den Anlagen 4a, 4c und 4d und 5a und 5b angelegt. Die Ergebnisse der Einschulungsuntersuchung werden darauf vermerkt. Die Schulgesundheitskarte kann auch in elektronischer Form geführt werden.

Weitere Dokumente, die im Zusammenhang mit der Einschulungsuntersuchung übergeben wurden, können nach ärztlichem Ermessen dieser Karte beigefügt werden. Dies gilt auch für den Fragebogen für die Erzieherin oder den Erzieher und den Elternfragebogen. Die Schulgesundheitskarte wird vom Kinder- und Jugendärztlichen Dienst der Gesundheitsämter geführt. Die Sorgeberechtigten können auf Wunsch Einsicht in die Schulgesundheitskarte beim zuständigen Gesundheitsamt nehmen.

7.3 Aufbewahrung der Dokumentationsunterlagen

Die Dokumentationsunterlagen der schulärztlichen Untersuchung sind bei den Gesundheitsämtern verschlossen aufzubewahren. Für jedes Kind ist eine einzelne Akte anzulegen und zu archivieren. Dabei sind die Unterlagen so zu ordnen, dass sich alle Dokumente desselben einzuschulenden Kindes bzw. derselben Schülerin oder desselben Schülers beieinander befinden.

Die Speicherung hat in einer Art und Weise zu geschehen, dass dadurch keine datenschutzrechtlich unzulässige Kenntnisnahme durch Unbefugte erfolgen kann. Die Verfahrensweise hat dem datenschutzrechtlichen Erforderlichkeitsgrundsatz, wie er sich aus den §§ 14 und 15 ÖGDG in Verbindung mit den §§ 13 ff. des Landesdatenschutzgesetzes ergibt, zu entsprechen.

7.4 Vorgehen im Falle des Umzuges eines Kindes

Wurde die Einschulungsuntersuchung vor dem Umzug des Kindes an einen anderen Wohnort von dem Gesundheitsamt durchgeführt, das ursprünglich zuständig war, so sind alle Unterlagen, die diesem Gesundheitsamt über die stattgefundene Einschulungsuntersuchung vorliegen, auf Aufforderung des für den neuen Wohnort zuständigen Gesundheitsamtes als vertrauliche Arztsache in einem verschlossenen Umschlag an dieses zu senden. Aus den Unterlagen müssen zumindest der Zeitpunkt der Untersuchung sowie die Untersuchungsergebnisse hervorgehen.

Für den Fall einer elektronisch geführten Schulgesundheitskarte sind die Daten sofort nach Übergabe an das neue Gesundheitsamt beim seitherigen Gesundheitsamt zu löschen.

Wird die Schulgesundheitskarte in elektronischer Form geführt, ist ein sicheres Verfahren der Übergabe zu wählen, welches gewährleistet, dass dadurch keine datenschutzrechtlich unzulässige Kenntnisnahme durch Unbefugte erfolgen kann.

7.5 Aufbewahrungszeit der Dokumentationsunterlagen

Die Aufbewahrungszeit der Dokumentationsunterlagen bei den Gesundheitsämtern geht aus Gründen der Epidemiologie und Gesundheitsberichterstattung bis zum Ende der Grundschulzeit. Anschließend sind sie zu löschen. Über Ausnahmen entscheidet der Amtsleiter.

7.6 Verwendung der erhobenen Daten im Rahmen der Epidemiologie und Gesundheitsberichterstattung

Bei der Einschulungsuntersuchung erhobene personenbezogene Daten können für Zwecke der Epidemiologie und Gesundheitsberichterstattung verarbeitet und in anonymisierter Form veröffentlicht werden.

Ziel der Auswertung der bei der Einschulungsuntersuchung gewonnenen Daten ist

- die Bereitstellung von Daten für die Gesundheitsämter, soweit diese im jeweiligen örtlichen Zuständigkeitsbereich in Umsetzung von Maßnahmen nach § 8 Abs. 1 ÖGDG (Schulgesundheitspflege, Jugendzahnpflege) erhoben wurden,
- die Erstellung von Berichten und Veröffentlichungen zum Gesundheitszustand der Kinder vor der Einschulung in Baden-Württemberg.

7.7 Auswertung mittels elektronischer Datenverarbeitung

Die bei der schulärztlichen Untersuchung gewonnenen Erkenntnisse werden anonymisiert mittels elektronischer Datenverarbeitung ausgewertet. Dazu erfassen die Gesundheitsämter die auf EDV-gerechten Belegen dokumentierten Daten zentral beim Landesgesundheitsamt Baden-Württemberg unter Einsatz eines dort installierten Beleglesers oder eines noch näher zu bestimmenden Nachfolgeverfahrens. Dabei erfolgt eine Plausibilitätsprüfung an geeigneten Merkmalen.

Personenidentifizierende Merkmale sind davon getrennt zu halten. Formblätter, Datenträger, der Aufbau der Datenträger und der einzelnen Datensätze werden vom Ministerium für Arbeit und Soziales in Abstimmung mit dem Landesgesundheitsamt Baden-Württemberg bestimmt. Dies gilt entsprechend bei Einsatz dezentraler Verfahren zur Datenerfassung.

Den Gesundheitsämtern werden die auf einen geeigneten Datenträger übertragenen anonymisierten Daten zur gegebenenfalls weiteren regionalen Auswertung zur Verfügung gestellt; die nicht anonymisierten Dokumentationsunterlagen werden wieder in das zuständige Gesundheitsamt zurückgebracht.

Die Einlesevorgänge bzw. Vorgänge der Datenübermittlung sind in Absprache mit dem Landesgesundheitsamt Baden-Württemberg spätestens bis zum 30. September des jeweiligen Untersuchungsjahres durchzuführen.

Die weitere elektronische Datenverarbeitung des eingelesenen bzw. anderweitig übertragenen anonymisierten Datensatzes erfolgt durch das Landesgesundheitsamt Baden-Württemberg. Die Daten müssen zum Zwecke der Erstellung von Längs- und Querschnittsuntersuchungen, aus denen langfristige Entwicklungstrends innerhalb einer Generation sowie ein Vergleich mehrerer Generationen erkennbar sind, langfristig verfügbar bleiben; eine spätere Löschung ist daher nicht vorgesehen.

7.8 Löschung von Daten, Vernichtung von Unterlagen

Vor der Löschung von Daten oder der Vernichtung von schriftlichen Unterlagen sind diese nach §§ 3 und 7 des Landesarchivgesetzes dem zuständigen Archiv zur Übernahme anzubieten. Daten und Unterlagen, die nicht vom zuständigen Archiv übernommen werden, sind zu löschen oder zu vernichten.

Die Aktenvernichtung hat unter Beachtung datenschutzrechtlicher Vorgaben zu erfolgen (zum Beispiel durch gesonderte Aufbewahrung in einem verschließbaren Container und anschließendes Schreddern oder Ähnliches).

8 Inkrafttreten

Diese Verwaltungsvorschrift tritt am Tag nach ihrer Bekanntmachung in Kraft und am 31. Dezember 2015 außer Kraft. Mit Inkrafttreten dieser Verwaltungsvorschrift treten die Einschulungsuntersuchungsrichtlinien vom 17. November 2004 (GABl. S. 829) außer Kraft.

Anhang 13

Richtlinien des Kultusministeriums und des Ministeriums für Arbeit und Soziales über die Bildung und Aufgaben der Elternbeiräte nach § 5 des Kindertagesbetreuungsgesetzes

Bekanntmachung vom 15. März 2008 – Az. 24-6930.7/3 (K. u. U. S. 81, GABl. S. 170)

1. Allgemeines

1.1 Nach § 5 des Kindertagesbetreuungsgesetzes werden an Kindergärten, Tageseinrichtungen mit altersgemischten Gruppen und Kinderkrippen (Einrichtungen) Elternbeiräte gebildet.

1.2 Der Elternbeirat bei Einrichtungen ist die Vertretung der Eltern der aufgenommenen Kinder.

1.3 Eltern im Sinne dieser Richtlinien sind auch Erziehungsberechtigte, denen die Sorge für die Person des Kindes anstelle der Eltern zusteht.

2. Bildung des Elternbeirats

2.1 Zur Bildung des Elternbeirats werden die Eltern der in die Einrichtung aufgenommenen Kinder nach Beginn des Kindergartenjahres vom Träger bzw. einer von ihm beauftragten Person einberufen.

2.2 Der Elternbeirat besteht aus mindestens zwei Mitgliedern. Die Eltern jeder Gruppe wählen aus ihrer Mitte ein Mitglied und einen Vertreter, die beide Mitglied im Elternbeirat sind.

2.3 Das Wahlverfahren bestimmen im Übrigen die Eltern.

2.4 Der Elternbeirat wählt aus seiner Mitte den Vorsitzenden und dessen Stellvertreter.

2.5 Die Amtszeit des Elternbeirats beträgt in der Regel ein Jahr. Bis zur Wahl des neuen Elternbeirats führt der bisherige Elternbeirat die Geschäfte weiter.

2.6 Scheiden alle Kinder eines Mitglieds (Vertreters) des Elternbeirats vor Ablauf der Amtszeit aus, endet mit dem Ausscheiden auch die Mitgliedschaft im Elternbeirat. Endet die Mitgliedschaft aller Mitglieder und Vertreter vor Ablauf der Amtszeit, ist eine Neuwahl vorzunehmen.

3. Aufgaben des Elternbeirats

3.1 Der Elternbeirat hat die Aufgabe, die Erziehungsarbeit in der Einrichtung zu unterstützen und die Zusammenarbeit zwischen Einrichtung, Elternhaus und Träger zu fördern.

3.2 Der Elternbeirat setzt sich dafür ein, dass der Anspruch der Kinder auf Erziehung, Bildung und Betreuung in der Einrichtung verwirklicht wird. Er hat zu diesem Zweck insbesondere

3.2.1 das Verständnis der Eltern für die Bildungs- und Erziehungsziele der Einrichtung zu wecken,

3.2.2 Wünsche, Anregungen und Vorschläge der Eltern entgegenzunehmen und dem Träger oder der Leitung der Einrichtung zu unterbreiten,

3.2.3 sich beim Träger für eine angemessene Besetzung mit Fachkräften sowie für die sachliche und räumliche Ausstattung einzusetzen und

3.2.4 das Verständnis der Öffentlichkeit für die Arbeit der Einrichtung und ihrer besonderen Bedürfnisse zu gewinnen.

4. Zusammenarbeit zwischen Elternbeirat und Einrichtung

4.1 Der Elternbeirat arbeitet mit den pädagogischen Kräften, der Leitung und dem Träger der Einrichtung zusammen.

4.2 Der Träger sowie die Leitung der Einrichtung beteiligen den Elternbeirat an den Entscheidungen in allen wesentlichen Angelegenheiten der Erziehung, Bildung und Betreuung in der Einrichtung, insbesondere soweit sie das pädagogische Konzept, die Organisation und die Betriebskosten betreffen. Der Elternbeirat ist insbesondere vor der Regelung der Ferien- und Öffnungszeiten, der Festsetzung der Elternbeiträge im Rahmen der für den Träger verbindlichen Regelungen, der Festlegung von Grundsätzen über die Aufnahme der Kinder in die Einrichtung sowie vor der Einführung neuer pädagogischer Konzepte zu hören.

5. Sitzungen des Elternbeirats

5.1 Der Elternbeirat tritt auf Einladung seines Vorsitzenden nach Bedarf, jedoch mindestens zweimal jährlich zusammen. Der Elternbeirat ist von seinem Vorsitzenden einzuberufen, wenn der Träger, mindestens zehn Eltern oder zwei seiner Mitglieder unter Benennung der Besprechungspunkte dies verlangen.

5.2 Verlangen die Eltern die Einberufung des Elternbeirats, ist ihnen Gelegenheit zu geben, ihr Anliegen dem Elternbeirat vorzutragen.

5.3 Zu den Sitzungen des Elternbeirats sollen die pädagogischen Mitarbeiter der Einrichtung und Vertreter des Trägers nach Bedarf eingeladen werden.

6. Weitere Bestimmungen

6.1 Der Elternbeirat berichtet den Eltern mindestens einmal im Jahr über seine Tätigkeit.

6.2 Für den regelmäßigen Austausch zwischen Eltern, Träger und Leitung der Einrichtung ist eine Bildungs- und Erziehungspartnerschaft notwendig. Dabei sind verschiedene Arten von Elternkontakten anzustreben.

6.3 Der Träger der Einrichtung soll zusammen mit dem Elternbeirat und nach Anhörung der Leitung der Einrichtung den Eltern Gelegenheit geben, Fragen der Elementarerziehung gemeinsam zu erörtern. Damit sich die Einrichtungen und Familien bei der Zielbestimmung für die pädagogische Arbeit und der Beobachtung und Förderung der kindlichen Bildungs- und Entwicklungsprozesse abstimmen können, soll den Eltern Gelegenheit gegeben werden, Fragen der Bildung und Erziehung zu erörtern. Dies erfolgt nach Abstimmung mit dem Träger, dem Elternbeirat und der Leitung der Einrichtung.

6.4 Die Elternbeiräte mehrerer Einrichtungen eines Trägers oder auf dem Gebiet einer Gemeinde können sich zu einem Gesamtelternbeirat zusammenschließen.

7. Inkrafttreten

Diese Richtlinien treten am Tag nach ihrer Veröffentlichung in Kraft.

Anhang 14

Fortschreibung der Gemeinsamen Empfehlungen der Kirchen und der Kommunalen Landesverbände zur Festsetzung der Elternbeiträge für die Kindergartenjahre 2011/12 und 2012/2013

1. Allgemeines

Die Vertreter/-innen der Erzdiözese Freiburg, der Diözese Rottenburg/Stuttgart, der Ev. Landeskirche in Baden, der Ev. Landeskirche in Württemberg, des Diakonischen Werks der Ev. Landeskirche in Baden, des Ev. Landesverbands für Kindertagesstätten in Württemberg, des Caritasverbands für die Erzdiözese Freiburg, des Landesverbands Kath. Kindertagesstätten in der Diözese Rottenburg/Stuttgart sowie des Gemeindetags Baden-Württemberg und des Städtetags Baden-Württemberg sind übereingekommen, die Gemeinsamen Empfehlungen zur Höhe der Elternbeiträge in Kindergärten für die Kindergartenjahre 2011/12 und 2012/13 anzupassen.

Die landesweiten Empfehlungen der Elternbeiträge für Kindergärten folgen seit 2009/10 dem sogenannten württembergischen Erhebungs-System: Die Berechnung der Elternbeiträge erfolgt nach der sog. familienbezogenen Sozialstaffelung, bei der alle im selben Haushalt lebenden Kinder bis zur Vollendung ihres 18. Lebensjahres berücksichtigt werden.

Ausgangslage für die Erhebung der Elternbeiträge bleibt, dass landesweit weiterhin angestrebt wird, rd. 20 % der tatsächlichen Betriebsausgaben durch Elternbeiträge zu decken. Die neuen Empfehlungen orientieren sich an den aktuellen Tariferhöhungen des TVöD (durchschnittlich 2 % je Kindergartenjahr) und bewirken damit keine grundsätzliche Erhöhung des Kostendeckungsgrades.

Das Präsidium sowie der Landesvorstand des Gemeindetags Baden-Württemberg haben der Fortschreibung der gemeinsamen Empfehlungen zur Höhe der Elternbeiträge in Kindergärten sowie den Empfehlungen zur Höhe der Elternbeiträge in Kinderkrippen zugestimmt.

2. Elternbeiträge in Regelkindergärten

	Kiga-Jahr 2011/2012		Kiga-Jahr 2012/2013	
	12 Mon.	11 Mon.*	12 Mon.	11 Mon.*
für das Kind aus einer Familie mit einem Kind**	89 €	97 €	91 €	99 €
für ein Kind aus einer Familie mit **zwei** Kindern unter 18 Jahren**	68 €	74 €	70 €	76 €
für ein Kind aus einer Familie mit **drei** Kindern unter 18 Jahren **	45 €	49 €	46 €	50 €
für ein Kind aus einer Familie mit **vier und mehr** Kindern unter 18 Jahren**	15 €	16 €	15 €	16 €

* Bei Erhebung in elf Monatsraten wird der Jahresbetrag entsprechend umgerechnet.
** Berücksichtigt werden nur Kinder, die im gleichen Haushalt wohnen.

Wie bislang handelt es sich bei diesen auf Landesebene abgestimmten Elternbeiträgen um Empfehlungen für den kommunalen Bereich, im kirchlichen Bereich gelten die Beträge im Regelkindergarten als sogenannte Landesrichtsätze.

3. Elternbeiträge bei verlängerten Öffnungszeiten, Halbtagsgruppen, Betreuung von unter 3-jährigen Kindern in altersgemischten Gruppen

Bei Gruppen mit verlängerten Öffnungszeiten (durchgehend 6 Stunden) kann für die festgelegten/empfohlenen Beträge ein Zuschlag von bis zu 25 %, bei Halbtagsgruppen eine Reduzierung von bis zu 25 % gerechtfertigt sein.

Für die Betreuung von unter 3-jährigen Kindern in altersgemischten Gruppen muss nach der Betriebserlaubnis je Kind unter 3 Jahren gegenüber der Regelgruppe ein Kindergartenplatz unbesetzt bleiben. Vor diesem Hintergrund und im Hinblick auf die Festlegungen der Elternbeiträge für Kinderkrippen ist in diesem Fall ein Zuschlag von 100 % gegenüber dem Beitrag in Regelgruppen gerechtfertigt.

Die Zu-/Abschläge können kumulativ verwendet werden (z. B. bei Aufnahme bei unter 3-jährigen Kindern in einer Gruppe mit verlängerter Öffnungszeit).

Basis für die Zu- und Abschläge sowie für deren Höhe ist, dass ein jeweils erhöhter bzw. reduzierter Aufwand vorhanden ist.

Für sonstige Angebotsformen, insbesondere für die Ganztagesbetreuung erfolgt derzeit (noch) keine Empfehlung zur Höhe der Elternbeiträge.

4. Beitragssätze für Kinderkrippen

	Kiga-Jahr 2011/12		Kiga-Jahr 2012/13	
	12 Mon.	11 Mon.*	12 Mon.	11 Mon.*
für das Kind aus einer Familie mit einem Kind**	263 €	287 €	268 €	292 €
für ein Kind aus einer Familie mit **zwei** Kindern unter 18 Jahren**	195 €	213 €	199 €	217 €
für ein Kind aus einer Familie mit **drei** Kindern unter 18 Jahren**	132 €	144 €	135 €	147 €
für ein Kind aus einer Familie mit **vier und mehr** Kindern unter 18 Jahren**	53 €	58 €	54 €	59 €

* Bei Erhebung in elf Monatsraten wird der Jahresbetrag entsprechend umgerechnet.
** Berücksichtigt werden nur Kinder, die im gleichen Haushalt wohnen.

Ausgangslage für die Berechnung der Krippenbeitragssätze ist eine Betreuungszeit von 6 Std/Tag. Bei Betreuungszeiten über sechs Stunden können die Beträge entsprechend den sich erhöhenden Kosten angepasst bzw. umgerechnet werden.

Anhang 15

Satzung über die Erhebung von Benutzungsgebühren für die Kinderbetreuungseinrichtungen (Muster)

§ 1

Öffentliche Einrichtung

Die Gemeinde/Stadt ... betreibt Kinderbetreuungseinrichtungen im Sinne des KiTaG als öffentliche Einrichtung.

§ 2

Begriffsbestimmungen

(1) Kinderbetreuungseinrichtungen im Sinne von § 1 Abs. 2–6 KiTaG sind:

1. **Regelkindergärten**: Einrichtungen mit einer Betreuungszeit von insges ... Std./Woche am Vor- und Nachmittag für Kinder im Alter von ...
2. **Kindergarten mit verlängerten Öffnungszeiten**: Einrichtungen mit einer zusammenhängenden Betreuungszeit von insges ... Std./Woche für Kinder im Alter von ... Jahren.
3. **Kindergärten mit flexiblen Öffnungszeiten**: Einrichtungen mit einer zusammenhängenden Betreuungszeit von insges ... Std./Woche für Kinder im Alter von ... Jahren
4. **Halbtageskindergarten**: Einrichtungen mit einer Betreuungszeit von insges ... Std./Woche am Vor- oder Nachmittag
5. **Altersgemischte Ganztagesbetreuung**: Einrichtungen mit einer zusammenhängenden Betreuungszeit von insgesamt ... Std/Woche für Kinder im Alter von ... Jahren bis ... Jahren, soweit es sich nicht um schulische Einrichtungen handelt.
6. **Kinderkrippen**: Einrichtungen für Kleinkindbetreuung mit einer Betreuungszeit von ... Std. für Kinder im Alter bis 3 Jahren.

(2) Das Kindergartenjahr beginnt und endet mit dem Ende der Sommerferien der Betreuungseinrichtung.

§ 3

Beginn und Beendigung des Benutzungsverhältnisses

(1) Das Benutzungsverhältnis beginnt mit der Aufnahme des Kindes in die Betreuungseinrichtung. Die Aufnahme erfolgt auf Antrag des Sorgeberechtigten. Im Antrag sind anzugeben:

....

....

....

(2) Das Benutzungsverhältnis endet durch Abmeldung des Kindes durch den Sorgeberechtigten oder durch Ausschluss des Kindes durch den Einrichtungsträger. Kinder, die in die Schule wechseln, werden zum Ende des Kindergartenjahres von Amts wegen abgemeldet.

(3) Die Abmeldung hat gegenüber dem Träger der jeweiligen Kindertageseinrichtung unter Einhaltung einer Frist von ... Wochen zum Monatsende schriftlich zu erfolgen. Kinder, die zum Ende des laufenden Kindergartenjahres in die Schule wechseln, können nur bis spätestens zum Ende des Monats ... gekündigt werden.

(4) Der Einrichtungsträger kann das Benutzungsverhältnis aus wichtigem Grund beenden. Wichtige Gründe sind insbesondere die Nichtzahlung einer fälligen Gebührenschuld trotz Mahnung oder wenn das Kind länger als 2 Monate unentschuldigt fehlt. Der Ausschluss des Kindes erfolgt durch schriftlichen Bescheid; er ist unter Wahrung einer Frist von 4 Wochen anzudrohen.

§ 4

Benutzungsgebühren

(1) Für die Benutzung von Kinderbetreuungseinrichtungen werden Benutzungsgebühren gem. § 5 erhoben.

(2) Gebührenmaßstab ist die Anzahl der belegten Betreuungsplätze.

(3) Die Gebühren werden jeweils für einen Kalendermonat (Veranlagungszeitraum) erhoben. Scheidet das Kind bis einschl. 15. des jeweiligen Monats aus der Einrichtung aus bzw. wird das Kind nach dem 15. des jeweiligen Monats aufgenommen, ermäßigen sich die Gebührensätze gem. § 5 Abs.(2) (je nach Satzungsalternative) auf 50 v. H.

(4) Die Gebühr ist auch während der Ferien sowie bei Nichtbenutzung oder vorübergehender Schließung der Einrichtung zu entrichten.

§ 5

Gebührenhöhe

(1) Die Höhe der Gebühr wird gestaffelt nach der Anzahl der Kinder, die noch nicht das 18. Lebensjahr vollendet haben und die nicht nur vorübergehend im Haushalt des Gebührenschuldners leben.

(2) Höhe der Gebührensätze je Betreuungsplatz im Einzelnen:

	1-Kindfamilie €/Monat	2-Kindfamile €/Monat	3-Kindfamilie €/Monat	4- und Mehrkindfamilie €/Monat
1. Regelkindergarten (§ 2 Nr. 1):	...	...	...	...
2. Kindergarten mit verl. Öffnungszeiten (§ 2 Nr. 2):	...	...	...	...
3. Kindergarten mit flexiblen Öffnungszeiten (§ 2 Nr. 3):	...	...	...	...
4. Halbtageskindergarten (§ 2 Nr. 4):	...	...	...	...
5. altersgemischte Ganztagesbetreuung (§ 2 Nr. 5):	...	...	...	...
6. Kinderkrippen (§ 2 Nr. 6):	...	...	...	...

(3) Wird der Betreuungsplatz nur zeitanteilig belegt, bemisst sich die Gebühr nach dem Verhältnis der belegten Zeit zur Betreuungszeit nach § 2 Abs. 1.

(4) Ändert sich die Anzahl der berücksichtigungsfähigen Kinder gem. Absatz 1, ist die Änderung der Gemeinde/Stadt unter Angabe des Kalendermonats in dem die Änderung angezeigt wurde. Die Benutzungsgebühren werden für den Kalendermonat neu festgesetzt, der auf den Kalendermonat folgt, in dem die Änderungen angezeigt wurden.

§ 6

Gebührenschuldner

(1) Gebührenschuldner sind die Sorgeberechtigten des in die Kinderbetreuung aufgenommenen Kindes, in deren Haushalt das Kind lebt.

(2) Mehrere Gebührenschuldner sind Gesamtschuldner.

§ 7

Entstehung/Fälligkeit

(1) Die Gebührenschuld entsteht zu Beginn des Veranlagungszeitraumes (§ 4 Abs. 3), für den der Betreuungsplatz belegt ist.

(2) Die Benutzungsgebühren werden bei der erstmaligen Benutzung durch schriftlichen Bescheid festgesetzt. Die Festsetzung gilt so lange weiter, bis ein neuer Bescheid oder Änderungsbescheid ergeht.

(3) Die Gebührenschuld wird jeweils zum ersten Werktag des Veranlagungszeitraumes (§ 4 Abs. 3) fällig. Für den Monat der erstmaligen Belegung des Betreuungsplatzes wird die Gebührenschuld 2 Wochen nach Bekanntgabe des Gebührenbescheides fällig. Dasselbe gilt für den Fall, dass ein neuer Gebührenbescheid oder Änderungsbescheid ergeht.

I. Alternative I – Gebühren nach Jahreseinkommen der Gebührenpflichtigen:

§ 5

Gebührenhöhe

(1) Die Höhe der Gebühr wird gestaffelt nach der Anzahl der Kinder, die noch nicht das 18. Lebensjahr vollendet haben und die nicht nur vorübergehend im Haushalt des Gebührenschuldners leben sowie nach dem zu berücksichtigenden Jahreseinkommen nach Absatz 3.

(2) Höhe der Gebührensätze je Betreuungsplatz im Einzelnen:

1. Regelkindergarten (§ 2 Nr. 1):

Jahreseinkommen	1-Kindfamilie €/Monat	2-Kindfamile €/Monat	3-Kindfamilie €/Monat	4- und Mehrkindfamilie €/Monat
bis 20 000 €	...	...	...	...
von 20 001–30 000 €	...	...	...	...
von 30 001–40 000 €	...	...	...	...
von 40 001–50 000 €	...	...	...	...
über 50 000 €	...	...	...	...

2. Kindergarten mit verl. Öffnungszeiten (§ 2 Nr. 2):

Jahreseinkommen	1-Kindfamilie €/Monat	2-Kindfamile €/Monat	3-Kindfamilie €/Monat	4- und Mehrkindfamilie €/Monat
bis 20 000 €	...	...	...	...
von 20 001–30 000 €	...	...	...	...
von 30 001–40 000 €	...	...	...	...
von 40 001–50 000 €	...	...	...	...
über 50 000 €	...	...	...	...

3. Kindergarten mit flexiblen Öffnungszeiten (§ 2 Nr. 3):

...

...

4. Halbtageskindergarten (§ 2 Nr. 4):

...

...

5. altersgemischte Ganztagesbetreuung (§ 2 Nr. 5)

...

...

6. Kinderkrippen (§ 2 Nr. 6)

...

...

(3) Als Jahreseinkommen im Sinne des Abs. 1 gilt die Summe der erzielten positiven Einkünfte im Sinne des § 2 Abs. 1 und 2 Einkommensteuergesetz der Gebührenpflichtigen im Sinne des § 6 im vorangegangenen Kalenderjahr. Den Einkünften werden darüber hinaus zugerechnet:

- Arbeitslosengeld, Kranken-, Unterhalts- und Übergangsgeld
- Leistungen zur Sicherung des Lebensunterhalts nach dem Zweiten und/oder Zwölften Buch Sozialgesetzbuch (SGB II und/oder SGB XII), Kinder- und Jugendhilfe (SGB VIII) und dem Wohngeldgesetz.

Nicht angerechnet werden Kindergeld, Leistungen der Pflegekasse und die Eigenheimzulage nach dem Eigenheimzulagengesetz.

(4) Die Höhe des maßgebenden Jahreseinkommens ist durch Vorlage des entsprechenden Einkommensteuer- bzw. Lohnsteuer-Jahresausgleichsbescheides eines jeden Jahres nachzuweisen. Ersatzweise kann der Nachweis durch Vorlage einer Verdienstbescheinigung des Arbeitgebers erbracht werden. Im Falle der Bezahlung des Höchstbeitrages entfällt die Nachweispflicht des Einkommens. Bis zur Vorlage des Einkommensnachweises ist die Verwaltung berechtigt, den Höchstbeitrag festzusetzen.

(5) Ändert sich die Anzahl der berücksichtigungsfähigen Kinder gem. Absatz 1, ist die Änderung der Gemeinde/Stadt unter Angabe des Kalendermonats in dem die Änderung angezeigt wurde. Die Benutzungsgebühren werden für den Kalendermonat neu festgesetzt, der auf den Kalendermonat folgt, in dem die Änderungen angezeigt wurden.

Alternative II – Gebühren nach Betreuungszeiten

(1) Die Höhe der Gebühr wird gestaffelt nach der Anzahl der Kinder, die noch nicht das 18. Lebensjahr vollendet haben und die nicht nur vorübergehend im Haushalt des Gebührenschuldners leben.

(2) Die Betreuungszeiten in den Kinderbetreuungseinrichtungen sind wie folgt in Betreuungsblöcke unterteilt:

Frühbetreuung:	6.30 Uhr– 8.00 Uhr
Vormittagsbetreuung:	8.00 Uhr–12.00 Uhr
Mittagsbetreuung:	12.00 Uhr–14.00 Uhr
Nachmittagsbetreuung:	14.00 Uhr–16.00 Uhr
Spätbetreuung:	16.00 Uhr–17.30 Uhr

(3) Höhe der Gebührensätze je Betreuungsplatz im Einzelnen:

	1-Kindfamilie €/Monat	2-Kindfamile €/Monat	3-Kindfamilie €/Monat	4- und Mehrkindfamilie €/Monat
Frühbetreuung:	...	...	...	...
Vormittagsbetreuung:	...	...	...	...
Mittagsbetreuung:	...	...	...	...
Nachmittagsbetreuung:	...	...	...	...
Spätbetreuung:	...	...	...	...

Für die Betreuung der Kinder bis zum vollendeten dritten Lebensjahr wird die Gebühr gem. Absatz 3 in doppelter Höhe erhoben.

(4) Wird mehr als ein Betreuungsblock gebucht, ergibt sich die Gebühr aus der Summe der Einzelgebührensätze nach Absatz 3.

(5) Ändert sich die Anzahl der berücksichtigungsfähigen Kinder gem. Absatz 1, ist die Änderung der Gemeinde/Stadt unter Angabe des Kalendermonats in dem die Änderung angezeigt wurde. Die Benutzungsgebühren werden für den Kalendermonat neu festgesetzt, der auf den Kalendermonat folgt, in dem die Änderungen angezeigt wurden.

Alternative III – Kombination Grundbetreuung + Zubuchung von Stunden (Kinderkrippen)

(1) Die Höhe der Gebühr wird gestaffelt nach dem Umfang der Betreuungszeit sowie nach der Anzahl der Kinder, die noch nicht das 18. Lebensjahr vollendet haben und die nicht nur vorübergehend im Haushalt des Gebührenschuldners leben.

(2) In den Kinderkrippen werden innerhalb der allgemeinen Öffnungszeiten (7.00–17.00 Uhr) unterschiedliche Betreuungszeiten angeboten. Die Mindestbetreuungszeit beträgt 5 Stunden/Tag. Weitere Betreuungszeiten können hinzugebucht werden. Im Einzelnen gelten folgende Regelungen:

....

....

(z. B. zusätzliche Buchung von Stunden nur monatsweise; Wechsel nur monatsweise)

(3) Für die Mindestbetreuung wird je Betreuungsplatz eine Gebühr wie folgt erhoben:

1-Kind-Familie: . . . €/Monat

2-Kind-Familie: . . . €/Monat

3- und Mehrkind-Familie: . . . €/Monat.

Für hinzugebuchte Zeiten wird ein Zuschlag i. H. v. . . . €/Monat pro zugebuchter Stunde (ggf. ½-Stunde) erhoben.

(4) Ändert sich die Anzahl der berücksichtigungsfähigen Kinder gem. Absatz 1, ist die Änderung der Gemeinde/Stadt unter Angabe des Kalendermonats in dem die Änderung angezeigt wurde. Die Benutzungsgebühren werden für den Kalendermonat neu festgesetzt, der auf den Kalendermonat folgt, in dem die Änderungen angezeigt wurden.

Erläuterungen zum Satzungsmuster

§ 1 Öffentliche Einrichtung

Die Gemeinden werden nach § 3 Abs. 1 KiTaG zur Durchführung von Aufgaben der Förderung von Kindern in Tageseinrichtungen und in Kindertagespflege herangezogen. Sie haben darauf hinzuwirken, dass für alle Kinder vom vollendeten dritten Lebensjahr bis zum Schuleintritt ein Kindergartenplatz oder ein Platz in einer Tageseinrichtung mit altersgemischten Gruppen zur Verfügung steht. Ferner haben sie darauf hinzuwirken, dass für diese Altersgruppen ein bedarfsgerechtes Angebot an Ganztagesplätzen oder ergänzend Förderung in Kindertagespflege zur Verfügung steht.

Das Benutzungsverhältnis in Kindergärten oder anderen Betreuungseinrichtungen gem. § 1 KiTaG kann entweder öffentlich-rechtlich oder privatrechtlich ausgestaltet werden. In der kommunalen Praxis sind privatrechtliche Benutzungsverhältnisse weit verbreitet; allerdings ist festzustellen, dass die Zahl der Betreuungseinrichtungen, die auf der Grundlage einer Satzung und damit öffentlich-rechtlich betrieben werden, zunimmt. Bei der Ausgestaltung der Benutzungsregelungen sollte darauf geachtet werden, dass das Benutzungsverhältnis unzweideutig entweder öffentlich-rechtlich oder privatrechtlich ausgestaltet wird. Ist die Ausgestaltung nicht eindeutig privatrechtlich erfolgt, ist im Zweifel von einer öffentlich-rechtlichen Leistungsbeziehung auszugehen (VGH BW, NKB vom 30.11.1988, BWGZ 1989, 269).

Muster einer – privatrechtlichen – Benutzungsordnung für Kindertageseinrichtungen siehe BWGZ 1998 S. 160.

Die Gemeinden können die unterschiedlichen Kinderbetreuungseinrichtungen als einheitliche öffentliche Einrichtung oder als getrennte Einrichtungen betreiben. Denkbar ist auch, gleichartige Einrichtungen (z. B. Kindergärten einerseits, Kinderkrippen andererseits) zu einer Einheit zusammenzufassen.

Soweit Betreuungseinrichtungen in einer einheitlichen Einrichtungen zusammengefasst werden, müssen für gleichartige Einrichtungen (z. B. Kindergärten) auch einheitliche Gebühren festgesetzt werden. Andererseits ist es nicht ausgeschlossen, auch innerhalb einer öffentlichen Einrichtung für unterschiedliche Einrichtungen, unterschiedliche Gebührensätze mit unterschiedlichen Maßstäben (z. B. Einheitssätze bei Kindergärten, einkommensabhängige Gebühr bei Krippen) festzusetzen, wenn sich die Einrichtungen durch wesentlich andersartige Leistungen unterscheiden. Auch kann der Subventionsgrad bei den unterschiedlichen Einrichtungen unterschiedlich hoch festgelegt werden. Eine unterschiedlich hohe Subventionierung verschiedener und – nach Art, Leistungsangebot und Aufwand – verschiedenartiger Teileinrichtungen von Kinderbetreuungseinrichtungen ist nicht zu beanstanden, wenn das Äquivalenzprinzip beachtet wird (BVerwG, Beschl. v. 13.4.1994, DVBl. 1994, 818).

Nicht nur die unterschiedlichen Leistungen können dabei berücksichtigt werden, auch die unterschiedlich hohen Kosten. Deshalb kann für die Ganztagesbetreuung eine doppelt so hohe Gebühr wie für eine um nur zwei Stunden kürzere Halbtagesbetreuung vorgesehen werden, wenn die Kosten der Ganztagesbetreuung nahezu doppelt so hoch sind wie für die Halbtagesbetreuung (VGH BW, NKB vom 7.5.1984, Fundstelle BW 1985 Nr. 449).

§ 2 Begriffsbestimmungen

Das Satzungsmuster orientiert sich an den Begriffsbestimmungen in § 1 KiTaG. Auf die in § 1 KiTaG enthaltene Unterscheidung zwischen Einrichtungsformen (Kindergärten, Tageseinrichtungen usw.) und Betriebsformen (Gruppen) wird verzichtet und der umgangssprachliche Begriff des „Kindergartens" weiter zugrunde gelegt und um den Begriff der „Krippe" erweitert. Jede Gemeinde, die das Satzungsmuster übernimmt, muss § 2 des Satzungsmusters den örtlichen Gegebenheiten anpassen. Dabei können die im Satzungsmuster verwendeten Begriffe durch die Begriffe in § 1 KiTaG ersetzt werden. In der Gemeinde nicht vorgehaltene Einrichtungen sind zu streichen, sonstige, im Satzungsmuster nicht aufgeführte Einrichtungen sind ergänzend einzufügen.

§ 3 Benutzungsverhältnis

Benutzungsgebühren können nur für die tatsächliche Benutzung der öffentlichen Einrichtung erhoben werden. In der Satzung sind deshalb Beginn und Ende des Benutzungsverhältnisses exakt zu regeln, weil dadurch mittelbar Beginn und Ende der Gebührenpflicht mitbestimmt wird. Benutzung bei Kinderbetreuungseinrichtungen ist nicht die tatsächliche Anwesenheit des Kindes in der Einrichtung, sondern die Vorhaltung bzw. Belegung eines Kindergartenplatzes. Deshalb stellt bereits die Anmeldung eines Kindes und die Belegung eines Betreuungsplatzes die „Benutzung" der Einrichtung dar.

Die Benutzung der Einrichtung beginnt mit der Aufnahme des Kindes und endet mit dem Zeitpunkt der Abmeldung bzw. dem Ausschluss. Sie umfasst auch Abwesenheitszeiten aufgrund von Ferien oder Krankheit (OVG Schleswig, Urt. v. 18.8.2004, NordÖR 2005, 41).

Die Satzung sieht vor, dass die Aufnahme des Kindes in die Einrichtung einen Antrag voraussetzt. Der Antrag ist aus Gründen der Beweissicherung schriftlich zu stellen, weil mit der Belegung eines Kindergartenplatzes gem. § 7 die Gebührenpflicht entsteht. In der Satzung ist zu regeln, welche Angaben im Antrag gemacht werden müssen. Besonders wichtig ist die Bestimmung des Zeitpunktes, ab dem der Platz belegt wird bzw. in welchem Umfang die Einrichtung benutzt werden soll, weil diese Angaben auch die Grundlagen für die Gebührenbemessung darstellen. Außerdem ist zu regeln, ob und welche speziellen Nachweise erbracht werden müssen (z. B. Gesundheitsnachweis, Impfungen).

Die Benutzung der Einrichtung (und damit die Gebührenpflicht) beginnt mit dem Tag, zu dem das Kind für die Einrichtung angemeldet wird; sie endet mit dem Tag, zu dem das Kind abgemeldet wird. In der Satzung ist zu regeln, welche Fristen bei der Abmeldung einzuhalten sind und zu welchen Terminen eine Abmeldung zulässig ist (im Regelfall zum Monatsende). Das Satzungsmuster sieht in § 3 Abs. 3 eine Sonderregelung für Schulanfänger vor. Dieser Regelung kommt dann Bedeutung zu, wenn die Benutzungsgebühren auch während der Ferienzeiten zu entrichten sind. In solchen Fällen wäre es denkbar, im Falle eines Schulwechsel, das Kind unmittelbar vor Ferienbeginn abzumelden, um Gebühren zu sparen. Ist der Monat der Sommerferien gebührenfrei, kann auf die Sonderregelung verzichtet werden.

§ 4 Benutzungsgebühren

Gem. § 19 KAG können die Gebühren für die Benutzung von Kindergärten und Tageseinrichtungen nach dem Kindergartengesetz (jetzt KiTaG) so bemessen werden, dass der wirtschaftlichen Belastung durch den Besuch der Einrichtung sowie der Zahl der Kinder in der Familie angemessen Rechnung getragen wird. Eine gleichlautende Regelung enthält § 6 des KiTaG für die nicht kommunalen Träger solcher Einrichtungen.

Es liegt somit im Ermessen der Einrichtungsträger, ob sie für die Betreuung der Kinder einen nach sozialen Gesichtspunkten gestaffelten Gebührentarif vorsehen. Unter sozialen Gesichtspunkten kommt insbesondere eine Gebührenstaffelung nach dem Einkommen der Sorgeberechtigten oder nach der Anzahl der Kinder in der Familie in Betracht.

Jede Gemeinde entscheidet nach eigenem Ermessen, welcher Maßstab der Gebührenstaffelung zugrunde gelegt wird bzw. ob unterschiedliche Maßstäbe bei den jeweiligen Einrichtungen zugrunde gelegt werden sollen.

Zur Ausgestaltung der Gebühren im Einzelnen berücksichtigt das Satzungsmuster in § 5 einschl. der Satzungsalternativen I–III die in der Praxis am meisten verbreiteten Varianten.

Wird im Rahmen der Gebühren die Zahl der Kinder in der Familie berücksichtigt, kann entweder auf die Kinderzahl in der Familie, ggf. mit Alterbeschränkungen oder auf die Zahl der Kinder, die einen Kindergarten oder sonstige Betreuungseinrichtung besuchen, abgehoben werden. Während im württembergischen Landesteil seit jeher die Zahl der Kinder unter 18 Jahren in einer Familie maßgebend ist, wird im badischen Landesteil auf die Zahl der Kinder einer Familie, die gleichzeitig den Kindergarten bzw. eine Betreuungseinrichtung besuchen, abgehoben. Bei den Verhandlungen zwischen den kommunalen Landesverbänden und den Kirchen über die Neufestsetzung der Landesrichtsätze (siehe unten Erl. zu § 5) wurde vereinbart, den Kommunen zu empfehlen, künftig landeseinheitlich in Zukunft der Gebührenbemessung das familienfreundlichere württembergische Modell zugrunde zu legen.

Da das BGB keine Definition des Begriffs „Familie" enthält und kommunale Spitzenverbände und Kirchen darauf geeinigt haben, bei der maßgeblichen Kinderzahl auf die Kinder abzuheben, „die im gleichen Haushalt" zusammen leben, verzichtet das Satzungsmuster auf den Familienbegriff und hebt in § 5 Abs. 1 auf „den Haushalt des/der Gebührenpflichtigen" (= Sorgeberechtigten) ab.

Die Leitfassung sieht einen nach Einrichtungstypen differenzierten Einheitssatz vor, mit einer nach der Kinderzahl gestaffelten Ermäßigung. Ob dabei auf die Anzahl der Kinder im Haushalt der Familie (württ. Landesteil) oder der Anzahl der Kinder im Haushalt der Familie, die gleichzeitig eine Kinderbetreuungseinrichtung besuchen (bad. Landesteil) abgehoben wird, ist in § 5 Abs. 1 zu regeln. Richtet sich die Gebühr – wie empfohlen – nach der Anzahl der Kinder im Haushalt des Gebührenschuldners, kann die Satzung eine zusätzliche Vergünstigung für den Fall vorsehen, dass mehrere Kinder einer Familie gleichzeitig eine Betreuungseinrichtung besuchen: In § 5 müsste dann folgender weiterer Absatz aufgenommen werden:

„(3) Besuchen mehrere Kinder einer Familie gleichzeitig eine Kinderbetreuungseinrichtung, so ermäßigen sich die Gebührensätze gem. Absatz 2

– für das 2. Kind um 50 v. H.
– für das 3. Kind um 75 v. H.

Jedes weitere Kind ist gebührenfrei."

Eine solche zusätzliche Vergünstigung ist mit höherem Recht vereinbar (BVerwG, Beschl. vom 19.12.2001, 9 B 90.01), wird aber von den kommunalen Landesverbänden nicht ausdrücklich empfohlen.

Das Satzungsmuster knüpft die Vergünstigung an die Anzahl der Kinder unter 18 Jahren im Haushalt des Gebührenpflichtigen. Alternativ könnte auch auf die Anzahl der Kinder im Haushalt abgehoben werden, für die Anspruch auf Kindergeld besteht. Damit würden auch über 18 Jahre alte Kinder berücksichtigt, wenn sie sich noch in Ausbildung befinden.

§ 4 Abs. 3 bestimmt den Veranlagungszeitraum. Bei Dauerschuldverhältnissen muss in der Satzung das Zeitintervall geregelt werden, für welches die Gebühr anfallen soll, d. h. ob sie täglich, wöchentlich, monatlich oder jährlich entsteht. Entsprechend der seit jeher üblichen Verwaltungspraxis werden Gebühren als Monatsgebühren festgesetzt. Die Gebühr entsteht gem. § 7 zu Beginn des Monats als antizipierte Benutzungsgebühr. Aus Billigkeitsgründen sieht Absatz 3 Satz 2 eine Gebührenermäßigung für den Fall vor, dass das Benutzungsverhältnis während eines Monats beendet wird.

Alternative II sieht differenzierte Gebührensätze vor, die nach der Dauer der zugebuchten Betreuungszeiten bemessen werden. Eine weitergehende Differenzierung enthält Alt. III. Danach werden für die unterschiedlichen Einrichtungen bestimmte Mindestbetreuungszeiten festgelegt; weitere Betreuungszeiten können individuell zugebucht werden. Die Konditionen für die Zubuchung (z. B. wochen- oder monatsweise) müssen in Absatz 2 näher präzisiert werden.

Eine einkommensabhängige Gebühr sieht **Alternative I.** vor. Die einkommensabhängige Staffelung von Kindergartengebühren ist verfassungsgemäß und steht mit dem allgemeinen Gleichheitssatz in Einklang (BVerfG, Beschl. v. 10.3.1998, BWGZ 1999, 158).

Der Satzungsgeber hat bei der Staffelung der Kindergartenentgelte wie auch bei der Bestimmung des hierfür maßgeblichen Einkommensbegriffs einen weiten Gestaltungsspielraum, insbesondere können auch die Einkommensverhältnisse und die Familiengröße völlig vernachlässigt werden (BVerwG, Beschl. v. 10.9.1999, KSTZ 2000, 150).

Das Satzungsmuster verzichtet auf die Definition eines eigenständigen Einkommensbegriffs und greift aus Praktikabilitätsgründen auf den Einkommensbegriff des § 2 Einkommensteuergesetz zurück. Dieser wird um steuerfreie Einkunftsarten erweitert.

Es kann aber auch ein eigenständiger Einkommensbegriff festgelegt werden. Beispielsweise kann das Entgelt für den Kindergartenbesuch nach dem nur um Werbungskosten, Betriebsausgaben und Sparerfreibeträge geminderten sowie in sechs Einkommensstufen gestaffelten Bruttoeinkommen bemessen werden. Dabei kann die Kinderzahl nur eingeschränkt – d. h. bei gleichzeitigem Kindergartenbesuch von Geschwisterkindern- beitrags mindernd berücksichtigt werden (BVerwG, Urt. v. 15.9.1998, Gemeindekasse BW 1999 Nr. 81). Ebenso wäre es zulässig, bei der Bestimmung des maßgeblichen Einkommens, nur die auf das Einkommen entrichteten Steuern sowie die Pflichtbeiträge zur Sozialversicherung einschl. der Arbeitslosenversicherung zu berücksichtigen, nicht aber andere die wirtschaftliche Leistungsfähigkeit tatsächlich mindernde Faktoren (BVerwG, Beschl. v. 13.4.1994, VBlBW 1994, 347). Ebenfalls möglich ist es, den Nettoeinkommensbegriff gem. § 11 Abs. 1 KiGaG zugrunde zu legen.

In der Satzung ist nicht nur der Einkommensbegriff zu definieren, es ist auch zu regeln, in welcher Form der Nachweis zu erbringen ist. Die Satzung sieht in Absatz 4 vor, dass das maßgebende Jahreseinkommen durch Vorlage des Einkommensteuerbescheides (Lohnsteuer-Jahresausgleichsbescheides), ersatzweise durch die Vorlage einer Verdienstbescheinigung zu erbringen ist. Die Verdienstbescheinigung hat sich dabei auf das gesamte Vorjahr, nicht nur auf einzelne Monate zu beziehen. Die Satzung kann vorsehen, dass bis zum Einkommensnachweis der Gebührensatz für die höchste Einkommensstufe zugrunde gelegt wird.

Aus Gründen der Praktikabilität sollte auf das Jahreseinkommen des Vorjahres abgehoben werden, da andernfalls im Veranlagungsjahr nur vorläufige Bescheide erlassen werden können, die nach Ablauf des Kalenderjahres ggf. korrigiert werden müssen, wenn ein unzutreffendes Jahreseinkommen zugrunde gelegt wurde.

Alt. III betrifft Regelungen, wie sie besonders bei Kinderkrippen anzutreffen sind. Sie stellt für den Benutzer eine besonders flexible Gestaltungsmöglichkeit bei der Inanspruchnahme des Betreuungsangebotes dar. Der Satzungsgeber legt eine bestimmte Mindestbetreuungszeit (z. B. 5 Std./Tag) fest, der Benutzer entscheidet selbst, ob er weitere Betreuungszeiten zubuchen möchte. Da in der Praxis insoweit höchst unterschiedliche Regelungen angetroffen werden, müssten die Details der Betreuungszeiten von jeder Gemeinde in Absatz 2 näher präzisiert werden.

Verpflegungsentgelte

Beinhaltet das Betreuungsangebot auch die Verpflegung der Kinder und soll hierzu eine zusätzliche Gebühr erhoben werden, müsste in § 5 folgender weiterer Absatz angefügt werden:

„() Werden in Kinderbetreuungseinrichtungen Mahlzeiten angeboten, wird zusätzlich zu den Gebühren nach § 5 eine Verpflegungsgebühr erhoben. Diese beträgt . . . €/Monat (. . . €/Tag)."

Sollen bei der Verpflegungsgebühr Fehlzeiten berücksichtigt werden, müsste folgender Satz angefügt werden:

„Bei nachgewiesener Krankheit bzw. rechtzeitiger Entschuldigung ermäßigt sich die Verpflegungsgebühr um die Anzahl der Krankheits- bzw. Fehltage. Dies gilt nur dann, wenn die Krankmeldung bzw. Entschuldigung bis spätestens . . . vorliegt."

§ 5 Gebührensätze

Die in § 5 festgesetzten Gebührensätze sind auf der Grundlage einer Kalkulation zu beschließen, auch dann, wenn von vornherein feststeht, dass die Kostendeckungsgrenze deutlich unterschritten und die Einrichtung in erheblichem Umfang mit öffentlichen Haushaltsmitteln subventioniert werden muss. Allerdings reicht es in solchen Fällen aus, wenn nur ein vereinfachte Gebührenkalkulation angefertigt wird. Können mit dem zu erwartenden Gebührenaufkommen nicht einmal die laufenden Betriebskosten refinanziert werden, macht es aus gebührenrechtlicher Sicht wenig Sinn, auch die kalkulatorischen Kosten in Form von Abschreibungen und der Verzinsung des Anlagekapitals, bzw. die Verwaltungskosten in die Kalkulation einzustellen. Es genügt, wenn die nicht berücksichtigten Kostenmassen im Zusammenhang mit der Kalkulation (z. B. im Erläuterungsteil der Kalkulation) dem Gemeinderat zur Kenntnis gebracht werden.

Die Kommunen erhalten im Rahmen des Finanzausgleichs gem. § 29b und c FAG pauschale Zuweisungen für die Kinderbetreuung. Zum Ausgleich der Kindergartenlasten werden pauschale Zuweisungen nach der Zahl der Kinder, die das 7. Lebensjahr noch nicht vollendet haben (siehe § 29b Abs. 2 FAG) gewährt. Weitere Zuweisungen erhalten die Kommunen nach § 29c für die Kleinkindbetreuung.

Das Gesetz selbst enthält in § 29b FAG keine ausdrückliche Zweckbindung der zugewiesenen Mittel, bestimmt aber in § 29c Abs. 1 FAG, dass die Gemeinden für die Kleinkindbetreuung die Zuweisung enthalten. Man wird deshalb nach Sinn und Zweck der Ausgleichsregelungen in den §§ 29b und c FAG davon ausgehen müssen, dass die Zuweisungen als zweckgebundene Zuschüsse im Rahmen der Familienförderung den Benutzern der Einrichtungen zu Gute kommen sollen. Auch wenn die Einrichtungen von vornherein nicht kostendeckend betrieben werden, sollten die FAG-Ausgleichsleistungen im Rahmen der Gebührenkalkulation als Zuschüsse Dritter Gebühren mindernd berücksichtigt werden.

Bei der Festsetzung der örtlichen Gebührensätze orientieren sich nahezu alle Kommunen im Land an Richtsatz-Empfehlungen, die von den kommunalen Landesverbänden in Abstimmung mit den Kirchen in regelmäßigen Abständen veröffentlicht werden (zuletzt siehe Info . . .). Diese Empfehlungen sind für die Kommunen nicht bindend und entbinden sie nicht, der Beschlussfassung über die Gebührensätze eine Kalkulation zugrunde zu legen.

§ 6 Gebührenschuldner

Als Gebührenschuldner wird im Regelfall derjenige bestimmt, der die Einrichtung tatsächlich benutzt. Bei den Betreuungseinrichtungen sind unmittelbare Benutzer die Kinder, die als Gebührenschuldner mangels Geschäftsfähigkeit bzw. Einkommen oder Vermögen von vornherein ausscheiden. Als Gebührenschuldner bestimmen die Satzungen deshalb regelmäßig den oder die Sorgeberechtigten.

Sorgeberechtigte sind der Vater und die Mutter des Kindes (§ 1626 BGB); sie üben das Sorgerecht grundsätzlich gemeinsam aus (§ 1627 BGB), so dass sie gesamtschuldnerisch zur Zahlung der Kindergartengebühr verpflichtet werden können (OVG NW, Urt. v. 21. 11. 1994, 16 A 2859/94(4) Ändert sich die Anzahl der berücksichtigungsfähigen Kinder gem. Absatz 1, ist die Änderung der Gemeinde/Stadt unter Angabe des Kalendermonats in dem die Änderung angezeigt wurde. Die Benutzungsgebühren werden für den Kalendermonat neu festgesetzt, der auf den Kalendermonat folgt, in dem die Änderungen angezeigt wurden.

Ergänzend bestimmt die Satzung auch denjenigen als Gebührenschuldner, der die Aufnahme des Kindes beantragt, d. h. den Aufnahmeantrag unterzeichnet hat.

Auf eine Bestimmung, dass diejenigen Gebührenschuldner sind, in dessen Haushalt das Kind aufgenommen wurde, wurde verzichtet. Eine solche Regelung ist gebührenrechtlich höchst bedenklich, zumal sie auch solche Haushaltsmitglieder erfasst, die nicht Sorgeberechtigter des Kindes sind.

§ 7 Entstehung/Fälligkeit

Der Zeitpunkt der Entstehung der Gebühr ist gem. § 2 KAG in der Satzung zu regeln. Die Gebühr kann entweder am Beginn der Benutzung oder mit der Vollendung der Benutzung entstehen. Die Erhebung von antizipierten Gebühren ist immer dann möglich, wenn bereits durch das Vorhalten der Einrichtung nennenswerte Vorleistungen erbracht werden. Das Satzungsmuster sieht vor, dass die Gebührenschuld bereits zu Beginn des Veranlagungszeitraumes, in dem das Kind die Betreuungseinrichtung besucht entsteht. Veranlagungszeitraum ist gem. § 4 Abs. 2 der Kalendermonat. Da die Benutzung im Belegen eines Platzes in der Betreuungseinrichtung besteht, kommt es nicht darauf an, ob das Kind tatsächlich die Einrichtung besucht; maßgebend ist in erster Linie, für welchen Zeitraum das Kind angemeldet ist.

Die Gebühr wird durch Gebührenbescheid für den Veranlagungszeitraum festgesetzt. Das Satzungsmuster macht in § 7 Abs. 2 von der Möglichkeit des § 3 Abs. 1 Nr. 4 c) KAG zum Erlass eines sog. Dauerbescheides Gebrauch. Danach wird ein Bescheid nur bei der erstmaligen Benutzung erlassen mit der Maßgabe, dass er so lange weiter gilt, bis ein neuer Bescheid oder ein Änderungsbescheid ergeht. Dauerbescheide bedürfen einer satzungsrechtlichen Grundlage, ohne die der Abgabenbescheid nicht als Dauerbescheid ausgestaltet werden kann.

Die Gebührenpflicht endet mit der Beendigung des Benutzungsverhältnisses gem. § 3 Abs. 2.

Anhang 16

– vorläufig nicht besetzt –

Anhang 17

Gesetz über den kommunalen Finanzausgleich (Finanzausgleichsgesetz – FAG)

in der Fassung der Bekanntmachung vom 1. Januar 2000, zuletzt geändert durch Art. 3 des Gesetzes vom 20. Dezember 2010 (GBl. S. 1064, 1065)

– Auszug –

§ 29b

Kindergartenförderung

(1) Die Gemeinden erhalten zum Ausgleich der Kindergartenlasten pauschale Zuweisungen. Die Zuweisungen betragen im Jahr 2010 404 Millionen Euro, im Jahr 2011 455 Millionen Euro, im Jahr 2012 496 Millionen Euro und ab dem Jahr 2013 529 Millionen Euro.

(2) Die Zuweisungen werden auf die Gemeinden nach der Zahl der in ihrem Gebiet in Tageseinrichtungen betreuten Kinder, die das dritte, aber noch nicht das siebte Lebensjahr vollendet haben, verteilt. In den Jahren 2009 bis 2012 werden bei der Verteilung zusätzlich die Zuschüsse des Landes für die Kindergärten und Tageseinrichtungen mit altersgemischten Gruppen in den Gemeinden für das Jahr 2002 mit 50 vom Hundert im Jahr 2009, mit 40 vom Hundert im Jahr 2010, mit 30 vom Hundert im Jahr 2011 und mit 20 vom Hundert im Jahr 2012 berücksichtigt. Die Kinderzahlen werden bei einer durchschnittlichen täglichen Betreuungszeit

1. von bis zu fünf Stunden 0,4-fach,
2. von mehr als fünf bis zu sieben Stunden und bei Vor- und Nachmittagsbetreuung (ohne Mittagsbetreuung) 0,6-fach,
3. von mehr als sieben Stunden 1-fach gewertet.

(3) Für die Zahl der Kinder nach Absatz 2 ist das Ergebnis der Kinder- und Jugendhilfestatistik des dem jeweiligen Finanzausgleichsjahr vorangegangenen Jahres maßgebend. Soweit Einzelangaben aus der Statistik nicht übermittelt werden dürfen, gelten jeweils zwei Kinder als betreut.

§ 29c

Förderung der Kleinkindbetreuung

(1) Das Land fördert die Betriebskostender Kleinkindbetreuung in Tageseinrichtungen und in der Kindertagespflege. Dazu erhalten die Gemeinden sowie die Stadt- und Landkreise Zuweisungen, die im Jahr 2009 60 Millionen Euro, im Jahr 2010 83 Millionen Euro, im Jahr 2011 106 Millionen Euro, im Jahr 2012 129 Millionen Euro, im Jahr 2013 152 Millionen Euro und ab dem Jahr 2014 jährlich 175 Millionen Euro betragen. Die Zuweisungen erhöhen sich um die auf das Land entfallenden Mittel des Bundes zur Betriebskostenförderung nach dem Kinderförderungsgesetz. Der Mittelverteilung liegen die Bundesmittel nach dem Ansatz im Haushaltsplan des Landes zugrunde. Mehr- oder Minderbeträge aus der endgültigen Abrechnung der Bundesmittel werden bei der Verteilung der Mittel im darauf folgenden Jahr berücksichtigt. Die Mittel sind zweckgebunden zu verwenden.

(2) Die Zuweisungen nach Absatz 1 werden auf die Gemeinden sowie die Stadt- und Landkreise nach der Zahl der in ihrem Gebiet in Tageseinrichtungen und in der Kindertagespflege betreuten Kinder verteilt, die im Monat März eines Jahres das dritte Lebensjahr noch nicht vollendet haben. Dabei werden gewertet:

1. die Zahl der Kinder in Tageseinrichtungen mit einer durchschnittlichen täglichen Betreuungszeit
   a) von bis zu fünf Stunden 0,5-fach,
   b) von mehr als fünf bis zu sieben Stunden und bei Vor- und Nachmittagsbetreuung (ohne Mittagsbetreuung) 0,7-fach,
   c) von mehr als sieben Stunden 1-fach;
2. die Zahl der Kinder in der Kindertagespflege mit einer durchschnittlichen täglichen Betreuungszeit

a) von bis zu fünf Stunden 0,3-fach;
b) von mehr als fünf bis zu sieben Stunden und bei Vor- und Nachmittagsbetreuung (ohne Mittagsbetreuung) 0,5-fach,
c) von mehr als sieben Stunden 0,7-fach.

Bei Kindern, die weniger als fünf Tage pro Woche betreut werden, ist die wöchentliche Betreuungszeit durch fünf zu teilen.

Die Zuweisungen für die in Tageseinrichtungen betreuten Kinder erhalten die Gemeinden, die Zuweisungen für die in der Kindertagespflege betreuten Kinder die Stadt- und Landkreise. Die Landkreise leiten die Zuweisungen unverzüglich anteilig an die nach § 5 LKJHG zu örtlichen Trägern bestimmten kreisangehörigen Gemeinden weiter. Von den Zuweisungen für die Kindertagespflege ist ein Anteil von jeweils mindestens 15 vom hundert für die Förderung der fachlichen Begleitung der Tagespflegepersonen bestimmt.

(3) Für die Zahl der Kinder nach Absatz 2 ist das Ergebnis der Kinder- und Jugendhilfestatistik des dem jeweiligen Finanzausgleichsjahr vorangegangenen Jahres maßgebend. Soweit Einzelangaben aus der Statistik nicht übermittelt werden dürfen, gelten jeweils zwei Kinder als betreut.

Anhang 18

Vertragsmuster
für die Förderung und den Betrieb des kirchlichen Kindergartens
(Neufassung 2010)

Auf der Grundlage von § 8 Abs. 5 und 6 Kindertagesbetreuungsgesetz (KiTaG) in der Fassung vom 19. 3. 2009 (GBl. S. 161) und der zwischen den kommunalen Landesverbänden, den Kirchen und den sonstigen freien Trägern der Jugendhilfe geschlossenen Rahmenvereinbarung wird

zwischen

der Kirchengemeinde . . . .

vertreten durch . . . .

und

der bürgerlichen Gemeinde . . . .

vertreten durch den Ober-/Bürgermeister,

folgender

Vertrag
über den Betrieb und die Förderung
des kirchlichen Kindergartens

. . . .

(Name und Adresse des Kindergartens)

geschlossen:

1 Vertragsgegenstand

1.1 Die Kirchengemeinde betreibt im Gebäude

. . . .

. . . Kindergartengruppen gemäß Anlage 1 a):

. . . .

. . . Krippengruppen gemäß Anlage 1 b):

. . . .

1.2 Das Gebäude steht im Eigentum

❑ der Kirchengemeinde

❑ der bürgerlichen Gemeinde

2 Bedarfsplanung

Nach § 3 Abs. 3 des Kindertagesbetreuungsgesetz (KiTaG) werden die Förderzuschüsse gemäß § 8 Abs. 2 und Abs. 3 für Einrichtungen und Gruppen gewährt, die der Bedarfsplanung entsprechen. Zum Verfahren und zu den inhaltlichen Vorgaben dieser Bedarfsplanung wird Folgendes vereinbart:

2.1 Die bürgerliche Gemeinde beteiligt die Kirchengemeinde rechtzeitig an der Bedarfsplanung und ihrer Fortschreibung.

2.2 Die Kirchengemeinde kann in den Gremien der bürgerlichen Gemeinde angehört werden.

2.3 Bei der Bedarfsplanung sind insbesondere der Grundsatz der Subsidiarität und die Erhaltung der Trägervielfalt zu berücksichtigen.

2.4 Bei der Angebotsstruktur und ihrer qualitativen Weiterentwicklung wird die Kirchengemeinde ausgewogen berücksichtigt.

2.5 Für jede Betreuungsform nach § 1 KiTaG werden als Grundlage der Planung folgende Mindestgruppengrößen vereinbart: (Ausführen oder Streichen).

Bei Festlegung von Mindestgruppengrößen:

Wird die Mindestgruppengröße länger als drei Monate unterschritten, informiert die Kirchengemeinde die bürgerliche Gemeinde zur Entwicklung gemeinsamer Handlungsstrategien.

2.6 Soweit die in Anlage 1 a) und 1 b) aufgeführten Kindergarten- und Krippengruppen in der Bedarfsplanung der Gemeinde aufgenommen sind, haben bei Belegung dieser Gruppen Kinder mit Wohnsitz in der Gemeinde Vorrang.

2.7 Die Kirchengemeinde unterrichtet die bürgerliche Gemeinde regelmäßig zum ..... sowie nach Bedarf schriftlich über die Zahl und den Betreuungsumfang der auswärtigen Kinder, die die Einrichtung besuchen. Die Kirchengemeinde erklärt durch Unterzeichnung der in der Anlage 2 beigefügten Erklärung ihr Einverständnis, dass das Statistische Landesamt die in der Anlage 2 näher beschriebenen Angaben an die Gemeinde übermittelt.

3 Betrieb der Einrichtung

3.1 Leistungen der Kirchengemeinde

3.1.1 Die Kirchengemeinde gewährleistet die Erfüllung des Erziehungs-, Bildungs- und Betreuungsauftrags auf der Grundlage des christlichen Glaubens.

3.1.2 Die Kirchengemeinde verpflichtet sich, Kinder ohne Rücksicht auf ihr Bekenntnis und ihrer Nationalität im Rahmen der zur Verfügung stehenden Plätze und nach Maßgabe ihrer jeweiligen Ordnungen aufzunehmen.

3.1.3 Die Kirchengemeinde trägt die Kosten des Kindergartenbetriebs, soweit diese nicht durch Elternbeiträge und Zuschüsse gedeckt werden können.

3.2 Geltung kirchlicher Regelungen

Die Kirchengemeinde ist beim Betrieb und bei der Beschäftigung der nach dem Stellenplan erforderlichen Fach- und Hilfskräfte an gesetzliche sowie spezielle kirchenrechtliche Regelungen gebunden. Die Kirchengemeinde informiert bei Bedarf die bürgerliche Gemeinde über die wesentlichen Grundlagen des anzuwendenden kirchlichen Rechts.

3.3 Mitwirkung der bürgerlichen Gemeinde

Entscheidungen der Kirchengemeinde über ...	**bedürfen der**	
	Zustimmung	Abstimmung[1])
– **die Personalausstattung** und die Aufstellung und Änderung des sich an den Betreuungs- und Betriebsformen orientierenden **Stellenplans, der den von der Kirchengemeinde betriebenen Kindergarten- und Krippengruppen gemäß Anlage 1 a) und 1 b) zugrunde liegt**,	❑	❑
– die Festsetzung des Elternbeitrags, wenn er von dem in Ziff. 4.4 genannten Satz abweicht,	❑	❑
– den Bauumfang, die Gesamtkosten und den Baubeginn von Investitionsmaßnahmen gemäß Ziff. 4.1,	❑	❑

1) Im Sinne des bisherigen Benehmens.

Entscheidungen der Kirchengemeinde über ...	**bedürfen der** Zustimmung	Abstimmung[1])
– die Beschaffung von Einrichtungs- und Ausstattungsgegenständen von mehr als 2 000 € je Gruppe,	❑	❑
– die Festlegung der Öffnungszeiten[2]) und Kindergartenferien und	❑	❑
– die Grundsätze über das Verfahren zur Aufnahme der Kinder[3]) unter Berücksichtigung von Ziffer 2.6,	❑	❑
– das Verfahren der Weitergabe an die bürgerlichen Gemeinden zur jährlichen Meldung der Anzahl der betreuten Kinder zur Kinder- und Jugendhilfestatistik gem. §§ 98 ff. SGB VIII.	❑	❑

– Strukturelle (organisatorische) Veränderungen in der Trägerschaft werden von der Kirchengemeinde offengelegt. Finanzielle Auswirkungen (Mehrbelastungen) bedürfen der vorherigen Zustimmung durch die bürgerliche Gemeinde.

4 Finanzierung der Einrichtung

4.1 Investitionsausgaben

4.1.1 Definition der Investitionsausgaben

Investitionsausgaben sind Aufwendungen für die Herstellung, die Renovierung, die Modernisierung und den Umbau von Kindergärten im Eigentum des freien Trägers; sie umfassen insbesondere die in der DIN 276 festgelegten Kosten, wie z. B.

- die Baukosten incl. Nebenkosten für die Renovierung, Modernisierung, Umbau und Neubau des Gebäudes,
- Maßnahmen im Bereich des Außengeländes einschließlich neu beschaffter Außenspielgeräte,
- die Beschaffung und Ergänzung von Inneneinrichtung und Inventar,
- ein evtl. Grunderwerb einschließlich der Aufwendungen für Hausanschlüsse (z. B. Wasser, Kanalisation, Strom usw.) und etwaige Erschließungsbeiträge

für das **Gebäude im Eigentum** der Kirchengemeinde und soweit es sich nicht um Betriebsausgaben gemäß Ziff. 4.2.2 handelt.

4.1.2 Beteiligung der bürgerlichen Gemeinde an den Investitionsausgaben für Kindergartengebäude im Eigentum der Kirchengemeinde

Zur Finanzierung der Investitionsausgaben nach Ziff. 4.1.1 leistet die bürgerliche Gemeinde einen Zuschuss in Höhe von mindestens 70 % bis zu 90 %[4]) des durch sonstige öffentliche Zuschüsse nicht gedeckten Aufwands. Kirchliche Zuschüsse, kirchliche Sammelgelder und kirchliche Spenden bleiben dabei außer Betracht. Auf den Zuschuss werden Abschlagszahlungen entsprechend dem Baufortschritt geleistet.

Bei Baumaßnahmen, die im Zusammenhang mit der Schaffung oder Zurverfügungstellung von zusätzlichen Kindergartenplätzen zur Gewährleistung des Rechtsanspruches auf einen Kindergartenplatz nach § 24 SGB VIII durchgeführt werden, sowie bei Baumaßnahmen, die im Zusammenhang mit der Schaffung oder Zurverfügungstellung von Plätzen in Krippen/Krippengruppen durchgeführt werden, wird eine gesonderte Vereinbarung über die Höhe des Baukostenzuschusses abgeschlossen.

---

1) Im Sinne des bisherigen Benehmens.

2) Ziffer 3.2 ist zu beachten (Geltung kirchlicher Regelungen).

3) Diese können wichtige verfahrenstechnische Regelungen zur Aufnahme der Kinder in den Kindergarten enthalten. Unter den Bedingungen des Rechtsanspruchs auf einen Kindergartenplatz (§ 24 SGB VIII) ist ein zwischen den Kindergartenträgern koordiniertes Aufnahmeverfahren sehr wichtig.

4) Ist zu konkretisieren.

Nachrichtliche Anmerkung:

Die bürgerliche Gemeinde hat sich an der ursprünglichen Erstellung des Gebäudes im Jahre ..... mit . .... € beteiligt.

4.1.3 Evtl. Rückzahlung von Investitionszuschüssen

Der von der bürgerlichen Gemeinde nach Ziff. 4.1.2 geleistete Baukostenzuschuss wird mit jährlich ... .. % abgeschrieben. Bei Auflösung des Vertrags ist der geleistete, noch nicht abgeschriebene Baukostenzuschuss der bürgerlichen Gemeinde zurückzuzahlen. Zur Rückzahlung ist die Kirchengemeinde nicht verpflichtet, wenn sie die Auflösung des Vertrags nicht zu vertreten hat.

4.1.4 Kindergartengebäude im Eigentum der bürgerlichen Gemeinde

Investitionsausgaben für Gebäude im Eigentum der bürgerlichen Gemeinde trägt diese.

4.2 Betriebsausgaben

Zu den Betriebsausgaben gehören die für den ordnungsgemäßen Betrieb der Einrichtung erforderlichen Personal- und Sachausgaben sowie die Verwaltungskosten.

4.2.1 Personalausgaben

Dies sind alle Ausgaben für die pädagogischen Mitarbeiter und Mitarbeiterinnen der Einrichtung (im Rahmen des Stellenplans und des zugrunde liegenden Personalschlüssels[5]) sowie die Ausgaben für Hausmeister-, Reinigungs- und Wirtschaftspersonal – entsprechend den trägerspezifischen vergütungsrechtlichen Regelungen – einschließlich der Ausgaben für Fortbildung und notwendige Vertretungskosten.

Über außerordentliche Personalausgaben (z. B. Abfindungen) ist die bürgerliche Gemeinde rechtzeitig zu informieren. Freiwilligkeitsleistungen der Kirchengemeinde bedürfen der vorherigen Zustimmung der bürgerlichen Gemeinde.

Ausgaben für kirchliches Verwaltungspersonal sind keine Personalausgaben des Kindergartens im Sinne dieses Vertrages. Sie können im gegenseitigen Einvernehmen als Verwaltungskosten nach Ziff. 4.2.3 berücksichtigt werden.

4.2.2 Sachausgaben

Hierzu gehören insbesondere

- alle sächlichen Geschäftsaufwendungen, die im Hinblick auf die Arbeit mit den Kindern, bei der fachlichen Begleitung und beim laufenden Betrieb der Einrichtung entstehen (z. B. Spiel- und Beschäftigungsmaterial, Verwaltungs- und Geschäftsbedarf, Versicherungen, Mitgliedsbeiträge, Umlage für Fachberatung),
- die Ausgaben für
  - die laufende Unterhaltung und kleinere Instandsetzungen des Gebäudes,
  - die laufende Unterhaltung und Ergänzung des Inventars und
  - die Unterhaltung der Außenanlagen einschl. der Spielgeräte

  bis 500 € im Einzelfall bzw. bis insgesamt 2 500 € pro Jahr,
- Schönheitsreparaturen im Gebäude,
- die Aufwendungen für die Bewirtschaftung des Gebäudes (z. B. Heizung, Reinigungsmittel, Wasser, Beleuchtung, Müllabfuhr) und Aufwendungen für Reinigung, soweit durch externe Serviceunternehmen erbracht,
- folgende Ausgaben, wenn das Gebäude im Eigentum der Kirchengemeinde steht (bei Eigentum der bürgerlichen Gemeinde trägt sie diese Kosten)
  - Pflege der Außenanlagen (Räum- und Streudienst, Rasenmähen usw.),
  - Steuern, Abgaben und Versicherungen für das Gebäude,

5) Vgl. Ziff. 3.3.

– Erbbauzinsen, Entgelte für die Nutzung des Grundstücks, Zinsen für Baudarlehen (letzteres streichen, wenn bei der Festlegung der Finanzierung eine andere Entscheidung getroffen wird).

4.2.3 Verwaltungskosten

Die Aufwendungen für die verwaltungstechnische Betreuung werden wie folgt berücksichtigt:

❑ als prozentuale Pauschale mit ... % der Personal- und Sachausgaben

❑ Festbetrag je Gruppe mit ... €.

❑ Konkret anfallende Aufwendungen[6]).

4.3 Anerkennung ehrenamtlich erbrachter Leistungen

Die Anerkennung ehrenamtlicher Leistungen kann vereinbart werden.

4.4 Elternbeiträge

Die Kirchengemeinde erhebt Elternbeiträge, deren Höhe den jeweils zwischen den Kirchen und dem Gemeinde-/Städtetag Baden-Württemberg vereinbarten Empfehlungen entsprechen soll. Wird der Elternbeitrag auf Verlangen der bürgerlichen Gemeinde unter dem empfohlenen Satz*) festgelegt, ersetzt sie der Kirchengemeinde den daraus entstandenen Beitragsausfall, soweit sie sich nicht bereits nach Ziff. 4.5 daran beteiligt.

4.5 Beteiligung der bürgerlichen Gemeinde an den lfd. Betriebsausgaben

Zur Finanzierung der lfd. Betriebsausgaben gewährt die bürgerliche Gemeinde den **gesetzlichen Mindestzuschuss** gemäß § 8 Abs. 2 KiTaG (63 % der Betriebsausgaben) und folgende **Förderung** gemäß § 8 Abs. 5 KiTaG:

... % der nach Abzug des vorstehenden Mindestzuschusses, der Elternbeiträge und evtl. weiterer Betriebseinnahmen* verbleibenden nicht gedeckten Betriebsausgaben.

Zur Finanzierung der lfd. Betriebsausgaben für Gruppen nach § 1 Abs. 6 gewährt die Gemeinde den **gesetzlichen Mindestzuschuss** gemäß § 8 Abs. 3 KiTaG (68 % der Betriebsausgaben) und folgende Förderung gemäß § 8 Abs. 5 KiTaG:

... % der nach Abzug des vorstehenden Mindestzuschusses, der Elternbeiträge und evtl. weiterer Betriebseinnahmen* verbleibenden nicht gedeckten Betriebsausgaben.

* Zuschüsse und Zuwendungen aus kirchlichen Kassen, kirchliche Sammelgelder und kirchliche Spenden bleiben hierbei außer Betracht.

Betriebsausgaben gemäß Ziff. 4.2, die von der bürgerlichen Gemeinde unmittelbar übernommen worden sind und Sachleistungen werden bei der Berechnung des Zuschusses berücksichtigt; die bürgerliche Gemeinde weist die entsprechenden Beträge nach.

4.6 Auszahlung der Zuschüsse der bürgerlichen Gemeinde zu den Betriebsausgaben

Die Zuschüsse der bürgerlichen Gemeinde zu den Betriebsausgaben werden jährlich auf der Grundlage des Rechnungsergebnisses der Einrichtung gewährt.

Die bürgerliche Gemeinde leistet vierteljährliche Abschlagszahlungen (15.2./15.5./15.8./15.11), die sich nach dem Haushaltsansatz für die Einrichtung bemessen. Die Schlusszahlung ist jährlich vier Wochen nach vollständiger Vorlage der Abrechnung für das vorangegangene Kalenderjahr zu leisten.

---

6) Sofern sich die zum Zeitpunkt des Vertragsabschlusses zugrunde liegenden Berechnungsgrundlagen der Verwaltungskosten ändern oder weitere Kostenpositionen hinzukommen, erfolgt eine Berücksichtigung nur im gegenseitigen Einvernehmen. Wird kein Einvernehmen erzielt, werden diese Verwaltungskosten nicht berücksichtigt.

*) Im kirchlichen Bereich „Landesrichtsatz" oder „Richtsatz der Landeskirche/(Erz-)Diözese"

4.7 Einsicht in die Unterlagen, Rechnungsprüfung

Die bürgerliche Gemeinde kann Einsicht in den Haushaltsplan für den Kindergarten und in die Jahresrechnung, in begründeten Einzelfällen auch in Rechnungsbelege nehmen. Die Rechnungsprüfung erfolgt durch die kirchliche Prüfungseinrichtung.

5 Kuratorium/Gemeinsamer Ausschuss*

(*streichen, falls ein Kuratorium/Gemeinsamer Ausschuss nicht gebildet werden soll)

Von der Kirchengemeinde und der bürgerlichen Gemeinde wird ein paritätisch besetztes/r Kuratorium/Gemeinsamer Ausschuss gebildet.

5.1 Aufgaben

Vor einer Entscheidung des Kindergartenträgers und über die Zustimmung nach Ziff. 3.3 sollen im Kuratorium/Gemeinsamen Ausschuss beraten werden:

- Grundsatzfragen des Kindergartenbetriebs
- der Haushaltsplan des Kindergartens mit Stellenplan und Personalschlüssel
- die Jahresrechnung für den Kindergarten
- die Festsetzung und Änderung des Elternbeitrags
- Grundsätze über das Verfahren der Aufnahme von Kindern
- die Festsetzung der Öffnungszeiten und der Kindergartenferien.

5.2 Zusammensetzung

Dem Kuratorium/Gemeinsamen Ausschuss gehören an:

- der Pfarrer oder ein von ihm Beauftragter
- der Ober-/Bürgermeister oder ein von ihm Beauftragter
- zwei Vertreter des Pfarrgemeinderats/Kirchengemeinderats
- zwei Vertreter des Gemeinderats.

5.3 Vorsitz

Das Kuratorium/der Gemeinsame Ausschuss wählt aus seiner Mitte den Vorsitzenden und einen stellvertretenden Vorsitzenden für die Dauer von zwei Jahren.

5.4 Beratende Mitglieder

Zu den Sitzungen des Kuratoriums/Gemeinsamen Ausschusses können ständig oder im Einzelfall beratend hinzugezogen werden:

- Vertreter des Elternbeirats
- die Kindergartenleiterin
- weitere sachkundige Personen.

5.5 Status der Mitglieder

Die Mitgliedschaft ist ehrenamtlich. Eine Entschädigung wird nicht gezahlt.

6 Vertragsdauer, Sonstige Vertragsbestimmungen

6.1 Der Vertrag tritt am .... in Kraft.

6.2 Der Vertrag wird auf unbestimmte Zeit geschlossen. Er kann von jedem Vertragspartner mit einer Kündigungsfrist von einem Jahr zum Ende des Kindergartenjahres gekündigt werden. Die Kündigung bedarf der Schriftform.

Bei Schließung des kirchlichen Kindergartens oder einzelner Gruppen, verpflichten sich die Vertragsparteien auf der Grundlage dieses Vertrages zu einer einvernehmlichen Regelung über die Finanzierung der sich daraus evtl. ergebenden Folgekosten.

6.3 Beide Vertragspartner sind bereit, bei grundlegender Änderung der wirtschaftlichen Situation oder des Kindergartenrechts in Gespräche über eine einvernehmliche Vertragsanpassung einzutreten.

6.4 Änderungen der Rahmenvereinbarung gemäß § 8 Abs. 6 KiTaG werden Bestandteil dieses Vertrages, soweit sie nicht fakultativ getroffen werden.

7 Kirchlicher Genehmigungsvorbehalt

Der Abschluss dieses Vertrages durch die Kirchengemeinde sowie Änderungen bedürfen zur Rechtswirksamkeit der Genehmigung des ....

..............................., den ....
(Ort) (Datum)

Für die bürgerliche Gemeinde: Für die Kirchengemeinde:

....
Ober-/Bürgermeister/in Pfarrer

....
Dienstsiegel Dienstsiegel

Anlage 1

Anlage 1
zum Vertrag über den Betrieb und die Förderung kirchlicher Kindergärten

Anlage 1 a)

Kindergartengruppen gemäß Anlage 1 a):

Gruppenzahl	Betriebsform
......	❑ Regelgruppe (§ 1 Abs. 5 KiTaG)
......	❑ Altersgemischte Gruppe Halbtags (§ 1 Abs. 3 KiTaG)
......	❑ Altersgemischte Gruppe VÖ (§ 1 Abs. 3 KiTaG)
......	❑ Altersgemischte Gruppe Ganztags (§ 1 Abs. 3 KiTaG)
......	❑ Integrative Gruppe (§ 1 Abs. 4 KiTaG)
......	❑ Sonstige (genaue Bezeichnung)

Anlage 1 b)

Krippengruppen gemäß Anlage 1 b):

Gruppenzahl	Betriebsform
......	❑ Krippengruppe Halbtags (§ 1 Abs. 6 KiTaG)
......	❑ Krippengruppe VÖ (§ 1 Abs. 6 KiTaG)
......	❑ Krippengruppe Ganztags (§ 1 Abs. 6 KiTaG)
......	❑ Sonstige (genaue Bezeichnung)

Anlage 2

Anlage 2
zum Vertrag über den Betrieb und die Förderung kirchlicher Kindergärten

Einverständniserklärung

Auskunft zu den betreuten Kindern in Einrichtungen in der Stadt/Gemeinde

....

Wir sind damit einverstanden, dass das Statistische Landesamt Angaben zu den betreuten Kindern in Einrichtungen, die im Rahmen der Statistik der betreuten Kindern in Einrichtungen erhoben wurden, an die Stadt-/Gemeindeverwaltung ...... übermittelt.

Im Einzelnen handelt es sich um Angaben zu der Zahl der Kinder nach dem Alter und dem Umfang der Betreuung. Uns ist bekannt, dass diese Angaben von der Gemeinde für Zwecke des Kommunalen Finanzausgleichs benötigt werden.

....

Datum und Unterschrift des Trägers

Diese Einverständniserklärung kann schriftlich widerrufen werden; der Widerruf ist an das Statistische Landesamt Baden-Württemberg 70158 Stuttgart zu richten.

Anhang 19

Pauschalierte Kostenbeteiligung nach § 90 SGB VIII

Hinweise zur Kostenbeteiligung in der Kindertagespflege

Rundschreiben Nr. Dez.4-09/2009 Kommunalverband für Jugend und Soziales Bad.-Württ.
Rundschreiben Nr. 452/2009 Landkreistag Baden-Württemberg
Rundschreiben Nr. R 15073/2009 Städtetag Baden-Württemberg

Sehr geehrte Damen und Herren,

ab Inkrafttreten des Kinderförderungsgesetzes (KiföG) am 16. 12. 2008 sind Kostenbeiträge, die für die Inanspruchnahme von Tageseinrichtungen und von Kindertagespflege zu entrichten sind, zu staffeln, soweit Landesrecht nichts anderes bestimmt.

§ 6 Kindertagesbetreuungsgesetz (KiTaG) enthält eine landesrechtliche Regelung zur Bemessung der Elternbeiträge in Kindertageseinrichtungen. Die Zuständigkeit der örtlichen Träger der öffentlichen Jugendhilfe für die Förderung der Kindertagespflege ist in § 8b KiTaG geregelt.

§ 8b Abs. 3 KiTaG bestimmt, dass die Zuweisungen nach § 29c Finanzausgleichsgesetz (FAG) bei der Bemessung der Kostenbeteiligung für die Betreuung von Kindern unter drei Jahren zu berücksichtigen sind.

Bei der Bemessung der Kostenbeteiligung sind neben der Neufassung des § 90 Abs. 1 SGB VIII auch die am 1. 1. 2009 in Kraft getretenen Änderungen des Kindertagesbetreuungs- und Finanzausgleichsgesetzes Baden-Württemberg zu beachten. Ebenfalls maßgebend sind die gemeinsamen Empfehlungen des Landkreistages Baden-Württemberg, des Städtetages Baden-Württemberg und des Kommunalverbandes für Jugend und Soziales Baden-Württemberg zu laufenden Geldleistungen in der Kindertagespflege nach § 23 SGB VIII. Eine Neufassung dieser Empfehlungen wird ab 1. 7. 2009 zur Anwendung kommen.

Die Hinweise zur Staffelung von Kostenbeiträgen beschränken sich hier auf die Kostenbeteiligung für die Förderung in Kindertagespflege, da die Staffelung von Elternbeiträgen in Kindertageseinrichtungen bereits übliche Praxis ist.

Zur Staffelung der Kostenbeiträge bietet sich die Verwendung einer Kostenbeitragstabelle an. Die Arbeitsgruppe „Wirtschaftliche Jugendhilfe" hat Entscheidungshilfen und Musterkostenbeitragstabellen für die örtliche Ebene erstellt, da es aufgrund der individuellen örtlichen Gegebenheiten auf Stadt- und Landkreisebene sowie der komplexen Zusammenhänge der gesetzlichen Vorgaben nicht möglich ist, eine landesweit einheitliche Kostenbeitragstabelle zu empfehlen.

In beigefügter Anlage erhalten Sie Erläuterungen und Hinweise zu den Entscheidungshilfen sowie drei Musterkostenbeitragstabellen, die als Excel-Tabellen zur Verfügung gestellt werden. Die örtliche Ebene kann im Rahmen ihrer kommunalen Gestaltungsfreiheit daraus eigene Kostenbeitragstabellen entwickeln oder die Vorschläge übernehmen.

Anlage

Pauschalierte Kostenbeteiligung nach § 90 SGB VIII

Staffelung der Kostenbeiträge für die Förderung in Kindertagespflege

Die Arbeitsgruppe „Wirtschaftliche Jugendhilfe" hat Entscheidungshilfen zur Erstellung einer Kostenbeitragstabelle erarbeitet. Es werden drei Musterkostenbeitragstabellen mit den dazugehörigen Berechnungsgrundlagen vorgestellt.

I. Ausgangsbasis

Die Berücksichtigung der gesetzlichen Vorgaben nach dem KiföG, KiTaG und FAG sowie der Empfehlungen zu laufenden Geldleistungen in der Kindertagespflege nach § 23 SGB VIII (Stand 1.7.2009).

Schwerpunkte der grundsätzlichen Überlegungen:

- die Festsetzung der Basiswerte zur Bemessung des monatlichen Kostenbeitrags,
- die Staffelung der täglichen Betreuungszeit,
- die Unterscheidung der Kostenbeitragspflicht nach Kindesalter,
- die Staffelung des Einkommens in Einkommensgruppen,
- die Definition eines Einkommensbegriffs,
- die Staffelung der Kostenbeiträge,
- die Berücksichtigung der FAG-Zuweisungen nach § 29c FAG,
- Höchstkostenbeitrag bei mehreren betreuten Kindern einer Familie.

Festsetzung der Basiswerte

Hiermit werden die Rahmenbedingungen zur Bemessung und Staffelung der Kostenbeiträge geschaffen. Diese unterstehen der politischen Zielvorgabe, die Kostenbeteiligung für in Kindertagespflege betreute Kleinkinder abzusenken, um eine Vergleichbarkeit mit der Kostenbeteiligung für die Kleinkindbetreuung in Kindertageseinrichtungen zu erreichen.

Die Vorgabe von landesweit einheitlichen Ausgangsbeträgen bedingt ein landesweit vergleichbares Kostenniveau in den öffentlich-rechtlichen und privaten Kindertageseinrichtungen der Städte und Landkreise in Baden-Württemberg. Diese Vergleichbarkeit ist jedoch wegen der Spannbreite der Betreuungsangebote und den Abweichungen der hierfür festgesetzten Teilnahmebeiträge nicht möglich. Je nach Region und örtlichen Zielvorgaben zur Förderung der Kleinkindbetreuung variiert die Kostenbeteiligung für Krippenplätze von unter 200 Euro bis über 1 000 Euro pro Monat.

Die politische Verantwortung für die Festlegung von Rahmenbedingungen zur Bemessung der Kostenbeteiligung und der damit verbundenen Mindereinnahmen liegt beim örtlichen Träger. Landesweit kann deshalb keine einheitliche Ausgangsbasis für die Kostenbeteiligung empfohlen werden.

Bemessung des monatlichen Kostenbeitrags

Die Kostenbeteiligung bemisst sich am Gesamtaufwand der Jugendhilfeleistung. Der monatliche Kostenbeitrag darf den tatsächlichen Aufwand nicht überschreiten. Der Aufwand entspricht der Höhe der laufenden Geldleistung nach den aktuellen Empfehlungen zu laufenden Geldleistungen in der Kindertagespflege nach § 23 SGB VIII (Stand 1.7.2009).

Die laufende Geldleistung umfasst nach § 23 Abs. 2 Nr. 3 und 4 auch die Erstattung anteiliger Sozialversicherungsbeiträge der Tagespflegeperson – hier Nebenleistungen genannt.

Die Erstattung von Kranken-, Pflege- und Altersvorsorgebeiträgen bestimmt sich nach dem individuellen Sozialversicherungsverhältnis der Tagespflegeperson und lässt sich nicht als pauschale Größe in einer Kostenbeitragstabelle hinterlegen. Sollen die Nebenleistungen in die Bemessung des Kostenbeitrages mit einfließen, wäre dies nur durch pauschales Hinzurechnen durchschnittlich angenommener Erstattungsbeträge möglich.

Staffelung der täglichen Betreuungszeit

In Anlehnung an das Wertungsverfahren des Finanzministeriums nach § 29c Abs. 2 Nr. 2 FAG wurden Betreuungszeitkorridore gebildet.

In Betreuungszeitkorridoren mit größeren Zeitspannen, z. B. bei einer täglichen Betreuungszeit von 1 bis unter 5 Stunden kann der pauschale Kostenbeitrag im unteren Betreuungszeitbereich evtl. höher ausfallen als der tatsächliche Aufwand. Eine Staffelung nach exakt einzelnen Stunden führt hingegen zu Schwierigkeiten bei der Festsetzung des Kostenbeitrages, wenn unregelmäßige tägliche Betreuungszeiten innerhalb eines Monats anfallen.

Die Auswahl eines geeigneten Betreuungszeitkorridors obliegt der Entscheidung des örtlichen Trägers. Um ausgewogene Kostenbeiträge in den jeweiligen Korridoren zu erhalten, könnte als Basiswert eine mittlere Betreuungszeit zugrunde gelegt werden.

Unterscheidung der Kostenbeitragspflicht nach Kindesalter

Die Staffelung der Kostenbeiträge betrifft den gesamten Kindertagesbetreuungsbereich. Die FAG-Zuweisungen ermäßigen nur die Kostenbeteiligung für Kinder unter drei Jahren (U3-Kinder). Die Kostenbeteiligung für über Dreijährige (Ü3-Kinder) sollte allerdings noch in einem angemessenen Verhältnis zur Kostenbeteiligung für U3-Kinder stehen, um für Eltern nachvollziehbar zu sein.

Auf örtlicher Ebene kann die Kostenbeteiligung für beide Bereiche durch Festsetzung entsprechender Ausgangsbeträge gesteuert werden.

Staffelung des Einkommens nach Einkommensgruppen

Die Einkommensgruppen sollten so gewählt werden, dass die pauschalen Kostenbeiträge einer Zumutbarkeitsprüfung nach § 90 Abs. 4 SGB VIII im Falle eines Widerspruchs standhalten.

Definition eines Einkommensbegriffs

Zur Frage, welcher Einkommensbegriff zugrunde gelegt werden sollte, gab es die unterschiedlichsten Vorstellungen (Nettoeinkommen, Bruttojahreseinkommen, Angaben nach Selbsteinschätzung, Anlehnung an den Einkommensbegriff des SGB XII oder SGB VIII etc.).

Die Arbeitsgruppe „Wirtschaftliche Jugendhilfe" hat sich in ihren Mustertabellen für die Definition eines tabelleneigenen Einkommensbegriffs entschieden, losgelöst vom Einkommensbegriff des SGB VIII und SGB XII mit dem Ziel, evtl. notwendige Zumutbarkeitsprüfungen nach § 90 Abs. 4 SGB VIII einzuschränken. Diese sollen nur in Ausnahmefällen durchgeführt werden, wenn der Kostenbeitragspflichtige dem Kostenbeitrag aus der Kostenbeitragstabelle widerspricht.

Das zu berücksichtigende Einkommen ist das Gesamteinkommen aller kostenbeitragspflichtigen Personen nach § 90 Abs. 2 SGB VIII zuzüglich Einkommen der kindergeldberechtigten Kinder, die mit dem zu betreuenden Kind in einer häuslichen Gemeinschaft leben.

Bereinigung des Einkommens:

- Absetzung der auf das Einkommen gezahlte Steuern,
- Absetzung von Pflichtbeiträgen zur Sozialversicherung,
- Absetzung von Freibeträgen ab der 3. haushaltsangehörigen Person. Für diese und jede weitere Person wird ein Freibetrag in Höhe von derzeit 322 Euro (steuerlicher Grundfreibetrag ab 1. 1. 2009 für ein Kind in der mittleren Altersstufe) abgezogen.

Einsatz der häuslichen Ersparnis

Ob der örtliche Träger die häusliche Ersparnis beansprucht, liegt in seinem Ermessen. Erfahrungsgemäß ist der Verwaltungsaufwand der meist erfolglosen Beitreibung unverhältnismäßig hoch. In der Regel haben die Eltern das Essensgeld direkt an die Tagespflegeperson bezahlt. Da ab Inkrafttreten von KiföG erweiterte Hilfe zu gewähren ist, kann so nicht mehr verfahren werden.

Die Höhe der häuslichen Ersparnis für ein Mittagessen in einer Kindertageseinrichtung beträgt derzeit 21 Euro monatlich – siehe Ziffer 90.4.5 der Empfehlungen zur Kostenbeteiligung in der Kinder- und Jugendhilfe Baden-Württemberg. Dieser Betrag kann auch für die Verpflegung bei einer Tagespflegeperson zugrunde gelegt werden.

Die Zahl der Einkommensgruppen, deren Staffelung, die Definition des zu berücksichtigenden Einkommens und den Einsatz der häuslichen Ersparnis kann der örtliche Träger nach seinen Vorstellungen bestimmen.

Staffelung der Kostenbeiträge

Es bietet sich eine prozentuale Staffelung nach Einkommensgruppen an. Je nach Zahl der Einkommensgruppen kann der örtliche Träger die Höhe der prozentualen Staffelung beliebig wählen.

Berücksichtigung der FAG-Zuweisungen nach § 29c FAG

Nach vorherigem Abzug eines Anteils von mindestens 15 % für fachliche Begleitung der Tagespflegepersonen ist die FAG-Zuweisung bei der Bemessung der Kostenbeteiligung für Kinder unter 3 Jahren zu berücksichtigen. Ziel ist eine Ermäßigung der Kostenbeiträge. Beansprucht die Kommune einen höheren Anteil, wirkt sich dies auf die Ermäßigung der Kostenbeteiligung aus.

Die FAG-Zuweisungen werden jährlich neu ermittelt – je nach Anzahl der betreuten Kinder unter 3 Jahren und deren Betreuungsumfang. Diese variablen Faktoren beeinflussen die Höhe der Kostenbeteiligung auf örtlicher Ebene.

Höchstkostenbeitrag bei mehreren betreuten Kindern einer Familie

Vorschlag einer Geschwisterermäßigung: werden mehrere Kinder gleichzeitig betreut, ergibt sich:

- bei 2 Kindern aus einer Familie 75 % des maßgeblichen Kostenbeitrags je Kind
- bei 3 Kindern aus einer Familie 50 % des maßgeblichen Kostenbeitrags je Kind
- bei 4 Kindern 37,5 % . . . "
- bei 5 Kindern 30 % . . . "

Der örtliche Träger kann hierzu eigene Überlegungen anstellen.

II. Musterkostenbeitragstabellen

Es werden drei Musterkostenbeitragstabellen vorgestellt. Die Berechnungsgrundlagen wurden auf einem gesonderten Beiblatt hinterlegt. Diese können bei Bedarf individuell verändert werden. Die Excel-Tabellen werden auf der Homepage des KVJS hinterlegt (www.kvjs.de – für Fachleute – Jugendhilfe – Wirtschaftliche Jugendhilfe – Kostenbeteiligung).

Erläuterungen und Hinweise

Lt. den Empfehlungen zu laufenden Geldleistungen in der Kindertagespflege werden die Berechnungen nach folgenden Grunddaten vorgenommen:

- monatliche Betreuungszeit: 172 Std.
- wöchentliche Betreuungszeit: 4,3 Wochen
- laufende Geldleistung pro Stunde: 3,90 Euro/Std.

Wegen Rundungsdifferenzen wurde in der Excel-Tabelle der exakte Wert von 3,9069 Euro hinterlegt (672 Euro: 172 Std.).

Unter Annahme von 5 Betreuungstagen/Woche ergeben sich 21,5 Betreuungstage/Monat.

Folgende Ausgangsbasis ist bei allen drei Musterkostenbeitragstabellen identisch:

- die Unterscheidung der Kostenbeitragspflicht nach Kindesalter,
- die Staffelung des Einkommens in 6 Einkommensgruppen,
- die Berücksichtigung des Einkommens nach dem tabelleneigenen Einkommensbegriff,
- der Einsatz der häuslichen Ersparnis in der Einkommensgruppe 1 mit 21 Euro mtl.,
- die Staffelung der Kostenbeiträge in 20 % Schritten,
- der Anteil für die Förderung der fachlichen Begleitung beträgt 15 %.

Zur Musterkostenbeitragstabelle 1

Die Kostenbeteiligung bemisst sich an der laufenden Geldleistung nach § 23 Abs. 2 SGB VIII unter Hinzurechnung pauschal angenommener Sozialversicherungsbeiträge.

Es wurden drei Betreuungszeitkorridore gebildet.

Die im jeweiligen Korridor hinterlegten Basiswerte ergeben sich aus dem Beiblatt „Berechnungsgrundlagen".

Es wird von einer Mindestbetreuungszeit von 5 Stunden pro Woche ausgegangen.

Zur Musterkostenbeitragstabelle 2

Wie Musterkostenbeitragstabelle 1, jedoch ohne Hinzurechnung pauschal angenommener Sozialversicherungsbeiträge. Die Kostenbeteiligung bemisst sich an der laufenden Geldleistung nach § 23 Abs. 2 Nr. 1 und 2 SGB VIII (siehe Ziffer 2.2 der Empfehlungen zu laufenden Geldleistungen in der Kindertagespflege).

Zur Musterkostenbeitragstabelle 3

Wie Musterkostenbeitragstabelle 2, jedoch mit der Staffelung der täglichen Betreuungszeit in fünf Betreuungszeitkorridore. Die im jeweiligen Korridor hinterlegten Basiswerte ergeben sich aus dem Beiblatt „Berechnungsgrundlagen".

Anhang 20

Fortschreibung der Gemeinsamen Empfehlungen von Gemeindetag Baden-Württemberg und Städtetag Baden-Württemberg über die Höhe der Ausgleichsbeträge des Interkommunalen Kostenausgleichs bei der Betreuung auswärtiger Kinder für das Jahr 2011 sowie ergänzende Hinweise zur Umsetzung

Die Empfehlungen mit den gemeinsamen Pauschalen sollen eine pragmatische Anwendung ermöglichen und den Verwaltungsaufwand so weit wie möglich reduzieren. Von daher wird weiterhin bewusst auf die Regelung von Details verzichtet. An den ergänzenden Hinweisen aus 2010 wird festgehalten. Neu aufgenommen wurde ein Hinweis zur Abrechnung von Waldkindergärten. Wie angekündigt, ist für 2012 eine Überarbeitung der Empfehlungen vorgesehen.

1. Anwendung der Empfehlungen bei Platzsharing

Wird die Belegung eines Platzes dauerhaft (nicht nur vorübergehend) und verbindlich tageweise zwischen zwei Kindern geteilt, empfehlen wir, dies bei der Bemessung des Ausgleichsbetrags entsprechend zu berücksichtigen.

Beispiele:

2 Kinder teilen sich einen Platz in einer Ganztagskrippe, davon besucht ein Kind an 2 Tagen und das andere Kind an 3 Tagen in der Woche die Kinderkrippe. Der Ausgleichsbetrag wird im Verhältnis 2/5 : 3/5 geteilt. Zu berücksichtigen ist dabei, dass die Zahl der teilbaren Plätze begrenzt ist.

Wird ein Platz stundenweise geteilt (z. B. vor- und nachmittags), können beispielsweise bei einer Ganztagskrippe jeweils die Beträge für eine Halbtagskrippe zur Anwendung kommen.

2. Ausgleichsbetrag bei Vollendung des 3. Lebensjahres und einer Betreuung in einer altersgemischten Gruppe

Bei der Betreuung in einer altersgemischten Gruppe richtet sich der pauschale Ausgleichsbetrag nach dem Alter des Kindes.

Beispiele:

Der Ausgleichsbetrag für ein Kind unter 3 Jahren in der VÖ-altersgemischten Gruppe beträgt 4 150 € für das Jahr 2010. Vollendet das Kind das 3. Lebensjahr, reduziert sich der Ausgleichsbetrag für 2010 auf 1 610 €.

Der Ausgleichsbetrag für ein Kind unter 3 Jahren, das in einer Ganztagsaltersmischung betreut wird, beträgt 7 560 € im Jahr 2010. Vollendet das Kind das 3. Lebensjahr, reduziert sich der Betrag auf 2 710 € (Ganztagskindergarten).

Es wird empfohlen, die infolge der Vollendung des 3. Lebensjahres eintretenden Änderungen mit Wirkung zum 1. des Folgemonats zu berücksichtigen.

3. Vollendung des 3. Lebensjahres beim Besuch einer Kinderkrippe

Falls bei einem Kind, das eine Kinderkrippe besucht, bei der Vollendung des 3. Lebensjahres ein Wechsel in einen Kindergarten nicht möglich oder nicht angezeigt ist, kann akzeptiert werden, dass bis zum Ende des Betreuungsjahres der Krippenbetrag abgerechnet wird.

4. Aufnahme/Platzbelegung im Laufe eines Monats

Erfolgt die Platzbelegung bis zum 15. eines Monats, kann die Hälfte, bei Aufnahme ab dem 16. eines Monats der volle Ausgleichsbetrag erhoben werden.

5. Zeitweise Betreuung in einer Ganztagsgruppe

Wenn ein Kind in einer Ganztagsgruppe dauerhaft nur zeitweise (z. B. 6 Stunden am Stück) betreut wird, ist die mit den Eltern vereinbarte (abweichende) Betreuungsform maßgebend. Dagegen kann, wenn Ganztagsbetreuung vereinbart wurde und die mögliche Betreuungszeit nicht voll ausgeschöpft wird, der Pauschalsatz, der der Betriebserlaubnis entspricht, abgerechnet werden.

6. Betreute Spielgruppe

Sofern eine betreute Spielgruppe eine Betriebserlaubnis und eine Mindestöffnungszeit (10 Stunden/Woche) sowie eine von Kleinkindern regelmäßig und nicht nur stundenweise besuchte Gruppe darstellt und eine Förderung nach § 29c FAG erfolgt, kann ein Ausgleichsbetrag maximal in Höhe des für Halbtagskrippen empfohlenen Betrags erfolgen. Sind die Plätze ggf. geteilt, kann die unter Ziff. 1 dargestellte Verfahrensweise angewendet werden.

7. Waldkindergärten

Es wird empfohlen, bei Waldkindergärten den Ausgleichsbetrag für Regelkindergärten anzusetzen.

8. Kalkulation der Ausgangsbeträge

Kalkulationsgrundlage für die den Empfehlungen zugrunde liegenden Kosten/Platz waren eine durchschnittliche Personalausstattung, Personalkosten von 43 000 €/Vollzeitkräfte (VK) sowie ein 20 %iger Zuschlag für alle Sachkosten (einschließlich Verwaltungskosten).

Beispiel Regelkindergarten:

30 Stunden Öffnungszeit, 25 Kinder, 1,7 VK

1,7 VK × 43 000 € = 73 100 € + 20 % = 87 720 : 25 = 3 508,80 €/Kind gerundet 3 500 €

9. Höhe der Ausgleichsbeträge für das Jahr 2011

Das Finanzministerium hat die vorläufige Höhe der Zuweisungen nach §§ 29b und 29c FAG für das Jahr 2011 mitgeteilt (vgl. Gt-Info Nr. 949/2010 vom 8. 12. 2010 und Rundschreiben des Städtetags R 17669/2010 vom 8. 12. 2010). Aufgrund der steigenden Beteiligung von Bund und Land an den Betriebskosten der Kleinkindbetreuung und dem Landesanteil an der Erhöhung der Mindestpersonalschlüssel steigen die FAG-Zuweisungen, was dazu führt, dass die pauschalen Ausgleichsbeträge sinken. Die konkreten Ausgleichsbeträge entnehmen Sie bitte der nachfolgenden Tabelle. Fällig werden die Beträge am 1. Februar des Folgejahres.

Empfehlungen zum Interkommunalen Kostenausgleich gemäß§ 8a Abs. 6 KiTaG für 2011

Empfehlungen zum Interkommunalen Kostenausgleich gemäß § 8 a Abs. 6 KiTaG ab 01.01.2011 *Ü3 = Betreuung von Kindern ab 3 Jahren bis zum Schuleintritt* *U3 = Betreuung von Kleinkindern*	**Kosten/ Platz €**	63 % 75 % 75 % gerundet	Pauschale FAG-Zuweisungen (€) gerundet		**Pauschaler Ausgleichsbetrag (€)**	
			(2010)	2011	(2010)	**2011**
Halbtagskindergarten (Ü3)	2.310	1.460	800	900		560
Regelkindergarten (Ü3)	3.500	2.200	1.190	1.350	1.010	850
VÖ-Kindergarten (Ü3)	4.500	2.800	1.190	1.350	1.610	1.450
Ganztags-Kindergarten (Ü3)	7.500	4.700	1.990	2.250	2.710	2.450
Halbtags-Krippe (U3)	7.500	5.600	1.820	2.140	3.780	3.460
VÖ-Krippe (U3)	10.500	7.800	2.550	3.000	5.250	4.800
Ganztags-Krippe (U3)	15.000	11.200	3.640	4.290	7.560	6.910
Halbtags-Altersmischung (U3)	6.000	4.500	1.820	2.140	2.680	2.360*
Regel-Altersmischung (U3)	7.000	5.250	2.550	3.000	2.700	2.250
VÖ-Altersmischung (U3)	9.000	6.700	2.550	3.000	4.150	3.700
Ganztags-Altersmischung (U3)	15.000	11.200	3.640	4.290	7.560	6.910

*) Anmerkung: Höhe des Ausgleichsbetrags ist systembedingt (geringere FAG-Zuweisung bei Halbtagsbetreuung Faktor 0,5).

Anhang 21

Öffentlich-rechtlicher Vertrag zum Interkommunalen Kostenausgleich für die Betreuung auswärtiger Kinder zwischen den Städten und Gemeinden des Landkreises (Muster)

Präambel

In § 8a Kindertagesbetreuungsgesetz (KiTaG) ist der interkommunale Kostenausgleich geregelt. Demnach steht der Standortgemeinde für auswärtige Kinder bis zum Schuleintritt in Einrichtungen im Sinne von § 1 Abs. 2 bis 6 KiTaG, die in die Bedarfsplanung aufgenommen sind, ein Anspruch auf Kostenausgleich gegenüber der Wohnsitzgemeinde der betreuten Kinder zu. Standortgemeinde und Wohnsitzgemeinde können sich nach § 8 Abs. 6 Satz 2 KiTaG abweichend von der aufwandsbezogenen Betriebskostenabrechnung („Spitzabrechnung" nach § 8 Abs. 2 Satz 1 bzw. Abs. 3 KiTaG) auf Ausgleichsbeträge einigen („Pauschalabrechnung"), die in gemeinsamen Empfehlungen des Städtetags Baden-Württemberg und des Gemeindetags Baden-Württemberg festgelegt sind.

Zur Vermeidung des im Zusammenhang mit einer „Spitzabrechnung" entstehenden Verwaltungsaufwandes im Rahmen der hierfür erforderlichen Ermittlungen der auf die betreuten auswärtigen Kinder jeweils entfallenden Betriebskosten machen die unterzeichnenden Städte und Gemeinden des Landkreises ... im gegenseitigen Interesse von der Ihnen gesetzlich eingeräumten Möglichkeit einer abweichenden Vereinbarung hiervon in Form der „Pauschalabrechnung" Gebrauch.

§ 1

Vereinbarung von Ausgleichsbeträgen

Die Städte und Gemeinden des Landkreises ... verpflichten sich untereinander für die Betreuung auswärtiger Kinder bis zum Schuleintritt in Einrichtungen im Sinne von § 1 Abs. 2 bis 6 KiTaG, die in die Bedarfsplanung aufgenommen sind, Ausgleichsbeträge entsprechend der in den „Gemeinsamen Empfehlungen des Gemeindetags und Städtetags zum interkommunalen Kostenausgleich in der Kindergarten- und Krippenbetreuung mit Pauschalbeträgen gem. § 8a KiTaG" (Az.: 460.11; Info-Nr. 0289/2009; siehe Anlage) sowie der in der jährlich veröffentlichten Fortschreibung dieser gemeinsamen Empfehlungen festgelegten Höhe als interkommunaler Kostenausgleich geltend zu machen („Pauschalabrechnung). Die Möglichkeit der aufwandsbezogenen Betriebskostenabrechnung nach § 8a Abs. 2 und 3 KiTaG („Spitzabrechnung") wird untereinander dadurch ausgeschlossen.

Abrechnungszeitraum ist das Kalenderjahr. Die Ausgleichsbeträge sind am 1. Februar des jeweils folgenden Jahres fällig.

§ 2

Erweiterung

Schließen Städte- und Gemeinden anderer Landkreise einen inhaltsgleichen öffentlich-rechtlichen Vertrag untereinander ab, verpflichten sich die Städte und Gemeinden des Landkreises ... gemäß § 1 auch gegenüber den dortigen Vertragsabschließenden zur Geltendmachung des interkommunalen Kostenausgleichs in Form der unter § 1 vereinbarten „Pauschalabrechnung".

§ 3

Inkrafttreten, Vertragsdauer, Kündigung

(1) Der Vertrag tritt rückwirkend ab 1. 1. 2009 in Kraft.

(2) Der Vertrag wird auf unbestimmte Zeit geschlossen. Er kann von jedem Vertragspartner mit einer Kündigungsfrist von einem Jahr zum Ende des Kalenderjahres gekündigt werden. Eine Kündigung muss schriftlich gegenüber dem Vorsitzenden des Kreisverbandes des Gemeindetages, Landkreis ..., erklärt werden.

(3) Im Falle einer grundlegenden Änderung des Kindergartenrechts endet der Vertrag mit Inkrafttreten der neuen Regelungen, es sei denn, dass Einigkeit der Vertragspartner über eine Vertragsanpassung besteht.

§ 4

Schlussbestimmungen

(1) Sollte eine Bestimmung dieses Vertrages unwirksam sein oder werden, berührt dies die Wirksamkeit des Vertrages im übrigen nicht. Die unwirksame Bestimmung ist durch eine Bestimmung zu ersetzen, die dem vertraglichen Zweck am nächsten kommt.

(2) Mündliche Nebenabreden zu diesem Vertrag wurden nicht getroffen. Änderungen oder Ergänzungen bedürfen der Schriftform. Dies gilt auch für die Aufhebung des Schriftformerfordernisses.

Gemeinde/Stadt	**Ober-/Bürgermeister/in**
....	....
....	....
....	....
....	....
....	....
....	....
....	....
....	....
....	....

Anhang 22

Verwaltungsvorschrift des Ministeriums für Arbeit und Soziales zur Umsetzung des Investitionsprogramms des Bundes „Kinderbetreuungsfinanzierung" 2008 – 2013 (VwV Investitionen Kleinkindbetreuung)

vom 11. März 2008 – Az.: 23-6930.19-4 –

Präambel

Grundlage für das Investitionsprogramm „Kinderbetreuungsfinanzierung" 2008 – 2013 ist die zwischen dem Bund und den Ländern am 18. Oktober 2007 unterzeichnete Verwaltungsvereinbarung – nachfolgend Vereinbarung – (vergleiche Anlage). Die Verwaltungsvereinbarung ist am 1. Januar 2008 in Kraft getreten. Zur Finanzierung des Investitionsprogramms stellt der Bund dem Land Baden-Württemberg in den Jahren 2008 bis 2013 insgesamt 296 769 496 Euro zur Verfügung. Die Mittel verteilen sich auf die einzelnen Jahre wie folgt:

2008	51 993 000 Euro
2009	50 953 000 Euro
2010	49 934 000 Euro
2011	48 935 000 Euro
2012	47 956 000 Euro
2013	46 998 496 Euro.

Das Programm wird geschlossen, sobald über die vom Bund zur Verfügung gestellten Mittel haushaltswirtschaftlich vollständig verfügt wurde. Die Bewirtschaftung der Mittel richtet sich nach dem Haushaltsrecht des Landes (Artikel 4 Abs. 3 Satz 2 der Vereinbarung).

1. Förderziel

Ziel dieses Investitionsprogramms ist es, die Betreuungsangebote für Kinder unter drei Jahren in Kindertageseinrichtungen und in der Kindertagespflege bis zum Ende des Jahres 2013 bedarfsgerecht auszubauen. Als Orientierung gilt dabei ein landesdurchschnittlicher Versorgungsgrad von 34 Prozent. Das Programm wird vom Bund evaluiert. Hierzu haben die Länder zum 31. Oktober eines jeden Jahres, erstmals am 31. Oktober 2009, über die Anzahl der jeweils bis zum 31. Dezember des Vorjahres neu eingerichteten und gesicherten Betreuungsplätze in Tageseinrichtungen sowie in der Kindertagespflege zu berichten (Artikel 5 der Vereinbarung).

2. Förderzweck

Im Rahmen des Förderprogramms „Kinderbetreuungsfinanzierung" 2008 – 2013 werden Zuwendungen in Form von Zuschüssen für Investitionen in Kindertageseinrichtungen und für die Kindertagespflege gewährt, mit denen zusätzliche Betreuungsplätze für Kinder unter drei Jahren geschaffen werden. Dementsprechend gefördert werden Neubau-, Umbau- und Umwandlungsmaßnahmen sowie die dazugehörigen Ausstattungsinvestitionen.

3. Rechtsgrundlage, vorzeitiger Projektbeginn

3.1 Die Zuschüsse werden nach Maßgabe der Vereinbarung, dieser Verwaltungsvorschrift, den §§ 23 und 44 der Landeshaushaltsordnung (LHO) sowie den Allgemeinen Verwaltungsvorschriften (VV) hierzu im Rahmen der haushaltsrechtlichen Ermächtigungen bewilligt. Ein Rechtsanspruch auf Bewilligung besteht nicht. Die Bewilligungsbehörde entscheidet aufgrund ihres pflichtgemäßen Ermessens. Die Aufhebung (Rücknahme oder Widerruf) und die Unwirksamkeit von Zuwendungsbescheiden sowie die Erstattung und die Verzinsung des Erstattungsbetrags richten sich insbesondere nach den §§ 48, 49 und 49a des Landesverwaltungsverfahrensgesetzes (LVwVfG) und den besonderen Bestimmungen nach Artikel 7 der Vereinbarung.

3.2 Es können nur Investitionsmaßnahmen gefördert werden, die frühestens am 18. Oktober 2007 begonnen wurden. Als Beginn gilt der Abschluss eines der Umsetzung der Maßnahme dienenden rechtsverbindlichen Leistungs- und Lieferungsvertrags. Selbstständige Abschnitte einer bereits laufenden Investitionsmaßnahme können für sich betrachtet werden.

Der Baubeginn vor Antragstellung ist förderunschädlich, wenn der Antrag bis spätestens 15. Mai 2008 gestellt wird. In allen anderen Fällen ist der Baubeginn förderunschädlich, wenn er nach Antragstellung erfolgt. Ein Anspruch auf Bewilligung kann aus einem vorzeitigen Maßnahmenbeginn nicht hergeleitet werden.

4. Zuwendungsempfänger

Zuschüsse für Investitionsmaßnahmen nach Nummer 2 können bewilligt werden für die Förderung

4.1 von Kindertageseinrichtungen an die

a) Gemeinden, Zweckverbände und öffentlichen Träger der Jugendhilfe

b) Träger der freien Jugendhilfe im Sinne des § 75 des Achten Buches Sozialgesetzbuch (SGB VIII)

c) Betriebe und sonstigen Träger von Investitionsmaßnahmen nach Nummer 2

4.2 der Kindertagespflege an die

a) in Nummer 4.1 genannten Träger oder Tagespflegepersonen, wenn Kindertagespflege in anderen Räumen nach Nummer 2.2 Buchst. b der Verwaltungsvorschrift des Ministeriums für Arbeit und Soziales zur Förderung der Kleinkindbetreuung in Kinderkrippen und in Kindertagespflege (VwV Kleinkindbetreuung) vom 14. November 2006 (GABl. S. 584) angeboten wird

b) Träger der freien Jugendhilfe nach Nummer 3.4 VwV Kleinkindbetreuung und

c) Tagespflegepersonen, die Kindertagespflege in ihrem Haushalt leisten.

4.3 Bei Gemeinden können auch Baumaßnahmen im Rahmen eines Öffentlich-Privaten Partnerschaftsmodells (ÖPP) durchgeführt und gefördert werden. Für eine Förderung dieser Maßnahmen müssen folgende weitere Voraussetzungen gegeben sein:

4.3.1 Die Gemeinde hat zu bestätigen, dass das ÖPP-Projekt von der zuständigen Rechtsaufsichtsbehörde genehmigt worden ist und wirtschaftlich günstiger ist als eine eigene Durchführung.

4.3.2 Neben den allgemeinen Voraussetzungen der Landeshaushaltsordnung (insbesondere § 23 in Verbindung mit § 44 LHO und die Allgemeinen Verwaltungsvorschriften hierzu) und den einschlägigen Förderrichtlinien müssen zur Gewährung einer Zuwendung bei einer ÖPP-Einzelmaßnahme folgende Voraussetzungen vorliegen:

a) Der Zuwendungsempfänger muss Eigentümer des Förderobjektes sein. Soweit der Zuwendungsempfänger noch nicht Eigentümer ist, muss er einen vertraglichen, grundbuchrechtlich gesicherten Anspruch auf Eigentumserwerb haben, außerdem ist das unbeschränkte, dinglich abgesicherte Nutzungsrecht über das Objekt einzuräumen. In beiden Fällen muss sich die Absicherung auch auf den Insolvenzfall erstrecken.

b) Durch die Gestaltung des Vertrags zwischen Zuwendungsempfänger und ÖPP-Vertragspartner muss sichergestellt sein, dass der Zuwendungsempfänger die ihm auferlegten Verpflichtungen einhalten kann.

c) Der ÖPP-Vertragspartner muss vertraglich verpflichtet sein, dass bei Übertragung des Förderobjektes auf einen anderen ÖPP-Partner die Rechte des Zuwendungsempfängers nicht beeinträchtigt werden.

d) Die Zuwendung wird unter der Bedingung des künftigen Erwerbs des Förderobjekts durch den Zuwendungsempfänger gewährt. Erwirbt der Zuwendungsempfänger innerhalb des Zweckbestimmungszeitraums das Eigentum nicht, ist die Zuwendung zu widerrufen (§§ 49 und 49a LVwVfG).

e) Bemessungsgrundlage für die Zuwendung sind nur die förderfähigen Bau- oder Investitionskosten, wie sie sich im Zeitpunkt der Wirtschaftlichkeitsrechnung darstellen oder der nach dieser Verwaltungsvorschrift ermittelte zuwendungsfähige Bauaufwand, sofern dieser niedriger sein sollte.

Später auftretender Mehraufwand, zum Beispiel durch einen höheren Übernahmepreis, kann bei der Feststellung der zuwendungsfähigen Ausgaben nicht berücksichtigt werden. Ermäßigen sich nach der Bewilligung die zuwendungsfähigen Ausgaben, so ist dies bei der Feststellung der Zuwendungshöhe zu berücksichtigen.

5. Zuwendungsvoraussetzungen

5.1 Zuschüsse an Träger von Kindertageseinrichtungen können nach Maßgabe des Förderzwecks (vergleiche Nummer 2) bewilligt werden, wenn

a) die Investitionsmaßnahme zur Deckung des gemeindlichen oder gemeindeübergreifenden Bedarfs notwendig ist und die zuwendungsfähigen Ausgaben des im Antrag dargestellten Investitionsvorhabens insgesamt mindestens 5 000 Euro betragen (Bagatellbetrag)

b) bei Baumaßnahmen die baurechtlichen Vorgaben erfüllt sind

c) für den zukünftigen Betrieb der Tageseinrichtung eine Betriebserlaubnis erteilt und eine pädagogische Konzeption vorliegt (dies ist spätestens mit dem Verwendungsnachweis nachzuweisen)

d) die Gesamtfinanzierung der Investitionsmaßnahme gesichert ist

e) eine zweckentsprechende Verwendung der Investitionen nach Maßgabe des Zuwendungsbescheides gewährleistet ist (bei kommunalen Trägern kann von einer Sicherheitsleistung abgesehen werden) und

f) die Finanzierung des laufenden Betriebs der Einrichtung gesichert ist.

5.2 Zuschüsse für Kindertagespflege im Sinne von Nummer 4.2 Buchst. a) können bewilligt werden, wenn

a) die Investitionsmaßnahme zur Deckung des gemeindlichen oder gemeindeübergreifenden Bedarfs notwendig ist und die zuwendungsfähigen Ausgaben des im Antrag dargestellten Investitionsvorhabens insgesamt mindestens 5 000 Euro betragen (Bagatellbetrag)

b) bei Baumaßnahmen die baurechtlichen Vorgaben erfüllt sind

c) Kindertagespflegepersonen nach Nummer 2.3 VwV Kleinkindbetreuung qualifiziert sind und eine Pflegeerlaubnis nach § 43 SGB VIII vorweisen können

d) die Gesamtfinanzierung der Investitionsmaßnahme gesichert ist

e) eine zweckentsprechende Verwendung der Investitionen nach Maßgabe des Zuwendungsbescheides gewährleistet ist (bei kommunalen Trägern kann von einer Sicherheitsleistung abgesehen werden) und

f) die Finanzierung des laufenden Betriebs der Kindertagespflege gesichert ist.

5.3 Zuschüsse für Tagespflegepersonen können gewährt werden, wenn

a) sie zusätzliche Plätze für Kinder unter drei Jahren bereitstellen

b) sie eine Qualifizierung nach Nummer 2.3 VwV Kleinkindbetreuung und eine Pflegeerlaubnis nach § 43 SGB VIII vorweisen können

c) der gemeindliche oder gemeindeübergreifende Bedarf für die Schaffung der zusätzlichen Plätze in der Kindertagespflege nachgewiesen ist und

d) eine zweckentsprechende Verwendung der Investitionen nach Maßgabe des Zuwendungsbescheides gewährleistet ist.

5.4 Die Investitionsmaßnahmen sind innerhalb von sechs Monaten nach Bescheiderteilung zu beginnen und bis zum 31. Dezember 2013 abzuschließen.

6. Zuwendungsfähige Ausgaben, Zuwendungsart, Finanzierungsart und Zuwendungshöhe

6.1 Zuwendungsfähig sind Investitionsmaßnahmen im Sinne von Nummer 2 einschließlich der damit verbundenen nachgewiesenen Dienstleistungsausgaben bis höchstens 10 Prozent der Investitionsausgaben. Nicht zuwendungsfähig sind Ausgaben für den Grunderwerb einschließlich Herrichtungs- und Erschließungsaufwand. Die Nachfinanzierung von Mehrausgaben, die sich nach Antragstellung und Bewilligung ergeben, ist unzulässig.

6.2 Das durch Erwerb erlangte Eigentum an einem bestehenden Gebäude (ohne Berücksichtigung des Bodenwerts) einschließlich des erforderlichen Umbaus ist als Neubau zu betrachten. Umbaumaßnahmen sind Maßnahmen zur Schaffung von zusätzlichen Betreuungsplätzen für Kinder unter drei Jahren in Räumen, die bisher nicht für die Betreuung von Kindern genutzt wurden. Umwandlungsmaßnahmen sind Maßnahmen zur Schaffung von zusätzlichen Betreuungsplätzen für Kinder unter drei Jahren in Räumen, die bisher zur Kinderbetreuung genutzt wurden, sowie zur Umwandlung von Plätzen in betreuten Spielgruppen in Plätze mit einer Öffnungszeit von mehr als 30 Stunden wöchentlich.

6.3 Die Zuschüsse werden im Wege der Projektförderung als Festbetrag bewilligt.

6.4 Die Festbeträge je zusätzlich geschaffenem Betreuungsplatz betragen für Kindertageseinrichtungen (vergleiche Nummer 5.1)

a)	bei Neubau	12 000 Euro
b)	bei Umbau	7 000 Euro
c)	bei Umwandlung	2 000 Euro

höchstens jedoch 70 Prozent der zuwendungsfähigen Ausgaben.

6.5 Der Festbetrag je zusätzlich geschaffenem Betreuungsplatz für Investitionsmaßnahmen in der Kindertagespflege in anderen geeigneten Räumen (vergleiche Nummer 5.2) beträgt 2 000 Euro, höchstens jedoch 70 Prozent der zuwendungsfähigen Ausgaben.

6.6 Träger der freien Jugendhilfe nach Nummer 4.2 Buchst. b) erhalten als Ausstattungspauschale einmalig einen Betrag von 3 000 Euro, höchstens jedoch 70 Prozent der nachgewiesenen Ausstattungsinvestitionen, sofern diese nicht über Zuwendungen des Landes nach der VwV Kleinkindbetreuung finanziert werden.

6.7 Tagespflegepersonen, die die Voraussetzungen der Nummer 5.3 erfüllen, können je zusätzlich geschaffenem Betreuungsplatz für nachgewiesene Ausstattungsinvestitionen eine Ausstattungspauschale in Höhe von 500 Euro, jedoch höchstens 1 500 Euro erhalten.

6.8 Bei Investitionen für Mehrzweckeinrichtungen ist nur der Anteil zuwendungsfähig, der auf die Schaffung zusätzlicher Betreuungsplätze für Kinder unter drei Jahren entfällt.

7. Antrags-, Bewilligungs- und Verwendungsnachweisverfahren

7.1 Die Zuwendungen werden nur auf schriftlichen Antrag nach einem Vordruck gewährt, der im Internet unter „www.rp.baden-wuerttemberg.de/Formulare/Kinderbetreuungsfinanzierung" zur Verfügung gestellt wird. Dem Antrag sind die notwendigen Unterlagen beizufügen, aus denen sich insbesondere die erforderlichen Investitionen ergeben. Dem bei der jeweiligen Bewilligungsbehörde zu stellenden Antrag auf Gewährung von Zuschüssen nach den Nummern 4.1 und 4.2 Buchst. a) ist eine aktuelle, mit dem jeweiligen Träger der öffentlichen Jugendhilfe (Landkreis, Stadtkreis) abgestimmte gemeindliche Bedarfsbestätigung und eine Einschätzung über den voraussichtlichen Bedarf in den nächsten drei Jahren beizufügen. Anträge auf Zuschüsse nach Nummer 4.2 Buchst. c) sind über die Tageselternvereine an den örtlichen Träger der öffentlichen Jugendhilfe zu leiten, der den Antrag mit einer Bedarfsbestätigung bei der Bewilligungsbehörde einreicht. Eine Mehrfertigung des Antragsvordrucks ohne Anlagen ist dem örtlichen Träger der öffentlichen Jugendhilfe zu übersenden. Im Jahr 2008 sind die Anträge für ein erstes Bewilligungsverfahren bis 15. Mai und für ein weiteres Bewilligungsverfahren bis 15. September einzureichen. In den Folgejahren sind Anträge nicht an eine Frist gebunden. Die Regelung in Nummer 3.2 zweiter Absatz ist zu beachten. Wird das Förderprogramm vorzeitig geschlossen, werden die Anträge in der Reihenfolge ihres Eingangs bei der Bewilligungsbehörde in das Restbewilligungsverfahren einbezogen.

7.2 Bewilligungsbehörde ist das für den Zuwendungsempfänger örtlich zuständige Regierungspräsidium. Im Zuwendungsbescheid ist der Zuwendungsempfänger zu verpflichten, auf die Bundesförderung angemessen hinzuweisen. Die Bewilligungsbehörde hat eine Mehrfertigung des Bescheides über den Antrag auf Gewährung eines Zuschusses nach Nummer 5.3 dem örtlichen Träger der öffentlichen Jugendhilfe zu übersenden.

7.3 Die Allgemeinen Nebenbestimmungen für Zuwendungen zur Projektförderung bzw. die Allgemeinen Nebenbestimmungen für Zuwendungen zur Projektförderung an kommunale Körperschaften sind zum Bestandteil des Zuwendungsbescheids zu erklären. Abweichend oder ergänzend hierzu sind folgende Nebenbestimmungen in den Zuwendungsbescheid aufzunehmen:

7.3.1 Der Verwendungsnachweis (Vordruck wird im Internet unter „www.rp.baden-wuerttemberg.de/Formulare/Kinderbetreuungsfinanzierung“ zur Verfügung gestellt) ist, sofern hierauf nicht nach Nummer 7.3.4 verzichtet wird, spätestens drei Monate nach Abschluss der Zuwendungsmaßnahme vorzulegen.

7.3.2 Im Verwendungsnachweis sind die Zahl der vor der Investitionsmaßnahme vorhandenen und durch die Investitionsmaßnahme zusätzlich geschaffenen Betreuungsplätze sowie die tatsächliche Höhe der zuwendungsfähigen Ausgaben anzugeben.

7.3.3 Spätestens mit dem Verwendungsnachweis ist eine Betriebserlaubnis vorzulegen und durch einen Nachweis der Standortgemeinde zu bestätigen, dass die zusätzlich geschaffenen Betreuungsplätze in Betrieb genommen wurden.

7.3.4 Bei Zuschüssen in den Fällen der Nummern 6.6 und 6.7 gilt grundsätzlich der Antrag als Verwendungsnachweis. Die Bewilligungsbehörde kann im Einzelfall zusätzliche Verwendungsnachweise verlangen.

7.3.5 Bei Zuschüssen in den Fällen der Nummer 6.4 ist im Bescheid als Zweckbindungsfrist für Grundstücke und grundstücksgleiche Rechte 25 Jahre, für übrige Gegenstände zehn Jahre festzulegen. Im Bescheid über Zuschüsse nach den Nummern 6.5 bis 6.7 ist eine Zweckbindungsfrist von fünf Jahren aufzunehmen; die Zweckbindungsfrist endet frühestens am 31. Dezember 2013. In den Bescheiden ist darauf hinzuweisen, dass die Fristen jeweils zum Zeitpunkt der zweckentsprechenden Inbetriebnahme beginnen.

7.3.6 Bei Zuschüssen im Fall der Nummer 4.3 sind die in Nummer 4.3 festgelegten Voraussetzungen zum Bestandteil des Zuwendungsbescheids zu machen.

7.3.7 Weiterhin ist als zusätzliche Auflage im Bescheid vorzusehen, dass der Zuwendungsnehmer zur Sicherung möglicher Rückforderungsansprüche ab einer Zuwendung von 50 000 Euro Sicherheitsleistungen (dingliche oder gleichwertige Sicherheiten) zur Verfügung stellt. Bei einer Zuwendung unter 50 000 Euro kann eine Sicherheitsleistung als zusätzliche Auflage in den Bescheid aufgenommen werden.

7.3.8 Für die Rückzahlung und Verzinsung von Zuschüssen gelten die Regelungen in Artikel 7 der Vereinbarung.

7.4 Die Regierungspräsidien übersenden dem Ministerium für Arbeit und Soziales in den Jahren 2009 bis 2013 jeweils bis spätestens 30. Juni und im Jahr 2014 bis spätestens 30. April die nach der Vereinbarung geforderten Nachweise und Informationen.

8. Inkrafttreten

8.1 Die Verwaltungsvorschrift tritt mit Wirkung vom 1. Januar 2008 in Kraft. Sie tritt mit Ablauf des 31. Dezember 2013 außer Kraft, soweit in Nummer 8.2 nichts anderes bestimmt ist. Das Ministerium für Arbeit und Soziales kann diese Verwaltungsvorschrift jährlich mit Wirkung zum jeweiligen Jahresende vorzeitig außer Kraft setzen mit dem Ziel, sie für die Folgezeit bis 31. Dezember 2013 der gegebenenfalls veränderten Fördersituation anzupassen.

8.2 Wenn die im Zusammenhang mit dem Kinderbetreuungsfinanzierungsgesetz notwendigen Änderungen des Kinder- und Jugendhilfegesetzes und des Finanzausgleichsgesetzes nicht bis zum 31. Dezember 2008 im Bundesgesetzblatt verkündet worden sind, tritt die Verwaltungsvorschrift am 1. Januar 2009 außer Kraft.

Anlage

Verwaltungsvereinbarung Investitionsprogramm „Kinderbetreuungsfinanzierung" 2008 – 2013

Die Bundesrepublik Deutschland – Sondervermögen Kinderbetreuungsausbau –,

vertreten durch das Bundesministerium für Familie, Senioren, Frauen und Jugend – nachstehend „Bund" genannt –

und

das Land Baden-Württemberg, der Freistaat Bayern, das Land Berlin, das Land Brandenburg, die Freie Hansestadt Bremen, die Freie Hansestadt Hamburg, das Land Hessen, das Land Mecklenburg-Vorpommern, das Land Niedersachsen, das Land Nordrhein-Westfalen, das Land Rheinland-Pfalz, das Saarland, der Freistaat Sachsen, das Land Sachsen-Anhalt, das Land Schleswig-Holstein, der Freistaat Thüringen – nachstehend „Länder/Land" genannt –

schließen folgende Vereinbarung über das oben genannte Investitionsprogramm:

Präambel

Grundlage des Investitionsprogramms „Kinderbetreuungsfinanzierung" ist die Verständigung zwischen Bund, Ländern und Kommunen, die Kindertagesbetreuung (Tageseinrichtungen und Tagespflege), ausgerichtet an einem bundesweit durchschnittlichen Bedarf für 35 v. H. der unter dreijähigen Kinder, bis 2013 auszubauen, so dass dann insgesamt rund 750 000 Plätze bereit stehen. Dabei sind Investitionen für qualitative Verbesserungen der bestehenden Angebote im Rahmen der Sicherung der bedarfsgerechten Kindertagesbetreuungsinfrastruktur einzubeziehen. Der Bund wird sich auf der Grundlage des Kinderbetreuungsfinanzierungsgesetzes – KBFG – an dem in der Ausbauphase entstehenden Investitionsbedarf entsprechend dieser Verwaltungsvereinbarung beteiligen.

Artikel 1

Zweck der Finanzhilfen

(1) Im Rahmen des Investitionsprogramms gewährt der Bund in den Jahren 2008 bis 2013 auf der Basis von Artikel 104 b Absatz 2 Grundgesetz Finanzhilfen für Investitionen der Länder und Gemeinden (Gemeindeverbände) zu Tageseinrichtungen und zur Tagespflege für Kinder unter drei Jahren. Gefördert werden Investitionsvorhaben, die der Schaffung und Sicherung von Betreuungsplätzen durch Neubau und Sanierung von Einrichtungen dienen und ab der Zustimmung aller Länder zu dieser Verwaltungsvereinbarung begonnen werden. Als Beginn gilt dabei der Abschluss eines der Umsetzung des Vorhabens dienenden rechtsverbindlichen Leistungs- und Lieferungsvertrages. Bei Vorhaben, die in selbstständige Abschnitte eines laufenden Verfahrens aufgeteilt werden können, ist eine Förderung des selbstständigen Abschnitts auch möglich, wenn allein dafür die Förderkriterien erfüllt sind.

(2) Zu den Investitionen im Sinne von Absatz 1 gehören insbesondere erforderliche Neubau-, Ausbau-, Umbau-, Umwandlungs-, Sanierungs-, Renovierungs-, Modernisierungsmaßnahmen und Ausstattungsinvestitionen sowie mit den Investitionen verbundene Dienstleistungen.

Artikel 2

Höhe und Aufteilung der Programmkosten

(1) Der Bund stellt Mittel in Höhe von insgesamt 2,15 Milliarden EURO für die Jahre 2008 bis 2013 zur Verfügung.

(2) Die Finanzhilfen des Bundes werden auf die Länder entsprechend der Anzahl der Kinder unter drei Jahren aufgeteilt. Die Aufteilung ist der beigefügten Übersicht zu entnehmen.

(3) Die Mittel werden mit einer Degression von 2 % in den Jahren 2008 bis 2013 bereitgestellt.

(4) Veränderungen der Jahresansätze aufgrund der Regelungen in Artikel 3 bleiben unberührt.

(5) Der Bundesanteil ist bis zu 90 % der zuwendungsfähigen Kosten zulässig.

Artikel 3

Ermittlung und Anmeldung des Bedarfs

(1) Die Länder unterrichten das Bundesministerium für Familie, Senioren, Frauen und Jugend (BMFSFJ) in den Jahren 2008 bis 2012 über die Zahl der durch Investition im Sinne von Artikel 1 Absatz 1 geförderten Betreuungsplätze und die dafür erforderlichen Bundesmittel (Bedarfsmitteilung) bis zum 31. Oktober des jeweiligen Kalenderjahres. Für das Jahr 2013 ist eine endgültige Unterrichtung bis zum 31. Dezember 2012 durchzuführen.

(2) Ergibt sich aus der Bedarfsermittlung eines Landes, dass die dem Land für dieses Jahr zur Verfügung gestellte Jahressumme nach Artikel 2 Absätze 2 und 3 über- oder unterschritten wird, ändert sich sein Verfügungsrahmen des Folgejahres entsprechend.

(3) Bundesmittel, die für das Jahr 2013 aufgrund der Bedarfsermittlung nach Absatz 1 von einzelnen Ländern nicht abgerufen werden, können im Verhältnis der verfügbaren Mittel zu den angemeldeten Zusatzbedarfen an andere Länder verteilt werden.

Artikel 4

Verfahren und Durchführung

(1) Den Ländern obliegt die Regelung und Durchführung des Verfahrens zur Verwendung der Finanzhilfen.

(2) Die Investitionen sind bis zum 31.12.2013 abzuschließen. Abrechnungen sind bis zum 30.6.2014 möglich.

(3) Die Bundesmittel werden als Einnnahmen in die Haushaltspläne der Länder eingestellt. Die Bewirtschaftung richtet sich nach dem Haushaltsrecht der Länder. Bei der Weiterreichung von Bundesmitteln durch die Länder an Dritte gelten die Bestimmungen dieser Vereinbarung sinngemäß.

(4) Die Länder sind ermächtigt, die zuständigen Bundeskassen zur Auszahlung der Mittel an die zuständigen Landeskassen anzuweisen, sobald die Bundesmittel zur Begleichung fälliger Zahlungen durch den Träger des Investitionsvorhabens benötigt werden. Die Länder leiten die Finanzhilfen des Bundes unverzüglich an die Empfänger weiter und verpflichten diese, auf die Bundesförderung angemessen hinzuweisen.

Artikel 5

Erfolgskontrolle

(1) Die Länder berichten dem BMFSFJ zum 31. Oktober eines jeden Jahres – erstmals am 31. Oktober 2009 – über die Anzahl der jeweils bis zum 31. 12. des Vorjahres gemäß Art. 1 Abs. 1 neu eingerichteten und gesicherten Betreuungsplätze in Tageseinrichtungen sowie in der Tagespflege. Dabei ist zu unterscheiden nach solchen Plätzen, die mit Bundesmitteln nach Artikel 2 und solchen, die ohne Bundesfinanzierung eingerichtet worden sind. Bis zum 30. Juni 2014 ist hierzu ein zusammenfassender Abschlussbericht vorzulegen.

(2) Bund und Länder stimmen darin überein, dass bis Ende 2013 ein bedarfsgerechtes Angebot auf der Basis einer bundesweit durchschnittlichen Versorgungsquote von 35 % erreicht werden soll.

(3) Zur Sicherstellung dieser Zielerreichung wird das BMFSFJ im 1. Halbjahr 2011 eine Zwischenevaluierung durchführen, auf deren Grundlage Anpassungen im Hinblick auf die Erreichung des Zieles vorgenommen werden können.

Artikel 6

Nachweis der Mittelverwendung

(1) Die Länder übersenden dem Bundesministerium für Familie, Senioren, Frauen und Jugend jeweils bis zum 31. 10. eines Jahres, erstmals am 31.10.2009, Übersichten über die zweckentsprechende Inanspruchnahme und Verwendung der Bundesmittel, sowie über Anzahl und Art der geförderten Maßnahmen.

(2) Sie unterrichten das Bundesministerium für Familie, Senioren, Frauen und Jugend ferner über einschlägige Prüfungsbemerkungen ihrer Rechnungsprüfungsbehörden.

Artikel 7

Rückforderung von Bundesmitteln

(1) Die Länder zahlen die Finanzhilfen zurück, wenn die geförderten Maßnahmen ihrer Art nach nicht den in Artikel 1 Absätze 1 und 2 festgelegten Zweckbindungen entsprechen, wenn sie vor dem in Artikel 1 Absatz 1 Satz 3 genannten Stichtag begonnen wurden oder zuviel Mittel abgerufen wurden. Eine Rückzahlung erfolgt auch, sofern die Mittel nicht innerhalb des Förderzeitraums verbraucht wurden. Nach den Sätzen 1 und 2 zurückgezahlte Beträge sind nach Absatz 2 zu verzinsen.

(2) Werden Mittel entgegen Artikel 4 Absatz 4 zu früh angewiesen, so kann der Bund für die Zeit von der Auszahlung bis zur zweckentsprechenden Verwendung Zinsen verlangen. Der Zinssatz bemisst sich nach dem jeweiligen Zinssatz für Kredite des Bundes zur Deckung von Ausgaben zur Zeit der Fristüberschreitung. Der Zinssatz wird vom Bundesministerium der Finanzen jeweils durch Rundschreiben an die obersten Bundesbehörden bekannt gegeben.

Artikel 8

Grundvereinbarung

Im Übrigen finden die Regelungen der Grundvereinbarung zwischen dem Bund und den Ländern über die Gewährung von Finanzhilfen des Bundes an die Länder nach Artikel 104a Absatz 4 des Grundgesetzes (MinBlFin. 1986, S. 238) Anwendung.

Artikel 9

Inkrafttreten

(1) Diese Vereinbarung tritt nach Unterzeichnung der Vertragsschließenden mit Wirkung vom 1. Januar 2008 in Kraft.

(2) Diese Vereinbarung tritt zum 1. Januar 2009 außer Kraft, wenn die im Zusammenhang mit dem Kinderbetreuungsfinanzierungsgesetz notwendigen Änderungen des Kinder- und Jugendhilfegesetzes und des Finanzausgleichsgesetzees nicht bis zum 31. Dezember 2008 im Bundesgesetzblatt verkündet worden sind.

Tabelle mit einer Degression von 2 % jährlich

Bundesland	Ausgangs-betrag	Haushaltsjahr						Gesamtbetrag
		2008	2009	2010	2011	2012	2013	
Baden-Württemberg	51 992 946 €	51 993 000 €	50 953 000 €	49 934 000 €	48 935 000 €	47 956 000 €	46 998 498 €	296 769 496 €
Bayern	59 555 048 €	59 555 000 €	58 364 000 €	57 197 000 €	56 053 000 €	54 932 000 €	53 632 070 €	339 933 070 €
Berlin	15 319 826 €	15 320 000 €	15 014 000 €	14 714 000 €	14 420 000 €	14 132 000 €	13 843 730 €	87 443 730 €
Brandenburg	9 948 571 €	9 949 000 €	9 750 000 €	9 555 000 €	9 364 000 €	9 177 000 €	8 990 252 €	56 785 252 €
Bremen	2 885 991 €	2 886 000 €	2 828 000 €	2 771 000 €	2 716 000 €	2 662 000 €	2 609 892 €	16 472 892 €
Hamburg	8 329 374 €	8 329 000 €	8 162 000 €	7 999 000 €	7 839 000 €	7 682 000 €	7 532 065 €	47 543 065 €
Hessen	28 946 359 €	28 946 000 €	28 357 000 €	27 800 000 €	27 244 000 €	26 699 000 €	26 166 342 €	165 222 342 €
Mecklenburg-Vorpommern	6 847 272 €	6 847 000 €	6 710 000 €	6 576 000 €	6 444 000 €	6 315 000 €	6 191 405 €	39 083 405 €
Niedersachsen	37 477 796 €	37 478 000 €	36 728 000 €	35 993 000 €	35 273 000 €	34 568 000 €	33 878 765 €	213 918 765 €
Nordrhein-Westfalen	84 359 898 €	84 360 000 €	82 673 000 €	81 020 000 €	79 400 000 €	77 812 000 €	76 251 174 €	481 516 174 €
Rheinland-Pfalz	18 136 375 €	18 136 000 €	17 773 000 €	17 418 000 €	17 070 000 €	16 729 000 €	16 394 251 €	103 520 251 €
Saarland	4 079 226 €	4 079 000 €	3 997 000 €	3 917 000 €	3 839 000 €	3 762 000 €	3 689 731 €	23 283 731 €
Sachsen	17 523 739 €	17 524 000 €	17 174 000 €	16 831 000 €	16 494 000 €	16 164 000 €	15 836 401 €	100 023 401 €
Sachsen-Anhalt	9 173 962 €	9 174 000 €	8 991 000 €	8 811 000 €	8 635 000 €	8 462 000 €	8 290 876 €	52 363 876 €
Schleswig-Holstein	13 001 905 €	13 002 000 €	12 742 000 €	12 487 000 €	12 237 000 €	11 992 000 €	11 753 316 €	74 213 316 €
Thüringen	9 093 960 €	9 094 000 €	8 912 000 €	8 734 000 €	8 559 000 €	8 388 000 €	8 220 234 €	51 907 234 €
Summe der neuen Bundesländer inkl. Berlin	67 908 000 €	66 551 000 €	65 221 000 €	63 916 000 €	62 638 000 €	61 372 898 €	387 606 898 €	
Summe der alten Bundesländer	308 764 000 €	302 587 000 €	296 536 000 €	290 606 000 €	284 794 000 €	279 106 102 €	1 762 393 102 €	
Deutschland gesamt	376 672 000 €	369 139 000 €	361 757 000 €	354 522 000 €	347 432 000 €	340 479 000 €	2 150 000 000 €	

Basis: Zahl der Kinder unter 3 Jahren aufgrund der Bevölkerungsstatistik zum 31.12.2005

Stichwortverzeichnis

Die Nummern verweisen auf Seiten

V

W

Z